Inge Patsch

Die Logik des Herzens

INGE PATSCH

Die Logik des Herzens

Vertrauen in das Leben gewinnen

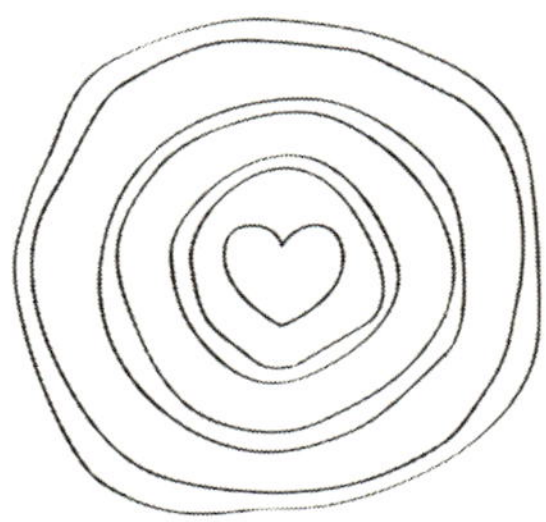

Tyrolia-Verlag · Innsbruck-Wien

Mitglied der Verlagsgruppe „engagement"

Bibliografische Information Der Deutschen Nationalbibliothek
Die Deutsche Nationalbibliothek verzeichnet diese Publikation in der Deutschen Nationalbibliografie; detaillierte bibliografische Daten sind im Internet über http://dnb.d-nb.de abrufbar.

2011

Umschlaggestaltung: stadthaus 38, Innsbruck
Zeichnungen: Julia Stubenböck
Layout und digitale Gestaltung: Tyrolia-Verlag, Innsbruck
Druck und Bindung: FINIDR, Tschechien
ISBN 978-3-7022-3144-6
E-Mail: buchverlag@tyrolia.at
Internet: www.tyrolia-verlag.at

Inhalt

Wofür brauchen wir eine Logik des Herzens?

Ich spüre, wie mein Herz beständig Hoffnung in jeden Teil meines Körpers pumpt, mein Blut wärmt und meine Stimmung hebt.
Nelson Mandela

Wir brauchen die lebendige Kraft der Hoffnung für das Auf und Ab in unserem Leben. Die Logik des Herzens vereint Verstand und Gefühl und schenkt jedem Menschen das Potential seiner eigenen Lebenskraft. Bereits 1946 schrieb Viktor E. Frankl, der Begründer der dritten Wiener Richtung der Psychotherapie, der Existenzanalyse und Logotherapie: „Auf jeden Einzelnen und auf jeden Tag kommt es an, wenn die Nöte unserer Zeit überwunden werden sollen. Und dazu brauchen wir nicht so sehr neue Programme, sondern – eine neue Menschlichkeit!" (Viktor E. Frankl, Gesammelte Werke, Bd. 2). Die Logik des Herzens soll in unser Leben beständig Hoffnung pumpen und eine neue Menschlichkeit statt neuer Programme soll unsere Erde erfüllen. Dazu brauchen wir ein gutes Miteinander zwischen dem Verstehen des Denkbaren und dem Fühlen des Undenkbaren.

Logik und Herz? Passen Logik und Herz zusammen? Kann das Herz logisch sein? Gibt es überhaupt eine Logik des Herzens? Gibt es neben der exakten Art des Denkens, bei der sich Gedanken in einer logischen Folge – wie in der Mathematik – aneinanderreihen, noch etwas? Ja, wir alle können immer wieder Geheimnisse des Lebens aufspüren, die uns ohne Erklärungen und ohne Beweise zufallen. In der berechen- und beweisbaren, mess- und vergleichbaren Verstandeswelt wird das Geheimnis Leben, die seelische und die spirituelle Dimension unseres Daseins unterschätzt. Planbare und funktionierende Systeme schreiben meist nur auf Werbeplakate, dass im Mittelpunkt der Mensch steht. Im geschäftigen Alltag geht die Würde des Menschen und sein lebendiges Potential viel zu schnell verloren, da Nützlichkeit und Gewinnstreben im Zentrum des rationalen Denkens stehen. Es gibt auch Szenarien, in denen intuitive Lebendigkeit mit oberflächlicher Sentimentalität verwechselt wird. In der Logik des Herzens wohnt der scharfsinnige Verstand ebenso wie das weitsichtige Gefühl.

Die Gefahr ist groß, dass uns die Einseitigkeit der äußeren Taktgeber und der ungetrübte Technikoptimismus verwirrt und wir dadurch unsere leiseren Lebensspuren verlieren. Die Logik des Herzens wird von den Wissensriesen mit Zwergengemüt mit einer schnellen und oberflächlichen Zustimmung leise lächelnd abgefertigt: „Natürlich wissen wir längst, dass das Wesentliche für die Augen unsichtbar ist. Selbstverständlich ist uns bewusst, dass das Herz Gründe hat, die der Verstand nicht kennt.“ Die Autobahnen des Wettbewerbs, die Erfolgskurven von Macht, Geld und persönlichem Vorteil haben viele Menschen in die Sackgassen von Stress, Einsamkeit, Burn-out und Depression geführt. Wir dürfen uns nicht von den sogenannten Gewinnern unserer Gesellschaft in die Irre führen lassen. Diese scheinen stolz zu sein auf den Verlust ihres Mitgefühls und haben keine Scheu sich zu freuen, wenn andere ausgenützt und unterdrückt werden.

Betrachten wir unsere Gesellschaft und unsere Erde aus der Perspektive kommender Generationen, dann ist es wesentlich, dass wir die Wege, die wir derzeit verfolgen, möglichst schnell verlassen. Die Logik des Herzens folgt mutig den Lebensspuren von Freiheit und Verantwortung, von Begeisterung und Lebensfreude. Die Freundlichkeit des Herzens ist für unsere Wahrnehmung unentbehrlich. Unfreundlichkeit im Herzen verhindert Hoffnung. Die Logik des Herzens kennt die Hoffnung, ermutigt zur Begeisterung, zum Mitfreuen und Mitfühlen sowie zum Widersprechen aus Verantwortung.

Das Cover dieses Buches können wir mit verschiedenen Sichtweisen betrachten. „Ich lebe mein Leben in wachsenden Ringen", schrieb Rainer Maria Rilke. Die wachsenden Ringe können Herzen einengen oder zur Weite des Herzens beitragen. Überhaupt werden Sie in diesem Buch verschiedene Sichtweisen für ein gelingendes Leben kennenlernen. Wir können die Ringe als Rahmenbedingungen definieren, die wir einhalten müssen. Da gibt es Ringe des Wissens, der perfekten Planung und Ringe unserer eigenen Vorstellungen, mit denen wir uns manchmal das Leben beschweren. Doch diese Ringe schenken uns auch Orientierung und Struktur, die wir in vielen Lebenssituationen gut brauchen können.

Die andere Sichtweise wäre, die Ringe als Wellen zu betrachten, die vom Herzen kommen. Das wären dann Wellen der Begeisterung, der Herzlichkeit, der Lebensfreude, der Fröhlichkeit, der Hoffnung und der Dankbarkeit. Die Logik des Herzens vereint Lebensfreude und den strukturierenden Rahmen, in dem wir in einem gelungenen Miteinander leben können.

Harmonie zwischen Denken und Fühlen

Wir haben uns mit einem einseitigen, materialistischen Denkansatz abgefunden, der sich nicht dadurch auszeichnet, dass er möglichst viel einschließt, sondern dass er alles ausschließt, was sich materiell nicht messen lässt.
The Prince of Wales

Der Begriff Harmonie kommt ursprünglich aus der Musik und bedeutet „Fügung" und „wohltönender Zusammenklang". Harmonie empfinden wir, wenn unsere innere und äußere Welt im Einklang ist.

Viktor E. Frankl beschenkte uns mit der Erkenntnis, dass das Wesentliche eines gelingenden Lebens das Bewusstmachen von Unbewusstem ist. Dazu ist unsere freundliche Wahrnehmung erforderlich, die mehr im Blick hat als die Oberflächlichkeit des äußerlich Sichtbaren und frei ist von der Unerträglichkeit des Verdachts, den allgemeinen Ansprüchen nicht zu genügen. Unser Körper ist äußerlich sichtbar; wenn wir uns körperlich verletzen, spüren wir Schmerz. Unser Seelenleben ist äußerlich nicht sichtbar; trotzdem bestreiten nur wenige Menschen, dass der Mensch eine Seele hat. Seelische Verletzungen nehmen wir anders wahr als körperliche. Die Seele ist das Barometer für unsere Stimmungen. Körperliches nehmen wir äußerlich wahr, während Seelisches einer inneren Wahrnehmung bedarf.

Für alle, die ahnen, dass in ihnen ein lebendiges Potential schlummert, lohnt es sich, die Logik des Herzens näher kennenzulernen. Jeder Mensch ist mit zwei Denkweisen ausgestattet, mit der des Verstandes und jener des Gefühls. Bei manchen Menschen ist der Verstand mehr ausgeprägt als das Gefühl, bei anderen überwiegt das Gefühl.

Das Wahrnehmen dieser grundverschiedenen Denkweisen kann uns helfen, uns in der Welt zurechtzufinden, uns selbst und andere Menschen zu verstehen. Vielleicht liegt der tiefe Graben zwischen verstandesgemäßem Wissen und intuitivem Fühlen im Erkennen, dass nicht alles machbar und unser Dasein begrenzt ist. Mit dem Verstand können wir uns Tausende Dinge vornehmen. Wir können Verpflichtungen und Veranstaltungen in unseren Terminkalender eintragen; ob uns das Erfüllung bringt, können wir nie im Voraus wissen. Immer wieder erleben wir, dass exakte Planung misslingen kann, weil es unmöglich ist, alle Eventualitäten zu berücksichtigen. Diese Erkenntnis ist nicht neu. Erich Kästner schrieb darüber ein Gedicht:

Je üppiger die Pläne blühen,
um so verzwickter wird die Tat.
Man nimmt sich vor, sich zu bemühen,
und schließlich hat man den Salat!
Erich Kästner[1]

Maschinen funktionieren und reagieren auf Knopfdruck. Der Mensch ist von seiner biologischen Zusammensetzung her keine Maschine. Menschen sind lebendige Wesen und wollen selbstbestimmt leben. Wer sich selbst und seine Bestimmung ernst nimmt, wandert auf einem schmalen Weg mit wenigen Spuren. Wahrnehmung und Erkenntnis, Achtsamkeit und

Offenheit sind für den Weg zu sich selbst und zu anderen unverzichtbar.

Unser menschliches Gehirn verfügt nicht nur über die Fähigkeit zu denken, sondern auch über die Möglichkeit des Empfindens. Bis zum Ende des 20. Jahrhunderts war alles suspekt, was mit Gefühlen zusammenhing. In vielen Bereichen unseres Lebens ist dies noch immer so. Trotzdem hat das Interesse und die Bereitschaft, über die Verbindung zwischen Denken und Fühlen nachzudenken, in den letzten Jahren zugenommen. Der Grund liegt in den bildgebenden Verfahren, die unserem Gehirn bei der Arbeit zusehen. Aufgrund dieser Bilder wurden wir über das Innenleben unseres Gehirns informiert. Die fröhliche Botschaft der Hirnforschung lautet: Auch erwachsene Menschen können lernen, ihr Gehirn anders zu benutzen als bisher. Ganz im Sinne der logotherapeutischen Erkenntnis, dass Menschsein bedeutet: Ich kann noch immer anders werden.

Bilder leisten einen wertvollen Beitrag für unsere Wahrnehmung und stärken unsere Klarheit. Sie helfen unserem Verstand wie auch unserem Gefühl. Anhand von Albert und Kasimir möchte ich Ihnen das verdeutlichen:

Albert
vertritt unseren Verstand.
Sein großer Vorteil: Er kann logisch denken und er weiß, was richtig und was falsch ist.

Kasimir
vertritt unser Gefühl.
Sein großer Vorteil: Er ist sehr schnell und spürt, ob die Stimmung gut ist oder nicht.[2]

Aus dem Zusammenspiel zwischen Fühlen und Denken entsteht die Logik des Herzens. Sie ist eine der größten Herausforderungen in unserem Leben. Leider bricht diese Verbindung zusammen, wenn Verstand oder Gefühl glauben, dass Alleingänge zu einem geglückten Leben führen. Ohne Struktur fehlt uns Orientierung und ohne Lebensfreude verlieren wir Begeisterung. Sich begeistern können ist ebenso wichtig wie klar zu denken und Aufgaben zu erfüllen. Ein Computer kann auch Aufgaben erfüllen. Die Voraussetzung dafür ist ein Befehl, den er von uns bekommt. Ein Computer ist ein Befehlsempfänger, der funktioniert, aber freuen kann er sich nicht. Die gelungene Verbindung von Verstand und Gefühl drückt sich in der Logik des Herzens aus.

Unser Verstand, also Albert, braucht viel Geduld für den gefühlsintensiven Kasimir. Kasimir kann keine klaren Worte sprechen. Er spricht verschiedene Sprachen, jedoch keine sehr deutlich. Kasimir spricht die Signalsprache des Körpers. Diese Sprache verfügt über viele Vokabeln: freudige Erregung, Schmetterlinge im Bauch, Kopfweh oder Rückenschmerzen. Kasimir kennt Vokabeln, die Albert fremd sind, und somit ist die Übersetzung nicht ganz einfach. Kasimirs größter Vorteil ist seine Schnelligkeit. Da es im Leben kaum einen Vorteil ohne Nachteil gibt, stört uns manchmal das rasante Tempo. Verlangt Albert zu viel Wenn-dann-Strategie, so wehrt sich Kasimir. Dieses Wehren beginnt mit Unbehagen, schlechter Laune, kann sich in Kaskaden von Ärger und Wut ausdrücken. Kasimir benützt unseren Körper, um uns mitzuteilen, dass etwas nicht stimmt. Ganz plötzlich werden wir rot, die Schweißdrüsen beginnen wie verrückt zu arbeiten, wir spüren ein ungutes Gefühl in der Magengegend, ein Stechen in den Schläfen oder Trockenheit im Mund. Antonio Damasio, der portugiesische Hirnforscher, hat diese Phänomene als somatische Marker bezeichnet. Sie sind Körpersignale in der Sprache von Kasimir. Kasimir ist gleich am Beginn unseres Lebens aktiv. Als Baby haben wir friedliche Töne von uns gegeben, wenn es uns gut ging. Wir haben geschrien und auf uns aufmerksam gemacht, wenn wir uns nicht wohlgefühlt haben. Jene Menschen, die für uns gesorgt haben, wussten, ob wir Hunger hatten oder frische Windeln brauchten.

Albert, unser bewusstes Denken, wurde erst später aktiv. Kasimir, unser Gefühl, braucht auch Geduld und Verständnis für Albert, sonst kann Albert nicht denken. Macht Kasimir zu viel Stress, fällt Albert nichts ein. Alberts großer Vorteil ist das logische Denken und sein Wissen von Richtig oder Falsch. Aber auch er hat einen Nachteil. Damit Albert sein Wissen einsetzen kann, ist er auf eine stressfreie Atmosphäre angewiesen und außerdem braucht er Zeit.

Als erwachsene Menschen verfügen wir über Empfindungsfähigkeit und über unseren Verstand. Wir können unsere Bedürfnisse wahrnehmen und dafür Worte finden. Albert sollte lernen, Kasimir ernst zu nehmen. Kasimir darf sich von Albert auch einiges sagen lassen. Vor allem sollte er lernen, dass nicht jeder Gefühlszustand augenblicklich ausgelebt werden muss. Kasimir könnte auf das Rollenspiel der beleidigten Leberwurst verzichten und Albert die Möglichkeit zum Nachdenken geben. Gemeinsam können sie Gedanken und Gefühle ernst nehmen, entscheiden und handeln.

Allerdings kann Kasimir durch seine rasend schnelle Wahrnehmung unsere Denkfähigkeit stören. Kaum hat er eine Situation wahrgenommen, spürt er sofort, ob sie ihm gefällt oder nicht. Kasimir teilt zum Beispiel sehr schnell mit, ob er sich auf der Geburtstagsfeier von Tante Monika wohlfühlt oder ob er sich beim verordneten Fröhlichkeitsprogramm langweilt.

Wir fühlen die Atmosphäre eines Menschen

Kasimir hat eigene Sensoren, um die Atmosphäre, die ein Mensch ausstrahlt, wahrzunehmen. Wie unsere Erde von einer Atmosphäre umgeben ist, so hat auch jeder Mensch eine eigene Ausstrahlung, die mehr durch seine innere Haltung als durch sein äußeres Verhalten wirkt. Es gibt Menschen, in deren Gegenwart wir uns wohlfühlen, und wir freuen uns, wenn wir sie sehen. Wir begegnen auch Menschen, die durch ihre Anwesenheit eine eigene Art von Hektik verbreiten. Wir tun uns schwer, diese Stimmungen zu erklären oder zu begründen. Wir spüren dieses besondere „Etwas", noch bevor ein Mensch zu sprechen beginnt. Die Atmosphäre, die ein Mensch ausstrahlt, kann er nicht absichtlich verändern. Versucht er dies, spüren wir die Absicht und sind verstimmt. Menschen, die sich um ihre Wirkung bemühen, tragen eine unsichtbare Maske. Vielleicht ist der berühmte erste Eindruck wesentlich mehr vom Sekundenbruchteil eines Augenblicks bestimmt als von langatmigen Beweisen und stichhaltigen Argumenten, die anschließend folgen. Vieles, das uns vermittelt wird, hat nichts mit dem ursprünglich Echten eines Menschen zu tun. Die Atmosphäre ist Ausdruck der inneren Haltung eines Menschen, seines Wesens und seiner Lebenseinstellung. Diese Atmosphäre ist weder greifbar noch sichtbar – trotzdem gibt es sie. Die Logik des Herzens wirkt ähnlich.

Bilder erleichtern das Verstehen

Wir benötigen Bilder, um begreifen zu können. Nicht nur die äußeren sichtbaren Bilder, sondern auch die unsichtbaren inneren sind eine wunderbare Möglichkeit zum besseren Verstehen. Stellen Sie sich einen See als Symbol für das Leben vor. Es kann ein Waldsee oder ein See in einer Tiefebene sein. Lassen Sie Ihren See vor Ihrem inneren Auge auftauchen. Damit wir unser Leben nicht nur aus der Distanz vom Ufer betrachten, brauchen wir ein Boot. Ein Ruderboot hat zwei Ruder, auf jeder Seite eines.

In unserem Ruderboot haben zwei Personen nebeneinander Platz. Setzen wir Albert und Kasimir hinein. Jeder, der schon gerudert ist, weiß, dass man am besten weiterkommt, wenn man beide Ruder kraftvoll ins Wasser eintaucht. Daher ist es sinnvoll, wenn Albert ein Ruder und Kasimir das andere in Händen hält. Praktiziert Albert sein „Gewusst-wie", also sein perfektionistisches Denken von Richtig und Falsch zu intensiv, dann verweigert Kasimir beleidigt seine Mitarbeit.

In solchen Situationen dauert es nicht lange, und Albert dreht sich im Kreis. Auf der anderen Seite verhindert das exzessive Ausleben von Gefühlen, dass Albert sein Ruder einsetzen kann. In den Situationen von Freudentänzen oder Wutausbrüchen kann Kasimir zum Schaumschläger werden. Die Wellen der Emotionen gehen hoch und wir Menschen gehen manchmal darin baden.

In jenen Situationen, in denen einer von beiden sein Ruder nicht mehr bedienen kann, geht unser inneres Gleichgewicht verloren. Die Balance, von der heute so viel die Rede ist, verschwindet. Damit wir begreifen können, wie sich diese Theorie im Alltag auswirkt, begleitet uns die Geschichte von Lena; sie könnte auch die von Max, Judith oder Peter sein:

Lena ist mit Paul verheiratet, sie haben drei Kinder: Sarah (21), Adrian (19) und Iris (17). Lena arbeitet als Sekretärin in einem Architekturbüro. Sie schildert den Verlust ihrer Lebensfreude, ihres Wohlbefindens und ihrer Leistungsfähigkeit:
„Die ursprüngliche Kraft meines Herzens taucht in der Erinnerung auf. Mein Hirn erinnert sich an fröhliches Arbeiten, wunderbare Bergtouren und schöne Erlebnisse. Doch es ist wie auf einer Postkarte: Ich bin nicht mehr dabei.
Ich nehme die Trennung zwischen Wissen und Fühlen wahr; wobei es gar keine Trennung ist, weil mir das Fühlen einfach fehlt. Mein Verstand und ich haben zu lange funktioniert. Zeitweise verbündet sich mein Verstand auch noch mit dem dressierten Gewissen. Da tauchen in mir unverschämte Forderungen auf, was ich noch alles tun müsste. Ich beginne zu vergleichen: Wenn meine Kollegin es schafft, dann werde ich es wohl auch noch bewältigen! Meine Kollegin hat auch Kinder, arbeitet gleich viel wie ich und betreut noch dazu ihre Mutter. Vieles, was ich be-

wältigt habe, war für mich selbstverständlich. Ich habe meinem Dressurgewissen keinen Einhalt geboten und jetzt stoppt mich mein Körpergewissen. Das unbedingte Leisten-Müssen habe ich mir viel zu lange auferlegt. Die Zwiegespräche zwischen meinem Albert und meinem Kasimir fanden immer wieder statt; Kasimir hat bis vor Kurzem fast immer verloren."

Lenas innerer Dialog

Kasimir: „Wieso bist du so hektisch? Ich bekomme kaum Luft."

Albert: „Ich will schnell aufräumen, auf dem Weg ins Büro einkaufen gehen und das Geburtstagsgeschenk für meinen Bruder zur Post bringen. Nerv du nicht auch noch. Es ist einfach stressig."

Kasimir: „Das merk ich, seit du aufgestanden bist. Ich habe Kopfweh."

Albert: „Also verschon mich mit deinem Kopfweh, dafür habe ich jetzt wirklich keine Zeit."

Kasimir: „Du willst schon wieder alleine rudern und mich nicht dabeihaben. Du kannst es ja probieren. Du wirst schon sehen, wie weit du kommst!"

Albert: „Ich nehme eine Kopfwehtablette, dann spür ich dich nicht mehr und ich kann endlich weitermachen."

Kasimir verstummt.

Damit Lena die Logik des Herzens verstehen könnte, braucht ihr Albert Verstandesfutter und ihr Kasimir Seelennahrung.

Das Futter für unseren Verstand ist jenes Wissen, das unserem Verständnis auf die Sprünge hilft. Das Verstandesfutter lässt uns Zusammenhänge begreifen und regt uns zur eigenen Kurskorrektur in unserem Leben an. Seelennahrung brauchen wir vor allem zur Ermutigung und zur Erheiterung unseres Gemüts. Seelennahrung besteht aus Geschichten und Erlebnissen von Menschen, die Ähnliches wie wir erlebt haben. Seelennahrung ist der Trost, den uns Menschen schenken, auch wenn sie Jahrhunderte vor uns gelebt haben.

Verstandesfutter

Das vehemente Leistenwollen ist im Begriff, uns zu unmenschlich funktionierenden Robotern zu deformieren. Unser vegetatives Nervensystem führt ein Eigenleben und lässt sich nur über einen begrenzten Zeitraum manipulieren. Mit „seinen unbewussten Reaktionen teilt man es in den Sympathikus und Parasympathikus ein, beide sind für unser Überleben notwendig" (Gunter Frank, Maja Storch, Die Mañana-Kompetenz, S. 37). Der Sympathikus schenkt uns Energie, damit wir aktiv unseren Alltag bewältigen können. Der Parasympathikus schenkt uns Möglichkeiten zu Regeneration, zu Wachstum und Erholung; allerdings nur, wenn wir Gelegenheiten schaffen, in denen er sich erholen kann. Fünf Minuten Kaffeepause reichen dazu nicht aus, ebenso wenig ein körperintensives Fitnessprogramm am Abend, bei dem erneut der Sympathikus aktiviert wird.

Seelennahrung

„Mir ist ungeheuer wichtig, dass du begreifst, dass mein Leben keineswegs einzigartig war. Ich bin keine Ausnahme. Ich habe mir mein Leben erfunden, und zwar nicht vor hundert Jahren, sondern noch vorgestern. Und das kann jeder andere auch, es braucht nur ein wenig Mut, Entschlossenheit und ein Selbstbewusstsein, das nicht auf Geld und Karriere beruht, sondern auf dem Wissen, Teil der wunderbaren Welt zu sein, die uns umgibt. Ich möchte meine Botschaft als Hymne auf die Eigenständigkeit verstanden wissen; auf die Möglichkeit zu sein, was du willst." (Tiziano Terzani, Das Ende ist mein Anfang, S. 386)[3]

Herzenslogik

Lieber den Sinn des eigenen Lebens,
als den Unsinn des Weltgeschehens verstehen.

Hans Kruppa

Wenn die Seele den Körper berührt

Der Körper ist die Harfe unserer Seele.
Khalil Gibran

Die Seele belebt unseren Körper. „Das Seelenleben verstehen wir, die Natur erklären wir!“ Diese Erkenntnis von Wilhelm Dilthey weist uns darauf hin, dass Seelisches einen anderen Zugang hat als Materielles. Wir leben schon sehr lange in einer Gesellschaft, in der Erklärungen und Beweise viel mehr Gewicht haben als Intuition und Vertrauen. Die Überschrift zu diesem Kapitel fiel mir beim Schwimmen im Attersee ein. Ich war so glücklich über die Bewegung meines Körpers in dem sauberen Wasser und erfreute mich an der Landschaft; da kam mir der Gedanke „Wenn die Seele den Körper berührt“ in den Sinn.

Unsere Seele berührt unseren Körper, wenn wir fröhlich und wenn wir traurig sind. Sie zieht sich zurück, wenn wir nicht auf sie achtgeben. Wir sollten unsere Seelenpflege ernst nehmen; vor allem braucht unsere Seele ein anderes Kriterium als nur Nützlichkeit. Wenn sich weltweite Negativmeldungen ungefragt in unser Leben drängen, müssen wir das Schöne bewusst pflegen.

In unserer Gesellschaft ist es möglich, sich im 30-Minuten-Takt über Negatives aus aller Welt zu informieren. Viele Menschen praktizieren das mehr oder weniger aufmerksam. Im Falle von Katastrophen wird nach Schuldigen gesucht. Das mag in bestimmten Fällen sinnvoll sein. Es gibt Unfälle und Schicksalsschläge. Auch wenn Schuldige gefunden werden, wird das Leid der Betroffenen nicht geringer. Sensationelle Überschriften wie „Weltuntergang“ oder „Apocalypse now“ sind respektlos gegenüber den Betroffenen. Die Logik des Herzens, die sich trotz aller Schwierigkeiten nach einem gelingenden Leben sehnt, verlangt Anderes. Das Fatale an der Schuldsuche ist, dass einige Menschen diese Strategie für ihr persönliches Leben übernehmen oder bereits übernommen haben. Solange es einen Sündenbock gibt, dem man die Schuld aufladen kann, braucht niemand über sich selbst nachzudenken. Die Sündenbockstrategie schenkt Menschen nur selten eine Horizonterweiterung und ändert nichts an deren Einstellung.

Unsere Seele meldet sich auch über körperliche Beschwerden, die unter dem Begriff Psychosomatik gehandelt werden. Was heißt das auf gut Deutsch? Psyche heißt Seele, Soma heißt Körper – also seelische Auswirkungen, die sich im Körper festmachen. Manchmal gibt es für diese Beschwerden keine Diagnose. Seelische Befindlichkeiten, die sich in Magenschmerzen oder Rückenbeschwerden verstecken, lassen sich nicht belegen. Es gibt keine Diagnose und damit keinen Beweis. Trotzdem mehren sich die Berichte vom erschöpften Ich und die Seele kann nicht mehr. Wir könnten unserer Seele entgegengehen und auf Folgendes achten:

1. **Der Weg zu unserer Seele führt über unseren sichtbaren Körper.**
   Wer mit seinem Leib nicht gut umgeht, kann auch mit seiner Seele nicht befreundet sein. So wie der Körper Bewegung, frische Luft und eine halbwegs gesunde Ernährung benötigt, so braucht die Seele das Schöne, um sich freuen zu können.

2. **So wie der Körper Pflege braucht, sehnt sich die Seele nach Aufmerksamkeit.**
   Womit füttern Sie Ihren Körper und womit Ihre Seele? Viele Menschen beglücken ihren Körper mit einem mehr oder weniger intensiven Training. Vielleicht hätte deren Seele Freude am Betrachten der kleinen Blumen am Wegrand? Vielleicht täte es der Seele richtig gut, die Wellen eines Flusses zu beobachten, die in einer ganz eigenen Regelmäßigkeit plätschern.

Die meisten Menschen schätzen den Verstand wesentlich höher als das Gefühl ein. Aufgrund dieser Tatsache muss sich unsere Seele etwas einfallen lassen, damit sie gehört wird. Es gibt wohl eine Besitzstörungsklage, aber keine Seelenstörungsklage. Da unser Verstand mit anderen Dingen beschäftigt ist, wenn Gefühle laut werden, ist unser Körper der beste Freund unserer Seele. Bei ihm meldet sie ihre Bedürfnisse und Stimmungen an.

Der Buchautor Ulrich Schaffer hat dies sehr treffend ausgedrückt:

„Geh du vor", sagte die Seele zum Körper, „auf mich hört er nicht, vielleicht hört er auf dich!"

„Ich werde krank werden, dann wird er Zeit für dich haben," sagte der Körper zur Seele.

Häufig wiederholte negative Gedanken und Vorstellungen machen uns das Leben schwer. Nur wenige Menschen machen sich bewusst, dass sie ihre Denkmuster und Überzeugungen im Laufe ihres Lebens selbst erschaffen haben. Viele Gedanken, die uns einengen, drängen sich unwillkürlich auf und wir müssen allmählich wieder lernen, von ihnen wegzukommen. Mithilfe der Trotzmacht des Geistes, wie Viktor E. Frankl dies genannt hat, können wir uns selbst stoppen. Wichtig ist dabei vor allem, dass Albert den Kasimir mitrudern lässt.

Statt regelmäßig die Weltnachrichten zu hören, könnten Sie einmal am Vormittag und einmal am Nachmittag auf Ihre Seele hören und Ihren eigenen inneren Dialog führen.

Innerer Dialog

Kasimir: „Du denkst zu viel, ich bin so müde!“

Albert: „Ich beantworte nur noch eine E-Mail!“ Kasimir verstummt und meldet sich nach zwei Stunden wieder: „Ich habe Hunger!“

Albert: „Ich habe dich ganz vergessen. Ich wollte doch nur eine Mail beantworten. Jetzt bin ich im Internet hängen geblieben.“

Kasimir: „Ist mir egal, das interessiert mich nicht. Ich habe Hunger, weiß aber nicht, was ich essen möchte.“

Albert: „Das ist aber blöd. Wie soll ich jetzt wissen, was du magst?“

Kasimir: „Dir fällt ja nie etwas ein, dann holen wir uns halt eine Jause.“

Albert: „Es stimmt, mir fällt schon seit einiger Zeit nichts mehr ein, deswegen habe ich auch im Internet gesurft.“

Kasimir: „Bist du jetzt gescheiter?“

Albert: „Ich weiß, was in der Welt so passiert. Das ist nicht so lustig.“

Kasimir: „Dann schalt endlich den Computer aus und wir machen eine richtige Pause.“

Albert: „Die Jause können wir doch auch neben dem Computer essen."

Kasimir: „Richtig genießen kann ich sie so aber nicht."

Albert: „Aber ich kann jetzt die restlichen Mails erledigen."

Kasimir: „Das kenne ich. Ich kann mich gut erinnern, dass dies schon öfter so war. Bis jetzt ist es mir sehr selten gelungen, dich für eine längere Pause zu gewinnen."

Albert: „Morgen bemühe ich mich, deine Befehle ernst zu nehmen."

Verstandesfutter

Denke nicht so oft an das, was dir fehlt,
sondern an das, was du hast!
Marc Aurel

Seelennahrung

Leib und Seele
Ein Mensch missachtet die Befehle
des bessren Ich, der zarten Seele –
bis die beschließt, gekränkt zu schwer:
Mit dem verkehre ich nicht mehr.
Sie lebt seitdem, verbockt und stumm
ganz teilnahmslos in ihm herum.
Eugen Roth[4]

Herzenslogik

„Wir verdanken unseren Erfolg unserer Intelligenz. Das Fehlen der zugehörigen Weisheit könnte letztlich unseren Untergang bedeuten. Wir sind fähig, Wissen zu erwerben, aber können es nicht klug nutzen. Der Weg zum Überleben heißt nicht weniger Wissenschaft, sondern mehr Weisheit." (Christian de Duve, Nobelpreisträger für Medizin 1974)

Wenn das Unbehagen rudert

Hartnäckige Übellaunigkeit ist ein sicheres Zeichen dafür, dass man gegen seine Bestimmung lebt!
José Ortega y Gasset

Freude und Angst, Fröhlichkeit und Schmerz spüren wir intensiver als schlechte Laune. Wesentlich weniger heftig taucht manchmal leises Unbehagen auf. Wie soll Albert Unbehagen übersetzen? Kasimir rudert nicht sehr fröhlich mit und Albert merkt, dass irgendetwas nicht stimmt, er weiß nur nicht genau, was es ist. Würden wir das leise Unbehagen ernst nehmen, könnten wir viel für die Harmonie zwischen Verstand und Gefühl beitragen. Unzufriedenheit und schlechte Laune sind atmosphärisch wahrnehmbar. Die hartnäckige Übellaunigkeit breitet sich dann in uns aus, wenn wir das leise Unbehagen über einen längeren Zeitraum beschwichtigt haben. Wie sich das bemerkbar macht, hat Lena erlebt.

Lena hat alle ihre Termine bewältigt und aufgrund ihrer Überstunden einige Tage frei. Am ersten freien Tag hat sie ihre Eltern besucht und danach wollte sie die Wohnung aufräumen. Das Aufräumen hat sie immer wieder verschoben. Sie weiß nicht genau, warum, und kann sich nicht erinnern, was es eigentlich war. Am letzten freien Tag verwirklicht sie ihren Vorsatz.

Lenas innerer Dialog

Kasimir: „Ich spür ein leises Unbehagen, das ziemlich schnell wächst."

Albert: „Weißt du, warum?"

Kasimir: „Nein, ich kann es mir nicht erklären. Es ist so komisch. Vorher war ich so gut drauf. Ich habe mich richtig wohlgefühlt."

Albert: „Wann hast du dich wohlgefühlt?"

Kasimir: „Als ich begonnen hab, das Badezimmer zu putzen. Mir hat das Putzen richtig Spaß gemacht!"

Albert: „Und jetzt auf einmal nicht mehr?"

Kasimir: „Nein, jetzt nicht mehr. Die ungute Stimmung kam ganz langsam beim Abtauen des Gefrierschranks."

Albert: „Du hast gerade vom Badezimmer erzählt. Steht der Gefrierschrank im Badezimmer?"

Kasimir: „Nein, ich habe in meinem Eifer auch die Küche gründlich aufgeräumt."

Albert: „Das war wohl zu viel des Guten. Bist du müde?"

Kasimir: „Das fragst du? Ich habe es gar nicht bemerkt, aber du hast Recht. Auf einmal tauchte in mir eine Hektik auf. Ich wollte mich beeilen, aber das Eis war so hartnäckig …"

Albert: „Dann lassen wir das Eis schmelzen und machen jetzt Pause …"

Kasimir: „Ich muss den Gefrierschrank jetzt fertig abtauen, sonst verderben die Lebensmittel. Ich dachte, du kannst logisch denken!"

Albert: „Logisch denken kann ich, solange du mich mitrudern lässt. Du bist gerade dabei, mir das

Ruder aus der Hand zu nehmen, Stress machst jetzt du!“

Kasimir: „Ich glaub, du hast Recht. Ich trinke jetzt in Ruhe eine Tasse Tee und gönne mir eine Pause. Ich war so in die Arbeit vertieft und habe gar nicht gemerkt, dass ich müde bin und mich nicht mehr wohlfühle.“

Verstandesfutter

„Achtsam und aufmerksam den Alltag leben ist deswegen so wichtig, weil jede noch so unbedeutende Verrichtung Eindrücke hinterlässt. Wir prägen jeden Augenblick die Grundmuster unseres Lebens.“
(Willigis Jäger)

Wir stolpern oft unbemerkt von der guten in die schlechte Aktivität. Achtsamkeit ist im Stress nicht möglich. Zur guten Aktivität gehört eine gute Sensibilität. Das Erkennen der realen Lebensmöglichkeiten müssen Albert und Kasimir lernen. Das übertriebene Leistungsdenken überfordert uns, behindert und verhindert das eigene Mögen. Dem eigenen Mögen zu vertrauen, ist eine ideale Grundlage für Kreativität und Einfallsreichtum. Wesentliches von Unwesentlichem zu unterscheiden, hilft der guten Laune auf die Sprünge.

Seelennahrung

JETZT lebe ich – nicht vorher, nicht später, jetzt. Das kleine Wörtchen JETZT sollte Kasimir dem Albert immer wieder zuflüstern. Albert plant, denkt an morgen, an übermorgen und ist manchmal ungeduldig.

Albert hat die eigenartige Gewohnheit, beim Arbeiten ans Spazierengehen zu denken und umgekehrt. Beim Spazierengehen sagt mein Kasimir: „Jetzt genießen wir das Laub der Bäume." Sitze ich bei meiner Arbeit, erinnert mich Kasimir auch an das Jetzt. Schreibe ich z. B. an einem Vortrag, beschenkt mich Albert mit seinen logischen Fähigkeiten und hilft mir, meine kreativen und manchmal verrückten Kasimir-Ideen umzusetzen.

Herzenslogik

Die Logik des Herzens bedeutet, sich bestimmte Dinge vorzunehmen, aber im Augenblick improvisieren zu können.

Die Wenn-dann-Strategie

Menschliche Ziele können nicht durch unmenschliche Mittel erreicht werden.
Richard von Weizsäcker

Die meisten Menschen in unserem Kulturkreis sind mit der Wenn-dann-Strategie aufgewachsen. „Wenn du folgst, dann geht es dir gut!" „Wenn du fleißig lernst, dann bekommst du gute Noten!" Die Wenn-dann-Strategie entzieht der Logik des Herzens die Daseinsberechtigung. Eine gesunde Ernährung ist eine gute Sache. Wenn ich jedoch voraussetze, dass eine gesunde Ernährung einen Mensch gesund erhält, stimmt das nicht immer. Eine Erkältung oder einen Schnupfen bekommen auch Menschen, die gesund leben. „Wenn ich auf andere Rücksicht nehme, dann nehmen sie auch auf mich Rücksicht!" Diese Erwartung erfüllt sich – besonders im Straßenverkehr – selten bis gar nicht. Hinter der Wenn-dann-Strategie versteckt sich die Illusion, alles sei machbar. Diese Illusion ist eine Irreführung des positiven Denkens. Bitte weiterlesen! Ich habe nichts gegen eine positive Lebenseinstellung. Der Unterschied zwischen „Wenn ich positiv denke, dann passiert nichts Schlimmes!" und einer positiven Lebenseinstellung ist wesentlich. Ein Schnupfen oder andere Missgeschicke sind nicht auf einen Mangel an positivem Denken zurückzuführen und schon gar nicht auf mangelnde Intelligenz. Tatsächliche Schicksalsschläge liegen außerhalb unseres Einflussbereiches und wir müssen sie hinnehmen. Ein ähnliches Phänomen erleben wir mit dem Wetter. Kein Mensch kann sich für sein Sommerfest schönes Wetter bestellen. Wir können uns Sonnenschein wünschen. Auf die Temperaturen, die von außen kommen, haben wir keinen Einfluss. Doch wir können entscheiden, wie wir damit umgehen. Ziehen wir uns einen Pullover an oder feiern wir das Sommerfest im Haus? Wer im Januar in Tirol ein Sommerfest feiern will, wird wenig Aussicht auf Erfolg haben. Wer im Januar sommerliche Temperaturen haben will, muss sich auf die südliche Halbkugel unserer Erde begeben. Manche Menschen verwechseln Fehlplanung mit Schicksal.

Die unmenschlichste aller Wenn-dann-Strategien lautet: „Wenn du brav bist, dann habe ich dich lieb!" Kinder, die mit diesem Denkmuster aufwachsen, bleibt nichts anderes übrig, als sich Liebe über Leistung zu erarbeiten oder später zu resignieren. Kein Lebewesen ist in den ersten Lebensjahren auf so viel Zuwendung und Geborgenheit angewiesen wie ein Menschenkind.

Wir sind, was wir immer wieder tun. Aristoteles wusste dies bereits mehr als 2300 Jahre vor unserer aktuellen Hirnforschung. Diese Wissenschaft stellt fest, dass unser Gehirn so wird, wie wir es über lange Zeit benützen. Gestalten Erwachsene ihren Berufsalltag mithilfe der gewohnten Wenn-dann-Strategie, besteht die Gefahr, dass sie in der Falle „Gier" landen. Die Zielvorgaben sind in einigen Berufen, wie z. B. der Bankenbranche, dermaßen unmenschlich geworden, dass sie an Frondienste im Mittelalter erinnern. Dort, wo es ausschließlich um Geld geht, wird auf die Lebensbedürfnisse der Mitarbeiter wenig Rücksicht genommen.

Am schwersten haben es jene, bei denen die Wenn-dann-Strategie fast immer zum Erfolg geführt hat. Zuerst zu guten Noten, dann zu einer guten Arbeitsstelle und zu einem guten Einkommen.

Ebenso wenig wie Paragrafen ausreichen, um Unrecht zu verhindern, nützt die Wenn-dann-Strategie nicht, um menschliche Probleme zu lösen.

Vom Netz der Gewohnheit ins Reich der Geborgenheit

Ich muss mit der Gewohnheit brechen,
ehe sie mich gebrochen hat.
Georg Christoph Lichtenberg

Gewohnheiten sind eine gute Sache, aber eben nicht ausschließlich eine gute. Auf der Schiene des Gewohnten erleben wir Entlastung von Entscheidungen und eine stabile Regelmäßigkeit. Am Nachmittag eine Tasse Tee zu genießen, ist eine wunderbare Gewohnheit. Werden Gewohnheiten zu Prinzipien, kann es eng werden. Dies gilt auch für den Genuss des Teetrinkens am Nachmittag. Gewohnheiten rauben uns Freiheit und Selbstbestimmung, wenn etwas Ungeplantes auftaucht und wir am Prinzip festhalten wollen.

Wer an der Wenn-dann-Strategie trotz unrealistischer Bedingungen eisern festhält, verfängt sich im Netz der Gewohnheiten. Ganz ähnlich einem Vogel, der unter einem Netz seine Freiheit verliert, oder ein Fisch, der in einem Netz mit vielen anderen gefangen ist. Je weniger ein Mensch von diesen Zusammenhängen versteht, umso weniger hinterfragt er sie.

Wer daran glaubt, dass das Ziel des Lebens die Pensionierung ist, hat vom Leben keine Ahnung. „Wenn ich die zwei Jahre noch schaffe, dann kann ich in Pension gehen." Dies ist nicht nur ein großer Irrtum, sondern fast so etwas wie ein natürlicher Feind. Wirkliche Freude am Leben besteht darin, für ein Ziel gebraucht zu werden. Nicht der Ruhestand nach einem arbeitsreichen Leben ist ein erstrebenswertes Ziel, sondern das Wachhalten von Begeisterung und das Pflegen von unterschiedlichen Interessen.

Alle heiligen Traditionen, die den Menschen im Blick haben, sagen uns, dass es das Ziel des Lebens ist, sich selbst zu erkennen und mit sich selbst eins zu werden.

Mit sich eins werden bedeutet sinnvoll leben. Sinnvolles Leben bleibt auf eine besondere Art ein Geheimnis. Bischof Reinhold Stecher schlüpft in seinem Buch „Werte im Wellengang“ in die literarische Rolle des Interviewers und beschreibt folgenden Dialog, den er mit dem Geheimnis führt:

Verstandesfutter

Geheimnis: Es gibt viele Gelegenheiten, in denen das Herz auf die Suche geht. Ich erlebe bei den Menschen viele Grenzerfahrungen.

I: Natürlich weißt du viel mehr. Ich weiß nur, dass diese Sehnsucht nach Sinn und Geborgenheit in unserer Zeit auch große Psychotherapeuten bestätigen. Das hat mir Viktor Frankl noch in einem Brief vor seinem Tod geschrieben. Er war ein Leben lang auf der Spur dieser Fragen, die in die Unendlichkeit führen. Glaubst du nicht, dass du für viele Menschen doch letztlich etwas Fremdes, Unheimliches, ja Drohendes bist? Vergiss bitte nicht, wir sind sehr angstgeprägte Lebewesen …
(Reinhold Stecher Werte im Wellengang, S. 123)[5]

Seelennahrung

Bei Bedrängnis von außen
wird das Leben nach innen einfacher.
Reinhold Stecher

Die Kunst der Unterscheidung

Zu einem reifen Menschen gehört es, Unterschiede zu erkennen und sie zu gestalten. Diese Kunst erfordert – ähnlich wie das Lernen eines Musikinstruments – ständiges Üben über einen längeren Zeitraum. Das Denken von Richtig oder Falsch, Schwarz oder Weiß haben wir alle gut gelernt. Differenzieren zu können heißt auch, dass ich fähig bin zu erkennen, was sinnvoll ist. Dem technischen Fortschritt verdanken wir viele wertvolle Geräte und Maschinen. Der Zweck einer Maschine ist es, auf Knopfdruck zu funktionieren. Die Maschine soll das ausführen, wozu sie bestimmt ist. Die Waschmaschine soll die Wäsche waschen, der Geschirrspüler das Geschirr und der Staubsauger soll gründlich saugen. Mehr wird von der Maschine nicht verlangt. Funktioniert sie nicht, wird sie repariert oder ausgetauscht. Werden diese Wertvorstellungen auf Menschen übertragen, reduziert man sie auf einen bestimmten Zweck oder Nutzen. Werden Menschen ausschließlich auf Zwecke reduziert, raubt man ihnen ihre Würde. Eine Maschine oder ein Werkzeug ist ein Mittel zum Zweck, und als solches haben diese Dinge Nutzwert. Der Gegenbegriff zum Nutzwert ist der Begriff der Würde. Die Würde ist ein wesentliches Merkmal des Menschen und sie gebührt ihm, unabhängig davon, ob er vitale oder soziale Nützlichkeit erfüllt. (Viktor E. Frankl, Der Wille zum Sinn, S. 110)

Wo die Werte der Technik auf den Menschen 1 : 1 übertragen werden, ist das Differenzieren-Können ganz besonders wichtig. Dieses Unterscheiden schützt uns vor Überforderung, bewahrt uns vor Burn-out und stärkt unseren Mut zur

Unvollkommenheit. Damit kein Missverständnis aufkommt: Ich wehre mich gegen den Perfektionismus, doch ich liebe Verlässlichkeit. Perfektionismus, Kapitalismus, Fundamentalismus oder Liberalismus sind „Ismen“, die Menschen in einen Rahmen zwängen, in dem sie kaum mehr selbst entscheiden können.

Ebenso wie Verlässlichkeit mag ich Fragen, die mir das Leben stellt. Auf Lebensfragen können wir nicht im Voraus antworten. Nehmen wir ein einfaches Beispiel: Sie haben eine Einladung ins Theater bekommen und freuen sich. Der Tag mit dem geplanten Theaterabend kommt und das Leben fragt Sie etwas anderes. Die nicht geplante Frage lautet: 39° Fieber und Grippe. Das Leben will ins Bett, nicht ins Theater! Das Leben stellt uns immer wieder Fragen, von denen wir dachten, dass wir sie bereits beantwortet hätten. In diesen besonderen Momenten ist der Humor eine segensreiche Möglichkeit, dem Leben die Zähne zu zeigen: mit einem Lächeln. Ich gebe gerne zu, dass es nicht ganz einfach ist.

Verstandesfutter

„Wir müssen Stellung nehmen zu diesen Fragen: ‚Was ist ein gutes Leben?‘ – ‚Was ist ein guter Mensch?‘ – ‚Was sind Güter, für die es sich zu leben lohnt?‘ Die Antworten auf diese Fragen prägen unsere Identität …
Identität schafft Räume der Bedeutsamkeit, ist ausschlaggebend dafür, dass zwischen ‚bedeutsam‘ und ‚weniger bedeutsam‘ unterschieden werden kann. Ich möchte ein Leben führen, das das Gewicht dessen, was mir bedeutsam ist, zum Ausdruck bringt.“ (Clemens Sedmak, Die politische Kraft der Liebe, S. 18)[6]

Mut zur Unvollkommenheit

„Nur eines sollten wir perfektionieren, unseren Mut zur Unvollkommenheit.“ Diese Formulierung stammt von meinem lieben Freund Michael Titze. Mit ihm gemeinsam habe ich das Buch „Die Humorstrategie“ geschrieben. Wozu haben wir Unvollkommenheit nötig, wenn die Rahmenbedingungen einer Gesellschaft auf perfektes Styling, makelloses Aussehen und auf exakt planbaren Erfolg getrimmt sind? Ganz einfach, weil Unvollkommenheit die Voraussetzung ist, die Einmaligkeit und Einzigartigkeit eines jeden Menschen zu schätzen und zu genießen. „Wären alle Menschen vollkommen, dann wären alle einander gleich, jeder Einzelne durch einen beliebigen Vertreter also ersetzlich. Gerade aus der Unvollkommenheit des Menschen folgt aber die Unentbehrlichkeit und Unaustauschbarkeit jedes Einzelnen; denn der Einzelne ist zwar unvollkommen, aber jeder ist es in seiner Art.“ (Viktor E. Frankl, Ärztliche Seelsorge, S. 113)
Die Unvollkommenheit prägt die Geschichte der Welt und kennzeichnet Beziehungen zwischen Menschen. Der Mut zur Unvollkommenheit schenkt uns Gelassenheit, damit wir endlich aufhören, einen fanatischen Perfektionismus zu pflegen. Egal, was wir tun, immer bleibt etwas unerledigt oder unlösbar.

Lena hat sich nach der missglückten Planung ihrer freien Tage vorgenommen, sich der unbeschwerten Leichtigkeit in ihrem Leben mehr zu widmen. Lena ist nachdenklich geworden, wie schnell alte Gewohnheiten wirksam werden und wie sehr sie selbst „fremdbestimmt“ funktioniert. Außerdem fiel ihr im

Rückblick noch etwas auf: Immer dann, wenn sie sich selbst zu viel zumutet, stört sie, wie gut ihr Mann Paul mit unerledigten Dingen umgehen kann. „Ich werde richtig wütend, wenn Paul in aller Seelenruhe nichts tut."

Lenas innerer Dialog

Albert: „Ich soll dich erinnern, dass du eine Pause machen sollst!"

Kasimir: „Nervst du schon wieder! Was glaubst du, wer die Wäsche bügelt?"

Albert: „Niemand."

Kasimir: „Ganz genau und deshalb …"

Albert: „Bügle jene Stücke, die dir wichtig sind, und lass die Wäsche deiner Kinder liegen."

Kasimir: „Das gibt aber Ärger."

Albert: „Nein, aus welchem Grund sollte es Ärger geben? Wir sagen gar nichts und warten einfach, bis sie merken, dass ihnen ihr liebstes T-Shirt fehlt."

Kasimir: „Aber ich muss ihnen doch sagen, dass ich ihre Wäsche nicht mehr bügle."

Albert: „Wenn du in deiner jetzigen Stimmung etwas sagst, servierst du ihnen alle nichtgesagten Vorwürfe des letzten Jahres. Das ist genau das, was du nicht willst."

Kasimir: „Mmh."

Albert: „Was ist los?"

Kasimir: „Ich glaub, du hast Recht. Ich habe viel zu lange schweigend gehofft, dass sie sehen, was ich alles tue."

Albert: „Das ist deine Sichtweise! Sarah und Iris machen seit fast zwanzig Jahren die Erfahrung, dass du den Haushalt bewältigst. Du hast ihnen zu wenig zugemutet. Wenn sie dir geholfen haben, warst du nicht zufrieden. Ich habe dir doch aus dem Buch ‚Warum es sich zu leben lohnt' von Uwe Böschemeyer vorgelesen, dass nichts mehr Kraft kostet als die Verdrängung von Tatsachen. Ich bin zwar langsamer als du, aber diese Logik habe ich sehr schnell kapiert!"

Kasimir: „Obwohl ich schneller bin als du und dein logisches Denken, werde ich jetzt einige Zeit brauchen, bis ich diese Erkenntnis in mein Leben integriere."

Albert: „Ich kann dir ja wieder etwas vorlesen."

Kasimir: „Jetzt nicht, ich gehe an die frische Luft und versuche zu verstehen: Wenn ich zu viel für andere tue, erwarte ich zu viel Anerkennung von anderen."

Verstandesfutter

„Lernen und erkennen. Sind dies nicht die großartigsten Möglichkeiten eines Menschenlebens? Wären nicht auch Sie – ganz spontan – gewillt zu sagen: JA! Das ist es! Das wäre es?" (Erika Pluhar, Die Wahl, S. 251)

Unterscheiden stärkt die Logik des Herzens

Wo beginnt jenes Unterscheiden, welches Herz und Seele stärkt? Viktor E. Frankl hat bereits in der ersten Hälfte des 20. Jahrhunderts auf eine wesentliche Unterscheidung hingewiesen. Je genormter eine Maschine ist, umso besser ist sie. Je genormter jedoch ein Mensch ist und einer Durchschnittsnorm entspricht, umso mehr verfehlt er seine Bestimmung und die Fähigkeit, sinnvoll zu leben.

Woran erkennt ein Mensch, dass er gegen seine Bestimmung lebt? Permanente Unzufriedenheit und schlechte Laune sind wesentliche Merkmale, die sich auf die Atmosphäre in Familien und Betrieben übertragen. Wie Unzufriedenheit in der Seele eines Menschen wirkt, hat Albert Schweitzer beschrieben: „Ein reizbarer Mensch gleicht einem verkehrt eingerollten Igel, der sich mit seinen eigenen Stacheln peinigt." Ein Mensch, der ständig gereizt und schlecht gelaunt ist, navigiert sein Boot in die Unzufriedenheit. Das Paradoxe daran ist, dass er der Kapitän des Bootes ist und niemand außer ihm selbst kann von „Unzufriedenheit auf Zufriedenheit" steuern. Ohne Bereitschaft, die Einheit von Körper, Seele und Geist zu verstehen, gerät der Mensch in Gefahr, auf ein reparaturbedürftiges Etwas reduziert zu werden. Defekte Maschinen werden wieder instand gesetzt, damit sie funktionieren. Menschen sind einmalig und einzigartig, deshalb können sie nicht defekt sein und daher kann man sie auch nicht reparieren. Es ist also lebenswichtig, zwischen den Werten des technischen Denkens und der Logik des Herzens zu unterscheiden.

Maschinen *funktionieren*	Menschen sind *lebendig*
Sicherheit verlangen wir von Maschinen	Menschen sehnen sich nach *Geborgenheit*
Beweise sind nötig für Richtig oder Falsch	Menschen verfügen über Gefühl und *Intuition*
Wissen kann ich erwerben – auch käuflich	*Weisheit* verlangt nach Erfahrung

Wenn wir möchten, könnten wir in jeder Lebenslage einen Spezialisten holen. Dieser ist ziemlich vollkommen auf seinem Gebiet, deswegen bezeichnen wir ihn als Spezialisten. „Spezialisten an sich sind ungebildet, eben weil sie Spezialisten sind. Und mehr und mehr wird der Mensch zum Spezialistentum erzogen, zum ‚dummen Wissen', wie ich es für mich nenne." (Erika Pluhar, Die Macht der Gefühle)

Mittlerweile nützen Spezialisten die virtuelle Welt für ihre speziellen Angebote. Das Internet mit seinem abfragbaren Wissenspool bietet großen und kleinen Menschen viel Gutes, aber auch Bedrohliches. Damit wir in der Überschwemmung des Detailwissens nicht untergehen, sollten wir dringend unserer Intuition und der Logik des Herzens vertrauen. Das Rechtschreibprogramm bildet sich ein, richtig schreiben zu können, aber es hat keine Ahnung, was ich einem Menschen wirklich mitteilen will. Mein Handy schlägt mir Worte vor, wenn ich eine SMS schreiben will. Auf diese Funktion verzichte ich freiwillig, ich will selbst bestimmen, was ich schreibe, und mich nicht von zusammenhanglosen Wörtern verwirren lassen. Nicht derjenige ist weise, der viele Dinge weiß, sondern der, der jederzeit bereit ist, sein Wissen dort zu erweitern, wo ihm Unbekanntes begegnet. Wir gewinnen Kraft, Mut und Vertrauen durch Erfahrungen, die uns herausfordern, und durch Probleme, die wir bewältigt haben. Die Logik des Herzens ist die Basis für unseren Mut und unser Vertrauen. Albert, unser Verstand, soll die Wirklichkeit im Blick behalten und Kasimir soll seine intuitiven Fähigkeiten einsetzen.

Verstandesfutter

„Wie wir sehen, liegt die Gefahr gar nicht darin, dass sich die Forscher spezialisieren, sondern darin, dass die Spezialisten generalisieren. Wir alle kennen die sogenannten terribles simplificateurs. Ihnen an die Seite stellen ließen sich nun die terribles generalisateurs, wie ich sie nennen möchte. Die terribles simplificateurs vereinfachen alles; sie schlagen alles über einen Leisten. Die terribles generalisateurs aber bleiben nicht einmal bei ihrem Leisten, sondern verallgemeinern ihre Forschungsergebnisse." (Viktor E. Frankl, Ärztliche Seelsorge)

Seelennahrung

Es ist nicht leicht, sie ohne Hass zu schildern,
und ganz unmöglich geht es ohne Hohn.
Sie haben Köpfe wie auf Abziehbildern
und, wo das Herz sein müsste, Telefon.

In ihren Händen wird aus allem Ware.
In ihrer Seele brennt elektrisch Licht.
Sie messen auch das Unberechenbare.
Was sich nicht zählen lässt, das gibt es nicht!

Erich Kästner[7]

Herzenslogik

Das Erkennen der Unterschiede zwischen Mensch und Maschine stärkt die Logik des Herzens. Diese Unterscheidung lässt uns erkennen, dass nicht alles, was technisch machbar, auch menschlich möglich ist.

Äußere Taktgeber, die den inneren Rhythmus stören

Auf die Herausforderungen des Lebens mit unseren Fähigkeiten, unserer Begeisterung und unserem Bemühen zu antworten, ist immer nur ein Teil des Ganzen. Neben der Wenn-dann-Strategie gab es zu allen Zeiten äußere Taktgeber, die den Lebensrhythmus des Menschen gestört oder zerstört haben. Die äußeren Taktgeber, die unser Leben in Mitteleuropa prägen, sind für die Mehrzahl der Menschen Leistung, Erfolg und wirtschaftliches Wachstum. Am besten gedeiht das Wirtschaftswachstum, wenn Menschen unzufrieden sind. Die innere Unzufriedenheit ist fast eine Garantie für Konsum. Immer mehr Menschen entdecken, dass das neue Auto nicht glücklicher macht als das alte, und das neue Handy nur so lange interessant ist, bis ein neues Modell am Markt ist. Im Unterschied zur tatsächlichen Jagd kennen äußere Taktgeber der Kauflust keine Schonzeit. Die Jagd nach dem Glück hat in unseren Tagen immer Saison. Es scheint so, als ob nichts intensiver verfolgt wird als die Maximierung von Glück. Dabei könnte in der Schonzeit Zufriedenheit und Dankbarkeit wachsen. Allerdings braucht es dazu die Bereitschaft, nicht alles haben zu müssen, was es am Markt zu kaufen gibt.

Derzeit erleben wir einen dramatischen Anstieg der Arbeitsausfallstage aufgrund psychisch bedingter Krankenstände. Zwischen 1995 und 2008 stiegen die jährlichen Krankenstandsfälle wegen psychischer Krankheiten in Österreich um 89 Prozent. Der durchschnittliche Krankenstand dauert 33, ein „normaler Krankenstand“ hingegen im

Durchschnitt elf Tage. Der Verbrauch von Psychopharmaka beläuft sich auf 5,3 Millionen Packungen jährlich allein gegen Depressionen und Angstzustände. (Information der Österreichischen Sozialversicherungsträger)

Mut zum Andersdenken

Wir brauchen Mut zum Andersdenken, nur dann können wir freiwillig anders leben. „Meine neue Freiheit, das ist der Versuch, neue Gedanken zu denken. Das ist meine einzige Möglichkeit, mich zu verändern.“ Diesen Gedanken schrieb die Schauspielerin Romy Schneider in ihr Tagebuch (Renate Seydel, Ich, Romy). Die Freiheit des Denkens beginnt, wenn mein Verstand wieder einsatzfähig ist und die Stressreaktion aus meinem Körper verschwindet. (mehr zu Stress auf S. 101)

Wir brauchen Mut, um eine andere Art von Lebensgestaltung auszuprobieren. Dazu ist Beziehungsfähigkeit, Kreativität, Bescheidenheit im Leisten und einmal mehr die Logik des Herzens erforderlich. Wie wir das Vertrauen ins Leben stärken können, lesen Sie im nächsten Kapitel. Angst lähmt zwar die Handlungsfähigkeit, aber sie warnt uns auch. Menschen, die von Panikattacken heimgesucht werden, erleben eine Intensität an Körpersignalen, die sie als bedrohend empfinden. Kasimir schlägt intensiv zu. Es könnte sein, dass er intensiv an sein Recht auf Lebendigkeit erinnert und dem Perfektionismus und Funktionieren Einhalt gebietet. Dort, wo Angst übermächtig wird, verlieren Menschen auch ihre Möglichkeit, das Leben sinnvoll zu gestalten. Zur Gestaltung einer lebenswerten Zukunft, der wir vertrauen können, brauchen wir Selbstvertrauen, Zuversicht, Mitgefühl und das Vertrauen an das Gute im Menschen. Die Geschichte des 20. Jahrhunderts kennt nicht nur schreckliche Kriege, sondern auch viele Menschen, die bedingungslos an das Gute glaubten und bereit waren, sich dafür einzusetzen. Die Gier störte zu allen Zeiten den Rhythmus des Lebens und behinderte die Eigeninitiative und Eigenverantwortung von Menschen. Begeistert leben, sich freuen können und der Mut, seine eigene Meinung zu sagen, sind wesentliche Merkmale von gelungenen Begegnungen und einem geglückten Leben.

Wie wirkt sich Arbeit, die von der Macht des Geldes geprägt ist, auf die Arbeitenden aus? Wenn wir vergessen, diese Frage zu stellen, reduzieren wir menschliche Arbeit auf den einzigen Zweck der Nützlichkeit und dabei geht Sinnvolles verloren. Wir brauchen neben dem Sachverstand auch Herzenslogik. Menschen brauchen ein „Wofür" und einen Grund zur Freude. Eine Arbeit, die erfüllt, ist sinnvoll und schenkt Freude. Viele Menschen erleben ihre Arbeit ausschließlich als Belastung. Auf der anderen Seite erleben zu viele Menschen ohne Erwerbstätigkeit derzeit ein Übermaß an freier Zeit, die jedoch nichts mit Freizeit zu tun hat.

„Jeder aufgezwungene Arbeitsverlust, sei er durch die Wirtschaftslage oder durch eine Krankheit bedingt, bringt zunächst den Lebensrhythmus eines Menschen durcheinander. Denn die Zeiteinteilung in Freizeit und Arbeit, die unsere Gesellschaft vorgibt, schafft ein Zeitgefüge, nach dem sich auch der Einzelne richten kann. Fällt dieses vorgegebene Zeitgefüge weg, so fühlt sich ein Mensch meist aus dem Rhythmus geworfen und verunsichert." (Daniel Hell, Die Wiederkehr der Seele, S. 95)[8]

Lena hat sich über sich selbst geärgert, weil sie ihre freien Tage gar nicht genießen konnte. „Mit dem, was mir wichtig ist, mute ich mich den anderen nicht zu. Ich nehme Rücksicht auf meine

Eltern und verbringe einen Tag mit ihnen. Sicher haben sie sich gefreut und ich ja auch, aber als ich heimkam, überfiel mich meine älteste Tochter Sarah. Sie hat Liebeskummer und ich hätte ihr ja gerne länger zugehört, aber ich bin neben ihr eingeschlafen. Logisch war sie sauer, da sie das Gefühl hatte, ich interessiere mich nicht für sie. Am meisten nervt mich, dass ich nicht einmal mehr weiß, was ich an zwei meiner freien Tage gemacht habe. Wenigstens habe ich Bad und Küche geputzt. Kommendes Wochenende fahren wir mit Freunden von Freitag bis Sonntag nach Südtirol."

Lenas innerer Dialog

Albert: „Warum liegst du beleidigt im Boot und ruderst nicht mehr mit?"

Kasimir: „Ich bin nicht beleidigt, ich kann nicht mehr und ich mag nicht dauernd planen, was wir am Wochenende tun."

Albert: „Das war doch schön, dass wir unsere Freunde eingeladen haben. Der Abend war doch nett."

Kasimir: „Nett? Ich hör wohl nicht richtig. Kaum sitzen wir gemütlich, musst du schon wieder planen. Wenn ich daran denke, dass wir am Wochenende Skitour gehen, wird mir jetzt schon schlecht."

Albert: „Körperliche Bewegung tut uns sicher gut."

Kasimir: „Geht es ein bisschen weniger extrem? Einen Ausflug nach Südtirol mag ich gern, aber müssen es gleich fünf Gipfel sein?"

Albert: „Du wirst sehen, es tut dir sicher gut. Stell dir vor, wie schön es am Gipfel ist, und die Bergwelt liebst du doch auch. Stell dir die traumhaften Abfahrten vor. Du bist einfach zu bequem."

Kasimir: „Bequem? Du meinst, ich bin bequem?"

Albert: „Ja sicher. Andere müssen sich auch überwinden und du kannst das auch!"

Kasimir: „Vielleicht hast du Recht. Dann gehe ich mit, ich werde es schon schaffen."

Der äußere Taktgeber, der den inneren Rhythmus stärkt

Die Natur ist die Quelle, nicht wir.
The Prince of Wales

Die Natur ist der äußere Taktgeber, der unser Vertrauen stärken könnte. Die Tatsache, dass auf Dunkelheit immer wieder Helligkeit folgt, ist ein grundlegender Aspekt für Vertrauen. Der Wechsel von Tag und Nacht ist uns allen vertraut. Besonders jene, die schlaflose Nächte aufgrund seelischer oder körperlicher Schmerzen kennen, erfahren, wie viel Hoffnung in der Dämmerung des Morgens liegt. Hoffnung bedeutet, die Sonne zu ahnen, auch wenn sie noch nicht scheint. Ganz bestimmt ist der Morgen die Zeit, zu der wir den Kontakt zu Menschen wieder aufnehmen können, wir hören Geräusche und Stimmen deutlicher und ein neuer Tag liegt vor uns.

Das Sonnenlicht und die Wärme genießen stärkt uns ebenso wie die Ruhe der Nacht. Die Versuchung, die Nacht zum Tag zu machen, ist groß. Es liegt an jedem einzelnen Menschen, ob er in der Monokultur des Leisten-Müssens verharrt oder das Genießen in sein Leben miteinbezieht. Marie von Ebner-Eschenbach, eine der bedeutendsten Schriftstellerinnen des 19. Jahrhunderts in Österreich, hat dieses Phänomen bereits wahrgenommen: „Menschen, die nach immer größerem Reichtum jagen, ohne sich jemals Zeit zu nehmen, ihn zu genießen, sind wie Hungrige, die immerfort kochen, sich aber nie zu Tische setzen."

Wir alle können uns jeden Morgen freuen über das Geschenk, welches die Natur uns macht. Den Wechsel der Jahreszeiten erleben wir nicht täglich, trotzdem können wir uns auf diesen Rhythmus verlassen. Im Winter fällt vielen von uns die Vorstellung schwer, dass auf den kahlen Ästen der Bäume wieder Blätter wachsen werden. Wer jemals eine dicke Schneedecke auf Wiesen und Feldern sah, braucht viel Phantasie, um zu ahnen, dass in absehbarer Zeit wieder Blumen blühen. Wer gerne in Seen schwimmt, kann sich beim Anblick der Eisdecke kaum vorstellen, dass er in drei oder vier Monaten schon wieder ins geliebte Nass eintauchen kann. Ähnliches erleben wir, wenn in unserer Seele Winter herrscht. Obwohl wir leise ahnen, dass wieder Frühling und die Fröhlichkeit zurückkehren wird, haben uns Traurigkeit und Verzweiflung manchmal fest im Griff.

Die Phänomene in der Natur sind ein Symbol für jene Art von Vertrauen, zu dem wir Menschen nicht viel beitragen können. Wenn wir uns diese Naturereignisse bewusst machen, sind sie ein Geschenk. Denn es liegt nicht in unserer Macht, dass Bäume grün und Seen warm werden, oder dass Jungvögel genügend Futter bekommen. Die verbreitete Meinung ist, dass der Mensch die Natur beherrschen muss. Was die Gier des Menschen und sein fehlendes Verständnis für den Wert der Natur anrichten, ist in vielen Landstrichen der Erde zu sehen. Der Mensch hat der Natur eine einseitige Monokultur aufgezwängt und die Vielfalt des Tier- und Pflanzenreiches teilweise zerstört. Mittlerweile begreifen doch einige, dass sie sich selbst zerstören, wenn sie sich selbst einengen und unmenschliche Leistung zum alleinigen Lebensprinzip erheben. Erkenntnis ist nicht durch Wissen lehrbar, sondern nur durch persönliche Erlebnisse erfahrbar.

Verstandesfutter

„Zum Beispiel brüten einige Singvögel im Frühling ihre Eier so, dass das Schlüpfen der Jungvögel genau in die Zeit der explosionsartigen Raupenvermehrung fällt, dass genug Futter für sie da ist. In diese zahlreichen Kreisläufe sind Korrekturmechanismen eingebaut, durch die das Verhältnis von Räubern und Beute, das Baumwachstum und die Bodenfruchtbarkeit Faktoren unterworfen werden, die für die geordneten Veränderungen und Entwicklungen im Wandel der Jahreszeiten Sorge tragen und alles im Gleichgewicht halten." (The Prince of Wales, Harmonie, S. 25)[9]

Seelennahrung

Zu viel des Guten

Ein Mann und eine Frau besaßen einen wunderschönen Garten, den sie mit viel Freude pflegten. An einer Stelle des Gartens wollten sie etwas ganz Besonderes pflanzen. So entschieden sie sich für ein Apfelbäumchen. Sie stellten sich vor, wie gut die Äpfel schmecken würden und wie schön es sein würde, im Schatten des Baumes zu sitzen. Täglich hielten sie Nachschau und pflegten ihn vorbildlich.

Dies bemerkte auch das Bäumchen und es bemühte sich, so schnell wie möglich zu wachsen. Voller Stolz und Freude streckte es seine Äste dem Himmel entgegen.

Eines Tages bemerkte der Mann, dass einige Äste nicht so wuchsen, wie er es wollte, und schnitt sie nach seinem Gutdünken. Das Bäumchen erschrak.

Der Schmerz war groß, doch weil die Sonne so schön schien, begann es weiterzuwachsen. Nach einiger Zeit gefiel der Frau etwas am Wuchs des Bäumchens nicht und sie griff zur Baumschere. Diesmal dauerte es schon länger, bis der kleine Baum wieder Freude am Wachsen fand.

Da das Paar immer wieder zur Schere griff und das Bäumchen nach seinen Wünschen und Vorstellungen beschnitt, verlor das Bäumchen schließlich vollends die Freude am Dasein. Es ließ seine Äste hängen, die Blätter verloren ihre kräftige, tiefgrüne Farbe und sein Anblick wurde immer erbärmlicher.

Die Zeit verging. Niemand beachtete das Apfelbäumchen, nur Vögel, Käfer und andere Kleintiere saßen und krabbelten ungestört auf seinen Ästen. Langsam, ganz langsam, bemerkte das Bäumchen wieder, dass die Sonne schien! Vorsichtig schickte es wieder etwas Saft in seine Blätter. Keiner kam und bemerkte es! Allmählich fasste das Bäumchen wieder Mut und begann still und heimlich zu wachsen. Weil ihm niemand neue Verletzungen zufügte, ließ es seine Äste in alle Richtungen wachsen, seine Wurzeln wurden kräftig und sein Stamm rissig und rau. Aus dem Bäumchen war ein großer, starker Apfelbaum geworden!

Nach einigen Jahren erinnerten sich die Besitzer an den Apfelbaum. Beide konnten kaum glauben, wie groß und kräftig er ohne ihr Zutun geworden war! Große, saftige Äpfel hingen an seinen Ästen. Sie freuten sich sehr, kosteten die wunderbaren Früchte und genossen den Schatten der mächtigen Baumkrone! (überlieferte Geschichte)

Die Erkenntnis dieser Geschichte ist nicht durch Wissen lehrbar, sondern nur durch persönliche Erlebnisse erfahrbar. Trotz intensiven Bemühens, unser Bestes zu geben, haben wir alle schon Enttäuschungen erlebt und wir werden immer wieder enttäuscht werden. Das Scheitern aufgrund eigener Erfahrungen ist schmerzhaft. Ich weiß allerdings nicht, woher die Sichtweise stammt, dass wir nur durch Leiden lernen würden. Ich bin überzeugt, dass Freude die Logik des Herzens in einer wunderbaren Weise nähren würde.

Herzenslogik

„Die Menschen müssen leiden, um stark zu werden, dachte ich. Jetzt denke ich, sie müssen Freude haben, um gut zu werden."

Wilhelm von Humboldt

Das eigene Maß

„Die Natur stattet jeden mit der Fähigkeit zu einer bestimmten Leistung aus, die jedem anderen unmöglich wäre, und so macht sie ihn zu einem unentbehrlichen Mitglied der Gesellschaft."
Ralph Waldo Emerson

Was ist das eigene Maß? Welches ist es und wonach richtet sich mein Maßstab? Wer hat ihn mitbestimmt?
Wenn ich mein Maßstab bin, wie gehe ich mit dem Maß anderer um? Kann ich das ihre achten?

Menschen, die ihr eigenes Maß immer wieder an der Zustimmung anderer messen, legen ihre Selbstachtung und ihre Eigeninitiative in fremde Hände. Sie verzichten darauf, ihre persönlichen Wertvorstellungen sinnvoll zu leben. Es wird immer Menschen geben, denen nicht gefällt, wie wir leben. Die folgende Geschichte verdeutlicht das:

Die Schwierigkeit, es allen recht zu machen
Ein Vater zog mit seinem Sohn und einem Esel in der Mittagsglut durch die staubigen Gassen von Keshan. Der Vater saß auf dem Esel, den der Junge führte.

„Der arme Junge", sagte da ein Vorübergehender. „Seine kurzen Beinchen versuchen mit dem Tempo des Esels Schritt zu halten. Wie kann man so faul auf dem Esel herumsitzen, wenn man sieht, dass das kleine Kind sich müde läuft?"

Der Vater nahm sich dies zu Herzen, stieg hinter der nächsten Ecke ab und ließ den Jungen aufsitzen.

Gar nicht lange dauerte es, da erhob schon wieder ein Vorübergehender seine Stimme: „So eine Unverschämtheit! Sitzt doch der kleine Bengel wie ein Sultan auf dem Esel, während sein armer, alter Vater daneben herläuft!"

Dies schmerzte den Jungen und er bat den Vater, sich hinter ihn auf den Esel zu setzen.

„Hat man so was schon gesehen?", keifte eine Frau, „eine solche Tierquälerei! Dem armen Esel hängt der Rücken durch, und der alte und der junge Nichtsnutz ruhen sich auf ihm aus, als wäre er ein Diwan, die arme Kreatur!"

Die Gescholtenen schauten sich an und stiegen beide, ohne ein Wort zu sagen, vom Esel herunter.

Kaum waren sie wenige Schritte neben dem Tier hergegangen, machte sich ein Fremder über sie lustig: „So dumm möchte ich nicht sein! Wozu führt ihr denn den Esel spazieren, wenn er nichts leistet, euch keinen Nutzen bringt und noch nicht einmal einen von euch trägt?"

Der Vater schob dem Esel eine Hand voll Stroh ins Maul und legte seine Hand auf die Schulter des Sohnes.

„Gleichgültig, was wir machen", sagte er, „es findet sich doch jemand, der damit nicht einverstanden ist. Ich glaube, wir müssen selbst wissen, was wir für richtig halten." (Nossrat Peseschkian, Der Kaufmann und der Papagei, S. 130)[10]

Was jede und jeder Einzelne als gut für sich empfindet, ändert sich nicht nur mit den Jahren, sondern auch mit der Umgebung, in der ein Mensch lebt und arbeitet. Zu diesem Spüren, was uns guttut, brauchen wir eine gute Wahrnehmung und Zeit. Diese Zeit sollten wir uns immer wieder gönnen, um in der Schule des eigenen Lebens zu lernen. „Das griechische Wort für Muße heißt denn auch scholé. Daraus ist das deutsche Wort für Schule abgeleitet, was zeigt, wie Wörter ihre

Bedeutung wechseln können. Scholé, Muße im griechischen Sinn, diente der schöpferischen Selbstentfaltung. Die Muße diente den alten Griechen dazu, selbst aktiv zu werden und sich mit Geistigem zu beschäftigen, weil körperliche Arbeit zu ihrer Zeit Aufgabe der Sklaven war" (Daniel Hell, Die Wiederkehr der Seele, S. 98). Die schöpferische Selbstentfaltung verzichtet auf das Messbare und vor allem auf die Bewertung von anderen. Wenn wir es schaffen, zu unserer Einmaligkeit durchzudringen, brauchen wir nichts Besonderes zu sein.

Haddon Klingberg schildert in der Biografie „Das Leben wartet auf Dich"[11] die beiden Menschen Viktor und Elly Frankl:

„Eines Abends unterhielten wir uns über die politischen Kontroversen, in die Viktor hineingezogen wurde, über die gegen ihn erhobenen Vorwürfe und die Angriffe seitens seiner Gegner. Elly und ich wären gern noch eine Weile bei dem Thema geblieben, aber Viktor setzte dem ein Ende. Ich hatte mein Bandgerät nicht dabei, will aber hier zusammenfassen, was er sagte:

‚Wäre es denn besser, es jedem recht zu machen und lieber nichts zu sagen, was der Rede wert wäre? Soll ich meine tiefsten Überzeugungen verschweigen, nur um oberflächliche Zustimmung zu ernten? Und was ist denn letztendlich wichtiger – Schein oder Sein? Schaut euch die Post an, die keiner kennt: Für jede Kritik bekomme ich Hunderte von Dankesbriefen von Leuten, die in den Augen der Welt ein Niemand sind. Darauf kommt es an, dass Menschen Sinn in ihrem Leben finden, ganz gleich was ihnen die Welt hinwirft. Es spielt wirklich keine Rolle, dass ein paar Leute auf mich schimpfen oder dies und jenes gegen mich vorbringen – ein einziger Brief von einem Menschen, der die Verzweiflung überwunden hat, wiegt das alles auf.'"

Verstandesfutter

„Wer immer es in dieser Welt riskiert, das Beste, sein eigenes Wesen nämlich, aus sich herauszuleben, wird damit zu rechnen haben, dass die Meute der Konformisten und Konventionalisten sich an seine Fersen heftet, um ihn zu Fall zu bringen. Denn keiner scheint sie wütender zu machen als der, der seinen eigenen Weg geht.
Und trotzdem: Wer immer es wagt, sich selber treu zu sein, wird auch erfahren, dass ihm das Leben selbst die Treue hält." (Uwe Böschemeyer, Das Leben meint mich)[12]

Herzenslogik

„Eine Tugend gibt es, die liebe ich sehr, eine einzige. Sie heißt Eigensinn. … Es ist schade, dass der Eigensinn so wenig beliebt ist! Genießt er irgendwelche Achtung? Oh nein, er gilt sogar für ein Laster oder doch für eine bedauerliche Unart. … Dieselbe Menschheit, die den Gehorsam gegen ihre willkürlichen Gesetze als höchste Tugend bei den Lebenden preist und fordert, dieselbe Menschheit nimmt in ihr ewiges Pantheon gerade jene auf, die jener Forderung Trotz boten und lieber ihr Leben ließen, als ihrem ‚eigenen Sinn' untreu wurden." (Hermann Hesse, Eigensinn macht Spaß, 89 f.)[13]

Die mächtigen Bilder in unserer Seele

Von den wesentlichen Rollen und von den wichtigsten Situationen unseres Lebens hat unser Gehirn Bilder gespeichert. Diese Bilder sind emotional stark besetzt und haben Spuren hinterlassen. Je intensiver das emotionale Erleben, umso deutlicher die Erinnerung. Diese inneren Bilder bestimmen unsere Haltung und steuern unser Verhalten. Sie entscheiden ganz maßgeblich darüber, ob wir uns in bestimmten Situationen unseres Lebens lebensfreundlich oder lebensfeindlich verhalten. „Ohne Rückgriff auf solche inneren Bilder ist kein Leben möglich" (Gerald Hüther, Die Macht der inneren Bilder, S. 44). Manchmal sind die inneren Bilder von einem eigenartigen Misstrauen geprägt. Schauen wir auf Lena und die Bilder ihrer Seele.

Lena wuchs im „NORMalen" Maß der „Wenn-dann-Strategie" auf. „Wenn du lernst, dann bekommst du gute Noten!" „Wenn du brav bist, geht es dir gut!" „Wenn du aufpasst und keine Fehler machst, bringst du es zu etwas!" Lena lernte gerne, war eine gute Schülerin und ihr Leben verlief wie auf einer Schiene. Die Gewohnheiten des „Wenn-dann" lebte Lena in ihrer Familie mit drei Kindern weiter. Ihr eigenes Maß entdeckte Lena, als sie nach einer Knieverletzung die gewohnte Norm nicht mehr erfüllen konnte: „Erst als ich ausfiel, entdeckte ich, wie intensiv ich nach der ‚Wenn-dann-Strategie' gelebt hatte. Mein Mann und meine Mutter machten ihre Laune von meinem Wohlbefinden abhängig. Mir war immer klar, dass ich nichts geschenkt bekomme und ich selbst etwas zu einem guten Leben beitragen muss. Für mich ist kaum etwas selbstverständlich. Genau an dem Punkt, wo für andere eine Tat oder eine Hilfeleistung selbstverständlich war, habe ich mich oft überschwänglich bedankt. Leider hatte diese Art von Dankbarkeit eine eigenartige Nebenwirkung: Ich machte mich meistens kleiner, als ich war. Nach dieser Art des Dankens spürte ich oft eine innere Leere. Ich habe den Bildern entsprochen, wie ich zu sein hatte. Diese Bilder habe ich zu meinem Maßstab gemacht."

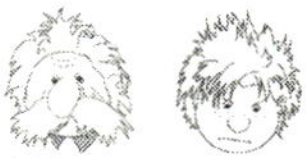

Lenas innerer Dialog

Kasimir: „Ich bin auf eine eigene Art verzweifelt. Ich kenn mich nicht aus."

Albert: „Wir ruhen uns jetzt aus, dann geht es dir besser."

Kasimir: „Ich will mich nicht ausruhen, ich will mich verstehen!"

Albert: „Was konkret möchtest du verstehen?"

Kasimir: „Ich habe immer gemeint, ich mag alles gerne, was ich tue. Im Rückblick taucht so viel Müssen auf, das gar nicht notwendig gewesen wäre."

Albert: „Ist das schlimm?"

Kasimir: „Ja, das ist schlimm, und zwar deswegen, weil ich dachte, ich sei bequem und müsse mich überwinden. Ich habe gespürt, dass ich total müde bin, und hätte mich am liebsten ins Bett gelegt. Trotzdem bin ich ins Gebirge mitgefahren. Was habe ich jetzt davon? Einen Totalausfall, weil ich mir das Kreuzband im Knie gerissen habe. Ich habe meinem Körpergefühl nicht vertraut und darüber bin ich traurig und wütend."

Albert: „Hm, jetzt geht es mir auch nicht gut. Der Hinweis, dass du bequem bist, kam von mir. Ich habe dir nämlich das Blaue vom Himmel erzählt und wie schön die gemeinsame Bergtour mit Freunden sein würde. Ich hatte wohl vergessen, dass es körperliche Grenzen gibt. Ich werde mich bemühen, deine körperlichen Signale ernst zu nehmen."

Kasimir: „Das Beste wird sein, ich versuche zu schlafen."

Albert: „Also ich möchte noch lange darüber nachdenken, warum ich jetzt in einer so unangenehmen Situation gelandet bin."

Albert, unser Verstand, und Kasimir, unser Gefühl, senden ihre Nachrichten in einem je ganz persönlichen Radioprogramm. Lenas Verstand stört mit seinem Grübelkarussell ihr Schlafbedürfnis.

Uns allen tut es immer wieder gut, genau hinzuschauen, welches Programm gerade auf Sendung ist. Ist es der Sender der Machbarkeit „Alles ist möglich" oder der Sender der Menschlichkeit? Der Sender der Machbarkeit legt sein Veto meistens so verführerisch ein, dass wir erschreckend schnell funktionieren. Der Verdacht, dass Bequemlichkeit fehlender Motivation zugrunde liegt, ist besonders hinterhältig. Gibt man diesem Störsender nach, wird es für kurze Zeit – aber wirklich nur für kurze Zeit – im Inneren ruhiger. Einen Tag später geht dann die verständnisvolle Menschlichkeit auf Sendung. Die Nachricht, dass man sich zu viel zugemutet hat, wird von einer leisen Traurigkeit begleitet.

Verstandesfutter

„Waren die bisherigen Erfahrungen bei der Nutzung einer bestimmten Lösungsstrategie überwiegend positiv, so entsteht auch jetzt wieder ein gutes Gefühl, wenn man sich fragt, ob auch das nun anstehende Problem auf genau diese Weise gelöst werden könnte. Alle anderen Handlungsoptionen, die ein weniger gutes oder gar ein unangenehmes Gefühl auslösen, werden dann schnell verworfen. Man tut am liebsten das, was sich bisher immer bewährt hat. Je besser es funktioniert, je erfolgreicher sich diese Strategie nun auch zur Lösung des betreffenden neuen Problems einsetzen lässt, desto positiver wird das dafür genutzte innere Handlungsmuster bewertet." (Gerald Hüther, Die Macht der inneren Bilder)

Seelennahrung

In unsren Händen

Es liegt in unsren Händen
ob wir uns halten oder nicht
es liegt in unsren Händen
ein Herz zu spalten oder nicht
Es liegt in unsren Händen
wie tief wir uns berühren
es liegt in unsren Händen
wie weit wir uns verführen
Es liegt in unsren Händen
den Himmel zu ergreifen
es liegt in unsren Händen
die Masken abzustreifen

Es liegt in unsren Händen
uns hinzugeben oder nicht
es liegt in unsren Händen
den Stein zu heben oder nicht
Es liegt in unsren Händen
die Türen zu verschließen
es liegt in unsren Händen
das Fremde zu begrüßen

Es liegt in unsren Händen
die Faust zu ballen oder nicht
es liegt in unsren Händen
uns festzukrallen oder nicht
Es liegt in unsren Händen
einander freizulassen
es liegt in unsren Händen
uns liebend zu umfassen
Es liegt in unsren Händen
wie bös wir Wunden schlagen
es liegt in unsren Händen
Verantwortung zu tragen

Es liegt in unsren Händen
das Schicksal dieser alten Welt
es liegt in unsren Händen
ob unser Stern vom Himmel fällt

Erika Pluhar[14]

Vertrauen, ein guter und tiefer Grund

Was hatte uns hierhergeführt? Vordergründig die übliche Kette kleiner Schritte, Zufälle, Entscheidungen, die erst im Nachhinein von jemandem gelenkt scheinen, auf den wir wenig Einfluss haben.
Tiziano Terzani

Tausend Dinge könnten wir besser machen, wenn wir alles vorher wüssten. Aber so geht Leben nicht. Es gleicht einem Theaterstück, das vorher nicht geprobt wird. Das Leben ist auch keine Generalprobe. Die Aufführung findet unmittelbar und ohne Probe statt. Viele Menschen meinen, man könne im Leben alles planen. Das ist ein Irrtum. Wenn wir genau hinschauen, entdecken wir, dass es im Leben der meisten Menschen viel Grund zu Freude und Fröhlichsein gibt. Manchmal gibt es aber auch traurige Zeiten, die zu bewältigen sind, und schwere Tage, die länger zu dauern scheinen als die freudvollen.

Wer Vertrauen in das Leben hat und ahnt, dass es gute Mächte gibt, lebt fröhlicher und unbeschwerter.

Die Hektik unserer Zeit verschlingt wie ein gefräßiges Tier viel Schönes und Wertvolles. Meist entdecken wir im Rückblick auf unser Leben, dass wir viel öfter einer besonderen Art von Zufall hätten vertrauen können. Ein Gedanke der Gebrüder Grimm drückt dieses Phänomen aus: „Der Zufall ist das unberechenbare Geschehen, das sich unserer Vernunft und Absicht entzieht." Diesem nicht planbaren und unberechenbaren Zufall eine Chance zu geben, wäre eine gute Möglichkeit, mehr Zeit für das Wesentliche zu haben.

Charlie Chaplin hat an seinem 70. Geburtstag ein Plädoyer für das Vertrauen geschrieben:

Als ich mich selbst zu lieben begann,
habe ich verstanden, dass ich immer und bei jeder Gelegenheit
zur richtigen Zeit am richtigen Ort bin
und dass alles was geschieht richtig ist –
von da an konnte ich ruhig sein.
Heute weiß ich, das nennt man Vertrauen.

Der Mut zum Leben ist eng mit dem Vertrauen ins Leben verbunden. Vertrauen ins Leben zu gewinnen ist eine Herausforderung an jeden Menschen. Wir können von jenen Menschen Vertrauen lernen, die Schweres bewältigt haben und doch nicht verbittert sind. Marion Gräfin Dönhoff war eine Frau, aus deren Büchern ich viel gelernt habe. Sie ist ein wunderbares Beispiel für den „Trotzdem-Menschen". Sie war viele Jahre Chefredakteurin und Herausgeberin der deutschen Wochenzeitung „Die Zeit". In einem der letzten Gespräche vor ihrem Tod wurde sie von ihrem Großneffen gefragt:
„Du hast schon mal vom Schutzengel gesprochen. Glaubst du, dass es ihn gibt?"
„Natürlich gibt es ihn. Ich habe einen ganz engen Schutzengel. Davon bin ich überzeugt."
„Ist das ein Mann oder eine Frau?"
„Auch meinen Schutzengel stelle ich mir nicht konkret vor. Es ist etwas Abstraktes. Ich habe einfach die Gewissheit, dass mein Schutzengel da ist. Ich glaube, die Welt ist so, wie man sie sieht. Wenn du immerfort Katastrophen erwartest, dann

werden sie auch kommen. Wenn du Vertrauen in bestimmte Dinge hast, dann gelingen sie auch."
„Aber wie denkst du über deinen Schutzengel, wenn Dinge mal nicht so laufen, wie du es gerne hättest?"
„Dann sage ich mir: Ich irre mich. Ich bin auf dem falschen Weg, und mein Schutzengel hat mir das gezeigt. Ich würde mir immer sagen, der Schutzengel hat Recht." [...]
„Und wie bist du zu deinem gekommen? Oder ist er zu dir gekommen?"
„Weiß man nicht, ist beides möglich."
„Hast du denn auch in guten Zeiten an deinen Schutzengel gedacht?"
„Doch, da danke ich ihm."
„Also, er wird nie vergessen?"
„Nein, nie!"
(Friedrich Dönhoff, Die Welt ist so, wie man sie sieht, S. 157 ff.)[15]

Verstandesfutter

Woher kommt unser Vertrauen? Erstens bringen wir alle ein bestimmtes Maß von Vertrauen mit auf diese Welt und zweitens haben wir alle Erfahrungen gemacht, auf die wir stolz sein können. „Es ist möglich, gleichzeitig mit jemandem eng verbunden zu sein und über sich hinauswachsen zu können. Wir bringen deshalb die Erwartungshaltung mit auf die Welt, dass dort jemand zu finden sein wird, der uns annimmt, der uns wärmt und schützt und der uns aber auch hilft, unsere Potentiale zu entfalten, Neues zu lernen, uns weiterzuentwickeln." (Gerald Hüther, Was wir sind und was wir sein könnten, S. 52)

Je nach den Erfahrungen, die wir im familiären und sozialen Umfeld gemacht haben, wurde unser Vertrauen gestärkt oder geschwächt. Egal, wie oft ein Mensch Enttäuschungen erlebt hat, ganz tief in ihm schlummert eine Art von Vertrauen, das nur er kennt. Manchmal schläft dieses Vertrauen tief, aber wir können es aufwecken.

Lena erholte sich von ihrem Bänderriss im Knie schneller als von ihrem „Bänderriss" der Seele: „Es ist, als ob das Leben meine äußere Uhr auf halbe Geschwindigkeit gestellt hätte. Meine innere Uhr erinnert sich an meine alten Gewohnheiten. Ich habe ständig das Gefühl, ich versäume etwas, und mir geht es viel zu langsam. Dabei kann ich schon ohne Krücken gehen. Meine Freundin hat mir ein Buch von Rudolf Wötzel geliehen ‚Über die Berge zu mir selbst'. Da beschreibt ein Mann, wie er von Salzburg bis Nizza über die Alpen geht, über sein Leben nachdenkt und es ändert. So radikal will ich mein Leben nicht ändern, aber so eine kleine Korrektur ist schon notwendig. Die Berge waren auch für Viktor E. Frankl ein ganz wertvoller Ausgleich zu seiner Arbeit als Arzt. Die Erkenntnis, dass ich als Mensch innerlich stärker sein kann als alle äußeren Bedingungen, ist schon außergewöhnlich."

Lenas innerer Dialog

Albert: „Es ist schon erstaunlich, wozu der Mensch fähig ist, wenn er seine innere Kraft entdeckt."

Kasimir: „Meinst du mich?"

Albert: „Ja, dich auch."

Kasimir: „Wieso auch? Ist bei uns noch jemand im Boot?"

Albert: „Nein. Ich meine Menschen, von denen du dich ermutigen lässt. Sie machen mir bewusst, dass ich doch nicht alles weiß. Deshalb sollte ich mehr Biografien lesen. Die Lebensgeschichten von Menschen wie Nelson Mandela, Viktor und Elly Frankl, Marion Dönhoff, Sidney Poitier, Erika Pluhar und Berthold Beitz haben mich nachdenklich gemacht."

Kasimir: „Du meinst, durch das Trotzdem, das diese Lebensgeschichten prägt, lernst du auch?"

Albert: „Lernen ist vielleicht zu viel gesagt, aber ich bemühe mich, andere Sichtweisen anzuerkennen."

Kasimir: „Ich habe den Eindruck, dass wir uns in Zukunft besser verstehen werden. Ich freue mich darauf, dass wir miteinander rudern."

Das schlummernde Potential wecken

Das, was hinter uns liegt, und das, was vor uns liegt,
sind Kleinigkeiten verglichen mit dem, was in uns liegt.
Ralph Waldo Emerson

Das schlummernde Potential ist nicht sichtbar und schon gar nicht messbar. Das schlummernde Potential ist die Voraussetzung für eine kreative und verantwortungsbewusste Lebensgestaltung. Wir brauchen dringend lebenswerte Zukunftsvisionen und die Hoffnung auf ein gutes Ende. Solange sich Ideen in Worten erschöpfen, erleben wir nicht, wie sich das schlummernde Potential im Tun auswirkt.

Unsere Zeit ist von einer eigenartigen Kombination aus Verdacht, Empörung und Beschwichtigung geprägt. Das Zusammenspiel dieser menschlichen Eigenschaften führt zu einer Verstärkung von Misstrauen und Gleichgültigkeit. Überall, wo es Nachteile gibt, verstecken sich auch Vorteile. Sehr oft wacht das Vertrauen erst dann auf, wenn wir unbekannte Wege gehen wollen oder müssen. Den Verdacht haben wir erst im Laufe unseres Lebens gelernt, deshalb können wir ihn auch verlernen. Es liegt in und an uns, die persönliche Logik des Herzens mit der Kraft der Zuversicht und dem Vertrauen zu nähren.

Vielleicht taucht beim Lesen sofort die innere Stimme Ihres Alberts auf.

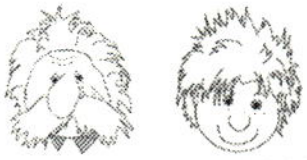

Innerer Dialog

Albert: „Vertrauen? Mir ist Sicherheit lieber, ich brauch Kontrolle. Ich bin schon zu oft enttäuscht worden."

Kasimir: „Wir können doch nicht alles kontrollieren. Mir gefällt die Zuversicht und das Vertrauen."

Albert: „Das ist doch Manipulation, davon wird die Welt auch nicht besser."

Kasimir: „Probieren wir es doch aus. Das wäre eine Möglichkeit."

Albert: „Was hast du davon?"

Kasimir: „Mich begeistert, dass es etwas gibt, von dem du noch nichts weißt, und ich bin neugierig, was dabei herauskommt."

Albert: „Aber sicher bist du dir nicht, oder?"

Kasimir: „Ich vertraue, dass es gut wird."

Albert: „Dazu brauche ich deine Unterstützung."

Kasimir: „Die bekommst du und ich brauch dich auch."

Uns allen hätte diese Geschichte passieren können:
Eine ältere Dame steht im Selbstbedienungsrestaurant in der Schlange und holt sich eine Erbsensuppe. Am Tisch stellt sie fest: Die Wurst fehlt. Sie stellt den Suppenteller auf den Tisch und reklamiert. Selbstverständlich bekommt sie eine Wurst. Wieder zurück, sieht sie, dass an ihrem Tisch ein Farbiger sitzt und ihre Erbsensuppe probiert. Die alte Dame überlegt: „Was soll ich tun?" Weil sie sich keinesfalls in den Verdacht der Ausländerfeindlichkeit bringen will, setzt sie sich zu dem Mann an den Tisch. Sie teilt die Wurst in kleine Stücke, die

sie je zur Hälfte dem jungen Mann in die Suppenterrine und sich in den Teller füllt. Dann holt sie sich noch einen zweiten Löffel und eine Kelle, füllt sich Suppe in ihren Teller, und beide essen gemeinsam den Erbseneintopf. Der junge Mann steht zwischendurch auf und besorgt zwei Glas Bier. Man prostet sich zu, und nach dem Kaffee verabschiedet sich der junge Mann höflich. Ein wenig trauert die alte Dame ihm nach. Sie will auch gehen und langt nach ihrer Handtasche. Doch die Tasche ist verschwunden! Um Himmels willen! Der nette junge Mann – ein Dieb? Nach verzweifelter Suche findet sich endlich die Tasche – am Nachbartisch. Und da steht auch der Teller mit ihrer Erbsensuppe. Und langsam beginnt die alte Dame zu begreifen … (überlieferte Geschichte)

Beziehungsfähigkeit und die Nähe eines Menschen sind ebenso wesentlich wie Selbstvertrauen. Deshalb sollten wir uns bewusst werden, dass uns die Nähe eines Menschen stärkt. Auf die Fähigkeiten anderer Menschen können wir nicht verzichten, aber auf den unerträglichen Wettbewerb im alltäglichen Miteinander schon. Das Leben ist kein Wettkampf, bei dem der Schnellere oder Stärkere gewinnt. Das Leben meint es gut mit uns, wenn wir achtsamer und liebevoller mit uns und anderen umgehen. Neben dem Selbstvertrauen und dem Vertrauen in andere Menschen ist das Vertrauen in die guten Mächte die dritte Dimension von Vertrauen.

Die große Kunst im Leben besteht für uns alle darin, an schwierigen Lebenssituationen zu reifen, anstatt zu jammern und zu verbittern. Nichts stärkt uns mehr als Probleme, die wir aufgrund unserer persönlichen Fähigkeiten bewältigt haben. Wir können nicht leben ohne Vertrauen in unsere eigenen Fähigkeiten. Ebenso wesentlich ist das Vertrauen in andere Menschen und das Vertrauen in die guten Mächte. Diese Gewissheit stärkt die Logik des Herzens. Wir nähren unsere Hoffnung, wenn wir aufhören könnten zu siegen, wenn wir auf das Vergleichen verzichten und weder uns noch anderen beweisen müssen, dass wir fehlerlos sind. Für die Logik des Herzens ist diese Erkenntnis so wesentlich, dass ich sie wiederhole:

Die Logik des Herzens freut sich am Leben.
Die Logik des Herzens kann auf das Siegen verzichten.
Die Logik des Herzens muss sich selbst und anderen nichts beweisen.
Die Logik des Herzens braucht keine Vergleiche.
Die Logik des Herzens darf Fehler machen.

Verstandesfutter

„Jeder Mensch mit einem unverletzten Gehirn verfügt über ein emotionales Erfahrungsgedächtnis und über das daran gekoppelte Signalsystem der somatischen Marker. Menschen unterscheiden sich nicht darin, ob sie somatische Marker haben oder nicht, sie unterscheiden sich darin, ob sie diese Körpersignale wahrnehmen oder nicht. Im emotionalen Erfahrungsgedächtnis wird das Wissen in Form von Gefühlen und Körperempfindungen gespeichert." (Maja Storch, Das Geheimnis kluger Entscheidungen, S. 21)

Seelennahrung

Wir haben schon einiges überlebt,
wir werden auch das überleben!
Wir werden jeder
sein eigenes Bündel Sorgen haben,
und jeder wird mit ihnen auf
seine Weise fertig werden müssen.
Und gegenseitig müssen wir uns
hauptsächlich aufmuntern, nicht deprimieren.

Václav Havel[16]

Herzenslogik

Was ist das Geheimnis deiner Ruhe?
Aus dem Herzen kommendes, uneingeschränktes
Kooperieren mit dem Unvermeidlichen.

Anthony de Mello

Innere Haltungen beleben

Auf die Dauer der Zeit nimmt die Seele die Farbe deiner Gedanken an.
Marc Aurel

Wir Menschen sind sehr anpassungsfähige Lebewesen. In unserem Kulturkreis werden bestimmte Erwartungen verlangt, Überzeugungen vermittelt und Verhaltensweisen für gut befunden, Konformität wird geschätzt und Eigenständigkeit bekämpft. Doch dieses angepasste Leben bereitet über Europa hinaus immer mehr Menschen Probleme. Dies hat auch Mahatma Gandhi erlebt und dazu bemerkt: „Erst ignorieren sie dich, dann verlachen sie dich, dann bekämpfen sie dich und dann gewinnst du." Anpassung wird dort bedenklich, wo ein Mensch auf Dauer etwas, das er als wertvoll empfindet, nicht mehr wahrnehmen und beleben kann. Resignation tritt ein, wenn zur Hoffnung die Kraft fehlt. Die Hoffnung ist eine Lebenskraft, aufrecht zu stehen, wenn im Augenblick alles fehlzuschlagen scheint.

Aldous Huxley schrieb 1932 in seinem Roman „Schöne neue Welt" die Geschichte einer fiktiven Gesellschaft, die sich zum Negativen entwickelt: „Es wird in der nächsten oder übernächsten Generation eine pharmakologische Methode geben, um Menschen dazu zu bringen, ihre Knechtschaft zu lieben ..." Für unsere Zeit scheint dieser Roman nicht mehr fiktiv zu sein. Die Pharmazie ist sicher in manchen Situationen eine große Hilfe; trotzdem stehen dem Menschen auch andere Möglichkeiten zur Verfügung. Die schönste Alternative sind innere Haltungen, die mehr das Sein betreffen und weniger das Haben.

Verstandesfutter

Innere Haltungen prägen wesentlich unsere Wertvorstellungen. Wir alle verfügen über gewohnte Denkmuster, die uns immer wieder in dieselben Fallen stolpern lassen. Das Verhalten können wir relativ schnell ändern. Leider ist eine Änderung des Verhaltens selten von Dauer. „Innere Haltungen und Einstellungen sind im Gehirn verankerte, mit emotionalen Netzwerken gekoppelte, integrierte Erfahrungen.“ (Gerald Hüther, Was wir sind und was wir sein könnten, S. 70)

Seelennahrung

Nachstehend gibt es eine kleine Auswahl von inneren Haltungen, welche der Seele guttun und zu einem bejahenden Leben beitragen. Es dauert allerdings einige Zeit, erfordert Disziplin und Übung, bis wir uns das aneignen, was wir gerne leben würden.
Wählen Sie eine Eigenschaft aus, die Sie in Ihrer momentanen Lebenssituation am meisten anspricht und die Sie gerne leben möchten.

Achtsamkeit: Achtsamkeit kennt keine Normen, sie kennt die Kostbarkeit des Augenblicks. Sie nimmt lebendige Impulse wahr und legt mehr Wert auf den inneren Lebensrhythmus als auf äußere Taktgeber.

Ausdauer: Ausdauernde Menschen streben danach, begonnene Arbeiten zu Ende zu führen, auch wenn Schwierigkeiten auftauchen. Sie lassen sich nicht so leicht ablenken und erleben Zufriedenheit in der Aufgabenerfüllung.

Authentizität: Authentische oder echte Menschen sprechen nicht nur von der Wahrheit, sondern leben danach und lassen sich nicht vom Zeitgeist stilisieren. Sie stehen mit beiden Beinen auf dem Boden und folgen ihrem eigenen Maßstab.

Begeisterung: Begeisterungsfähige Menschen streben mit viel Energie und Enthusiasmus nach ihren Zielen. Sie machen keine halben Sachen. Begeisterung ist der unverkennbare Beweis, dass ein Mensch ins Leben verliebt ist.

Bescheidenheit: Bescheidenheit bedeutet nicht, seine Fähigkeiten zu verbergen. Bescheidene Menschen wollen nicht im Mittelpunkt stehen, sondern lassen lieber ihre Fähigkeiten für sich sprechen. Sie kennen ihren Selbstwert gut und brauchen die Bühne der Anerkennung nicht.

Bindungsfähigkeit: Menschen mit ausgeprägter Fähigkeit zur Liebe und sicherer Bindungsfähigkeit schätzen Beziehungen, die von gegenseitigem Geben und Nehmen geprägt sind, ohne ein Buchhalterdasein zu führen.

Dankbarkeit: Dankbare Menschen sind sich der guten Dinge bewusst, die ihnen das Leben schenkt. Sie sind zufrieden und nehmen sich Zeit, ihre Dankbarkeit auszudrücken.

Einfühlungsvermögen: Menschen mit einem guten Einfühlungsvermögen haben gelernt, sich selbst ernst, aber nicht zu wichtig zu nehmen. Aufgrund dieser Erkenntnis können sie anderen Menschen in ihrer Umgebung Raum geben, ohne das Gefühl zu haben, selbst zu kurz zu kommen.

Fairness: Faire Menschen haben einen ausgeprägten Gerechtigkeitssinn. Sie lassen sich in ihren Entscheidungen nicht durch persönliche Vorteile beeinflussen und geben auch jenen eine Chance, die aus dem Rahmen fallen.

Großherzigkeit: Großherzige Menschen erweisen ihren Mitmenschen einen Gefallen ohne Angst, dass sie dabei zu kurz kommen. Sie genießen es, andere Menschen an der eigenen Freude teilhaben zu lassen.

Hoffnung: Hoffnungsvolle Menschen sind dem Leben gegenüber positiv gestimmt. Sie haben erkannt, dass Hoffnung kein Luxus ist, und sind bereit, ihr Engagement in den Dienst der guten Sache zu stellen. Gleichzeitig wissen sie, dass das Gelingen nicht allein von ihnen abhängt.

Humor: Humorvolle Menschen können sich nicht nur an einem Scherz erfreuen, sie bleiben auch dann gelassen, wenn es drunter und drüber geht. Sie können schwierige Situationen von einer heiteren Seite betrachten.

Klarheit: Klare Menschen erkennen die Unterschiedlichkeit von Menschen und können neidlos Stärken anderer schätzen. Sie können ihre Meinung vertreten, auch wenn andere diese nicht teilen.

Kreativität: Kreative Menschen sind fähig, ihr schöpferisches Potential zur Lösung eines Problems einzusetzen. Sie haben originelle Ideen und begnügen sich nicht mit traditionellen Lösungen.

Liebe zum Lernen: Wissensdurstige und lernwillige Menschen sind offen für neue Erkenntnisse und können sich lernend begeistern. Dabei ist ihnen bewusst, dass es nicht um die Anhäufung von Wissen geht, sondern um Erkenntnis und um deren Umsetzung im Lebensalltag.

Mut: Mutige Menschen kennen und erkennen ihre eigenen Ängste und scheuen sich nicht ihnen gegenüberzutreten. Mutige Menschen wissen auch um das Risiko und die eigenen Grenzen. Gerade deswegen können sie andere ermutigen.

Neugier: Bildung beginnt mit Neugier. Neugierige Menschen interessieren sich für viele Bereiche des Lebens und der Welt. Sie können spannende Fragen stellen, erforschen und entdecken gerne die Welt.

Offenheit: Offene Menschen haben eine ausgeprägte Wahrnehmung und haben nicht nur sich im Blick, sondern auch ihre Mitmenschen. Sie können Dinge ansprechen, ohne andere zu verletzen.

Selbstachtung: Menschen, die sich selbst achten, sind in der Lage, ihre Gefühle und ihr Verhalten selbstbestimmt zu leben. Sie brauchen bei Enttäuschungen nicht ständig jemanden, dem sie von ihrer Verletzung erzählen können.

Sinn für das Schöne: Menschen mit dieser Stärke nehmen Schönheit bewusst wahr und können sich darüber freuen. Sie zeigen ein ausgeprägtes Interesse an schönen Dingen in verschiedenen Lebensbereichen (z. B. Natur, Musik, Literatur, Kunst, Wissenschaft, alltägliche Erfahrungen).

Spiritualität: Spirituelle Menschen wissen, dass sie nicht die letzte Instanz sind, und vertrauen einer höheren Macht. Diese innere Gewissheit schenkt ihnen Gelassenheit und Freiheit, weil sie nicht alles alleine bewältigen müssen.

Vergebungsbereitschaft: Wer verzeihen kann, wird zuverlässiger und gerechter gegenüber seinen Mitmenschen. Außerdem kann er milder mit seinen eigenen Fehlern umgehen und gibt anderen eine zweite Chance. Das zentrale Prinzip ist Menschlichkeit und nicht Rache.

Vertrauen: Wer trotz aller Enttäuschungen fähig ist zu vertrauen, wird sich und anderen zum Segen und verringert Angst. Menschen, die vertrauen können, wagen sich auch an Dinge, vor denen sie großen Respekt haben.

Weisheit: Die Weisheit setzt den Augenblick an die richtige Stelle. Weise Menschen haben einen guten Überblick und sind gewiss, dass nach Regentagen wieder die Sonne scheint. Weise Menschen haben Weitblick und Geduld.

Zufriedenheit: Zufriedene Menschen wissen, dass sie nicht alles um jeden Preis erreichen müssen. Zufriedenheit bedeutet jedoch nicht, das Unerträgliche zu ertragen. Zufriedenheit wird nicht von den Rahmenbedingungen gefüttert, zufrieden ist ein Mensch, der mit sich im Reinen ist.

Obwohl uns etwas am Herzen liegt, wir davon überzeugt und begeistert sind, verschwinden Herzensanliegen oft im normal-verrückten Alltag. Unsere Herzensanliegen benötigen sichtbare Erinnerungshilfen: eine Karte mit einem humorvollen Spruch, einen besonderen Stein, ein Bild, das wir mögen. Die Sehnsucht, lebendiger und erfüllter zu leben, will von uns gepflegt werden.

Alle vorangegangenen Haltungen könnte man auch mit dem Überbegriff Liebe zusammenfassen.

„Liebe kann auch als eine Einstellung verstanden werden. Wenn man Lieben als eine Kunst versteht, dann wird diese Kunst zu einem ‚Habitus', zur zweiten Natur, zu einer Einstellung, die sämtliche Handlungen prägt und die Lebensform konturiert. Hier haben wir es nicht mit Naturereignissen zu tun, die uns plötzlich überkommen, sondern mit Entscheidungen und Wahlverhalten." (Clemens Sedmak, Die politische Kraft der Liebe, S. 47)

Herzenslogik

Wer nach seiner Überzeugung handelt, kann nie ganz zugrunde gehen, wogegen nichts seelentötender wirkt, als gegen das innere Rechtsgefühl das äußere Recht in Anspruch zunehmen.

Annette von Droste-Hülshoff

Das Reich der Zuversicht

„Ich hab das feste Vertrauen, dass uns das Wesentliche geschenkt wird und dass wir uns darum jetzt keine Sorgen machen sollen!"
Maria von Wedemeyer schreibt an ihren Verlobten Dietrich Bonhoeffer

Als ich diese Gedanken zum ersten Mal gelesen hatte, legte ich das Buch beiseite und saß lange da, ohne irgendetwas zu tun. Auf eine ganz besondere Weise erstaunten und berührten mich diese Gedanken. Ich war dankbar, dass ich so persönliche Briefe einer 19-jährigen Frau im Buch „Brautbriefe" lesen durfte. Unvorstellbar ist für mich die Zeit des Zweiten Weltkrieges, in dem dieser Briefwechsel entstand. Mich stärkt der Gedanke, dass uns Wesentliches geschenkt wird, und außerdem erinnere ich mich an eigene Erfahrungen.

Innerer Dialog:

Albert: „Du sitzt schon eine ganze Weile da und tust gar nichts."
Kasimir: „Mir ist ganz warm; ich mag jetzt einfach ruhig sitzen bleiben und staunen."
Albert: „Wenn du dir das leisten kannst! Einfach ruhig sitzen und wer macht die Arbeit?"
Kasimir: „Darum mach ich mir jetzt keine Sorgen!"
Albert: „Du wirst schon sehen, wie weit du damit kommst!"

Kasimir: „Bitte, mach eine Pause im Leisten. Ich fühle gerade, was wesentlich ist. Weißt du, ich staune, dass eine junge Frau mitten im Krieg so vertrauen konnte. Kannst du dir bitte den Satz merken, dass wir das Wesentliche geschenkt bekommen. Bitte sag ihn mir, wenn ich friere."

Albert: „Irgendwie ist es gut, dass du mich brauchst. Gerne merke ich mir den Satz. Ich schreib ihn auf, denn wenn es stressig wird, bin ich nicht einsatzfähig! Leider kann ich dein Staunen nicht verstehen. Im Leben wird einem doch nichts geschenkt."

Kasimir: „Doch, das Wesentliche schon, aber man sieht es nicht, beweisbar ist es auch nicht. Ich kann es dir nicht erklären."

Albert ist ratlos.

Vertrauen beginnt im Jetzt

Das Vertrauen, das wir unbedingt zum Leben brauchen, beginnt dort, wo unsere Kraft weniger wird, unser Einflussbereich endet und unser Bemühen nicht ausreicht. Bei aller Einsatzfreude und noch so gutem Willen holt uns die Realität manchmal ziemlich heftig ein. Sinnvolles Leben ist nur im Hier und Jetzt möglich. Unsere Erfahrungen sind an Raum und Zeit gebunden und wir werden manchmal recht unsanft aus unseren Vorstellungen gerissen. Ändern sich die äußeren Verhältnisse, versuchen wir unsere Strategien zu ändern. Vertrauen, das in der Gefahr versagt, ist keines. Vertrauen muss der Gefahr und dem Tod gegenübertreten können.

Kennen Sie Ihr inneres Reich der Zuversicht? Es ist völlig unwichtig, wie Sie es nennen. Hauptsache, Sie ahnen, dass Zuversicht und Vertrauen in Ihnen schlummern. Ihr Vertrauen können nur Sie selbst wecken. Wenn Sie jemandem beim Essen zuschauen, werden Sie nicht satt. Wenn Sie Durst haben, wird Ihr Durst nicht geringer, wenn der Mensch neben Ihnen etwas trinkt. Genauso verhält es sich mit dem Vertrauen.

Vertrauen wohnt in uns selbst, in unseren Gedanken, in unserer Seele und vor allem in unserem Herzen. Eine direkte Wegbeschreibung zu diesem Land gibt es nicht. Die Reise in das Reich der Zuversicht braucht Zeit, Geduld und vor allem Mut, gewohnte Sicherheiten zu verlassen. Manchmal ist dieser Weg steil und eine echte Herausforderung. Für jene Menschen, die ihn zu gehen wagen, ist er eine Bereicherung für ein erfülltes und glückliches Leben.

Zuversicht und Vertrauen kann man nicht unterrichten. Es gibt kein „Wenn-dann-Rezept“ für Vertrauen. Vertrauen erfahren wir, wenn wir uns auf die Fragen, die uns das Leben stellt, einlassen. Ins Reich der Zuversicht reisen jene Menschen, die ihren Teil der Verantwortung in Freiheit übernehmen und sich bewusst sind, dass es unliebsame Überraschungen geben kann. Wir verlieren das Vertrauen, wenn wir zu weit in die Zukunft schauen.

Diese Zuversicht lebt unser Körper ständig, ohne dass es uns bewusst ist. Denken Sie nur an Ihren Atem: Er kommt und geht ganz von selbst. Oder denken Sie an das Gehen: Der linke Fuß ist für kurze Zeit in der Luft und landet wieder auf der Erde. Unmittelbar darauf beteiligt sich der rechte Fuß an diesem Spiel. In aller Ruhe betrachtet, ist jeder Schritt ein kleiner Ausflug in das Land der Zuversicht. Je schneller wir unterwegs sind, umso weniger nehmen wir das wahr.

Im Reich der Zuversicht wohnt das unerschütterliche Vertrauen ins Leben, das uns allen geschenkt ist und dessen Kostbarkeit wir manchmal vergessen. Andere Worte für Zuversicht sind: Zutrauen, Geborgenheit, Glaube, Liebe und Hoffnung.

Verstandesfutter

„Der aufrechte Gang lehrt uns, dass Kontrolle eben nicht besser ist als Vertrauen. Die Dauer des Gehens ist unbestimmt. Unsere Lebenszeit bleibt unberechenbar. Der bewegte Gang braucht eine bewegte Seele, einen offenen Geist, einen liebenden Glauben und gesellschaftliche Lebens- und Arbeitsbedingungen, die Leben ermöglichen und unterstützen. Leben gefährdet Gesundheit, aber vor allem ermöglicht Leben auch ein umfassendes körperliches, seelisches, geistiges und soziales Wohlbefinden, weil es selbst an dieser Qualität unseres Lebens interessiert ist. Möge die Übung gelingen." (Annelie Keil, Wie du mir, so ich dir, S. 64)

Seelennahrung

Man kann ihn gar nicht oft genug machen, den schönsten Spaziergang mit Tiefgang.
Nimm dir eine oder zwei Stunden Zeit.
Stell dir die konkrete Frage: „Was beWEGt mich jetzt?"
Mach dich auf den Weg und lasse dich beschenken von den vielen Symbolen, die auftauchen.
Wenn du dich auf einem steinigen Weg befindest, kannst du dich fragen: „Ist es an der Zeit, diesen zu verlassen?"
Vögel zwitschern, zeugen von der Freiheit: „Wo ist dein Freiraum?"
Auto und Lärm in der Ferne belästigen dich: „Was ist in deinem Leben zu laut?"
Viele Menschen begegnen dir: „Wer von ihnen tut dir gut?"
Was kommt dir im Leben zu nah?
Du siehst – es ist alles da – auch für dich!
Viel Freude beim Gehen!

Christiane Stern

Herzenslogik

Es gibt einen Weg, den keiner geht,
wenn du ihn nicht gehst.
Wege entstehen, indem wir sie gehen.

Werner Sprenger

Die Nabelschnurtaktik

Alle wissen, was andere ihnen schuldig sind,
aber nur wenige, was sie sich selbst schuldig sind.
Thornton Wilder

Ich kenne viele Menschen, die immer wieder über die Beziehungen klagen, in denen sie leben. „Jetzt leben wir schon so lange zusammen und mein Mann ahnt nicht, was mir wichtig ist!" „Meine Frau engagiert sich da und dort und um mich kümmert sie sich nicht!" Woher soll unser lieber Mitmensch wissen, was wir brauchen? Unser Gegenüber kann nur von sich aus in die Welt schauen und hat weder meine Augen noch meine Ohren, meinen Körper und schon gar nicht mein Herz. Vor allem haben wir unterschiedliche Erfahrungen gemacht und haben vielfältige Interessen.

Es gibt einen Irrtum in Beziehungen zwischen Mann und Frau, zwischen Eltern und Kindern und zwischen Kolleginnen und Kollegen. Ich nenne dies die Nabelschnurtaktik. Das Gegenüber soll nicht nur Gedanken lesen, sondern unausgesprochene Bedürfnisse erfüllen. Dies ist der berechtigte Anspruch eines ungeborenen Kindes im Mutterleib, deshalb: Nabelschnurtaktik. Nur dort werden Bedürfnisse gestillt, ohne dass wir uns bemerkbar machen. Kaum sind wir auf der Welt, müssen wir schreien, wenn wir uns nicht wohlfühlen. Schreien ist für das Baby eine gute Strategie, um gehört zu werden. Sind wir erwachsen, könnten wir andere Fähigkeiten erwerben.

Dieses Phänomen der Nabelschnurtaktik kann zur privaten und beruflichen Beziehungsfalle werden, und zwar dann, wenn Selbstwertgefühl durch Selbstmitleid ersetzt wird. Menschen mit einer geringen Selbstachtung ist die Logik des Herzens fremd. Das Lebensmotto „Hilfe, ich komme zu kurz!" wird zur inneren Haltung. Dieses Mangelgefühl entsteht unter anderem auch durch das Dilemma des Vergleichens. Aus dem Vergleichen mit anderen entstehen Neid und Gier. Es gibt viele Ursachen, warum Menschen an existenziellen Mangelerscheinungen leiden, und meistens sind es schmerzliche und leidvolle Erfahrungen. Ich könnte seitenweise über solche Erfahrungen schreiben. Trotzdem bin ich unbeirrbar davon überzeugt, dass – trotz eines schweren Schicksals – ein erfülltes und glückliches Leben möglich ist. Die Aussage des tschechischen Schriftstellers Václav Havel macht mir Mut: „Die Macht über sich selbst, wie sehr sie auch in jedem von uns durch Charakter, Herkunft, Bildungsgrad und Selbstbewusstsein problematisiert sein mag, ist das Einzige, das auch der Machtloseste von uns hat, und sie ist zugleich das Einzige, das niemandem von uns genommen werden kann."

Unser Bedürfnis nach Zugehörigkeit und Anerkennung ist ebenso groß und intensiv wie jenes der Selbstentfaltung und Autonomie. Der Wunsch nach Zugehörigkeit kann so stark werden, dass alle anderen Bedürfnisse unterdrückt und nicht mehr gelebt werden. Kinder sind angewiesen auf Geborgenheit und Zuneigung. Lieber verzichten sie auf ihren Wunsch nach dem Eigenen als auf Angenommensein und Wärme. So lernen manche Kinder bestimmte Rollen zu spielen, um anderen zu gefallen. Erwachsene legen diese Rollen nicht einfach ab. Manchmal wissen wir ja nicht, ob wir eine Rolle spielen, um bei anderen gut anzukommen, oder ob wir nach unserem eigenen Maß leben. Im Versuch, jemand zu sein, der wir nicht sind, brauchen wir ständige Bestätigung von außen.

Wir möchten als derjenige gesehen werden, der wir vom Wesen her sind. Doch solange wir anderen Menschen Rollen vorspielen, die in der Kindheit dazu dienten, über die Runden zu kommen, kann uns das Gegenüber nicht so sehen, wie wir wirklich sind, und wir nehmen unsere ureigensten Sehnsüchte und unsere Bestimmung nicht ernst genug. Deshalb sollten wir „immer wieder den Mut finden – und heutzutage braucht das bereits Mut – zu weinen, zu schreien, zu lachen. Sich öffnen. Ohne Rücksicht auf Verluste“. (Erika Pluhar, Der Fisch lernt fliegen, S. 34)

Verstandesfutter

„Glücklich sind Menschen immer dann, wenn sie Gelegenheit bekommen, ihre beiden Grundbedürfnisse nach Verbundenheit und Nähe einerseits und nach Wachstum, Autonomie und Freiheit andererseits stillen zu können. Wenn sie also in der Gemeinschaft mit anderen über sich hinauswachsen können. Wer das erleben darf, ist glücklich. Der ist dann auch von keinem Rattenfänger dieser Welt verführbar. Der läuft niemandem hinterher, der ihm irgendetwas verspricht.“ (Gerald Hüther, Was wir sind und was wir sein könnten, S. 107)

Seelennahrung

Sollte ich es einmal schaffen
neben dir mich selbst zu achten
ohne mich behaupten zu müssen
dann werde ich dich lieben können
ohne Schatten.

Erika Pluhar[17]

Das Geheimnis des „Wofür“

„Glaube, Liebe und Hoffnung lassen sich nicht manipulieren und fabrizieren. Ich kann nicht glauben wollen, ich kann nicht lieben wollen, ich kann nicht hoffen wollen und ich kann nicht wollen wollen.“
Viktor E. Frankl

Das Geheimnis des „Wofür“ liegt in unserem Wahrnehmen von Möglichkeiten, in unserer Begeisterungsfähigkeit und in der Umsetzung dieser Möglichkeiten. Voraussetzung ist, dass wir uns berühren lassen und unser Kasimir mit seiner Körpersprache aktiv ist. Das Entdecken von Sinnspuren hängt wesentlich mit Vertrauen und Geborgenheit zusammen. Dem Sinn kommen wir nur auf die Spur, wenn wir uns berühren lassen. Die sogenannte Wertberührung ist ein wesentliches Element in der Logotherapie. Wenn mich etwas freut, kann ich mich begeistern. Die Begeisterung ist nicht nur zum Entdecken von Sinn wesentlich. Begeisterung ist der ideale Treibstoff für ein lebendiges Leben. Unsere Kraft zum Durchhalten für eine gute Sache wird von unserer Begeisterung für Wertvolles genährt. Wir selbst sind gefährdet, unsere Lebensfreude und Menschenfreundlichkeit zu verlieren, wenn wir Wertvolles dauernd gegen Abwertung schützen müssen.

„Man sollte sich aber vor dem Gefühl nicht fürchten. Das hat eigentlich nur der nötig, der zu wenig Verstand hat. Die anderen könnten ruhig den Mut haben, ‚sentimental‘ zu sein, das heißt, der ursprünglichen Regung des Herzens sich anzuvertrauen." Karl Rahner hat uns diese Ermutigung in seinem Buch „Glaube, der die Erde liebt" geschenkt. Er schrieb dies in Zusammenhang mit dem Gebet. Wir sollten nicht Gott etwas vorlesen, was andere Menschen gesagt haben, sondern uns selbst einlassen, das Innerste zu entdecken, und dann eigene Worte finden.

Sinn erleben wir, indem wir uns auf Wertvolles einlassen. Werte sind in der Existenzanalyse und Logotherapie jenes Wertvolle, das uns begeistert und uns im Tun Freude schenkt. Religionspädagogen haben den Unterschied von Sinn und Sinnlosigkeit mit dem Zustand zwischen Himmel und Hölle verglichen. Für die Beschreibung der Hölle reichen zwei Punkte: Die Frage nach dem Wofür – also die Frage nach dem Sinn – ist nicht mehr erlaubt und der Mensch kann nicht mehr lieben.

Für den Zustand des Paradieses gibt es drei Bereiche: Schutz und Geborgenheit, Orientierung und Lebensordnung, Autonomie und über sich selbst hinauswachsen können.

Besonders Kinder, aber nicht nur Kinder, brauchen Geborgenheit. Als Erwachsene sehnen wir uns nach Menschen, die uns verstehen werden, und nach Orten zum Wohlfühlen.

Der Individualismus unserer Tage hat die Sichtweise von zu vielen Menschen in eine Sackgasse geführt. Dieser Individualismus vertritt die Auffassung, dass nur jene Dinge sinnvoll seien, die Spaß machen, auf Neudeutsch „fun". Diese Art von Lebensordnung fordert einen grauenvollen Preis. Seit Jahren wird die Individualität als jenes Ideal verkündet, das glücklich machen soll. Das Individuelle ist wesentlich für das Erleben von Sinnvollem. Der Individualismus zerstört jedoch das sinnvolle Erleben in Gemeinschaft. Die „Ismen" – vor denen Viktor E. Frankl immer gewarnt hat – gehören zu den äußeren Taktgebern, die immer dann über Menschen Macht gewinnen, wenn Vertrauen und Geborgenheit verloren gehen. Noch nie haben Menschen in Mitteleuropa mehr als 65 Jahre im Frieden gelebt und selten war die Angst, zu kurz zu kommen, so groß wie heute.

Verstandesfutter

„Wenn es sich auch nur um einen Augenblick handelt – schon an der Größe eines Augenblicks lässt sich die Größe eines Lebens messen: Die Höhe einer Bergkette wird ja auch nicht nach der Höhe irgendeiner Talsohle angegeben, sondern ausschließlich nach der Höhe des höchsten Berggipfels. So entscheiden aber auch im Leben über dessen Sinnhaftigkeit die Gipfelpunkte, und ein einziger Augenblick kann rückwirkend dem ganzen Leben Sinn geben.“ (Viktor E. Frankl, Ärztliche Seelsorge, S. 82)

Seelennahrung

„Manchmal denke ich, dass ich alles, was mir an Gutem und Wichtigem in meinem bisherigen Leben widerfahren ist, Frauen zu verdanken habe. Männer haben mich im besten Fall nicht behindert, aber motiviert, bestätigt, ermutigt und geliebt gefühlt habe ich mich immer eher von Frauen.“ (Jan Josef Liefers, Soundtrack meiner Kindheit, S. 106)

Einlassen statt Seinlassen

Sei, wer du bist, und sag, was du fühlst! Denn die, die das stört, zählen nicht – und die, die zählen, stört es nicht.
Theodor Seuss Geisel

Wer diesen Gedanken ernst nimmt, muss damit rechnen, dass das, was er fühlt und ausspricht, nicht allen gefällt. Woran liegt es, dass uns manche Menschen nicht verstehen? Ziemlich sicher finden wir eine Antwort, wenn wir die Frage anders stellen. Woran liegt es, dass wir manche Menschen nicht verstehen? Ganz einfach, weil wir unsere Sichtweise nicht mit ihnen teilen können. Vielleicht liegen uns bestimmte Dinge am Herzen, für die sich unser Gegenüber nicht interessiert. Wer gerne volkstümliche Musik hört, hat wahrscheinlich weniger für Klassik übrig. Wer gerne wandert, kann sich nicht vorstellen, dass es Menschen gibt, die sich nicht gerne bewegen. Solange wir meinen, dass unsere Sichtweise die einzig richtige ist, folgen wir einer falschen Grundvoraussetzung.

Viele Konflikte entstehen aus unterschiedlichen Interessen. Dies geschieht meistens dann, wenn wir vergessen, dass unser Verstand nur sehr begrenzte Möglichkeiten hat, unser Herz zu berühren. Wir befehlen zu viel, wir gehorchen zu viel, aber wir leben zu wenig für unsere Herzensanliegen.

Wissen Sie, was Ihnen wirklich am Herzen liegt?

Es ist eine sehr lohnende und spannende Herausforderung, sich selbst diese Frage zu beantworten.

Lena hat schon als Kind gerne gesungen und in der Schule war sie einige Jahre im Jugendchor. Immer wieder hielt sie Ausschau nach sangesfreudigen Menschen. Vor fünf Jahren fand sie einen Chor, und die wöchentlichen Proben machten ihr viel Freude. Vor einem Jahr kam ein neuer Chorleiter, dessen besserwisserische Art sich schlecht mit Lenas Freude am Singen vertrug. Von ihrer Familie bekam sie zu hören, dass das Singen ohnehin eine Belastung sei und sie es aufgeben solle.

Lenas innerer Dialog

Kasimir: „Weißt du noch, wie viel Freude wir beim Singen hatten?"

Albert: „Freude?"

Kasimir: „Ich habe vergessen, dass du nicht genau weißt, was das ist. Aber vielleicht kannst du dich an die intensiven Gespräche nach dem Singen erinnern?"

Albert: „Ja, die waren besonders gut. Daran erinnere ich mich gerne."

Kasimir: „Dann solltest du dich auf die Suche machen, dass wir wieder einen Chor finden, in dem es uns gefällt. Ich sag dir, ob die Stimmung gut ist, und du schaust nach, ob sie Lieder singen, die wir beide gerne mögen. Schließlich musst du den Text lernen."

Albert: „Das stimmt, der Text ist sehr wichtig."

Kasimir: „Na ja, ohne Melodie ist aber ein Lied kein Lied. Aber ich hab Geduld mit dir."

„Du musst nur loslassen, dann geht es dir besser!“ Dieser Satz ist in einigen Bereichen zu einem Dauerbrenner in unserer Gesellschaft geworden. Wenn ich nachfrage, ob jemandem das, was er gerne loslassen möchte, am Herzen liegt, dann lautet die Antwort meistens: „Ja.“ „Dann wäre es doch schön, wenn Sie sich einlassen könnten!“ In den meisten Fällen geht es nicht ums Loslassen, sondern um eine andere Gestaltung des Einlassens auf etwas Wertvolles.

„Du musst dich abgrenzen!“ Dieser Slogan ist ebenfalls zu einem üblichen Ratschlag geworden. Dabei hat das Wort „Grenze“ bei vielen Menschen einen negativen Beigeschmack. Mit negativ Besetztem kann unser Hirn besonders schlecht umgehen. Solange „Vermeiden“ im Vordergrund steht, ist „Annähern“ kaum möglich (vgl. Maja Storch, Das Geheimnis kluger Entscheidungen). Deshalb ist Begeisterung und Mut, sich auf Wertvolles einzulassen, die beste Nahrung für die Logik des Herzens. Die Logik des Herzens will lieben und nicht vermeiden.

Vielfach verhindert Sehnsucht nach unbedingter Harmonie Lebendigkeit und erzeugt inneren Stress. Wird der Anspruch gleicher Interessen und identischer Meinungen mit Harmonie gleichgesetzt, kann viel Schönes und Interessantes nicht gelebt werden. Harmonie heißt nicht, dass alle das Gleiche mögen. Ein Miteinander in Beziehungen entsteht nicht dadurch, dass alle Gemüse lieben und das gleiche Buch lesen. Das Miteinander entsteht in der Bereicherung durch Anderssein. Wesentlich ist, dass wir in einer offenen Haltung miteinander reden können, in der wir Verantwortung für unsere Bedürfnisse selbst übernehmen. Dann sind wir nämlich authentisch und können darauf verzichten, dass der Andere unsere unausgesprochenen Wünsche erfüllt. Liebevolle Verantwortung bedeutet, dass ich mich in die Lage des Anderen hineinversetze, in seine Erfahrungen einfühle und versuche seine Sichtweise zu verstehen. Dies wird nicht immer gelingen; dann ist es Zeit, den Mut zur Unvollkommenheit zu beleben.

Seelennahrung

Wenn nicht mehr Zahlen und Figuren
sind Schlüssel aller Kreaturen,
wenn die so singen oder küssen,
mehr als die Tiefgelehrten wissen,
wenn sich die Welt ins freie Leben
und in die Welt wird zurückbegeben,
wenn dann sich wieder Licht und Schatten
zu echter Klarheit werden gatten
und man in Märchen und Gedichten
erkennt die wahren Weltgeschichten,
dann fliegt vor einem geheimen Wort
das ganze verkehrte Wesen fort.
Novalis

Zumuten statt aushalten

„Das ist eine Zumutung!" „Ich habe mir zu viel zugemutet." „Der mutet mir aber einiges zu." Den Begriff Zumutung können wir unterschiedlich auffassen. Manche Menschen verstehen unter Zumutung Respektlosigkeit, es kommt aber auf den Zusammenhang an. Eine Zumutung im Sinne von Zutrauen weist darauf hin, dass ein anderer Mensch unserem Potential vertraut. Wer uns nichts zumutet, traut uns nichts zu und hat keinen Respekt vor uns. Allerdings kann Zumutung, die ein Zutrauen war, in eine Überforderung kippen. Lena hat dies schmerzlich erfahren.

Lena arbeitet seit mehr als drei Monaten ganztägig. Zwei ihrer Kolleginnen sind wegen eines Burn-out-Syndroms im Krankenstand. Lena bekommt reichlich Zuspruch und die Überstunden werden bezahlt. Den Haushalt hat sie auf das Nötigste reduziert und einiges haben Paul und Iris übernommen. Im ersten Monat hat die zusätzliche Arbeit Lena Freude bereitet und außerdem hat sie entdeckt, dass sie auf diese Weise gut ihren Mut zur Unvollkommenheit trainieren konnte. Allerdings ist Lena an den Wochenenden kaum mehr zu einem Ausflug fähig und Paul geht allein. Wenn er nach Hause kommt, liegt Lena vor dem Fernseher. Lena spürt den unausgesprochenen Vorwurf von Paul und stellt sich schlafend. Kasimir und Albert schlafen nicht.

Lenas innerer Dialog

Albert: „Du hättest dich wirklich zusammenreißen können!“

Kasimir: „Ich arbeite den ganzen Tag und irgendwann muss es doch genug sein.“

Albert: Weil in deiner Firma Mangel an Arbeitskräften herrscht, musst doch nicht du alles übernehmen.“

Kasimir: „Ich übernehme eh nicht alles.“

Albert: „Es ist dir aber trotzdem zu viel.“

In diesem Moment kommt Paul und ist verärgert, dass Lena vergessen hat einzukaufen. Lenas Kasimir wird zum Schaumschläger, die Wogen gehen hoch und da Paul auch über einen Kasimir verfügt, liefern sich die beiden einen bühnenreifen Streit. Pauls Albert ist schneller einsatzfähig und beginnt Lena zu beruhigen. Lena schläft daraufhin ein und sie träumt: Sie ist mit dem Auto unterwegs in einer Gegend, die sie nicht kennt. Neben der Straße stehen Betten, frisch aufgebettet, verziert mit frisch gepflückten Wiesenblumen. Ihr fällt auf, dass das Auto von ihrem Chef gesteuert wird. Er fährt in eine Sackgasse und Lena macht ihn darauf aufmerksam, aber er fährt weiter und landet an einer Steinmauer.

Albert: „Die Nacht hat dir gutgetan und der Traum auch. Ist doch gut, dass es Träume gibt.“

Kasimir: „Ich bin schon erschrocken, dass ich mein Auto nicht mehr selbst lenke. Die frischen Wiesenblumen haben mich gefreut. Das sind meine Wünsche, dass ich anders leben will.“

Albert: „Verändern müssen wir gemeinsam etwas. Wann sollen wir mit deinem Chef reden?“

Kasimir: „Gleich morgen.“

Albert: „Wir sollten uns darauf vorbereiten. Er wird sicher versuchen, dich zu überreden, und wenn du dich ärgerst, fällt mir nichts mehr ein.“

Kasimir: „Schreib du das alles auf, damit wir nichts vergessen.“

Verstandesfutter

„Wir sind es, die dem Freunde, dessen Erstarrtsein uns bemüht, im Wege stehen, und zwar dadurch, dass unsere Meinung, er sei erstarrt, ein weiteres Glied in jener Kette ist, die ihn fesselt und langsam erwürgt.“ (Max Frisch, Tagebuch 1946–1949)

Seelennahrung

Worte verbinden nur, wo unsere Wellenlängen übereinstimmen.

Max Frisch

Du bringst mich auf die Palme; wie komm ich wieder runter?

Ich hoffe, du verstehst, dass es denen, die direkt in eine Sache involviert sind, immer schwerfällt, objektiv zu reflektieren, dass sie immer stärker von Gefühlen geleitet werden als von Logik.
Nelson Mandela

Es gibt nur zwei Möglichkeiten, mit denen Sie verhindern, dass Sie jemand auf die Palme bringt. Entweder es ist Ihnen alles gleich, was um Sie herum geschieht, oder Sie haben jenen Weisheitszustand erreicht, den Stefan Zweig beschreibt: „Wer in sich ruht, ist Herr (oder Frau) der Welt."

Wer nicht zu den Gelassenen oder zu den Gleichgültigen gehört, den kann ein ausdrucksstarker Angriff oder ein Wortgefecht, ein Gerücht, dem man hilflos ausgeliefert ist, Pedanterie oder Unverlässlichkeit und vieles andere auf die Palme bringen. Unser Hirn registriert eine Stresssituation und schaltet auf Notfallprogramm. Das Notfallprogramm ist nicht nur schlecht, es hat auch einen großen Vorteil. Es verfügt über drei Wahlmöglichkeiten und eine davon funktioniert immer: Angriff, Flucht oder Erstarrung. Was im Modus des Notfallprogramms nicht mehr möglich ist: Alle guten Vorsätze, ruhig zu bleiben und sich nicht zu ärgern, sind verschwunden, der Humor ist auf Kurzurlaub und was man sagen wollte, fällt einem nicht rechtzeitig ein.

Verstandesfutter

„Wenn im Gehirn etwas passiert, hat das Auswirkungen auf den gesamten Körper. Das Gehirn ist mit dem Körper nicht einfach nur durch den Hals verbunden, sondern Gehirn und Körper bilden eine untrennbare und funktionelle Einheit. Über den Blutkreislauf sowie über Nervenbahnen gelangen einerseits Signale, die vom Gehirn erzeugt werden, in den Körper und lösen dort bestimmte Reaktionen aus, andererseits gehen auch von den Prozessen, die im Körper ablaufen, Signale aus, die das Gehirn erreichen und in einer bestimmten Weise verändern.“ (Maja Storch / Benita Cantieni / Gerald Hüther / Wolfgang Tschacher, Embodiment, S. 75)

Seelennahrung

O glücklich, wer noch hoffen kann,
Aus diesem Meer des Irrtums aufzutauchen!
Was man nicht weiß, das eben brauchte man,
Und was man weiß, kann man nicht brauchen.
Johann Wolfgang von Goethe[18]

Wir selbst und unser Gehirn kennen nur eine begrenzte Auswahl von Lebensmöglichkeiten. Ganz offensichtlich war dies Herrn Goethe auch schon vertraut. Auf die Irrtümer des eigenen Lebens können wir uns genauso verlassen, wie auf die Tatsache, dass unser Verstand im Stress kein Mitspracherecht hat.

Erneut können uns Bilder behilflich sein, besser zu verstehen, was in den verschiedenen Bereichen unseres Körpers geschieht, wenn wir Stress erleben. Ein Notfallprogramm übernimmt automatisch den Betrieb.

Der Körper

Das Herz schlägt bis zum Hals, der Atem stockt, die Körperhaltung wird angespannt, womöglich stellen sich sogar die Haare auf, der Beckenboden wird hochgezogen, Schweiß steht auf der Stirn.

Der Körper ist in Alarmbereitschaft und stellt sich auf Angriff, Flucht oder Erstarrung ein.

Der Verstand

Die Stresshormone wirken wie eine Bremse auf meinen Verstand und er ist nicht einsatzfähig.

Das Großhirn „verlässt“ den Menschen und ist erst wieder einsatzfähig, wenn Ruhe einkehrt!

Die Gefühle

Es regieren Ärger, Wut, Verzweiflung, Ratlosigkeit, Ohnmacht und Hilflosigkeit.

Es herrscht Chaos – die Logik des Herzens ist verschüttet.

Das Verhalten

Alte Gewohnheiten werden aktiv und Menschen reagieren wie zornige Kinder, brüllen andere an, werfen die Türen zu, verlassen wortlos den Raum oder funktionieren mechanisch wie ein Roboter und erstarren.

Man macht Dinge, die man eigentlich nicht will – kann aber momentan nicht anders!

Lena hatte ein klärendes Gespräch mit ihrem Chef und arbeitet zusätzlich nur mehr zwei Nachmittage pro Woche, bis eine neue Mitarbeiterin eingeschult ist. Paul hat Lena einige Tage Urlaub mit ihren Freundinnen Anni und Tanja vorgeschlagen. Die drei Frauen fahren daraufhin in ein ruhiges Hotel. Anni erzählt beim Frühstück, dass sie zwei Nächte nicht geschlafen hat. Daraufhin gibt Tanja eine Fülle von Ratschlägen, die Annis Schlaf fördern könnten. Tanja meint es gut. Bekanntlich ist „gut gemeint" aber das Gegenteil von etwas wirklich Gutem. Anni ist aufgrund des fehlenden Schlafes schlecht gelaunt und aggressiv. Je mehr Tanja in die Schatzkiste der guten Ratschläge greift, umso vehementer bekämpft Anni jede neue Idee. Lena beteiligt sich nicht am Gespräch der beiden. Sie will in Ruhe ihr Frühstück genießen und keine Schlaftipps hören. Auf einmal wird es ihr zu viel und sie sagt ganz spontan zu Tanja: „Halt endlich den Mund. Merkst du nicht, dass du Anni mit deiner ewigen Besserwisserei nicht hilfst?" Lena merkt sofort, dass ihr Ärger – anders formuliert – wirkungsvoller gewesen wäre.

Lenas innerer Dialog

Kasimir: „Noch bin ich ganz ruhig. Es geht mich nichts an. Ich bin zum Genießen da, nicht zum Belehren."

Albert: „Du hast doch auch manchmal schlecht geschlafen. Sollen wir der Anni sagen, wie wir damit umgehen?"

Kasimir: „Fang du nicht auch noch an, dein Wissen zu verbreiten. Ich will mein Frühstück genießen!"

Albert: „Aber du könntest doch Anni dein Buch leihen, das du letzte Nacht ausgelesen hast."

Kasimir explodiert: „Halt endlich den Mund."
Albert verstummt.

Lenas Kasimir hat ihrem Albert das Ruder aus den Händen gerissen. Diesmal war es der Ärger, der sie in die oft erlebte Sackgasse geführt hat. Meistens beginnt an diesem Punkt der Teufelskreis der Schuldgefühle. In einem fahrenden Karussell den Kontakt zu anderen Mitreisenden herzustellen ist schwierig bis unmöglich. Wer aus einem Karussell versucht abzuspringen, riskiert Verletzungen. Bitte nicht vergessen: Albert ist zu keinem klaren Gedanken mehr fähig. Kasimir wird entweder aggressiv, oder er zieht sich beleidigt zurück.

Unser Albert hat ein großes Reservoir an Wissen. „Alles Gescheite ist schon gedacht worden, man muss nur versuchen, es noch einmal zu denken!" Dieses Wissen stammt von Herrn Goethe. Eckart von Hirschhausen schreibt in seinem Buch „Glück kommt selten allein"[19]: „Mir hat mal eine wohlmeinende Freundin ein Buch geschenkt: ‚FengShui gegen das Gerümpel des Alltags'. Ich habe es in eine Ecke gelegt und geschaut, ob es von selbst hilft. Dann habe ich kurz geblättert und verstanden. Für das Buch ist es energetisch besser, in einer anderen Ecke zu liegen. Hat aber auch nichts gebracht. Später habe ich mir noch zwei andere Bücher gekauft, die hießen ‚Einfach aufräumen' und ‚Nie wieder suchen'. Wenn ich ehrlich bin: Momentan wüsste ich von keinem der drei Bücher, wo genau es sich befindet."

Wirksam wird Wissen erst dann, wenn wir selbst das Gewusst-wie in unserem Alltag praktisch anwenden. Erst die Umsetzung ermöglicht persönliche Erfahrungen und dadurch erweitern wir unseren Horizont.

- ♥ Wir wissen, dass Zeitmangel zu Stress und Unausgesprochenes zu Missverständnissen führen. Manchmal erleben wir dennoch sinnlose Hektik und lähmendes Schweigen.
- ♥ Wir wissen, dass wir in Stress-Situationen schneller erregbar sind und nicht gut nachdenken können. Manchmal geben wir uns und anderen dennoch Tipps aus der Ratgeberliteratur, die praktisch nicht umsetzbar sind.
- ♥ Wir wissen, dass Menschen verschiedene Sichtweisen haben. Trotzdem vergessen wir manchmal die Vielfalt, die in der Einmaligkeit eines jeden Menschen schlummert.

Wozu brauchen wir das einfühlsame Wissen im Blick auf Stresssituationen?

- ♥ Um zu erkennen, dass es in bestimmten Situationen viel Auseinandersetzung mit sich selbst und Erfahrung erfordert, um ruhig zu bleiben.
- ♥ Um unseren eigenen Fähigkeiten und Fertigkeiten zu vertrauen.
- ♥ Um uns bewusst zu werden, dass Ärger und Wut ein großes Potential an Energie freisetzen.
- ♥ Um zu entdecken, dass übermäßige Selbstbeherrschung nicht gesund ist, weil sie Giftstoffe im Herzen bildet.
- ♥ Um zu begreifen, dass unsere Vorstellungen und Bilder, die wir uns von Menschen machen, in die Irre führen können.
- ♥ Um einzusehen, dass innere Haltungen und lange gelebte Gewohnheiten mächtiger sind als alle guten Vorsätze!

Wenn wir auf der Palme gelandet sind und wieder herunterkommen wollen, gibt es mehrere Möglichkeiten. Belehrungen sind für Betroffene nicht sehr praktisch, denn Besserwisserei lässt die Palme wachsen. Vorweg ein Hinweis für jene, die Betroffenen beistehen wollen: Am hilfreichsten sind Einfühlungsvermögen, Mitgefühl und Verständnis. Ohne Verständnis geht gar nichts!

Stellen Sie sich vor, Sie sitzen im Blätterdach einer Palme und wissen nicht, wie Sie hinaufgekommen sind und noch weniger, wie Sie wieder herunterkommen. Der Stamm der Palme ist beweglich und schwankt hin und her. Ähnlich geht es Ihrem Innenleben. Gewohnheiten und das Gedankenkarussell haben bewirkt, dass Ihr Gleichgewicht verloren gegangen ist.

Hilfreich ist, zu erkennen, was Sie auf die Palme gebracht hat.

- ♥ Wurde etwas Wertvolles verletzt, das Ihnen am Herzen liegt?
- ♥ Haben Sie sich selbst überfordert?
- ♥ Ist spontan die Erinnerung an einen Konflikt aufgetaucht?
- ♥ Wurden Ihre Vorstellungen nicht erfüllt?
- ♥ Fühlen Sie sich ungerecht behandelt?
- ♥ Hat jemand etwas bewältigt, das Sie gerne getan hätten?
- ♥ Haben Sie ein Herzensanliegen verwirklicht, das anderen Menschen nicht gefällt?

Je höher die Palme, auf die man sich jagen lässt, desto schwieriger wird der Abstieg. Besonders, wenn einem Flügel, Seil, Leiter oder Hubschrauber fehlen. Ohne Hilfsmittel sind wir auf unsere Hände und Füße angewiesen. Da der Stamm der Palme rau ist und unsere Kletterqualitäten nicht jene eines Affen sind, werden wir uns schmerzhafte Kratzer und Schrammen zufügen.

Flügel sind schonender: Flügel gebieten destruktiven Gedanken Einhalt. Mit Gedanken-Flügeln von der Palme herunterzukommen, ist das Schwierigste und Einfachste zugleich. Schwierig, weil Albert nicht sofort einsatzfähig ist und es Disziplin erfordert. Einfach, weil der Stopp aus eigener Kraft möglich ist: „Ich muss mir den Ärger von mir nicht gefallen lassen!"

Ein Seil bietet Sicherheit: Das Seil können Menschen sein, mit denen wir uns besonders stark verbunden fühlen und die zu Freunden geworden sind. Es können auch Menschen sein, denen wir nie persönlich, sondern z. B. in einem Buch oder in einem Film begegnet sind.

Eine Leiter zum Anlehnen: Dafür brauchen wir jemanden, der sie uns an den Stamm der Palme lehnt und uns die Hand gibt, wenn uns der Mut verlässt, auf die Leiter zu steigen. Das Bild von der Leiter bedeutet: Da gibt es einen Menschen, der sich Zeit nimmt, mir zuhört und Verständnis entgegenbringt.

Der Humor als Rettungshubschrauber: Er schenkt mir Distanz, vielleicht nur für Minuten, doch er befähigt mich, die Situation, die mich auf die Palme gebracht hat, humorvoll zu betrachten. Ideal ist der Humor, mit dem man sich selbst auf den Arm nimmt: „Ich weiß, ich bin vielseitig unbegabt."

Ich gebe zu, dass alle Möglichkeiten, von der Palme herunterzukommen, relativ mühsam und unbequem sind. Sie fordern uns heraus, mit Veränderungen bei uns selbst anzufangen und nicht bei den Anderen.

Verstandesfutter

Jill Taylor, eine amerikanische Hirnforscherin, erlitt mit 37 Jahren einen Schlaganfall. Sie schildert auf sehr berührende Weise ihre Erfahrungen und das Erleben eines inneren Friedens, in dem Moment, als ihre linke Hirnhälfte ausgefallen war:

„Die emotionale Heilung war ein quälend langsamer Prozess, aber jede Mühe wert. Als meine linke Hirnhälfte wieder ihre Funktion zurückgewann, schien es für mich durchaus selbstverständlich, dass ich anderen Menschen oder äußeren Umständen die Schuld an meinen Gefühlen gab. Aber realistisch gesehen wusste ich, dass niemand außer mir selbst und meinem Gehirn die Macht hatte, mich etwas fühlen zu lassen. Nichts von außen konnte mir den Frieden in meinem Herzen und meinem Geist nehmen. Das konnte nur ich. Ich habe zwar nicht die totale Kontrolle über das, was in meinem Leben geschieht, aber ich bin verantwortlich dafür, wie ich meine Erfahrung wahrnehmen möchte.“ (Jill Taylor, Mit einem Schlag, S. 156)[20]

Seelennahrung

Ist das so?

In einer Stadt in Japan lebte der Zenmeister Hakuin. Er war hoch geachtet und die Menschen strömten zu ihm, um sich spirituell belehren zu lassen.

Nun geschah es, dass die junge Tochter seines Nachbarn schwanger wurde. Als ihre verärgerten Eltern sie schimpften und wissen wollten, wer der

Vater des Kindes sei, antwortete sie ihnen schließlich, es sei Hakuin, der Zenmeister. Da liefen die Eltern voller Entrüstung zu Hakuin, machten ihm Vorwürfe und erzählten ihm empört, dass ihre Tochter ihnen gestanden hätte, er sei der Vater ihres Kindes. Alles, was Hakuin darauf entgegnete, war: „Ist das so?“ Der Skandal verbreitete sich wie ein Lauffeuer in der Stadt und über die Stadtgrenzen hinaus. Der Meister verlor seinen guten Ruf. Ihn störte das jedoch nicht. Niemand suchte ihn mehr auf. Auch das berührte ihn nicht. Als das Kind geboren war, brachten es die Eltern zu ihm. „Ihr seid der Vater, also kümmert euch auch darum!“

Der Meister nahm sich liebevoll des Kindes an. Ein Jahr später gestand die Kindesmutter ihren Eltern, dass der Vater des Kindes der junge Mann aus dem Fleischerladen sei. Vollkommen zerknirscht gingen die Eltern erneut zu Hakuin, um sich zu entschuldigen und seine Vergebung zu erbitten: „Es tut uns aufrichtig leid. Wir sind gekommen, um das Kind abzuholen. Unsere Tochter hat uns gestanden, dass ihr gar nicht der Vater seid.“

„Ist das so?“, fragte Hakuin und gab ihnen den Säugling zurück. (überlieferte Geschichte)

Die Geschichte von Hakuin hat viel mit der ernüchternden Erkenntnis zu tun, dass die Meinung anderer durch Worte sehr selten verändert werden kann – durch Taten vielleicht.

- Geben Sie sich Zeit und gehen Sie achtsam und liebevoll mit sich um. Es ist eine Kunst, unverletzt von der Palme herunterzukommen, und das geht nicht schnell. (Vom Entwurf bis zur Fertigstellung der Freiheitsstatue in New York vergingen vierzehn Jahre; Michelangelo malte vier Jahre an den Deckenfresken der Sixtinischen Kapelle.)
- Richten Sie sich eine Lieblingsecke zu Hause ein.
- Sammeln Sie Cartoons, gescheite oder blöde Sprüche. („Man soll nicht Götter suchen, wo Menschen sind“ von George Bernard Shaw, „Wer aus der Haut fährt, muss sehen, wie er wieder hineinkommt“ von Hellmut Walters oder „Wer niemals außer sich geriete, wird niemals in sich gehen!“ von Paul Heyse)
- Gönnen Sie sich Ihr Lieblingsobst, guten Tee und guten Kuchen.
- Suchen Sie sich etwas, worüber Sie sich freuen können, oder jemanden, dem Sie eine Freude bereiten können.

Lena liebt ihre drei erwachsenen Kinder. Von den dreien wohnt Iris, die Jüngste, mit 18 Jahren noch daheim. Sarah und Adrian sind ausgezogen. Zu Weihnachten und Ostern sind alle vollzählig im Elternhaus. Die Vorfreude auf das Wiedersehen und das gemeinsame Feiern ist groß. Sarah bringt ihren Freund und Adrian seine Freundin sowie die gemeinsame Sehnsucht nach Ferien mit. Kaum sind sie angekommen, verwandelt sich der Vorraum in den Ankunftsbereich eines Hotels. Der Unterschied zum Hotel: Die Taschen und Koffer verschwinden nicht in den Zimmern. Lena wirft einen leicht besorgten Blick auf die kunterbunte Sammlung.

Lenas innerer Dialog

Kasimir: „Schauts da aus!“

Albert beschwichtigt: „Komm, sei friedlich, du hast dich doch gefreut! Mach jetzt keinen Aufstand!“

Kasimir zieht sich schmollend zurück und plant – für Lena unbewusst – seinen Auftritt, falls ihn Albert nicht rechtzeitig stoppt. Lena hat einen Apfelstrudel und ihre berühmte Nusstorte gebacken. Töchter, Sohn und Freunde greifen begeistert zu und verkünden dann, dass sie es jetzt eilig hätten, weil sie unbedingt noch jede Menge Leute treffen müssten. „Mama, lass das Geschirr stehen, das machen wir, wenn wir kommen!“ Lena hatte kaum Zeit für ein Gespräch mit ihren Kindern und sitzt vor Kuchenresten und schmutzigem Geschirr.

Albert: „Hast du dir das Heimkommen anders vorgestellt?“

Kasimir: „Ja, ich habe mich auf die Beiden gefreut und jetzt sind sie schon wieder weg.“

Albert: „Weißt du noch, wie es dir vor mehr als zwanzig Jahren ergangen ist?“

Kasimir: „Bitte, erinnere mich nicht daran. Es war schrecklich, ich habe mich ja nie getraut, das zu tun, was ich wollte.“

Albert: „Jetzt bist du auf der anderen Seite und verstehst das Verhalten deiner Mutter von damals besser, als das Verhalten deiner Kinder heute."

Kasimir: „Das stimmt nicht, ich …"

Albert: „Dann kann es ja nicht so schwierig sein. Du wolltest doch nie, dass deine Kinder einmal dasselbe Dilemma erleben wie du."

Kasimir: „Mmhh – ich bin ziemlich traurig."

Albert: „Komm, ich lese dir aus dem Propheten von Khalil Gibran vor. Den magst du doch so gerne. „Deine Kinder sind nicht deine Kinder. Ihr dürft ihnen eure Liebe geben, aber nicht eure Gedanken. Ihr dürft ihren Körpern ein Haus geben, aber nicht ihren Seelen. Denn ihre Seelen wohnen im Haus von morgen, das ihr nicht besuchen könnt, nicht einmal in euren Träumen. Ihr dürft euch bemühen, wie sie zu sein, aber versucht nicht, sie euch ähnlich zu machen. Denn das Leben läuft nicht rückwärts, noch verweilt es im Gestern."

Kasimir: „Ich mag den Text, aber ich habe nicht gewusst, dass diese Erkenntnis so schwer zu leben ist."

Wenn Sorgen dich quälen

Unternimm nie etwas, wozu du nicht das Herz hast,
dir den Segen des Himmels zu erbitten.
Georg Christoph Lichtenberg

Wie so viele Dinge im Leben hat auch die Sorge und der Zweifel eine lebensfördernde und eine lebensbehindernde Seite. Die lebensfördernde Seite des Zweifels weckt in uns Neugier, bringt uns zum Staunen und regt uns zum Nachdenken an. Albert freut sich darüber, denn das ist sein Metier. Zweifeln im guten Sinn bedeutet: Ich muss mich auf die Suche machen. Im Zweifel versteckt sich eine Frage. Vielleicht verbirgt sich ein Irrtum hinter deinem Zweifel und du spürst ihn auf. Vielleicht spürst du etwas Hoffnungsvolles und einen Anspruch. „Wenn du einen Sumpf trockenlegen willst, darfst du nicht Frösche fragen", heißt ein bekanntes Sprichwort. Weniger bekannt ist, dass sich einige Frösche in uns selbst eingenistet haben. Behauptungen, die von Fanatismus und Aberglauben genährt wurden, beruhen auf Unkenntnis und mangelnder Behutsamkeit.

Die lebensbehindernde Seite der Sorge belastet uns und gehört zu den gefährlichsten – weil am wenigsten durchschaubaren – Stressfaktoren. Der Mensch, der ständig zweifelt, kann die Gegenwart nicht genießen. Andererseits beschwert er mit seiner Zweifelorgie auch seine Zukunft. Es ist fast so, als ob er darauf warten würde, dass das eintrifft, was er befürchtet. Schon Rilke erkannte: „Es ist gut, manchmal die Sorgen so zu behandeln, als ob sie nicht da wären; das einzige Mittel, ihnen die Wichtigkeit zu nehmen." Wer unter dem „Sorgenstress" leidet, sollte danach fragen, welche „Sorgengeister" ihm am häufigsten begegnen. Müssen Sie sich eigentlich Ihre Sorgen gefallen lassen?

Ein einfaches Beispiel: Ein Mensch plant einen Ausflug. Wenn er in seine Planung Wetter, Verkehr, Freunde, Gasthaus, Parkplatz und die Abendgestaltung einbeziehen will, wird Albert schwindlig, er rudert intensiv im Kreis und kommt nicht vom Fleck. Niemals kann Albert alles im Voraus planen und im Blick haben. Es ist wichtig, so viel Weitblick zu haben, dass wir die Konsequenzen unseres Handelns abschätzen können. Trotzdem tun wir gut daran, nicht jede Kleinigkeit von allen Seiten zu betrachten.

Sie leben jetzt. Stoppen Sie Ihre Gedanken und sagen Sie sich: „Im Moment lasse ich mir die Sorgen nicht gefallen!" Widmen Sie sich dem Jetzt. Zum Beispiel beim Spazierengehen der Natur, beim Kochen den Lebensmitteln oder beim Lesen dem Inhalt des Buches. Wenn Ihre Gedanken davonschweben und Sie bemerken, dass Sie eigentlich nicht bei der Sache sind, dann erinnern Sie sich an die „Trotzmacht des Geistes" von Viktor E. Frankl: „Ich muss mir von mir nicht alles gefallen lassen!"

Sie können sicher sein, die lebensbehindernden Sorgen kommen immer wieder vorbei. Je öfter es Ihnen gelingt, Ihre Sorgen auf die Reise zu schicken, umso fröhlicher und unbeschwerter wird Ihr Alltag. Es ist erstaunlich, wie viel Kraft und Lebensfreude diese Trotzmacht des guten Geistes schenkt. Eines ist sicher: Worauf wir unsere Aufmerksamkeit richten, dort ist unser Erleben.

Verstandesfutter

„Vorstellungen werden als innere Orientierungen, als Selbstwirksamkeitskonzepte und eigene Leitbilder im Hirn verankert. Sie bieten einem Menschen Halt und Sicherheit, bestimmen seine Entscheidungen, lenken seine Aufmerksamkeit in bestimmte Richtungen und sind daher ganz entscheidend dafür, wie und wofür der Mensch sein Gehirn benutzt und daher auch strukturiert.“ (Gerald Hüther, Was wir sind und was wir sein könnten, S. 67)

Seelennahrung

Trotzdem ist die Zeit mir geliehen
mich dem, was sie fordert, nicht zu entziehen.
Trotzdem ist die Tat nicht umsonst getan –
trotzdem, trotzdem, trotzdem.
Trotzdem sag, wenn Zweifel dich plagen
Trotzdem sag an mutlosen Tagen,
um trotzdem das, was wir sind, zu bejah'n.
Trotzdem, trotzdem, trotzdem.

Erika Pluhar[21]

Plädoyer für das Echte

Der Zweifel ist's, der Gutes böse macht.
Johann Wolfgang von Goethe

Dass der Zweifel eine wichtige Eigenschaft des Denkens ist, haben wir festgehalten. Leider gehört zum kommunikativen Lieblingssport mancher Menschen die Verdächtigung. Die Verdächtigung hat selten etwas mit realistischer Vorsicht, einer behutsamen Achtsamkeit oder mit begründetem Zweifel zu tun. Vor allem verhindert der Verdacht Begeisterung und Engagement. Im Falle des Verdachts scheint der Gedanke von Konrad Lorenz, dass der moderne Massenwahn darin bestehe, nur das für real zu halten, was exakt naturwissenschaftlich nachweisbar sei, nicht mehr zu gelten. Der Verdacht ist sehr oft irrational. Wesentliches Merkmal des Verdachts ist, dass ihm eine behutsame Sprache fremd ist. Von Ermutigung und Vertrauen ahnt er wenig. Während die Vorsicht uns an Achtsamkeit erinnert, „verdächtigt" der Verdacht nur.

Hat jemand ein Gerücht in die Welt gesetzt, ist es sehr wahrscheinlich, dass es weitergegeben wird und Kreise zieht. Einmal ausgesprochen, traut man dem, der verdächtigt wurde, die Schandtat auch ein bisschen zu. Auch wenn der Verdacht sich als unberechtigt erweist, bleibt er hängen. Einige Menschen nehmen neben dem vernünftigen Zweifel den Verdacht zu ernst. „Es könnte ja doch sein, dass er das gemacht hat, obwohl ich ihm das eigentlich nicht zugetraut hätte."

Falscher Verdacht
Ein Mensch hat meist den übermächtigen
Naturdrang, andre zu verdächtigen.
Die Aktenmappe ist verlegt.
Er sucht sie, kopflos und erregt,
und schwört bereits, sie sei gestohlen,
und will die Polizei schon holen
und weiß von nun an überhaupt,
dass alle Welt nur stiehlt und raubt.
Und sicher ist's der Herr gewesen,
der, während scheinbar er gelesen –
Er ahnt genau, wie es geschah …
Die Mappe? Ei, da liegt sie ja!
Der ganze Aufwand war entbehrlich
und alle Welt wird wieder ehrlich.
Doch den vermeintlich frechen Dieb
gewinnt der Mensch nie mehr ganz lieb,
Weil er die Mappe, angenommen,
sie wäre wirklich weggekommen –
und darauf wagt er jede Wette –
gestohlen würde haben hätte!
Eugen Roth[22]

Viele Medien, die über prominente Menschen berichten, leben von der Schlagzeile des Verdachts. Als Frage formuliert ist es ja keine Feststellung. Nachdem Zeitungen mit den besonders großen und tragischen Schlagzeilen nicht aus den Regalen verschwinden, muss es Menschen geben, die brennend an Verdächtigungen interessiert sind. Hirnforscher haben festgestellt, dass unser Hirn so wird, wie wir es benutzen. Wer sein Hirn ständig mit der Lektüre von Verdächtigungen füttert, der beginnt nach einiger Zeit sich selbst als Verdachtschöpfer einen Namen zu machen. So wie man durch ständiges Üben ein Musikinstrument erlernt, so entwickeln manche Menschen eine erstaunliche Fertigkeit, andere Leute zu verdächtigen. Niemand wird besser, wenn er einen anderen Menschen verdächtigt. Am allerwenigsten dient der Verdacht dazu, selbst unbeschwert zu leben. Leider ist der Verdacht wie eine Mure. Die Spur der Verwüstung, die er zurücklässt, ist geprägt von Misstrauen, Abwertung und Unsicherheit. Die Aufräumungsarbeiten nach einer Verdachtslawine sind mühsam und um die Steine, die in den Weg gelegt wurden, wegzuräumen, braucht es manchmal schweres Gerät und es dauert lange, bis wieder etwas wächst.

Wer Aufrichtigkeit und Unerschütterlichkeit erlernen will, braucht kein Extrastudium. Es ist hilfreich, die persönliche Wahrnehmung zu schulen und sich auf sein Gefühl zu verlassen, um nicht jedem Gerücht auf den Leim zu gehen. Trotzdem benötigen wir besonders bei pauschalen Verdächtigungen neben unserem Gefühl ganz dringend unseren Verstand, damit wir den Verdachtschöpfern nicht alles glauben. Es ist möglich, dem Gerücht durch ganz einfache Fragen die Daseinsberechtigung zu entziehen: „Wie kommen Sie darauf? Waren Sie dabei?" Aufrichtigkeit setzt allerdings voraus, an das Gute im Menschen und an das absichtslose Engagement zu glauben. Je klarer, je konkreter und absichtsloser wir uns einer guten Sache widmen, umso mehr wächst Aufrichtigkeit. Ich bin überzeugt, dass sich viele Menschen für das Gute einsetzen und zu dessen Verwirklichung beitragen, ohne Gedanken an den eigenen Nutzen zu verschwenden.

Verstandesfutter

„Was not tut, ist, ich möchte sagen, eine Entlarvung der Entlarver. Vor dem Echten müsste die Entlarvungstendenz nämlich Halt machen können; tut sie es nicht, dann steht hinter der Entlarvungstendenz – des ‚entlarvenden' Psychologen – eigene Entwertungstendenz." (Viktor E. Frankl, Die Psychotherapie in der Praxis, S. 68)

Seelennahrung

Wer einmal erfahren hat, dass es möglich ist,
auf einem ganz persönlichen Weg, der keine Schiene ist,
Menschen zu erreichen,
wird Manipulation immer von Aufrichtigkeit
unterscheiden können.

Erika Pluhar

Herzenslogik

Ein Mensch, der liebt, lebt nicht aus der Angst,
sondern aus dem Vertrauen.

Clemens Sedmak

Sprungbrett in die Freiheit: Begeisterung

Ich kann mir kein besseres Leben vorstellen als eines, das der glühenden Begeisterung für eine Sache gilt.
Gioconda Belli

Glühende Begeisterung ist wie ein inneres Feuer, das uns wärmt, während der Fanatismus ein Feuer ist, das uns verbrennt. Für eine Fülle von Möglichkeiten können sich Menschen begeistern: für die Schönheit der Natur, für die Vielfalt der Musik, für die unüberschaubare Fülle an Kochrezepten und für die Einmaligkeit von Menschen usw. Wofür konnten Sie sich im Laufe Ihres Lebens begeistern? Öffnen Sie Ihre innere Schatzkiste, blättern Sie in Ihrem inneren Fotoalbum oder schauen Sie, welche Telefonnummern Sie schon lange nicht mehr gewählt haben. Vielleicht glimmt noch eine Flamme und Sie können ein Scheit nachlegen.

Die Logik des Herzens ist das Lebendige und jede und jeder von uns hat die Möglichkeit, sein Herzensanliegen in die Waagschale des Lebens zu werfen. Wenn wir einen Stein in einen See werfen, entstehen kleine Wellen, die sich ausbreiten. Je größer der Stein, umso größer die Wellenbewegung. Ganz ähnlich verhält es sich mit der Begeisterung für etwas Wertvolles. Je intensiver uns ein Mensch, eine Musik, ein Film oder die Natur berührt, umso wirksamer wird unsere Begeisterung genährt. Dadurch kann die Welle der Begeisterung von unserem Herz nach draußen strahlen. Wollen wir

Menschen für eine gute Sache begeistern, dann müssen wir selbst begeistert sein. Begeisterung ist die gelungene Beziehung zu etwas Sinnvollem. Vielen Menschen täte es gut, wenn sie dem leisen inneren Feuer eine Chance zum Lodern geben würden. Begeistert und intensiv leben drückt sich vor allem in der Begegnung mit Menschen aus. Albert Schweitzer war von seinem Urwaldspital in Lambarene in Afrika sehr begeistert und sagte: „Viel Kälte ist unter den Menschen, weil wir nicht wagen, uns so herzlich zu geben, wie wir sind." Auf einer Karte entdeckte ich vor einigen Jahren den Spruch: „Als Gott dich schuf, wollte er angeben!" Ganz bestimmt kennen Sie einen lieben Menschen, dem Sie diesen Gedanken sagen oder schenken wollen. Liebe ist eine Form der Freude über das Sein und Dasein des Anderen. Legen Sie das Buch zur Seite und rufen Sie jetzt an oder schreiben Sie jetzt eine liebe Karte! Erwarten Sie nicht Begeisterung bei Ihrem Gegenüber, freuen Sie sich darüber, dass Ihr Herz eine liebevolle Kraftquelle ist und mehr drauf hat, als 100.000 Mal pro Tag zu schlagen und Ihren Kreislauf in Schwung zu halten.

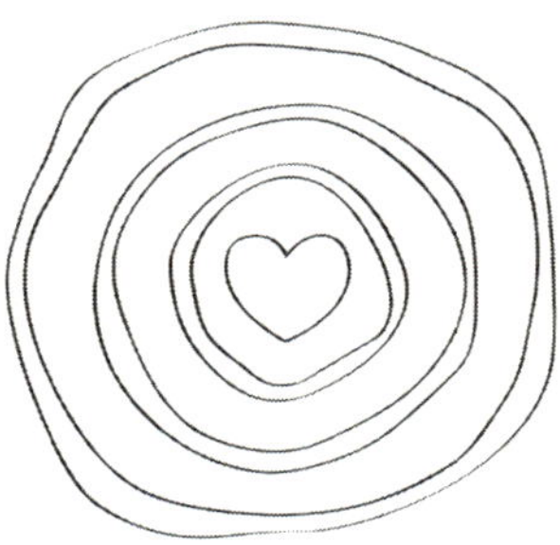

Alles Lebendige – die Logik des Herzens ist das Lebendige – trägt den Widerspruch in sich. Wir sollten die bequeme Anspruchslosigkeit wesentlich mehr fürchten als den Mut zum begeisterten Engagement. Die Begeisterung nährt den Mut zum Engagement und wird zum Sprungbrett in die Freiheit.

Das Leben fragt uns im Jetzt

Am Ende stellt sich die Frage: Was hast du aus deinem Leben gemacht? Was du dann wünschst, getan zu haben, das tue jetzt!
Erasmus von Rotterdam

Wie soll mein „Lebensgarten“ aussehen, wenn ich ihn in zehn oder zwanzig Jahren betrachte?

Welche Samen sollte ich für diesen „Lebensgarten“ säen?

Was bin ich bereit dafür zu tun?

Wollen wir unserem Leben Sinn schenken, können wir nicht warten, bis sich die Rahmenbedingungen verändern. Das Besondere an uns Menschen ist unsere Freiheit, mit der wir zur inneren und äußeren Welt Stellung nehmen. Derzeit wird die Suche nach den idealen Bedingungen, welche das Leben erleichtern könnten, zu ernst genommen. Es geht nicht darum, das Leben zu erleichtern und das Leben so zu planen, dass nichts Schlimmes passiert. Viel mehr brauchen wir ein leidenschaftliches Interesse zum „Trotzdem“. Schwierigkeiten planen wir nicht, sie stellen sich uns einfach in den Weg. Leidvolles wünschen wir uns nicht, es taucht einfach auf. Gerade darum brauchen wir die Lebenskraft des „Trotzdem“, um Probleme gestalten zu können.

Die Generation 50 plus oder 60 minus – zu der ich gehöre – trägt Verantwortung. Wir gehören zu jenen, die nach dem Krieg geboren wurden, und zur ersten Generation seit Jahrhunderten, die ohne Krieg, Not und Elend wachsen konnte.

Ich glaube, die beste Lösung ist, an sich selbst zu arbeiten. Machen wir etwas aus uns und aus unseren Möglichkeiten und wir legen vielleicht einen Grundstein für etwas Großes: für die Zukunft der Generationen, die nach uns kommen.

Verstandesfutter

„Die geschenkten Jahre könnten es uns ermöglichen, neue Qualitäten an uns und in uns zu entdecken, die nur mit dem Alter entdeckt und entwickelt werden können – wie Weisheit, Gelassenheit, Selbstdistanz. Und vor allem ist der Sinn der ‚besten Jahre' die unverändert nötige Fürsorge für die, die nach uns kommen. Generativität ist die Brücke zwischen dem eigenen Leben als Erwachsener und der letzten Lebensphase, dem Altern, vor allem aber zwischen den Generationen."(Heiko Ernst, Weitergeben! S. 28)

Seelennahrung

Ein alte Frau wurde von ihren Mitmenschen gefragt, was der Grund für ihre Zufriedenheit sei. Darauf antwortete sie lächelnd: „Das ist das Geheimnis der fünf Bohnen."

„Das Geheimnis der fünf Bohnen? Kannst du es uns verraten?"

„Ja, wenn ich am Morgen aufstehe, stecke ich fünf Bohnen in meine rechte Rocktasche. Immer wenn ich mich freue, wechselt eine Bohne von der rechten in meine linke Rocktasche. Am Abend nehme ich die Bohnen und erinnere mich noch einmal an die fünf Gelegenheiten, über die ich mich gefreut habe. Am nächsten Morgen beginne ich das Spiel von vorne." (überlieferte Geschichte)

Herzenslogik

Das Herz ist das Fundament des Lebens,
es ist eine Wohnung des Wissens von Gut und Böse.
Das Herz muss deshalb ständig mit ganzer Kraft laufen.
Hildegard von Bingen

Nachwort

Im Sommer 2011 erschienen zwei außerordentliche Bücher, die mich sehr beeindruckt haben. Sie ermutigen mich, an mir selbst zu arbeiten, wenn ich Probleme entdecke.

Stéphane Hessel, 93 Jahre jung und Mitverfasser der UNO-Menschenrechte, veröffentlichte: „Engagiert Euch!" Im Gespräch mit dem Journalisten Gilles Vanderpooten ermutigt uns Stéphane Hessel: „Lassen wir uns nicht vor Tatsachen stellen, die wir als leider vollendet zu akzeptieren hätten." (S. 9)

Mit dem Buch „Es geht ums Tun und nicht ums Siegen" rufen Konstantin Wecker und Bernard Glassman zu einem Engagement zwischen Wut und Zärtlichkeit auf: „Um die Gesellschaft zu verändern, bedarf es kleiner Gruppen, die Neues in das System initiieren und es in diesem verbreiten." (S. 170)

Als John F. Kennedy 1961 seine berühmte Inaugurationsrede hielt, war ich neun Jahre alt. Ich kann nicht erklären, warum seine Worte für mich ihre Leuchtkraft behalten haben und sein begeistertes Plädoyer zur Eigenverantwortung mich nie mehr losgelassen hat: „Fragt nicht, was unser Land für euch tun wird – fragt, was ihr für unser Land tun könnt. Fragt nicht, was euer Land für euch tun wird, sondern was wir gemeinsam für die Freiheit des Menschen tun können."

Wir tragen alle gemeinsam eine Verantwortung für die Zukunft unserer Gesellschaft und das Wohlergehen der Erde. Mein Beitrag ist ein Projekt im Rahmen der Sinnstiftung (http://www.sinn-stiftung.eu) für kleine Gruppen mit der

Überschrift: „Fragt nicht, was eure Kinder für euch tun können, sondern fragt, was wir gemeinsam für die Zukunft unserer Kinder tun können."

Der Sinn dieser Gemeinschaft von Menschen liegt darin, konkrete Probleme so realistisch wie möglich zu erkennen und sie gemeinsam so praktisch wie möglich zu lösen. Menschen wachsen in Gemeinschaften über sich hinaus. Wie dies möglich ist, zeigen Menschen, denen Verantwortung am Herzen liegt. Die Ideen zur Umsetzung kommen von Erwachsenen und Kindern, von Müttern und Vätern, von Großeltern und Menschen, die nicht mehr erwerbstätig sind. Es gibt viele Menschen, die ihren Beitrag für das Gemeinwohl leisten können. Ob in Kindergärten oder Schulen, ob in Familien oder in kleinen Gruppen – ein gelingendes Miteinander ist möglich. Dies kann sein: mehr Beziehung und weniger Strategien, mehr Mensch und weniger Funktion, mehr Mut und weniger Angst, ganz einfach mehr Vertrauen in die Logik des Herzens.

Ganz im Sinne des großen Mannes Viktor E. Frankl, ohne dessen Existenzanalyse und Logotherapie hätte ich die Logik des Herzens nicht entdeckt:

Wollen wir eine Brücke schlagen von Mensch zu Mensch,
und dies gilt auch von einer Brücke des Erkennens und Verstehens,
so müssen die Brückenköpfe eben nicht die Köpfe,
sondern die Herzen sein.[23]

Anmerkungen

1 S. 11: ERICH KÄSTNER, Doktor Erich Kästners Lyrische Hausapotheke © Atrium Verlag, Zürich 1936 und Thomas Kästner.

2 S. 13: Vgl. MAJA STORCH, Machen Sie doch, was Sie wollen! Wie ein Strudelwurm den Weg zu Zufriedenheit und Freiheit zeigt, Bern 2010, S. 11.

3 S. 21: TIZIANO TERZANI, Das Ende ist mein Anfang. Übersetzung Christiane Rhein © 2007 Deutsche Verlags-Anstalt, München, in der Verlagsgruppe Random House GmbH.

4 S. 26: EUGEN ROTH, Leib und Seele © Dr. Thomas Roth.

5 S. 35: REINHOLD STECHER, Werte im Wellengang. Ungewöhnliche Interviews, S. 123 © Tyrolia Verlag, Innsbruck-Wien [3]2011.

6 S. 37: CLEMENS SEDMAK, Die politische Kraft der Liebe. Christsein und die europäische Situation, S. 18 © Tyrolia Verlag, Innsbruck-Wien 2007.

7 S. 43: ERICH KÄSTNER, Zeitgenossen, haufenweise, Erschienen in: Lärm im Spiegel © Atrium Verlag, Zürich 1929 und Thomas Kästner.

8 S. 47: DANIEL HELL, Die Wiederkehr der Seele. Wir sind mehr als Gehirn und Geist, S. 95. © Verlag Herder, Freiburg im Breisgau 2009.

9 S. 52: THE PRINCE OF WALES / TONI JUNIPER / IAN SKELLY, Harmonie. Eine neue Sicht unserer Welt © 2010 Riemann Verlag, München, in der Verlagsgruppe Random House GmbH, Übersetzung: Erika Ifang.

10 S. 56: NOSSRAT PESESCHKIAN, Die Schwierigkeit, es allen recht zu machen. Aus: ders., Der Kaufmann und der Papagei. © Fischer Taschenbuch Verlag GmbH, Frankfurt am Main 1979.

11 S. 57: HADDON KLINGBERG Jr., Das Leben wartet auf Dich. Viktor und Elly Frankl, Deuticke in Zsolnay, Wien / Frankfurt am Main 2002.

12 S. 58: UWE BÖSCHEMEYER, Das Leben meint mich. Meditationen für den neuen Tag, Text zum 22. April, Lahr 1999.

13 S. 58: HERMANN HESSE, Eigensinn macht Spaß. Individuation und Anpassung © Suhrkamp Verlag, Frankfurt am Main 1986, S. 89 f.

14 S. 63: ERIKA PLUHAR, Es liegt in unseren Händen, aus: dies., Lieder, Lyrik, kleine Prosa, S. 115 © Erika Pluhar 1998.

15 S. 66: FRIEDRICH DÖNHOFF, Die Welt ist so, wie man sie sieht. Erinnerungen an Marion Dönhoff © Verlag Hoffmann und Campe, Hamburg 2009.

16 S. 73: VÁCLAV HAVEL, Briefe an Olga: Betrachtungen aus dem Gefängnis, Hamburg 1989, S. 27.

17 S. 88: ERIKA PLUHAR, Mehr denn je. Alle Lieder, St. Pölten 2009.

18 S. 100: JOHANN WOLFGANG VON GOETHE, Faust I, Vers 1064 ff.

19 S. 103: ECKART VON HIRSCHHAUSEN, Glück kommt selten allein …, Hamburg [16]2009.

20 S. 107: JILL TAYLOR, Mit einem Schlag. Wie eine Hirnforscherin durch ihren Schlaganfall neue Dimensionen des Bewusstseins entdeckt, © 2008 Droemersche Verlagsanstalt Th. Knaur Nachf. GmbH & Co. KG, München.

21 S. 114: ERIKA PLUHAR, Mehr denn je. Alle Lieder, St. Pölten 2009.

22 S. 116: EUGEN ROTH, Falscher Verdacht © Dr. Thomas Roth.

23 S. 125: VIKTOR E. FRANKL, Gesammelte Werke. Die Psychotherapie in der Praxis. Und ausgewählte Texte über angewandte Psychotherapie. Bd. 3, hg. von Alexander Batthyány / Karlheinz Biller / Eugenio Fizzotti, Wien / Köln / Weimar 2008.

Literatur

BÖSCHEMEYER, Uwe, Warum es sich zu leben lohnt, Salzburg [2]2010.

ERNST, Heiko, Weitergeben! Anstiftung zum generativen Leben, Hamburg 2008.

FRANK, Gunter / STORCH, Maja, Die Mañana-Kompetenz. Entspannung als Schlüssel zum Erfolg, München [3]2010.

FRANKL, Viktor E., Trotzdem Ja zum Leben sagen. Drei Vorträge gehalten an der Volkshochschule Wien-Ottakring, Wien 1946.

FRANKL, Viktor E., Die Psychotherapie in der Praxis. Eine kasuistische Einführung für Ärzte, München 1985.

FRANKL, Viktor E., Ärztliche Seelsorge. Grundlagen der Logotherapie und Existenzanalyse, München 1989.

FRANKL, Viktor E., Der Wille zum Sinn. Ausgewählte Vorträge über Logotherapie. Mit einem Beitrag von Elisabeth S. Lukas, München / Zürich 1991.

FRANKL, Viktor E., Gesammelte Werke. Psychologie des Konzentrationslagers. Synchronisation in Birkenwald. Und ausgewählte Texte 1945–1993, Bd. 2, hg. von Batthyány, Alexander / Biller, Karlheinz / Fizzotti, Eugenio, Wien / Köln / Weimar 2006.

FRISCH, Max, Tagebuch 1946–1949, Frankfurt 1985.

GIBRAN, Khalil, Der Prophet, Zürich / Düsseldorf 1997.

HESSEL, STÉPHANE, Engagiert euch! Im Gespräch mit Gilles Vanderpooten, Berlin 2011.

HÜTHER, Gerald, Was wir sind und was wir sein könnten. Ein neurobiologischer Mutmacher, Berlin [6]2011.

HÜTHER, Gerald, Die Macht der inneren Bilder. Wie Visionen das Gehirn, den Menschen und die Welt verändern, Göttingen [6]2010.

KEIL, Annelie, Wie du mir, so ich dir. Gestörte Beziehungen, gestörte Entwicklungen, in: Gebauer, Karl / Hüther, Gerald (Hg.), Kinder brauchen Vertrauen. Erfolgreiches Lernen durch starke Beziehungen, Düsseldorf / Zürich 2004.

LIEFERS, Jan Josef, Soundtrack meiner Kindheit, Hamburg 2011.

ÖSTERR. SOZIALVERSICHERUNGSTRÄGER, Information der, Burnout & Co – Was unternehmen Betriebe gegen psychische Erkrankungen? (http://www.sozialversicherung.at/portal27/portal/esvportal/channel_content/cmsWindow?p_tabid=5&p_menuid=69440&action=2&p_pubid=640562)

PLUHAR, Erika, Der Fisch lernt fliegen. Unterwegs durch die Jahre, Hamburg [2]2000.

PLUHAR, ERIKA, Die Wahl, Hamburg 2003.

PLUHAR, Erika, Die Macht der Gefühle, Eröffnungsvortrag anlässlich d. 53. Päd. Werktagung in Salzburg (http://www.erikapluhar.net/0001.pdf)

RAHNER, Karl, Glaube, der die Erde liebt, Freiburg i. Br. 1966.

SEYDEL, Renate, Ich, Romy. Tagebuch eines Lebens, München [5]2007.

STORCH, Maja, Das Geheimnis kluger Entscheidungen. Von Bauchgefühl und Körpersignalen, Zürich 2003.

STORCH, Maja / CANTIENI, Benita / HÜTHER, Gerald / TSCHACHER, Wolfgang, Embodiment. Die Wechselwirkung von Körper und Psyche verstehen und nutzen, Bern 2006.

TITZE, Michael / PATSCH, Inge, Die Humorstrategie. Auf verblüffende Art Konflikte lösen, München [6]2004.

WECKER, KONSTANTIN / GLASSMAN, BERNARD, Es geht ums Tun und nicht ums Siegen. Engagement zwischen Wut und Zärtlichkeit, München 2011.

Hintergründe & Infos

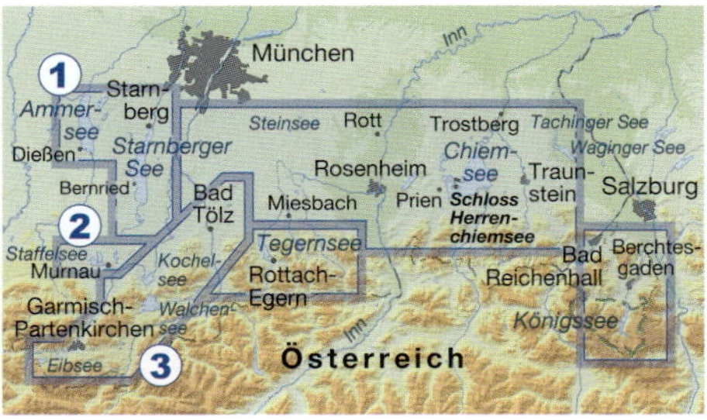

① Fünfseenland

② Das Blaue Land

③ Tölzer Land, Karwendel, Zugspitze

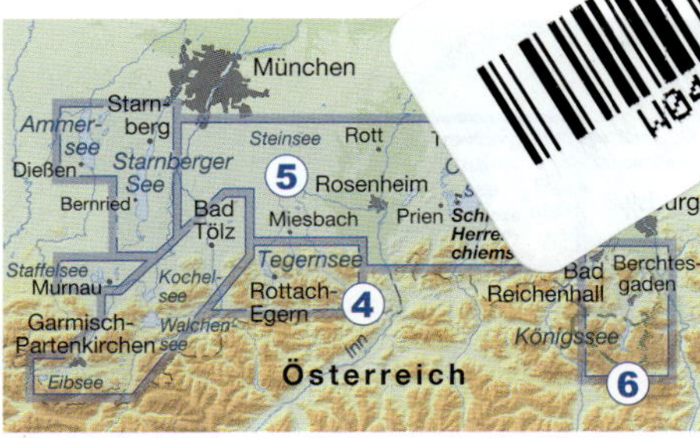

Tegernsee, Schliersee, Wendelstein

⑤ Münchner Umland, Chiemgau

⑥ Berchtesgadener Land

UNTERWEGS MIT THOMAS SCHRÖDER

Als „Zuagroastem" in München hat mich (außer natürlich, wenn es ums Skifahren geht) die Nähe zu den oberbayerischen Seen eigentlich schon immer mehr interessiert als die zu den Bergen. Es ist ja auch eine wirklich feine Sache, an einem Sommernachmittag mit dem Motorrad an den wunderbar moorig-weichen Kirchsee zu düsen und anschließend im Wirtsgarten von Kloster Reutberg zu essen. Um den Staffelsee zu wandern und als Abschluss in Seehausen einen Cappuccino zu trinken. Mit dem Rad mal schnell an den Starnberger See zu fahren und sich ein Schattenplätzchen im „Paradies" zu suchen. Oder im Winter auf dem zugefrorenen Pilsensee Schlittschuh zu laufen …

Dennoch kannte ich lange Zeit nur eine Handvoll Lieblingsplätze, die ich immer wieder besuchte. Mit der Arbeit an diesem Buch hat sich das gründlich geändert. Monatelang durfte ich mir sozusagen ganz „offiziell" See für See vornehmen, um nach den besten Badestellen, Wirtshäusern und Unterkünften zu forschen. Mein Kollege Christian Gehl steuert nun schon seit Jahren weitere vorzügliche Tipps bei. Dass man auf dem Weg zu einem der vielen Seen schon bald hinter München meist ein grandioses Alpenpanorama genießt, empfinde ich bei der Recherche übrigens keinesfalls als Nachteil …

Text und Recherche: Thomas Schröder **Recherche und Textergänzungen für die vorliegende Auflage:** Christian Gehl **Lektorat:** Carmen Wurm; Dagmar Tränkle (Überarbeitung) **Redaktion:** Annette Melber **Layout:** Christiane Bauer (D&M Services GmbH) **Karten:** Judit Ladik, Carlos Borrell, Theresa Flenger **GIS-Consulting:** Rolf Kastner **Fotos:** siehe Fotoverzeichnis S. 8 **Grafik S. 10/11:** Johannes Blendinger **Covergestaltung:** Karl Serwotka **Covermotive:** oben: Ausblick von Seeshaupt auf den Starnberger See (Christian Gehl), unten: Blick vom Jenner auf Königssee, Steinernes Meer und Watzmann © mauritius images / Udo Siebig, gegenüberliegende Seite: Königssee (Christiane Bauer)

6. ÜBERARBEITETE UND AKTUALISIERTE AUFLAGE 2018

OBERBAYERISCHE SEEN

THOMAS SCHRÖDER

Alles im Kasten

Mit dem grünen Blatt haben unsere Autoren Betriebe hervorgehoben, die sich bemühen, regionalen und nachhaltig erzeugten Produkten den Vorzug zu geben.

Wanderungen und Radtouren

Fotonachweis

Christiane Bauer: S. 3, 12/13, 26, 132, 146, 186/187, 229, 240/241, 242, 246, 260 | Steffen Fietze: S. 12, 14, 16/17, 18, 70, 77, 80, 84, 88, 98, 100, 160, 171, 175, 177, 179, 181, 200, 201, 207, 212, 219 | Christian Gehl: S. 13, 14/15, 15, 20, 22, 23, 25, 27, 28, 29, 31, 32, 34/35, 36, 41, 44, 45, 46, 48, 50, 56, 58, 61, 62, 65, 66, 68, 73, 74, 78, 92, 95, 103, 104, 106/107, 110, 112, 116, 117, 120/121, 124, 129, 131, 136, 137, 138, 141, 143, 147, 152, 155, 157, 162, 163, 165, 169, 180, 190, 191, 194, 195, 196, 202, 204, 209, 213, 215, 216, 217, 221, 223, 224, 226, 230, 247, 249, 256, 258, 259 | Gästeinformation Schliersee: S. 148/149 | Johannes Müller: S. 93 | Thomas Schröder: S. 30, 53, 54, 259 | Tegernseer Tal Tourismus GmbH: S. 164 | Tourismusverband Starnberger Fünf-Seen-Land: S. 90 |

Vielen Dank! Ohne die Tipps und Hinweise von Dr. Thomas Rosky, Andreas und Krista Gehl sowie Johannes Müller hätte dieses Buch nicht entstehen können.

Angelika Nuscheler und Kathrin Irmer vom Tourismusverband München-Oberbayern, der Chiemsee Tourismus e.V. und das Tourismusamt Murnau haben diesen Reiseführer durch wichtige Informationen bereichert. Wertvolle Anregungen lieferten auch Heike Auer, M. Berg, Peter Dietsche, Jens Finger, Claudia Fritz, Tilbert Ganahl, E. Hermann, Sabine Jositsch, Birgit Klein, Edgar Maurer, Martina und Marcus Neveling, Gisela und Uwe Richter, Gerhard Riedißer, Gisela Schafberger und Tobias Zink. Herzlichen Dank!

Kartenverzeichnis

Zeichenerklärung für die Karten und Pläne

- Autobahn
- Bundesstraße
- Hauptstraße
- Landstraße
- Piste
- Fußweg
- Wanderung
- Fähre
- Bahnlinie
- Fußgängerzone
- Naturschutzgebiet
- Nationalparkgrenze
- Badestrand
- Badestelle
- Bootsverleih
- Surfcenter
- Kloster
- Schloss/Burg
- Kirche
- Sehenswürdigkeit
- Museum
- Information
- S-Bahn
- Flughafen
- Parkplatz
- Gipfel
- Aussichtspunkt
- Campingplatz

Was haben Sie entdeckt?

Haben Sie eine gemütliche Gaststätte, ein freundliches Hotel mit Atmosphäre, einen schönen Wander- oder Radweg an den oberbayerischen Seen entdeckt? Wenn Sie Ergänzungen, Verbesserungen oder neue Tipps zum Buch haben, lassen Sie es uns bitte wissen!

Schreiben Sie an: Thomas Schröder, Stichwort „Oberbayerische Seen" | c/o Michael Müller Verlag GmbH | Gerberei 19, D – 91054 Erlangen | thomas.schroeder@michael-mueller-verlag.de

Wohin an den Oberbayerischen

1 Fünfseenland → S. 34

Guter Name, aber falsch. Zwischen Starnberger See und Ammersee liegen noch mindestens zwei Dutzend Seen, wenn auch zum Teil sehr kleine. Geprägt wird die Region aber tatsächlich von fünf großen Gewässern, noble und bäuerliche, einsam gelegene und stellenweise überlaufene, alle rund eine halbe Autostunde von München entfernt. Die meisten von ihnen können mit erstklassigen Badeplätzen aufwarten.

2 Das Blaue Land → S. 106

Die Gegend um Staffelsee und Riegsee war vor hundert Jahren bevorzugtes Terrain zahlreicher Künstler: u.a. arbeiteten hier Gabriele Münter, Wassily Kandinsky, Paul Klee, August Macke und Alexej von Jawlensky. Der Grund all des künstlerischen Schaffensdrangs war die spektakuläre Natur, die ihren Charme bis heute bewahrt hat: ein ständiger Wechsel von Licht und Farben, mal romantisch, mal dramatisch, Feuchtgebiete mit seltenen Tier- und Pflanzenarten und natürlich die zauberhaften Seen mit ihrem warmen Wasser.

3 Tölzer Land, Karwendel, Zugspitze → S. 120

Kochelsee und Walchensee, Sylvensteinsee und die beiden kleinen im Norden gelegenen Moorseen Kirchsee und Hackensee liegen im Tölzer Land, der Heimat von Franz Marc, die ihn mit einem erstklassigen, jüngst erweiterten Museum ehrt. Zwischen Walchensee und Mittenwald, vor der mächtigen Kulisse des Karwendelgebirges, gewinnen Wallgau und Krün als „grüne" Urlaubsorte an Profil. Westlich davon liegt der Touristenmagnet Garmisch-Partenkirchen und der spektakuläre Eibsee.

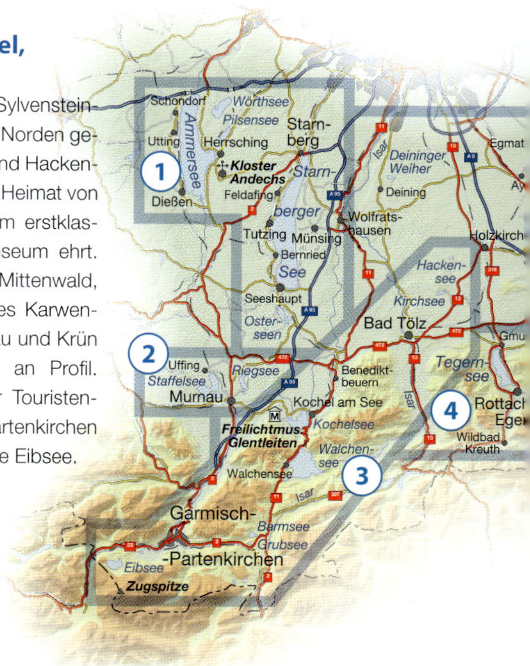

Seen?

4 Tegernsee, Schliersee, Wendelstein → S. 148

Unterschiedlichen Charakter besitzen die drei großen Seen der Region: Während der mondäne Tegernsee das Image vom „Rentnerparadies“ weitgehend abgelegt hat und an schönen Tagen Tausende von Urlaubern anzieht, geht es am ländlich geprägten Schliersee etwas ruhiger zu. Der kleine Spitzingsee ist ein populäres Wintersportziel, im Sommer zieht es vor allem Wanderer und Mountainbiker in die herrlichen Bergwälder, die den Gebirgssee umgeben.

5 Münchner Umland → S. 186 Chiemgau → S. 191

Zwei kleine Badeseen liegen nicht weit von München, bei der Kleinstadt Glonn: Steinsee und Kastensee. Sommers wie winters beliebt ist der Deininger Weiher im Süden von München. Das populärste Urlaubsgebiet Oberbayerns ist eine knappe Autostunde von der Landeshauptstadt entfernt: Zentrum des Chiemgaus ist seit Jahrhunderten der Chiemsee mit der berühmten Versailles-Kopie von Ludwig II. und den vielen malerischen Orten rundum.

6 Berchtesgadener Land → S. 240

An der Grenze zu Österreich locken historische (Salzbergwerk und Königliches Schloss Berchtesgaden, Dokumentationszentrum Obersalzberg) und landschaftliche Attraktionen in großer Fülle, mit dem spektakulär gelegenen Königssee an der Spitze. Aber da ist auch die alte Salzstadt Berchtesgaden selbst mit ihrem schönem Ortskern, Ramsau mit der vielfotografierten Kirche und dem nahen Hintersee sowie der Nationalpark, einziger in Oberbayern.

Oberbayerische Seen: Die Vorschau

Beliebte Naturparadiese

Ohne sie wäre Oberbayern nicht halb so schön. Etwa 300 Seen zieren das Alpenvorland und die bayerische Bergwelt. Jeder von ihnen hat seinen ganz eigenen, unverwechselbaren Charakter. Und obwohl Oberbayern zu den beliebtesten Ferienregionen Deutschlands mit über dreißig Millionen Übernachtungen jährlich gehört, sind die Seen jene Naturparadiese geblieben, als die sie vor über hundert Jahren bekannt wurden. So sind selbst an den beliebtesten Seen am schönsten Sommertag noch einsame Flecken zu finden.

Entstanden sind die meisten Seen während der Würmeiszeit vor etwa 115.000 bis 10.000 Jahren. Gletscher drangen weit nach Norden vor und frästen dabei die Becken der großen Seen aus. Nach dem Ende der Eiszeit schmolzen einzelne, mit Schotter bedeckte Eisblöcke nur langsam: Aus ihnen entstanden kleinere Seen, die sog. Toteisseen.

Über 40 Seen stellen wir Ihnen nach Regionen geordnet in diesem Reiseführer vor, nennen die schönsten Badestellen, die gemütlichsten Biergärten, die besten Hotels und beschreiben die interessantesten Sehenswürdigkeiten rund um die Seen.

Kühl und sauber

Grundsätzlich gilt: So gut wie alle oberbayerischen Seen besitzen eine ausgezeichnete bis gute Badequalität. Der jährlich erscheinende EU-Badegewässerbericht kritisiert manchmal ein bis zwei kleinere Seen, die temporär an hohem Algenbewuchs oder an zu vielen Kolibakterien leiden. Doch zuletzt stufte das bayerische Gesundheitsministerium die Wasserqualität fast aller Seen in diesem Buch als sehr gut ein, zwei, drei Badestellen erhielten die Note „gut". Über die Wassertemperatur sagt die Badequalität natürlich nichts aus. Viele Seen sind eher kühl zu nennen,

werden also auch im Hochsommer nur um die 18 °C warm. Am angenehmsten sind in dieser Beziehung der Staffelsee, der Waginger See/Tachinger See und natürlich die kleineren Seen wie der Hackensee, der Kirchsee oder der Weßlinger See mit Temperaturen von deutlich über 20 °C.

Mehr als Badespaß

Baden ist aber natürlich nicht alles. Den Freizeitmöglichkeiten an den oberbayerischen Seen sind kaum Grenzen gesetzt – ob Sie nun wandern oder radeln, die Natur entdecken, eine Schiffsrundfahrt unternehmen, die nahen Berge bezwingen, sich auf einer Seeterrasse frischen Fisch schmecken lassen oder in einem schönen Biergarten am Ufer eine kühle Maß zischen wollen.

Auch kulturell hat Oberbayern einiges zu bieten. Da gibt es etwa das Franz-Marc-Museum am Kochelsee, das seine großartige Sammlung seit der Erweiterung endlich angemessen präsentieren kann. Auch das ehemalige Heimatmuseum von Starnberg erhielt einen modernen Anbau und darf sich nun „Museum Starnberger See“ nennen. Prunkstück ist ein vollständig erhaltenes Lustschiff der Wittelsbacher. Ein Publikumshit ist das Buchheim-Museum am Südende des Starnberger Sees mit seiner einzigartigen Sammlung, in der scheinbar Unzusammenhängendes wie Briefbeschwerer, Masken und Bauernschränke einen Eindruck von der alltäglichen Lebenskultur weit voneinander entfernter Völker verschaffen. Unübertroffen bleibt zudem die große Anzahl der Kirchen und Klöster, beredte Zeugnisse sakraler Kunst und Architektur. Die höchsten Besucherzahlen weisen die großen Klöster Andechs, Benediktbeuern, Reutberg, Schäftlarn und Seeon auf. Die beiden unumstrittenen Stars unter den Sehenswürdigkeiten Oberbayerns sind

aber natürlich Schloss Herrenchiemsee, die wahnwitzige Versailles-Hommage von Bayerns entrücktem König Ludwig II., und der spektakuläre, weltberühmte Königssee.

Ruhige Schönheit

Nur der Spektakel wegen sollten Sie allerdings nicht an die Seen in Oberbayern reisen: Es ist eine weitgehend bäuerlich geprägte Landschaft, deren Stärke Ruhe und Kontemplation sind. Laut und grell geht es höchstens mal im Bräustüberl von Kloster Andechs zu, einem Anziehungspunkt mit internationaler Strahlkraft, und wahrscheinlich ist auch der hochsommerliche Menschenauflauf an Starnbergs Seepromenade nicht jedermanns Sache. Doch wer sich nur ein paar hundert Meter von diesen Knotenpunkten des Ausflugsverkehrs entfernt, befindet sich inmitten der lieblichsten Kulturlandschaft, die sich jenseits der Toskana überhaupt nur denken lässt. Selbst der Starnberger See mit seinem Millionärsimage wird seinem Ruf zumindest an öffentlich zugänglichen Orten nur selten gerecht, am ehesten noch in Starnberg oder in Possenhofen/Feldafing mit seinem Jachthafen und dem berühmten Golfplatz. Doch gleich nebenan liegt ein herrlich altmodisches Strandbad mit hölzernen Umkleidekabinen, ein bisschen weiter südlich, in Tutzing, das angenehm bescheidene Seerestaurant mit einem großartigen Ausblick, in Bernried lässt sich in romantischer Parklandschaft am See entlangspazieren, am anderen Ufer, beim Kleinen Seehaus in St. Heinrich, gibt es in idyllischer Kiosk-Umgebung die großartigsten Sonnenuntergänge des Starnberger Sees zu sehen.

Mondäner Chic

Wer sich auf der berühmt-berüchtigten Kesselbergstraße mit ihren langen Keh-

ren dem Walchensee nähert, sieht sie schon von Weitem: die bunten Surfsegel auf dem See. Nur der Gardasee genießt bei Surfern einen ähnlichen Ruf wie dieses königlich glänzende Gewässer unterhalb des Herzogstands. Und wer die Einsamkeit sucht, findet sie nur wenige Kilometer weiter in der ursprünglichen Naturlandschaft der Jachenau und der Oberen Isar vor dem Sylvensteinsee.

Sollten Sie danach wieder Lust auf etwas mehr Menschen verspüren und vielleicht auch auf einen Schuss mondäner Atmosphäre, ist es nicht weit bis nach Rottach-Egern, dem neuen, alten Zentrum der High Society am noblen Tegernsee. Mit Fünf-Sterne-Hotels, Michelin-verzierter Küche und edlem Badestrand wird hier erfolgreich dem verschlafen-konservativen Rentnerimage des eleganten Sees entgegengearbeitet.

Abseits des Trubels

Herrenchiemsee und Königssee – da herrscht zumindest im Hochsommer eine Art Tourismus, wie viele ihn nicht mögen: laute, dichtgedrängte Menschenmassen auf dem Weg zum Ziel ihrer Wünsche, zwei oder drei kurze Blicke, und dann ruft auch schon das Mittagessen. Wer das partout nicht will, weil er so weder Schloss noch Echo genießen kann, der kann ganz nah bei Berchtesgaden in luftig-einsamer Höhe die atemberaubende Roßfeld-Ringstraße abfahren oder durch die wilde Almbachklamm wandern. Dass der Chiemsee wiederum weit mehr zu bieten hat als ein unfertiges Königsschloss, hat sich inzwischen herumgesprochen: einen herrlichen Fahrrad-Rundweg etwa, kleine versteckte und große populäre Strandbäder, urwüchsige Uferwälder an der Mündung der Tiroler Achen und mit dem benachbarten Tüttensee ein rundum von Wald umgebenes Kleinod.

Am Eibsee

Hintergründe & Infos

Auf allen größeren Seen Oberbayerns herrscht reger Schiffsverkehr

Reisepraktisches

Anreise/Unterwegs

Es muss nicht immer das Auto sein – viele Seen Oberbayerns sind gut mit öffentlichen Verkehrsmitteln zu erreichen. Dabei schont man nicht nur die Umwelt, sondern auch die eigenen Nerven. Gerade im Sommer werden viele Orte an den Ufern der Seen von Blechlawinen regelrecht überrollt. Parkplätze sind dann eine Rarität, Staus dagegen fast die Regel. Ein weiterer Vorteil: Wer mit Bus oder Bahn anreist, muss auch beim Besuch einer der vielen schönen Biergärten keine allzu große Zurückhaltung walten lassen ...

Mit dem Auto: Durch die Nähe zu München ist die Verkehrsanbindung der oberbayerischen Seen sehr gut. Über die A 8 Richtung Salzburg, die A 95 nach Garmisch-Partenkirchen und die A 96 Richtung Lindau lassen sich fast alle im Buch beschriebenen Seen bequem erreichen. Kein Gewässer liegt mehr als eine halbe Stunde von der nächsten Autobahnausfahrt entfernt, die Landstraßen sind alle gut ausgebaut. Nähere Einzelheiten in den jeweiligen Kapiteln.

Mit der Bahn: Fast alle größeren Seen Oberbayerns sind an das Schienennetz der Deutschen Bahn beziehungsweise im Großraum München (→ Fünfseenland) an das des Münchner Verkehrsverbundes MVV angeschlossen. Die Landeshauptstadt ist natürlich das Zentrum des oberbayerischen Schienenverkehrs; von hier beträgt die Fahrzeit zu den einzelnen Seen nur in wenigen Fällen mehr als eine Stunde. Zum tief im Berchtesgadener Land gelegenen Königssee etwa dauert die Reise (mit Busanschluss) rund drei Stunden, zum Waginger See an der Grenze zu Österreich etwa zwei Stunden.

Sondertarife/Kombi-Fahrkarten Aufgrund des komplizierten Tarifgefüges der Deutschen Bahn sei nur auf folgende Spezialtarife hingewiesen: auf die **BahnCard** 25 und 50, die Zugreisen ein Jahr lang um ein Viertel bzw. die Hälfte billiger machen, sowie auf das **Bayern-Ticket**, das fünf Personen einen Tag lang für 49 € (wer allein fährt, zahlt 25 €) an die Seen bringt und dort bei Schiffsfahrten, Bergbahnen oder in Museen ermäßigte Eintrittspreise ermöglicht. Weitere Informationen über Spezialtarife für Gruppen, Senioren, Wochenendfahrten etc. erhält man in jedem Bahnhof sowie bei den Filialen des Deutschen Reisebüros DER, über das Infotelefon der Bahn ✆ 01806-996633 oder unter www.bahn.de. Die Mitnahme von Fahrrädern ist in den meisten Zügen möglich (s. u.).

Mit dem Bus: Eine Alternative zum Auto sind Busse nicht nur bei der Anreise, sondern oft gerade auch bei der Fortbewegung vor Ort. Das recht dichte Verkehrsnetz des Regionalverkehrs Oberbayern GmbH (RVO) schließt einen großen Teil der in diesem Handbuch beschriebenen Seen ein. Der Wermutstropfen dabei: Da viele Verbindungen auf Berufspendler abgestimmt sind, fahren an Wochenenden oft deutlich weniger Busse als unter der Woche, teilweise werden die Linien dann auch ganz eingestellt. Dies gilt jedoch nicht für die Ausflugslinien, die vor allem im Umfeld viel besuchter Seen (Tegernsee, Kochelsee) verkehren.

Information **Regionalverkehr Oberbayern GmbH**, Hirtenstr. 24, 80335 München (beim Hauptbahnhof); ✆ 089-551640, www.rvo-bus.de. Die Abfahrtsstellen liegen direkt am Hauptbahnhof.

Tarife/Sondertarife/Kombi-Fahrkarten Die Preise sind nach Entfernungsstufen gestaffelt. Ähnlich der Schienenkonkurrenz bietet auch die RVO eine Reihe von Sondertarifen an, außerdem Kombi-Karten mit Bergbahnen, Schiffslinien etc.; sogar die BahnCard ist in den RVO-Bussen gültig. Fahrpläne stehen im Internet unter www.rvo-bus.de zum Ausdrucken bereit. Die von uns angegebenen Frequenzen beziehen sich auf den Sommerfahrplan, der etwa von Ende Mai bis Ende Oktober gültig ist.

Mit dem Fahrrad: Der stark gewachsene Stellenwert des Fahrrads als umweltfreundliches Freizeitgefährt spiegelt sich in einem ständig erweiterten Netz von Radwegen – allein der Chiemgau zählt über 1100 Kilometer. Sehr reizvoll ist meist die Umrundung eines Sees, durchquert man dabei doch oft auch Gebiete, die dem Autofahrer verschlossen bleiben.

Erfreulicherweise wurde vielerorts darauf verzichtet, Radwege zu asphaltieren und damit wieder ein Stück Natur zu versiegeln; stabile Mountainbikes oder Trekkingräder sind deshalb für Touren besser geeignet als hoch gezüchtete Rennmaschinen. Ohnehin sollte man darauf verzichten, Geschwindigkeitsrekorde aufstellen zu wollen, da Radwege häufig gleichzeitig auch Wanderwege sind. Leider sorgen rücksichtslose Raser immer wieder für Konflikte mit Fußgängern; mancherorts wurden deshalb schon Strecken für Radler gesperrt. Dass Mountainbiker im Interesse der Natur die Wege nicht verlassen sollten, hat sich ja mittlerweile herumgesprochen.

Fahrradtransport mit Bahn und Bus In den Zügen ist mittlerweile die Mitnahme von Fahrrädern gestattet, eine Fahrradkarte kostet im Fernverkehr 9 € (mit BahnCard 6 €). Offiziell ist eine Stellplatzreservierung spätestens am Tag vor der Reise nötig, erfahrungsgemäß gibt es aber auch für Spontanreisende meist genügend freie Plätze. Die entsprechenden Zugabteile sind mit einem Fahrradsymbol gekennzeichnet. Nähere Infos in der Broschüre „Bahn & Bike", die an jedem Bahnhof und bei www.bahn.de als Download erhältlich ist.

In den RVO-Bussen entscheiden die Fahrer, ob für das Rad Platz ist.

Fahrradverleih Wer sein eigenes Rad nicht an die Seen mitnehmen will, kann vor Ort eines leihen. Adressen von **Fahrradvermietern** sind im Text angegeben, im Zweifelsfall wissen die Fremdenverkehrsämter Bescheid.

Fahrrad am Bahnhof: Auch an einer Reihe von Bahnhöfen lassen sich Fahrräder mieten. Die Deutsche Bahn hat hierfür eine Reservierungs- und Info-Hotline eingerichtet, die täglich von 8 bis 20 Uhr unter ✆ 0180-6996633 zu erreichen ist. Zu zahlen sind zwischen 3 € und 12,70 € pro Tag, abhängig vom Fahrradtyp.

Geführte Touren Manche Verkehrsämter offerieren geführte Radtouren, deren fachkundige Leitung dem Teilnehmer verborgene Schönheiten erschließt; als Tagestouren sind sie für Gäste mit Kur- oder Gästekarte (→ Übernachten) meist kostenlos.

ADFC Der „Allgemeine Deutsche Fahrrad-Club" informiert über alle Belange rund ums Radl, veranstaltet für Mitglieder Pannenkurse, Ausfahrten etc. Geschäftsstellen finden sich in den meisten größeren Städten.

ADFC Bayern, Kardinal-Döpfner-Str. 8, 80333 München, ✆ 089-9090025-0, www.adfc-bayern.de (dort finden Sie auch die Adressen der 40 Kreisverbände). Telefonisch erreichbar: Mo–Fr 9–12.30 und 13.30–16.30 Uhr. In München gibt es eine zweite Anlaufstelle mit einem öffentlich zugänglichen Infoladen: Platenstr. 4, 80336 München, ✆ 089-773429. Mo–Fr 10–12 Uhr, Do auch 17–19.30 Uhr. www.adfc-muenchen.de.

Baden

Eine gute Nachricht vorweg: Vor allem dank der aufwändigen Ringkanalisationen erreicht die Wasserqualität aller großen oberbayerischen Seen seit Jahren stets gute bis sehr gute Werte, vielfach entspricht sie sogar den gesetzlichen Anforderungen an Trinkwasser. Doch auch an den kleineren Gewässern muss der Badegast kaum um seine Gesundheit fürchten: Das Wasser aller Seen muss laut EU-Richtlinie regelmäßig, das heißt zur Badesaison mindestens alle 14 Tage, von den Gesundheitsämtern kontrolliert werden. Bei entsprechend schlechten Messergebnissen sind Badeverbote auszusprechen, was aber nur sehr selten passiert.

Ein Badeparadies sind die oberbayerischen Seen dennoch nur bedingt. Das liegt zum einen an den mancherorts recht kühlen Wassertemperaturen, die nach ein

Kindheitsträume: Sommer, Sonne und Seen sind in Oberbayern untrennbar miteinander verbunden

paar Schlechtwettertagen auch im Hochsommer schnell mal um noch ein paar Grad absacken können. Als besonders warme Seen seien Weßlinger See, Staffelsee und Waginger See empfohlen, die in guten Jahren Spitzenwerte von bis zu 27 Grad erreichen. Zum anderen wird man in Oberbayern kilometerlange Traumstrände vergebens suchen. Oft sind die Ufer feucht, ist der Einstieg ins Wasser morastig oder wird durch spitze Steine zum Balanceakt – Badestege sind dann eine Wohltat. Eine weitere Einschränkung betrifft den Zugang zum Wasser. Der nämlich ist längst nicht überall frei möglich: Vor allem im Fünfseenland, in geringerem Maße aber auch an anderen Seen Oberbayerns, sind weite Teile der Ufer als Privatbesitz für die Öffentlichkeit gesperrt. Baden kann man oft nur an speziell ausgewiesenen Stellen, die zwar den Nachteil meist geringer Gebühren haben, aber auch den Vorteil einer kompletten Infrastruktur.

In **Strandbädern**, wie sie sich an fast jedem See finden, gehören Stege meist zur Grundausstattung. Dort gibt es auch Umkleidekabinen, Duschen, Toiletten, oft einen Kinderspielplatz und fast immer eine Gaststätte oder einen Kiosk mit einer zum See gelegenen Terrasse. Dieser Service ist zwar leider nicht überall umsonst, doch bleibt er bezahlbar: für Erwachsene 2–3 €; wer nur die Gaststätte aufsuchen will, kann dies in der Regel tun, ohne Eintritt zahlen zu müssen. Oft völlig verwehrt bleibt der Zugang dagegen dem vierbeinigen Liebling: In vielen Strandbädern herrscht Hundeverbot.

Freibadeplätze und **Erholungsgebiete** am See können sehr unterschiedlich ausgestattet sein. Die Skala reicht hier vom sumpfigen, unbefestigten Ufer ohne jedwede Einrichtung bis hin zum noblen, mit Kiosk, Sanitäranlagen und sogar mit Sportmöglichkeiten versehenen, aber gratis zugänglichen Gelände. Dafür kosten meist die Parkplätze (bis zu 2 € pro Tag).

Hinweis: Sowohl die Strandbäder und Erholungsgebiete wie auch eine Auswahl an Freibadeplätzen sind im Text zum jeweiligen See näher beschrieben.

Essen und Trinken

Dass die Bayern deftige Speisen lieben, ist bekannt. So fett und schwer, wie das Vorurteil es wissen will, isst man jedoch längst nicht immer und überall. Gerade an den touristisch stärker frequentierten Seen dominiert oftmals die internationale Küche – wer „original bayerisch" speisen möchte, muss dort schon etwas suchen.

Die **Brotzeit** ist ein Eckpfeiler des täglichen Speiseplans. Vormittags und/oder nachmittags genossen, kann sie zum Beispiel aus warmem oder kaltem Leberkäs, Geräuchertem, Wurstsalat oder diversen Würsten bestehen, möglichst begleitet von Brezen und Bier. Am besten schmeckt sie natürlich in einem schattigen Biergarten – die alte Sitte, sich seine Brotzeit in den Biergarten selbst mitbringen zu dürfen, hat fast überall noch Bestand.

Suppen sind der traditionelle Beginn einer Hauptmahlzeit, beliebt vor allem als Leberknödel-, Leberspätzle-, Grießnockerl- und Pfannkuchensuppe.

Fleischgerichte bilden den wichtigsten Bestandteil jeder bayerischen Speisekarte. Schweinsbraten und Schweinshaxn, jeweils mit Knödel serviert, gelten zwar als die Visitenkarte jedes Wirts, doch erschöpft sich bayerische Kochkunst keineswegs in der Zubereitung von Schweinernem. Kalbfleisch (als Kalbshaxn oder gefüllte Kalbsbrust), Rindfleisch (vor allem als Tellerfleisch, gekocht und mit frischem Meerrettich serviert) und Wildgerichte sowie Innereien haben ebenfalls Tradition. Auf die Gemüsebeilagen wird weniger Wert gelegt, meist begleiten Sauerkraut oder Blaukraut (Rotkohl), eventuell auch einmal Wirsing oder Spinat das Gericht.

Griabig mag's der Oberbayer – etwa so wie hier am Hackensee

Kurzer Speiseführer für Nicht-Bayern

Auszogne: in heißem Fett gebackene Hefeküchlein

Böfflamott: Boeuf à la mode – geschmorter Rinderbraten

Dampfnudeln: Hefeteig, gekocht in Milch, Butter und Zucker, mit Vanillesauce serviert

Fleischpflanzerl: Frikadelle, Bulette

Gselchts: geräuchertes Schweinefleisch

Haxn: gebratene Schweins- oder Kalbshaxe

Knödel: Klöße in vielen Variationen: Kartoffel-, Semmel-, Leber-, Schinken-, Grieß-, Zwetschgenknödel …

Krautwickerl: Kohlrouladen mit Hackfleischfüllung

Leberkäs: weder Leber noch Käse, sondern passiertes und gewürztes Rind- und Schweinefleisch

Kren: Meerrettich

Obatzter: zerdrückter Camembert mit Butter, gehackten Zwiebeln, Paprika und Kümmel verrührt, eine typische Biergartenbrotzeit

Presssack: Wurst aus Kopf- und Schwartenstücken, serviert mit Essig und Öl

Radi: Rettich, kunstvoll geschnitten und stark gesalzen, schmeckt ebenfalls im Biergarten am besten

Reherl: Pfifferlinge

Reiberdatschi: Kartoffelpuffer

Schwammerl: Pilze

Semmeln: Brötchen

Topfen: Quark

Wammerl: geräucherter Schweinebauch

Weißwürste: Kalbsbrätwürste, serviert mit süßem Senf. Sie „dürfen das Mittagsläuten nicht hören", müssen also bis 12 Uhr gegessen, besser gesagt „gezuzelt" sein; beste Begleitung sind Brezen und Weißbier.

Zwetschgendatschi: Pflaumenkuchen

Fischgerichte sollte man sich gerade an den Seen nicht entgehen lassen – es muss ja nicht der Matjes sein, der zur entsprechenden Saison in den Touristenhochburgen angeboten wird. Stilvoller sind Forelle, Zander, Karpfen und vor allem die Renken, die auch geräuchert eine Delikatesse sind. In Biergärten gibt es häufig Steckerlfisch: verschiedene Fischsorten (oft Makrelen oder Renken), die auf einen Holzspieß gesteckt über offenem Feuer gebraten werden und, stark gesalzen, für kräftigen Durst sorgen.

Bei den **Desserts** sind Mehlspeisen die Könige der bayerischen Küche: Apfelküchерl, Hollerkücherl (aus Holunder), Dampfnudeln, Strudel, Schmarrn und, und, und …

Die viel gescholtene Pseudo-Internationalität mit Spaghetti Bolognese und Balkan-Platte befindet sich auf dem Rückzug. Die Wirte setzen heute verstärkt auf regionale Gerichte und hochwertige, frische Nahrungsmittel. Gefördert wird der Trend durch das Label „Ausgezeichnete Bayerische Küche" (**www.bayerischekueche.de**), das vom bayerischen Landwirtschaftsministerium und DEHOGA Bayern verliehen wird und drei Jahre gültig ist.

Bier ist bekanntermaßen das bayerische Nationalgetränk. Gebraut wird es ausschließlich nach dem Bayerischen Reinheitsgebot von 1516, dem ältesten Lebensmittelgesetz der Welt. Was ahnungslose Politiker in Brüssel auch an Gesetzen erlassen mögen – ein Bier zu brauen, das andere Inhaltsstoffe enthält als Wasser, Hopfen und Malz, kann sich vielleicht eine norddeutsche Brauerei leisten, eine bayerische nicht. Ursprünglich war bayerisches Bier ein *Dunkelbier*, kräftig und von süßlichem Malzgeschmack; das *Helle Vollbier* kam erst gegen Ende des 19. Jahrhunderts auf. *Pils* ist immer noch relativ unüblich. *Weißbier* (Weizenbier) hat dagegen lange Tradition; die rasche Gärung sorgt für eine starke Nachgärung, die reichlich Kohlensäure produziert. Nur zur Fastenzeit zwischen Aschermittwoch und Karfreitag gibt es das *Starkbier*, das rund sechs Prozent Alkohol enthält. *Leichtes Bier* (40 % weniger Alkoholgehalt) und *Alkoholfreies Bier* sind auf dem Vormarsch.

Ein Platz in der 1. Reihe ist im Seebiergarten so begehrt wie in der Oper

Gemischt mit Zitronenlimonade ist Bier als „Radlermaß“ oder „Radlerhalbe“ ein perfekter, alkoholarmer Durstlöscher.

Korrekte Bestelleinheiten sind die „Maß“ (1 Liter) und die „Halbe“ (0,5 Liter); wer ein „kleines Bier“ (0,25 Liter) ordert, kann sich außerhalb der Fremdenverkehrszentren der Verwunderung des Wirts sicher sein.

Brauereigaststätten: Trotz der Eingliederung traditioneller Marken in internationale Bierkonzerne (Spaten-Löwenbräu ging an die belgische Inbev, Paulaner kooperiert mit Heineken) gibt es in Oberbayern noch eine ganze Reihe kleiner Brauereien, die meist vorzügliches Bier herstellen. Oft sind Gaststätten angeschlossen, in denen man nicht nur die Erzeugnisse von nebenan verkosten kann – die **„Bräustüberl“** sind auch für Liebhaber deftiger Kost meist einen Umweg wert.

An oder be oberbayerischen Seen finden Sie diese unter folgenden Orten beschrieben: im Kloster Andechs und bei Herrsching (Ammersee), in Murnau (Staffelsee, der Tipp für Weißbier-Fans!), im Kloster Reutberg (Kirchsee), im Ort Tegernsee und in Berchtesgaden beim Königssee.

Feste und Feiertage

Vom Skifasching bis zum Fischerstechen, vom Waldfest bis zur Wallfahrt: An Festen ist rund um die oberbayerischen Seen einiges geboten. Die wichtigsten lokalen und überregionalen Ereignisse sind in den jeweiligen Ortskapiteln aufgeführt. Eine Broschüre, die die bedeutendsten Veranstaltungen Oberbayerns beschreibt, ist beim Fremdenverkehrsverband München-Oberbayern (→ Touristeninformation) erhältlich. Ratsam ist es, sich über die Festivitäten in den einzelnen Gemeinden bei den dortigen Verkehrsämtern zu informieren, weil viele Feste nicht an einem fixen Datum stattfinden, sondern auf das jeweils nächste Wochenende gelegt werden. Tagesaktuell und nach Regionen übersichtlich geordnet findet sich eine Veranstaltungsliste unter www.oberbayern.de.

Feiertage in Bayern: Zusätzlich zu den bundesweiten Feiertagen ruht die Arbeit in Bayern auch am Dreikönigstag (6. Januar), Fronleichnam (zweiter Donnerstag nach Pfingsten), Mariä Himmelfahrt (15. August) und Allerheiligen (1. November).

Schifffahrt

Die Rundfahrt auf einem der Seen öffnet naturgemäß ganz andere Perspektiven als der Blick vom Ufer; der Königssee lässt sich gar nur per Schiff erobern. Ganzjährig je nach Wetterlage wird die Schifffahrt allerdings nur auf dem Tegernsee, dem Chiemsee (im Winter nur von Prien zur Herren- und Fraueninsel) und dem Königssee betrieben. Saisonale Schiffslinien gibt es am Starnberger See, Ammersee, Staffelsee, Kochelsee und Schliersee. Nähere Informationen zu Fahrpreisen, der Mitnahme von Fahrrädern und Sonderfahrten (u. a. Tanzabende, Vernissagen und Schmankerl-Fahrten) finden Sie unter dem jeweiligen Seekapitel. Seit einigen Jahren steigt übrigens die Zahl der Fahrgäste wieder – auch eine Folge der Flotten-Modernisierung am Ammersee (nostalgisches Motorschiff „MS Utting“), am Starnberger See (neuer Galerie-Katamaran) und am Tegernsee (zwei neue Gastronomie-Schiffe).

Sport und Freizeit

Es gibt wohl kaum eine Sportart, und sei sie noch so exotisch, die man in Oberbayern nicht ausüben könnte – einzige Ausnahme ist vielleicht das Wellenreiten (obwohl sich am Münchner Eisbach auch hierfür Möglichkeiten auftun). Ganz klar,

An schönen Tagen sind die zahlreichen Schiffe auf den oberbayerischen Seen beliebte Ausflugsziele

dass Wassersport an den Seen oberste Priorität genießt, doch kann man hier auch Golfen, Reiten, sich in den nahen Bergen am Gleitschirm in die Tiefe stürzen ... Im Winter sind die dann oft zugefrorenen Seen ein Dorado für Schlittschuhläufer und Eisstockschützen; allerdings sollte man dabei die üblichen Vorsichtsmaßregeln beachten und sich vor Ort genau über den „Eisstand" und etwaige Gefahrenstellen erkundigen. Die Adressen einzelner Anbieter von Sportmöglichkeiten finden Sie unter den jeweiligen Orten; weitergehende Auskunft erteilen die Verkehrsämter.

Angeln: In ganz Bayern ist das Angeln nur mit staatlichem Fischereischein gestattet; die zusätzlich benötigten Angelscheine stellen die Fischereimeister der Gemeinden aus.

Bergwandern/Bergsteigen: Klar, dass Aktivitäten in den Bergen zu den wichtigsten Freizeitvergnügungen in Oberbayern zählen. Möglichkeiten dazu bieten sich im Umfeld vieler Seen; wer nicht vom Tal aus starten will, kann sich oft auch mit Bergbahnen in die Gipfelregion bringen lassen. Gewisse Grundregeln sind jedoch auch bei einfachen Spaziergängen in den Bergen zu beachten: Gehen Sie nie alleine und nie bei schlechten oder unklaren Wetterverhältnissen; tragen Sie immer feste Bergschuhe und führen Sie auch bei strahlendem Sonnenschein immer Wetterschutzkleidung mit; informieren Sie immer jemanden, zum Beispiel Ihren Vermieter, über Route und Ziel Ihrer Wanderung. Für echte Bergtouren empfiehlt sich ein Führer; eine Bergschule findet sich in Berchtesgaden.

Fliegen: Gleitschirm- und Drachenfliegen haben sich als Breitensportarten etabliert. Eine Gleitschirmschule gibt es bei Rottach-Egern am Tegernsee (www.paragliding tegernsee.de); dort kann man auch das Drachenfliegen erlernen, ebenso bei Übersee am Chiemsee. Ballonfahrten (wer „fliegen" sagt, muss eine Runde ausgeben) werden vor allem am Starnberger See und am Chiemsee angeboten; die einzige Segelflugschule Oberbayerns gibt es in Unterwössen südlich von Übersee am Chiemsee.

Golf: Oberbayerns Golfplätze sind kaum mehr zu zählen. Gute Möglichkeiten bieten insbesondere die Regionen um Chiemsee, Tegernsee und das Fünfseenland; dort liegt bei Feldafing auch einer der landschaftlich schönsten Golfplätze Deutschlands. Noch als Geheimtipp darf der am Rande des Hochgebirges liegende Golfclub Karwendel bei Wallgau zwischen Walchen- und Sylvensteinsee gelten.

Großes Kino: der Eibsee vor dem Zugspitzpanorama bei Garmisch-Partenkirchen

Mountainbiking: Auf die Fans der breiten Stollenreifen ist man besonders am Tegernsee, Schliersee, Walchensee und im Gebiet des Königssees gut eingestellt; in diesen Regionen finden sich auch die schönsten Routen. Wer sein Bike nicht mitgebracht hat, kann sich oft vor Ort eines leihen; die Preise liegen allerdings deutlich höher als bei normalen Rädern.

Reiten: Auch Reitmöglichkeiten sind in solcher Anzahl vorhanden, dass sie in diesem Handbuch nicht alle aufgelistet werden können. Ein besonders renommierter Reiterhof ist Gut Ising am Chiemsee, zwischen Seebruck und Chieming gelegen.

Rudern: Ruderboote gibt es, ebenso wie Elektro- oder Tretboote, an allen größeren Seen zu mieten; die entsprechenden Stellen sind im Text jeweils angegeben. Wanderrudern über mehrere Tage und mit wechselnden Unterkünften offeriert die Kurverwaltung Prien am Chiemsee.

Segeln: An allen größeren Seen mit Ausnahme des unter Naturschutz gestellten Königssees finden Segler passable bis gute Bedingungen. Chiemsee, Starnberger See und Ammersee zählen zu den bayerischen Spitzenrevieren – dort findet zur Saison an fast jedem Wochenende eine Regatta statt und es gibt auch eine gute Auswahl an Schulen. Wer sein eigenes Boot an die Seen mitbringen möchte, hat eine Reihe unterschiedlicher Regelungen zu beachten, über die die jeweiligen Verkehrsämter Auskunft geben.

Wandern: Ob im gestreckten Tagesmarsch rund um den See oder nur in Form eines gemütlichen Spaziergangs – Wandern dürfte das mit Abstand beliebteste Freizeitvergnügen an den oberbayerischen Seen sein. Wanderkarten gibt es an jedem Kiosk oder, meist preiswerter und nicht unbedingt schlechter, auch in den Verkehrsämtern. Diese bieten oft auch geführte Wanderungen an; die Teilnahme ist für Gäste mit Kur- oder Gästekarte (→ Übernachten) meist kostenlos.

Windsurfen: Schulen, die oft auch Material ausleihen, finden sich an vielen Seen. Surfertreff Nummer eins in Oberbayern ist ganz eindeutig der Walchensee, an dem es regelmäßig ab Mittag so richtig pfeift; auch Starnberger See, Ammersee und Chiemsee bieten recht gute Möglichkeiten. Wie das Segeln ist auch das Surfen an manchen Seen verboten oder eingeschränkt; im Zweifelsfall informieren die Verkehrsämter.

Touristeninformation

Praktisch jeder größere Ort an den oberbayerischen Seen besitzt ein Fremdenverkehrsbüro, das *Verkehrs-* oder *Kuramt* (Adresse und Öffnungszeiten sind jeweils im Text angegeben). Fast immer sind diese Informationsstellen eine wertvolle Hilfe, ob es nun um Rad- oder Wanderkarten, um die Vermittlung von Privatunterkünften oder um die Frage geht, wo man beispielsweise Surfen lernen kann. Auf Anfrage versenden die Verkehrsämter auch Broschüren mit Übernachtungsadressen und -preisen, Tipps zu Sport und Freizeit etc.

Übernachten

An Quartieren besteht rund um die Seen wahrlich kein Mangel. Die Skala reicht vom einfachen Zimmer auf dem Bauernhof, das mancherorts schon ab 10 € pro Kopf zu haben ist, bis hin zum luxuriösen Nobelhotel, in dem für eine Nacht mehrere hundert Euro hingeblättert werden müssen. Unterkunftsverzeichnisse mit teilweise recht ausführlichen Beschreibungen können bei den Verkehrsämtern der einzelnen Orte angefordert werden. Da Oberbayern mit die beliebteste Ferienregion Deutschlands ist, besteht zu den Hauptreisezeiten (vor allem Ende Juni bis Mitte September) natürlich erhöhte Nachfrage – rechtzeitige Reservierung empfiehlt sich. Das gilt auch für Campingplätze, die oftmals mit herrlicher Lage bestechen.

Hotels und Gasthöfe Hotels und Gasthöfe sind unter den jeweiligen Ortschaften beschrieben. Dabei wurde besonderer Wert auf eine gute Auswahl gelegt, da es unzählige Gasthöfe gibt, die sich sehr ähnlich sind. Eine Klassifizierung der Hotels und Gasthöfe ist nicht immer gegeben, soweit vorhanden, gilt: Einfacher Standard entspricht zwei Sternen, Luxus fünf Sternen. Ist keine Klassifizierung nach Sternen vorhanden, lässt sich der Standard aus der Charakterisierung erschließen. Die im Text

Traditionelle Gasthäuser sind an den Seen sehr häufig zu finden

angegebenen Preise beziehen sich in der Regel auf das Doppelzimmer mit Bad und Frühstück (DZ/Bad/F).

Pensionen/Privatvermieter Die Unterkunft in Pensionen und bei privaten Vermietern ist sicher eine der preisgünstigeren Möglichkeiten, an den Seen Urlaub zu machen. Allerdings erwarten beide in der Regel einen längeren Aufenthalt von mindestens drei Nächten; nur in seltenen Fällen werden auch Kurzzeitgäste akzeptiert. Listen mit Adressen und Preisen gibt es bei den Verkehrsämtern; teilweise sind dort auch Computerterminals installiert, an denen Spätankömmlinge außerhalb der Öffnungszeiten freie Kapazitäten abfragen können.

Eine schöne Möglichkeit, mit Kindern unterzukommen, bietet der *Urlaub auf dem Bauernhof*. Adressen sind ebenfalls bei den Verkehrsämtern erhältlich oder unter www.bauernhof-urlaub.com zu finden. Auf Bauernhöfen gibt es neben Privatzimmern oft auch Ferienwohnungen.

Ferienwohnungen Eigener Herd ist Goldes wert – gerade für Gruppen oder große Familien kann sich das Mieten einer Ferienwohnung oder eines Apartments lohnen.

Abgelegen, aber die aufwändige Anreise wert: der Hackensee

Natürlich erwarten auch deren Vermieter einen Aufenthalt, der über ein oder zwei Nächte hinausgeht, in der Hochsaison ist oft eine Wochenmiete das Minimum. Anschriften gibt es bei den Verkehrsämtern.

Jugendherbergen Sie sind an den Seen eher rar gesät und, wo vorhanden, im Text angegeben. Eine komplette Liste ist erhältlich bei: Deutsches Jugendherbergswerk Bayern e.V., Mauerkircher Str. 5, 81679 München, ✆ 089-9220980 oder unter www.bayern.jugendherberge.de (mit Suchfunktion nach freien Plätzen). Info-Telefon ✆ 089-922098-555 (Mo–Fr 8–19 Uhr, Sa/So 9–17 Uhr).

Camping Campingplätze gibt es an jedem größeren See Oberbayerns; etwas unterversorgt ist nur der Tegernsee. Als besonderer Tipp gilt der Waginger See, der trotz seiner geringen Größe gleich acht Plätze zählt. Ein Teil der Plätze an Oberbayerns Seen wird allerdings von Dauercampern mehr oder minder in Beschlag genommen – für Urlauber bleibt da mancherorts nur eine schattenlose, geneigte Wiese. Auf die Beschreibung von Plätzen, die ausschließlich für Dauercamper zur Verfügung stehen, wurde in diesem Reisebuch verzichtet.

Recht unterschiedlich fällt die Sanitärausstattung der einzelnen Plätze aus; nicht überall entspricht der Standard dem, den mancher in Deutschland vielleicht erwartet. Doch mögen Duschen und WC da und dort auch eher schlicht ausgestattet sein – der Pflegezustand ist fast immer in Ordnung. Zur Hauptreisezeit etwa ab Ende Juni bis Mitte September empfiehlt es sich generell, den Stellplatz rechtzeitig zu reservieren; die Telefonnummern der einzelnen Plätze sind im Text angegeben. Allerdings nehmen nicht alle Plätze Reservierungen an; einzige Möglichkeit, einen guten Stellplatz zu ergattern, ist dann die rechtzeitige Ankunft.

Kurkarte/Kurtaxe/Tourismusbeitrag In den meisten Urlaubsorten an den Seen erhält man bei Übernachtung eine Kur- oder Gästekarte, auch ohne dort zur Kur angemeldet zu sein. Beide bringen gewisse Vorteile, beispielsweise Verbilligungen beim Besuch örtlicher Veranstaltungen, die kostenfreie Teilnahme an geführten Wanderungen und Radtouren etc. Die Kehrseite ist die Kurtaxe (oder: Kurbeitrag), ein allerdings relativ geringer Betrag, der vom Vermieter eingezogen wird und oft bereits in dem im Katalog angegebenen Übernachtungspreis enthalten ist.

Gut erreichbar: Der Hintersee bei Berchtesgaden bietet bayerische Postkartenidylle pur

Der Maibaum gehört zu Oberbayern wie Weißwurst und Biergarten

Kurze Geschichte Oberbayerns

Jungsteinzeit: Wie Funde beispielsweise auf der Roseninsel im Starnberger See belegen, siedeln schon ab etwa 3500 v. Chr. Menschen an den oberbayerischen Seen.

Ab 1200 v. Chr.: *Illyrer* aus dem Osten dringen nach Bayern ein, um 500 v. Chr. gefolgt von den ebenfalls indogermanischen *Kelten*.

15 v. Chr.: Die *Römer* erobern mit zwei Heeren Bayern. Das „wilde Land" wird als römische Provinz zivilisiert. Ein halbes Jahrtausend lang spricht man in Bayern Latein.

6.–12. Jh.: Nach dem Abzug der Römer vermischt sich die keltisch-germanisch-römische Restbevölkerung zu den *Bajuwaren*. Von Norden gewinnen die Franken an Einfluss, bringen die althochdeutsche Sprache mit und etablieren das Christentum. Ab 550 herrschen die *Agilolfinger* weitgehend selbstständig; ihre Herzöge gründen eine Reihe von Klöstern, darunter Tegernsee, Benediktbeuern, Wessobrunn und Frauenchiemsee. 788 setzt Karl der Große den letzten der zu stark gewordenen Dynastie ab: Bayern wird *fränkische Provinz*. Es folgen Jahrhunderte wechselnder Herrschaftsverhältnisse. 955 besiegt Otto der Große auf dem Lechfeld die Ungarn; relative Ruhe kehrt ein, die Klöster blühen auf. 1070 erhalten die *Welfen* das Herzogtum Bayern, 1180 wird ihr letzter Herzog, Heinrich der Löwe, entmachtet.

12.–15. Jh.: Die *Wittelsbacher* übernehmen das Ruder – und geben es bis 1918 nicht mehr ab. Schnell kommt die Dynastie zu Macht, gestützt auf großen Landbesitz und den Salzhandel.

16.–18. Jh.: Die *Reformation* findet in den Wittelsbachern erbitterte Gegner, die Bayern zu einer Festung der Gegenreformation und des Katholizismus machen. Als Mitglied der „Katholischen Liga" beteiligt sich das Land am *Dreißigjährigen Krieg* (1618–48), der schwere Verwüstungen mit sich bringt. Im *Spanischen Erbfolgekrieg*

(1701–1714) stellt sich der barock-verschwenderische Kurfürst Maximilian II. Emanuel auf die Seite Frankreichs. Ein Fehler: Bayern wird von Österreich besetzt. Der vom legendären „Schmied von Kochel" geführte Bauernaufstand gegen die Besatzer endet 1705 in der blutigen „Sendlinger Mordweihnacht". Nach dem *Bayerischen Erbfolgekrieg* kommt 1777 die pfälzische Wittelsbacher Linie an die Macht.

19. Jh.: Die *Säkularisation* von 1803 bringt den Einzug des kirchlichen Besitzes; viele Kirchen und Klöster erleiden erhebliche Zerstörungen. 1806 wird Bayern unter Maximilian I. Joseph *Königreich*, auch dank Napoleons nicht uneigennütziger Hilfe. 1818 erhält das Land eine konstitutionelle Verfassung. Ab 1825 regiert der absolutistische Griechenfreund Ludwig I., dem Bayern das griechische „y" im Namen verdankt – vorher hieß das Land „Baiern". Nach einer Affäre mit der Tänzerin Lola Montez muss er 1848 abdanken. Sein den neuen Zeiten aufgeschlossener Sohn Maximilian II. stirbt 1864. Neuer Regent wird der „Märchenkönig" Ludwig II. Nach dem Deutsch-Französischen Krieg tritt Bayern 1871 dem Deutschen Reich bei, bewahrt sich aber viele Sonderrechte. Nach dem Tod Ludwigs im Starnberger See folgt von 1886 bis 1912 die Regierung des Prinzregenten Luitpold.

20. Jh.: Die *Novemberrevolution 1918* zwingt den letzten König, Ludwig III., ins Exil – fast 800 Jahre Wittelsbacher Herrschaft sind beendet. Am 7./8. November 1918 ruft Ministerpräsident Kurt Eisner den *Freistaat Bayern* aus. Auf die Ermordung Eisners im Februar 1919 folgen schwere Unruhen. Im Mai 1919 wird die „Räterepublik" von Reichstruppen blutig niedergeschlagen. Als Teil der *Weimarer Republik* verliert Bayern viele seiner Sonderrechte. Im November 1923 scheitert der Hitlerputsch in München. Bei den Wahlen 1932 unterliegen die Nationalsozialisten nur knapp; München wird zur „Hauptstadt der Bewegung" erklärt. 1934 wird Bayern *Reichsprovinz* ohne Hoheitsrechte. Der *Zweite Weltkrieg* bringt München schwere Zerstörungen, der ländliche Rest Oberbayerns bleibt weitgehend verschont. 1946 tritt die Verfassung des *Freistaats Bayern* in Kraft. 1948 tagt auf Herrenchiemsee der Verfassungskonvent. 1949 wird Bayern nach einigem Widerstreben Teil der Bundesrepublik Deutschland. 1978–1988 ist Franz Josef Strauß bayerischer Ministerpräsident.

21. Jh.: Die CSU erreicht unter Ministerpräsident Edmund Stoiber 2003 eine Zwei-Drittel-Mehrheit im Landtag. 2007 tritt Stoiber nach interner Kritik zurück. 2008 erleidet die CSU bei den Landtagswahlen historische Verluste – die neue Parteispitze um Horst Seehofer muss die Macht deshalb teilen. Zum ersten Mal seit 46 Jahren ist die CSU auf einen Koalitionspartner angewiesen – nicht lange: Die Konservativen holen sich 2013 die absolute Mehrheit zurück und die CSU regiert wieder alleine.

Goldig: Marienstatue in Seefeld am Pilsensee

Am Hintersee im Nationalpark Berchtesgaden

Reiseziele

Fünfseenland

Einprägsam ist der Name – eine Erfindung von Fremdenverkehrsstrategen – ja durchaus. So ganz richtig ist er aber nicht: Zwischen Starnberger See und Ammersee liegen noch deutlich mehr Seen.

Neben den beiden großen zählen noch der Pilsensee, der Wörthsee und der Weßlinger See zu den fünf Gewässern, denen das Gebiet im Südwesten von München seine werbewirksame Bezeichnung verdankt. Beim näheren Blick auf eine detaillierte Karte finden sich noch der Maisinger See, der Deixlfurter See, der Esssee, der Buchsee und, und, und ... Nicht zu reden von den über 20 kleinen Gewässern im Gebiet der Osterseen gleich südlich des Starnberger Sees, das zumindest vom touristischen Standpunkt aus auch noch zur Region zu zählen wäre.

Unbestritten dagegen ist die natürliche Schönheit des Fünfseenlandes. Im sanft gewellten Voralpenland südwestlich von München, nicht viel mehr als eine halbe Stunde Fahrzeit von der Landeshauptstadt entfernt, erstreckt sich diese vielerorts noch bäuerlich geprägte Landschaft, in der unverbaute kleine Dörfer, überraschend prächtig ausgeschmückte Kirchlein und der beeindruckende Föhnblick auf die bayerische Alpenkette die Akzente setzen.

Die reizvolle Umgebung, das ausgedehnte Netz an Wander- und Radwegen, die vielen schönen Badeplätze und originellen Gaststätten verführen nicht nur zahlreiche Feriengäste zu längerem Aufenthalt, zusammen mit den vielerorts erstklassigen Verkehrsverbindungen locken sie an Wochenenden auch Scharen von Besuchern aus München und Umgebung an. Und so mancher Hauptstädter träumt davon, seinen Wohnsitz in eine dieser traumhaften Villen mit Seezugang zu verlegen ... Um in einer der Residenzen wohnen zu können, braucht es angesichts der horrenden Immobilienpreise (freistehende Einfamilienhäuser sind nicht unter einer halben Million Euro zu haben) jedoch finanzielle Mittel, die kein Normalverdiener aufbringen kann. Leichter fällt dies schon Filmstars, Konzerngrößen, Bestsellerautoren und Spielern des FC Bayern. Kein Wunder, dass das Fünfseenland, insbesondere der Starnberger See, als wichtigster Vorposten der Münchner Promi-Gesellschaft gilt.

Fünfseenland

Information **Tourismusverband Starnberger Fünfseenland** (→ auch Starnberg), zuständig für die gesamte Region mit Ausnahme des Ammersee-Westufers. **Starnberg**: Mai–Okt. Mo–Fr 9–18 Uhr, Sa 9–13 Uhr; Mitte Okt.–April Mo–Fr 9.30–17 Uhr. Wittelsbacher Str. 2c/Hauptstr. 1, 82319 Starnberg, ✆ 08151-90600. **Herrsching**: Mai–Okt. Mo–Fr 9–13 und 14–18 Uhr, Sa 9–13 Uhr; Nov.–April Mo–Fr 10–15.30 Uhr. Bahnhofplatz 3, 82211 Herrsching, ✆ 08151-906040, www.sta5.de.

Fremdenverkehrsverband Ammersee-Lech, Hauptplatz 152, 86899 Landsberg, ✆ 08191-128247. Ansprechpartner für den Bereich des westlichen Ammersees; Dießen, Utting und Schondorf besitzen dort auch eigene Verkehrsämter (Adressen jeweils unter den einzelnen Orten). www.ammerseelech.de.

Verbindungen Praktischerweise sind alle fünf Seen an das **S-Bahn-Netz** des Münchner Verkehrsverbundes MVV angeschlossen. Der Starnberger See ist mit der **S 6** zu erreichen; zum Weßlinger See, Wörthsee, Pilsensee und Ammersee fährt die **S 5**.

Innerhalb des Landkreises Starnberg sind die **Fahrkarten**, sofern auf ausreichende Entwertung geachtet wurde, auch in den Bussen gültig.

Tipp: Mit der **München City Tour Card**, erhältlich an allen Fahrkartenautomaten von S- und U-Bahn, können Sie das MVV-Gesamtnetz zum Pauschalpreis nutzen. Preisbeispiele für 3 Tage: Einzelperson 34,90 €, Gruppen mit bis zu 5 Personen 57,90 €. www.citytourcard-muenchen.com.

Die **Mitnahme von Fahrrädern** in S-Bahnen und den dem MVV angeschlossenen Zügen der DB ist möglich; Einschränkungen: pro Person nur ein Rad, Sperrzeiten Mo–Fr 6–9 und 16–18 Uhr (während der Schulferien nur 6–9 Uhr), in Lok bespannten Zügen der DB keine Sperrzeit. Der Transport kostet 5,50 € für Erwachsene (Fahrrad-Tageskarte), Kinder unter 15 J. zahlen nichts.

Baden Dank der Ringkanalisation, über die jeder der Seen verfügt, ist die Wasserqualität überall gut, teilweise sogar sehr gut.

Organisierte Touren Zu Fuß: „König-Ludwig-Weg". Mit dem Rad: „Oberbayerische Panoramatour". Auch Touren mit der Kutsche sind möglich. Organisiert werden die Touren z. B. von der Landsberger Firma **Alpenland Touristik**, zu erreichen unter ✆ 08191-308620, www.alpenlandtouristik.de.

Schiffsverkehr „Leinen los" heißt es auf **Starnberger See** und **Ammersee** in der Regel ab Ende März bzw. dem Ostersonntag; die Saison endet Mitte Oktober. Details zu den Schiffsverbindungen finden Sie im Text zum jeweiligen See. Fahrradmitnahme ist in begrenztem Umfang, aber nicht auf allen Schiffen möglich.

Wander- und Radwegkarte Kompass Nr. 180 „Starnberger See, Ammersee" (Wander- und Radkarte), 1:50.000. An fast jedem Seekiosk für 10 € erhältlich.

Starnberger See

Der größte See der Region ist auch der beliebteste: An sonnigen Sommerwochenenden scheint hier halb München versammelt. Und dabei ist nur die Hälfte des 54 Kilometer langen Ufers frei zugänglich, die andere ist von den Villen-Residenzen alteingesessener und unablässig neu hinzuziehender Prominenz belegt. Glaubt man Umfragen, sind es die glücklichsten Menschen Deutschlands: 86 Prozent der Landkreis(!)-Bewohner sagen, dass es sich „hier sehr gut leben lässt".

Den „See der Seligen" nannte die *Süddeutsche Zeitung* das Gewässer im Süden von München, gerade mal 30 S-Bahn-Minuten vom Hauptbahnhof der Landeshauptstadt entfernt. Die Arbeitslosigkeit im Landkreis liegt unter drei Prozent, im Schnitt verfügen die Landkreisbewohner über ein Jahreseinkommen von etwa 32.000 € (Deutschland: 22.000 €), nirgends in Deutschland leben so viele Millionäre wie am Starnberger See (genau genommen verdient hier jeder Tausendste mehr als eine Million Euro pro Jahr). Und sie wissen, warum sie hier leben: der See samtig weich und selbst im Hochsommer von einer erfrischenden Gebirgsseekühle, die Alpen zum Greifen nah, der lichte Mischwald, der sich fast um den ganzen See zieht, die aussichtsreichen Hügel, die eleganten Strandbäder und die idyllischen Biergärten ...

Kein Wunder, dass schon die Wittelsbacher den Reiz der vielfältigen Landschaft vor den Toren ihrer Münchner Residenz entdeckt hatten. Bereits 1466 erkor Herzog Albrecht III. die Starnberger Burg als Sommersitz. Auch seine Nachfolger verbrachten manch lauschigen Sommer am See, errichteten an den Ufern ihre Lustschlösser und hielten große Jagdgesellschaften ab (die, nebenbei bemerkt, nicht

Steg mit Aussicht

allzu waidmännischer Natur waren: Man trieb das Wild ins Wasser und stach es dann von Booten aus ab). Im Zeitalter der Renaissance und des Barock nahmen die höfischen Vergnügungen geradezu absonderliche Formen an. So unterhielt Kurfürst Ferdinand Maria (1651–1679) eine ganze Flotte von Vergnügungsschiffen, deren Flaggschiff, der berühmte „Bucentaur", dem Dreidecker eines venezianischen Dogen nachempfunden war. Den Herrschern folgte der Hof, später auch die Kunstwelt. Adel, obere Verwaltungsränge und das wohlhabende Bürgertum wetteiferten im Bau von Schlösschen und Villen, die zum Teil noch heute, mittlerweile denkmalgeschützt, manch feine Adresse zieren. Wohl seit jener Zeit nennt der Volksmund den Starnberger See „Fürstensee". Dies im Gegensatz zum „Bauernsee" Ammersee, der mit den Grafen von Andechs (11.–13. Jh.) zwar noch ältere Herrschergeschlechter für sich reklamieren kann – aber schließlich gab es da auch noch Ludwig II. (1845–1886). Und der war fast so etwas wie ein echter Starnberger. Immerhin hatte der sagenumwobene „Bayernkini" einen guten Teil seiner Jugend auf Schloss Berg verbracht, auf der Roseninsel bei Feldafing seine acht Jahre ältere Kusine Elisabeth („Sissi") hofiert und mit Richard Wagner dessen Geburtstag gefeiert. Hier im Starnberger See erfüllte sich auch sein Schicksal, als er am 13. Juni 1886 unter nie geklärten Umständen vor Schloss Berg ertrank.

Erlebt hat Ludwig II. noch die Zeit, als sich das einfache Volk des Starnberger Sees als Ausflugsziel bemächtigte. Auslöser war der Bau der Bahnlinie von München nach Starnberg im Jahre 1854 durch den Unternehmer Johann Ulrich Himbsel (1787–1860). Schon einige Jahre früher, nämlich 1851, war das erste reguläre Ausflugsschiff zur Seerundfahrt gestartet, ein Raddampfer der „Aktien-Dampfschifffahrts-Gesellschaft Würmsee". Würmsee? Ja, denn so hieß der See – benannt nach seinem Abfluss – bis in unsere Tage: Erst seit dem 16. Mai 1962 darf er sich auch offiziell Starnberger See nennen.

Topografische Angaben Fläche: 56,4 Quadratkilometer – zweitgrößter See Bayerns, Länge 21 Kilometer, Breite 2 bis 5 Kilometer, Tiefe 128 Meter, Uferlänge 54 Kilometer, davon etwa 30 Kilometer frei zugänglich.

Wasserqualität Sehr gut.

Wassertemperatur Sommer 20 Grad, Maximalwert 24 Grad.

Verbindungen Ein Taschenfahrplan mit den genauen Abfahrtszeiten der Bahn- und Buslinien des Landkreises ist beim Tourismusverband Starnberg erhältlich.

Bahn: Neben Starnberg sind auch die Westuferorte Possenhofen/Pöcking, Feldafing und Tutzing ans Münchner S-Bahnnetz angeschlossen; Fahrzeit der S 6 ab München Hauptbahnhof nach Starnberg ca. 30 Minuten. Die südlicher gelegenen Orte Bernried und Seeshaupt sind dagegen nur mit Zügen der Deutschen Bahn (Alternative: Bus ab Tutzing) zu erreichen.

Bus: Die MVV-Buslinie Nr. 961 bedient ab S-Bahnhof Starnberg die am Ostufer gelegenen Orte Percha, Kempfenhausen, Berg und Ammerland (Abfahrten Mo–Fr 12-mal, Sa 6-mal, So 3-mal täglich). Spärlicher sind die Verbindungen nach Pöcking (Bus 964, Mo–Fr 5-mal), Weßling (Bus 955, Mo–Fr 2-mal) und via Andechs nach Herrsching am Ammersee (Bus 951, Mo–Sa 3-mal, So 2-mal).

Auto: Direkte Autobahnverbindung München–Starnberg A 95/A 952. An Sommerwochenenden füllen sich die teilweise gebührenpflichtigen Parkplätze im Seenbereich sehr schnell.

Schiffsverkehr Anlegestellen der Starnberger Flotte, die zuletzt um den fünf Millionen Euro teuren Galerie-Katamaran MS Starnberg sowie das Buchheim-Museumsschiff MS Phantasie erweitert wurde, sind die Ortschaften Starnberg, Berg, Leoni, Possenhofen, Tutzing, Ammerland, Bernried, Ambach und Seeshaupt. Die elegante Linienführung der MS Starnberg soll an die legendäre Luxusgaleere „Bucentaur" erinnern, die im 17. Jh. von 150 Ruderern bewegt wurde und bis zu 500 fürstliche Gäste fasste. Fahrpläne und Preise sind am Dampfersteg in Starnberg ausgeschildert. Weitergehende Einzelheiten und die offizielle Broschüre gibt es beim lokalen Tourismusverband, Wittelsbacher Str. 2c, Mo–Fr 9–18 Uhr, im Sommer zusätzlich Sa 9–13 Uhr, sowie von der Staatlichen Schifffahrt Starnberg, Dampfschiffstr. 5, 82319 Starnberg, ✆ 08151-8061, www.seenschifffahrt.de.

Für Ausflüge mit dem Schiff stehen vier verschiedene Schiffsrundfahrten zur Auswahl, die südliche kostet 12,50 € (90 Min.), die nördliche 10,50 € (60 Min.), die Schlösser-Rundfahrt 15 € und die Komplett-Rundfahrt 18,50 € (3:30 Std.) Zudem gibt es Tanzfahrten auf dem neuen Katamaran, letztere an Samstagabenden zwischen Juli und Anfang September. Angeboten werden noch Brunch-, Disco-, Winzer-, Fischer- und etliche andere Mottoreisen.

Possenhofen und Pöcking
siehe S. 59 f.
Jugendherberge/
Camping Possenhofen
Steg 1
Seefeld (Pilsensee), Herrsching
Perchting 668
Weßling, A 96, Gilching
Leutstetten, Gauting, München
Starnberg
Stadtplan siehe S. 43
952
A95 München-Garmisch-Partenkirchen
Percha
Maisinger Schlucht
Maisinger See
Erholungsgebiet Kempfenhausen
Kempfenhausen
Nieder-pöcking
Kloster Andechs, Herrsching (Ammersee)
Aschering
Pöcking
Erholungsgelände d. Stadt München
Votivkapelle
Berg siehe S. 50
Seehotel Leoni
Hotel Schloss Berg
Oskar Maria Graf Stüberl
Schloss Possenhofen
Possenhofen
Leoni
Aufkirch
Wieling
Traubing
Roseninsel
Bismarckturm
Feldafing siehe S. 62
Golfhotel Kaiserin Elisabeth
Restaurant im Strandbad Feldafing
Wolfratshausen
Deixlfurter See
Garatshausen
Buchsee
Weilheim
Schloss (Ev. Akademie)
Tutzing siehe S. 63
Schloss Tutzing
Seerestaurant am Nordbad
Ilkahöhe 728
Ammerland
A95 München – Garmisch-Partenkirchen, Wolfratshausen
Münsing
siehe S. 54
Gasthaus Limm
Unterzeismering
Karpfenwinkel
Seeheim
Holzhausen
Höhenried
Kloster Bernried
Ambach siehe S. 55 f.
Schlossgut Oberambach
Zum Fischmeister
Buchscharner Seewirt
Bernried siehe S. 65 f.
Hotel Marina
Gasthof Hotel Drei Rosen
A952 Starnberg, München
Erholungsgebiet Ambach
95
Seeseiten
Badeplatz am Karniffelbach
Sankt Heinrich siehe S. 57
Gästehaus "Beim Fischer"
Gasthaus Fischerrosl
Zum kleinen Seehaus
Seeshaupt
siehe S. 67 f.
Seeresidenz Alte Post
Gasthof-Café Seeseiten
The Starnbergsee Hideaway
Bischoff Haus am See
Weilheim
Murnau, Kochel, Garmisch-Partenkirchen
Osterseen, Iffeldorf, A95 München–Garmisch-Partenkirchen
1 km
Starnberger See

Rund um den Starnberger See

Gut 50 Kilometer sind bei einer Umrundung des Starnberger Sees zurückzulegen. Im Uhrzeigersinn ist die Strecke mit gelben Pfeilen (Kreiswanderweg Nr. 1) gut beschildert. Für die Umwanderung an einem Tag ist die Entfernung jedoch etwas zu groß – Wanderer sollten eine Zwischenübernachtung einlegen oder nur Teilstrecken gehen.

Mit dem Rad lässt sich die Umrundung dagegen bequem in einem Tag schaffen. Leider existiert am Westufer kein durchgehender Radweg. Wer gesetzestreu vorgehen und sich an die Radfahrersperrungen halten will, muss auf verkehrsreiche Straßen ausweichen, was sich leider ohnehin nicht ganz vermeiden lässt – mit Kindern beschränkt man sich deshalb besser auf das verkehrsarme Ostufer – oder muss an mehreren Stellen kilometerlang schieben. Dass die Praxis zumindest in manchen Bereichen anders aussieht, wissen wohl auch die Verantwortlichen selbst: Wie sonst erklären sich Schilderkombinationen wie „Radfahren verboten" und, wenige Meter weiter, „Radfahrer, bitte Rücksicht auf Fußgänger nehmen" …

Starnberg

Über hundert Jahre Starnberg: Erst 1912 wurden der heutigen Kreisstadt offiziell die Stadtrechte verliehen. Wichtigster Ort am See ist Starnberg mit seinen ca. 23.000 Einwohnern jedoch bereits seit Jahrhunderten – wenngleich sicher nicht der schönste.

Bedeutung errang Starnberg vor allem durch den Ausbau der Burg durch die Wittelsbacher im 15. und 16. Jh. Mittlerweile hat sich das einstige Fischerdorf zum lebendigen Städtchen gemausert, in dessen Ortsbild sich historische und moderne Bauten mischen – oft durchaus ansprechend, an anderer Stelle wieder weniger geglückt. Kühle Zweckarchitektur dominiert die Eingangsschneise am Ende des Autobahnzubringers, und das zubetonierte Stadtzentrum am Kirchplatz verströmt die Atmosphäre eines Parkplatzes. Die *Süddeutsche Zeitung* urteilte 2005: „Sofern das Ortsbild Starnbergs etwas anderes hervorrufen kann als Wut und Enttäuschung, dann ist es die Idee, hier handle es sich um einen groß angelegten und weitgehend gelungenen Versuch, einen ursprünglich anmutigen Flecken brutalstmöglich zu verschandeln." Doch immerhin: In den letzten Jahren entstand zwischen Bahnhof und Kirchplatz (Zweigstraße, Maximilianstraße) eine kleine verkehrsberuhigte Zone mit Boutiquen und Cafés, und der verkehrsumtoste Tutzinger Hofplatz, früher ein trüber Parkplatz, wurde in ein reines Fußgängerareal mit ansprechender Gastronomie umgewandelt.

Die meisten Ausflügler kommen allerdings sowieso nur wegen des Sees – Starnbergs Prunkstück ist eindeutig der Spazierweg am Wasser. Zudem wird die Seepromenade durch die Eisenbahnlinie auch noch vom eigentlichen Ortskern abgeschnitten, was die Besucherfrequenz dort weiter reduziert. Die Einwohner haben sich aber daran gewöhnt, ist dem Schienenstrang doch auch der Aufschwung zum bedeutendsten Fremdenverkehrsort des Fünfseenlandes zu verdanken.

Und noch in anderer Hinsicht ist Starnberg Spitze: Wendet sich der Besucher dem häufig staugeplagten Stadtkern zu (Abhilfe soll irgendwann – bei Drucklegung waren erste Vorarbeiten im Gange – ein Tunnel schaffen, der 65 Prozent des jetzigen Durchgangsverkehrs von der Innenstadt fernhalten soll), dann wird ihm angesichts der ungewöhnlich hohen Zahl von Nobellimousinen und teuren Cabrios schnell klar, dass er sich hier nicht unter armen Leuten bewegt. Der Landkreis besitzt im Verhältnis zur Einwohnerzahl einen der höchsten Millionärsanteile Deutschlands.

Fünfseenland → Karte S. 37

Sehenswertes

Vielen Besuchern reicht ein Spaziergang entlang der Promenade am See (parallel zur S-Bahnlinie, Station „Starnberg"). Es gibt jedoch noch einiges mehr zu entdecken.

Seepromenade: Erstes Ziel fast aller Neuankömmlinge – gleich hinter dem Bahnhof liegt der See. Bummelt man bis an das südwestliche Ende der Promenade, vorbei an der Terrassenanlage des „Undosa", stößt man auf einen martialisch gestalteten bayerischen Löwen: Er zierte einst das Heck des Dampfschiffs Bavaria, das zwischen 1878 und 1919 seinen Dienst versah.

Ostwärts des Bahnhofs dagegen wendet sich die Promenade recht bald vom Ufer ab. Über den Nepomukweg und vorbei am Gelände des Wasserparks trifft man auf den Abfluss des Sees, die Würm. Hier steht die Nepomukbrücke, die nach dem Schutzheiligen der Brücken benannt wurde. Der Klappmechanismus dieser schönen alten Holzkonstruktion ermöglicht es kleineren Schiffen, in das Gelände der traditionsreichen Bootswerft Ramsbeck einzufahren. Weiter östlich geht es über eine jüngere Zugbrückenversion zum Badegelände von Kempfenhausen und weiter nach Berg (→ Starnberger See – Ostufer, S. 49).

Museum Starnberger See: Ein neues Museum für die Region und fast ein „Muss", nicht nur für historisch interessierte Starnberg-Besucher. Als stimmungsvoller Rahmen dient das 1538 erstmals urkundlich erwähnte *Lochmannhaus*; das ehemalige Anwesen einer Fischerfamilie wurde in den 1980er-Jahren grundlegend saniert. 2008 wurde ihm für rund 2,5 Mio. Euro ein moderner Erweiterungsbau an die Seite gestellt, der auch von der Hauptverkehrsstraße, quasi von „oben", der Possenhofener

Im Hof des Museums Starnberger See

Straße, aus zugänglich ist. Der Eingang vom See her (ausgeschildert) bleibt dennoch erhalten. Ein gläserner Gang verbindet Alt und Neu.

Die informative Ausstellung, deren rund 800 Exponate großteils aus der Zeit des 18./19. Jh. stammen, gibt Einblick in die ländlichen Lebens- und Arbeitsbedingungen jener Zeit und beleuchtet die Geschichte des Starnberger Raums bis hin zum Einsetzen des Fremdenverkehrs. Angeschlossen ist eine Sammlung von Gemälden, Grafiken und Plastiken, darunter als Prunkstück „Die Heilige" des Rokoko-Bildhauers Ignaz Günther. Highlight des neuen Hauses ist das letzte komplett erhaltene Prunkschiff der Wittelsbacher, der 12 Meter lange „Delphin". Er steht allein im Raum und kann auch vom Balkon im Stock darüber betrachtet werden. Schautafeln und Ausstellungsstücke illustrieren im 1. Obergeschoss die Tradition der königlichen Lustschifffahrt, im 2. Obergeschoss ist die Beziehung der Wittelsbacher zum Starnberger See Thema. Im Erdgeschoss zeigt das Museum die Entwicklung des Sees zum Villenstandort und touristischem Massenziel.

Tägl. außer Mo 10–17 Uhr. Zugang auch vom Bahnhofsplatz/Ecke Bahnhofstraße am See (ausgeschildert). Eintritt 3 €, erm. 2 €. An schönen Tagen sitzt man hübsch im grünen Innenhof an den Tischen des Museumscafé. Possenhofener Str. 5, ✆ 08151-77570, 82319 Starnberg, www.museum-starnberger-see.de.

Starnberger Schloss: Bereits 1244 stand auf dem Schlosshügel eine Burg der Grafen von Andechs. Der wuchtige Bau, der sich heute weithin sichtbar über dem Ort erhebt, stammt jedoch aus dem Jahre 1541 und ist – für Starnberg nicht unpassend – Sitz des Finanzamtes.

Alte Pfarrkirche St. Joseph: Ebenfalls auf dem Schlosshügel gelegen, gilt sie zusammen mit dem Schloss selbst als Wahrzeichen der Stadt, gleichzeitig als ein Paradebeispiel bayerischer Dorfkirchen des Rokoko. Der äußerlich eher schlichte, ab 1764 errichtete Bau beeindruckt durch die aufwändige Ausstattung des Inneren. Die Deckenfresken stammen von Christian Winck, die Kanzel und der grandiose Hochaltar sind Arbeiten von Ignaz Günther. Einen Aufenthalt wert ist auch der kleine Schlossgarten neben der Kirche mit seinen zahlreichen penibel gepflegten Blumenbeeten. An dessen Außenmauer bieten sonnige Bänke einen schönen Weitblick über den See, manchmal sieht man bis zu den Alpen.

Basis-Infos

Information Fremdenverkehrsverband Starnberger Fünfseenland, am Kirchplatz. Mai–Okt. Mo–Fr 9–18 Uhr, Sa 9–13 Uhr, sonst Mo–Fr 9.30–17 Uhr. Wittelsbacher Str. 2c, 82319 Starnberg, ✆ 08151-90600, www.starnberg.de oder www.sta5.de.

Baden Seebad Starnberg: Im Frühjahr 2018 sollte das neue Hallenbad eröffnen. Für 20 Mio. Euro wurden die Becken, der Saunabereich und die Gastronomie erneuert. Was sich im angeschlossenen Strandbad am See ändern wird, war bei Drucklegung noch nicht klar.

Freibadegelände Percha-Kempfenhausen: Das beliebteste Naherholungsgebiet am Starnberger See, vor allem wegen des nahen Autobahnanschlusses nach München. An sich empfehlenswert, wegen des vielen Vogelkots aber zum Ärgernis geworden.

Freizeit/Sport Ballonfahrten: Reizvoll, aber kein ganz billiges Vergnügen (90 Min.-Fahrt 195 €, 2 Std. 250 €). Wer auf den Geschmack gekommen ist, will vielleicht auch mal ganz hoch hinaus: in 4000–6000 m über die Alpen nach Oberitalien (1300 €). Landstettener Ballonfahrter, Klosterholzweg 1, 82319 Starnberg-Landstetten, ✆ 08157-9104, www.landstettener-ballonfahrten.de.

Bootsverleih: Mehrere Vermieter an der Seepromenade Richtung Restaurant Undosa.

Fahrradverleih: Bike it, Mountain- und Citybikes 11 € für einen halben Tag (ein Tag

Übernachten
2 Hotel Vier Jahreszeiten
4 Gästehaus Sonnenblick
5 Hotel Starnberger See
7 Hotel Bayerischer Hof

Essen & Trinken
1 Schlossgaststätte Leutstetten
3 Wirtshaus im Tutzinger Hof
6 Manthaler
8 Bar Stellwerk Lounge
9 Hugo's Beach Club Undosa

250 m **Starnberg**

16 €). Organisiert auch Touren. Bahnhofstr. 1, 82319 Starnberg, ✆ 08151-746430, www.bikeit.de.

Golf: Im Würmtal, 3 km von Starnberg entfernt, liegt ein hügeliges (Moränen aus der Eiszeit), sehr schönes, aber auch anspruchsvolles Gelände, umgeben von Wald. Anfahrt Richtung Gauting, nach dem Ortsende von Starnberg weist ein Schild zum Golfclub Gut Rieden, der auch ein beliebtes Restaurant mit großer Aussichtsterrasse betreibt. Auch die 18-Loch-Anlage bietet schöne Ausblicke auf See und Alpen. Gut Rieden, 82319 Starnberg, ✆ 08151-90770, www.golfplatz-gutrieden.de.

Veranstaltungen/Feste **Französische Woche**: Stets gut besuchte Feier der Städtepartnerschaft mit Dinard (Bretagne) am Kirchplatz, von Di vor bis So nach Christi Himmelfahrt, also Ende Mai; Musik, Austern- und Hummerschmaus, sportliche Wettkämpfe etc. www.franzoesische-woche.de.

Wochenmarkt: Jeden Do und Sa von 8–13 Uhr auf dem Starnberger Kirchplatz (Ortszentrum).

Fünf Seen Filmfestival: Junges Filmfest, das sich vor allem dem deutschsprachigen Film verschrieben hat, aber auch internationale Produktionen aus dem Arthouse-Bereich noch vor Kinostart zeigt. 20.000 Besucher verzeichnet das FSFF inzwischen, es hat sich zu einem der populärsten in ganz Bayern entwickelt. Ab 2018 mit neuem Termin im September. In Starnberg findet es traditionell im Kino Breitwand, Wittelsbacher Str. 2c, 82319 Starnberg, statt, www.breitwand.com. Festival-Kontakt: ✆ 08105-278825. Programm unter www.fsff.de.

Pfälzer Weinfest: Erstes Wochenende im Juli, Kirchplatz, Starnberg.

Schlossberghalle: Das Kulturzentrum am Fuß des Schlossbergs (neben dem Rathaus) hat täglich Veranstaltungen im Programm. Vogelanger 2, Karten und Infos auch beim Tourismusverband. Kontakt zur Halle: ✆ 08151-772170, www.schlossberghalle-starnberg.de.

Segel- und Ruderregatten: An fast jedem Wochenende der Saison streiten Boote auf dem See um den Sieg. Termine unter www.myc.de.

Prinzregent Luitpold Fischerstechen: Traditioneller Lanzenkampf von Booten aus. Nur alle fünf Jahre (2007, 2012, 2017 etc.); voraussichtlicher Termin Ende Juli, Anfang August. Ort: an der Seepromenade.

Übernachten/Essen & Trinken

→ Karte S. 43

Starnberg **** **Hotel Vier Jahreszeiten** **2**, klassisches Business-Hotel der Oberklasse am wenig ansprechenden Ortseingang (Richtung Autobahn München–Garmisch). 117 Zimmer (30 m^2), 9 Suiten (60 m^2), natürlich Wellnessbereich und Bar, Sterne-Restaurant „Aubergine". DZ/Bad/F 150–270 €, Suite 200–320 €. Münchner Str. 17, 82319 Starnberg, ✆ 08151-44700, www.vier-jahreszeiten-starnberg.de.

*** **Hotel Starnberger See** **5**, schräg gegenüber dem Bahnhof. Bürgerlich-gediegen eingerichtete Zimmer, viele mit Seeblick. Hauseigene Garagen und Parkplätze. DZ/Bad/F 120–150 €. Bahnhofplatz 6, 82319 Starnberg, ✆ 08151-908500, www.hotelstarnbergersee.de.

Kleine Vorschau auf den richtigen Süden: im umgebauten Undosa

** **Hotel Bayerischer Hof** **7**, ebenfalls in Bahnhofsnähe, erbaut in den 1860er-Jahren. Die Zimmer sollte man sich vor Anmietung zeigen lassen, denn sie fallen recht unterschiedlich aus. Zum Hotel gehört auch das Café Prinzregent im Wiener Stil. DZ/Bad/F 115–165 €. Bahnhofplatz 12, 82319 Starnberg, ✆ 08151-2750, www.hbh-starnberg.de.

Hugo's Beach Club Undosa **9**, Starnberger Institution, die unter neuer Führung ihre perfekte Lage am Wasser so weit wie möglich ausnutzen will: dichtgedrängte Tische und Stühle (alles in Weiß) lassen den Essensbereich arg überfrachtet wirken. Besser gelungen ist die Strandbar. Liegestühle auf aufgeschüttetem Sand, Blick Richtung See und Berge, da lässt sich's aushalten. Das ehemalige Wellenbad aus dem ausgehenden 19. Jh. ist seit den 1990er-Jahren ein gastronomisches Multiunternehmen: Restaurant, Café, Eiscafé, Tanzbar, Night-Club. Gehobene italienische Küche, Pasta & Pizza meist um 11–17 €. Nach dem S-Bahn-Fußgängertunnel rechts die Promenade entlang. Seepromenade 1, 82319 Starnberg, ✆ 08151-998930, www.hugos-beachclub.de.

Wirtshaus im Tutzinger Hof **3**, den neu gestalteten Tutzinger Hofplatz (jetzt nur für Fußgänger) an der Hauptverkehrsstraße der Stadt beherrscht das vor einigen Jahren renovierte Gebäude aus dem frühen 18. Jh. Schön sitzt es sich auf der erhöhten Terrasse, der geräumige Innenbereich ist in vier Räume aufgeteilt. Mittagsgerichte deutlich unter 10 €, sonst meist um 15–22 €. Tutzinger Hofplatz 7, 82319 Starnberg, ✆ 08151-9718875, www.wirtshaus-starnberg.de.

Bar Stellwerk Lounge **8**, mit Blick auf den alten Starnberger Bahnhof, zwar nah an den Gleisen, aber schön in der Sonne gelegen. Aufgeräumtes, lichtes Café mit leichten Gerichten. Als Zwischenstopp bestens geeignet. Schönes Ziegelmauerwerk. Wie der Name sagt, wurde hier ein altes Stellwerk umfunktioniert, und das sehr gelungen. Bahnhofplatz 7, 82319 Starnberg, ✆ 0170-9036800, www.cafestellwerk.de.

Geruhsames Plätzchen nicht weit vom See: der Manthaler

Fünfseenland → Karte S. 37

Percha Der östlich des Zentrums gelegene Ortsteil bietet teilweise recht preisgünstige Übernachtungsalternativen zum Zentrum.

Gästehaus Sonnenblick **4**, ca. 500 m östlich des Ortsrands von Percha, an der Straße Richtung Wangen. Hübsches, allein stehendes Häuschen, schön mitten im Grünen gelegen, angenehme Zimmer. DZ/Bad/F 70 €, ohne Frühstück 60 €. 5 € Aufpreis bei nur einer Übernachtung. Buchhofstr. 33, 82319 Starnberg, ✆ 08151-89561, www.pension-sonnenblick.info.

››› Mein Tipp: **Manthaler** **6**, südlich an Percha anschließend, die Abzweigung ist ausgeschildert. Angenehm bodenständiges Wirtshaus etwa 1 km im „Landesinneren" und damit bereits abseits der touristischen Rennstrecken. Idyllische Lage im Grünen, in einer kleinen, unverbauten Senke. Schöne Innenräume in einem alten Bauernhaus, der kleine, schattige Biergarten hat einen Kinderspielplatz. Auch als Startpunkt für Spaziergänge durch den vor der Haustür gelegenen Wald geeignet. Gutes und preiswertes Essen in üppigen Portionen. Kein Ruhetag. Manthalstr. 1, 82335 Berg, ✆ 08151-5566391, www.manthaler.de. ‹‹‹

Leutstetten Das hübsche Örtchen, rund 3 km nördlich von Starnberg, ist ein beliebtes Ausflugsziel und gleichzeitig Ausgangspunkt für schöne Wanderungen im Auwald des Würmtals, zu erreichen über die Straße nach Gauting (die S-Bahn-Station „Obermühlthal" wurde leider aufgelöst). In allen Gaststätten von Leutstetten werden Kaltenberger Biere ausgeschenkt: Die Besitzer der Schloßbrauerei Kaltenberg, Prinzessin Irmingard und Prinz Luitpold von Bayern, sind auch die Eigentümer des dortigen Schlosses.

Schlossgaststätte Leutstetten **1**, ein Ausflugsklassiker: sonnige Terrasse und Biergarten am Ortsrand von Leutstetten, viel Betrieb, besonders an Wochenenden. Das angeschlossene kleine Theater wird oft zum Festsaal umgewandelt. Auf der Tageskarte auch einige relativ preisgünstige Gerichte unter 10 € (Schweinsbraten 9,80 €), frischer Fisch aus dem eigenen Teich. Mo Ruhetag. Altostr. 11, 82319 Leutstetten, ✆ 08151-8156, www.hs-gaststaetten.de.

Wanderung: Starnberg – Maisinger See – Kloster Andechs

Die landschaftlich vielseitige Wanderung führt auf dem Kreiswanderweg Nr. 3 durch die wildromantische Maisinger Schlucht zum Naturschutzgebiet Maisinger See. Von dort bieten sich verschiedene Varianten, deren reizvollste weiter zum Kloster Andechs führt.

Route: Starnberg – Maisinger See – Kloster Andechs: 15,5 km; vom Kloster per Bus zurück nach Starnberg oder weiter hinab zum Bahnhof Herrsching (dann insgesamt 19,5 km) mit S-Bahn-Anschluss nach München.

Vom Ausgang des S-Bahnhofs in **Starnberg** hält man sich links und folgt dem Verlauf der Bahnhofsstraße über die abknickende Vorfahrt hinaus geradeaus und den Berg hoch bis zur Ampel. Hier geht es geradeaus auf den oberhalb gelegenen Fußgängerweg (Straße unterhalb beschildert: „Finanzamt, Söcking") und vorbei am *Gasthof Starnberger Alm*, bis sich der Weg wieder zur Hauptstraße nach **Söcking** senkt. Nach einer kleinen Brücke dann links ab in die Maisinger-Schlucht-Straße bis ans Ende. Hier in die für Kraftfahrzeuge gesperrte Straße und rechts am Wasserwerk vorbei, dann mehrfach auf kleinen Brücken über den *Maisinger Bach*. Etwa 700 m hinter dem Wasserwerk entfernt sich der Pfad vom Bachlauf und führt über eine Wiese, vorbei an einem eingezäunten Gelände, auf ein kleines Asphaltsträßchen zu. Dort links, aber bereits nach 100 m wieder rechts ab und den Kiesweg hinein in die Maisinger „Schlucht": Ein schönes Fleckchen, angenehm kühl, begrenzt von ausgewaschenen Nagelfluhfelsen. Etwa 2 km weit folgt man der Schlucht, bis der Weg am Ortsrand von **Maising** auf ein schmales Asphaltsträßchen trifft. Hier links, am Vorfahrtsschild dann rechts und auf der ansteigenden Hauptstraße quer durch Maising. Gleich hinter dem rechter Hand liegenden *Gasthaus Georg Ludwig* (s. u.) weist links ein blaues, gekröntes „K", das Zeichen für den König-Ludwig-Weg, auf einen unbefestigten Weg, der Hügel abwärts durch lichte, offene Wiesenlandschaft zum **Maisinger See** führt: Ab Starnberg hat man bisher rund 6 km zurückgelegt.

Starnberg: Schlossgarten mit Pfarrkirche

Von der *Gaststätte Maisinger Seehof*, die sich gut für eine Einkehr eignet (s. u.), führt ein Weg entlang des *Fallbachs* nach Süden. Etwa 500 m südlich des Sees teilt sich der Weg: Geradeaus geht es nach Aschering und Andechs sowie auf

den Rundweg um den See; linker Hand kommt man, vorbei an der Häusergruppe von Neu-Maising, nach Pöcking.

Die Route führt an der Gabelung geradeaus und vorbei an einem einzeln stehenden Hof nach **Aschering.** Im weiteren Verlauf folgt man immer der Beschilderung des Kreiswanderwegs Nr. 3, der hier mit dem König-Ludwig-Weg identisch ist. Unterwegs bietet sich ein Ausblick auf den **Eßsee,** der durch das dortige Max-Planck-Institut für Verhaltensforschung bekannt wurde. Wenig später geht es am Sträßchen **Frieding–Machtlfing** links zum Waldrand, dann rechts ab Richtung **Rothenfeld,** jedoch bald wieder links, dem Wanderweg nach zur Straße **Perchting–Andechs;** dort am Parkplatz in den Hohlweg und schließlich über den Andechser Kreuzweg zum **Kloster Andechs.** Von dort (→ Ammersee) aus kann man entweder den Bus zurück nach Starnberg nehmen oder weitere 4 km zum Bahnhof Herrsching (S 5 nach München) wandern.

Variante A: Starnberg – rund um den Maisinger See (5 km) – Starnberg (insgesamt 17 km):

Aus Naturschutzgründen verlaufen die Wege meist weit abseits des Ufers. Bei dieser Variante nimmt man zunächst denselben Weg wie oben, hält sich jedoch bei dem einzeln stehenden Hof rechts und folgt dem Weg durchs *Auwinger-Moos* und über einen bewaldeten Hügelrücken nach **Jägerbrunn.** Dort am Ortsende rechts ab und auf einem schmalen Asphaltsträßchen wieder nach Maising und zurück durch die Maisinger Schlucht nach Starnberg.

Maisinger See: Das flache Gewässer ist ein wichtiges Brutgebiet seltener Vogelarten und deshalb unter Naturschutz gestellt. Baden ist nur im Bereich der Gaststätte erlaubt, der Badespaß hält sich angesichts einer durchschnittlichen Wassertiefe von ca. einem Meter aber ohnehin sehr in Grenzen. Die zunehmende Verlandung bereitet den Naturschützern Kopfzerbrechen – immer weiter dringen die Schilfgürtel in den See vor. Im Winter ist der kleine See meist zugefroren und dann ein beliebtes Revier der Schlittschuhläufer und Eisstockschützen.

Anfahrt: Auf der B 2 Starnberg–Weilheim–Garmisch geht es hinter Starnberg rechts zum Maisinger See; nach 200 m links nach Maising, dort geradeaus durch; am Maibaum links; am Ortsausgang wieder links (ausgeschildert). Der Weg mündet am Maisinger Seehof (s. u.; Parkplätze vorhanden).

Kuschelig: Der Maisinger See liegt abseits der Ausflugsströme

Variante B: Starnberg – Maisinger See – S-Bahnhof Possenhofen mit Anschluss nach Starnberg und München (11 km).

Auf diesem Weg muss man an der oben erwähnten Gabelung links abbiegen und gelangt so, zunächst noch auf einem Feldweg, später auf der von Aschering kommenden, wenig befahrenen Nebenstraße, bis zur Ampel in **Pöcking.** Dort links und die Hauptstraße entlang bis zum Gasthof „Zur Post", dann rechts bergab bis zum etwa 900 m entfernten Bahnhof der S 6 nach Starnberg–München.

Essen & Trinken Gasthaus Georg Ludwig, eine über hundertjährige Wirtschaft in Maising mit romantischem Biergarten und Kinderspielplatz unter alten Obstbäumen, vor einigen Jahren umfangreich renoviert und erweitert. Der „Ludwig" ist jetzt auch eine modern-urig (viel Holz, klare Linien) eingerichtete Herberge. DZ/Bad/F 90 €. Die Speisekarte im Gasthaus wechselt oft, die Preise bleiben angenehm zivil. Do–Mo 11–23 Uhr. Ortstr. 16, 82343 Maising, ✆ 08151-3445, www.gasthaus-georg-ludwig.de.

Maisinger Seehof, am Seeufer, hübsches, traditionelles Wirtshaus mit sonniger Terrasse; am schönsten sitzt man an den Biergartentischen oben auf dem Uferdamm. Geöffnet April–Okt., Mo Ruhetag. Seestr. 14, 82343 Maising. ✆ 08151-744242, www.maisingerseehof.de.

Einkehrmöglichkeiten auch in Pöcking und natürlich im Kloster Andechs. Näheres siehe jeweils unter den einzelnen Orten.

Starnberger See – Ostufer

Am Ostufer geht es eindeutig ruhiger zu als am Westufer des Starnberger Sees. Wichtigster Grund: In weiten Teilen, nämlich von **Berg** bis hinter **Ambach,** ist die Seeuferstraße für den öffentlichen Kraftfahrzeugverkehr gesperrt – ein Paradies für Wanderer und Radler also; Autofahrer erreichen die einzelnen Orte nur über Stichstraßen. Gleichzeitig ist der Osten auch deutlich dünner besiedelt, denn die hinter dem Ufer schnell steil ansteigenden Moränenhänge ließen nicht viel Platz für größere Ortschaften. Den Ausflügler erwarten stattdessen viel schattiger Wald, Dutzende nobler Villen in Traumlage und ein schöner Wirtsgarten neben wirklich jedem Dampfersteg. Nicht zu vergessen die Sonnenuntergänge hier ... An Badeplätzen allerdings herrscht zwischen Berg und Ambach ein gewisser Mangel, die kiesigen Uferstreifen sind schmal und längst nicht überall frei zugänglich. Für einen kurzen Sprung ins Wasser reicht es da und dort aber allemal; südlich von Ambach finden sich dann auch wieder große Strandbäder.

Berg

Eine kleine Gemeinde mit nur ca. 8600 Einwohnern, doch im Fremdenverkehr fast ein Riese: Mit jährlich über 70.000 Übernachtungen macht Berg seinem deutlich größeren Nachbarn Starnberg ernsthaft Konkurrenz. Vielleicht ist es der Ruf des Dorfes als Prominentenwohnsitz, der die Leute anzieht. Schließlich hat so manche Berühmtheit hier ihr wohlgehütetes Domizil, angefangen vom rennfahrenden Prinzen bis hin zum Fußballnationalspieler. Und nicht ohne Grund wurde der Klosterweg im Ortsteil Aufkirchen in „Heinz-Rühmann-Weg" umbenannt.

Die meisten Besucher allerdings folgen wohl immer noch den Spuren der Legende *Ludwigs II.*, der hier am 13. Juni 1886 auf mysteriöse Weise im See ertrank. Sein Todestag (bzw. der nächstliegende Sonntag) ist alljährlich Anlass zu einer großen Gedenkfeier Königstreuer bei der Votivkapelle im Schlosspark. Genau dort beginnt auch der berühmte „König-Ludwig-Weg", der in fünf Wandertagen und diversen Varianten bis ins 120 Kilometer entfernte Füssen führt, eine Tour, die als Pauschalarrangement über den Tourismusverband Ammersee-Lech gebucht werden kann.

Die insgesamt drei Schlösser im Gemeindegebiet (in Berg, Allmannshausen und Kempfenhausen) sind allesamt in Privatbesitz und leider nicht zugänglich. Doch auch der Blick von außen und der Besuch des Parks lohnen sich.

Schlosspark Berg: Wer die Hauptattraktion des Dorfes besuchen will, muss sich vom Dampfersteg beim Hotel Schloss Berg erst einmal ein Stück weit die steile Wittelsbacher Straße hoch quälen. Bald jedoch bietet der schattige, uralte Baumbestand des Schlossparks willkommene Erholung. Das schlichte *Schloss*, bis heute im Besitz der Wittelsbacher, wurde 1640 als Herrenhaus erbaut, bereits wenig später jedoch von Kurfürst Ferdinand Maria gekauft, der auch den Park anlegen ließ; sein heutiges Aussehen erhielt das Schloss im 19. Jh. durch Umbauten im neugotischen Stil, die von Maximilian II. und Ludwig II., der als Kronprinz und junger König oft hier gewohnt hatte, in Auftrag gegeben wurden. Ein Stück südlich des Schlosses, im ganzen Park gut ausgeschildert, steht die um 1900 errichtete, neuromanische *Votivkapelle*. Gleich unterhalb ist die Stelle, an der Ludwig II. am 13. Juni 1886 den Tod fand, durch ein schlichtes Kreuz im Wasser markiert.

Zwischen Leoni und Ammerland: Südlich des Schlossparks gelangt man zunächst in das kleine Dorf *Leoni*, benannt nach dem Münchner Hofopernsänger Giuseppe Leoni, dessen Seefeste den kleinen Weiler in den Zwanzigerjahren des 19. Jh. zum Anziehungspunkt für die Münchner Kunstszene gemacht hatten. Im weiteren Verlauf der gut sechs Kilometer bis Ammerland folgt die Straße bis kurz vor dem Ort immer dem Ufer, das aber als Privatbesitz großteils unzugänglich bleibt.

Abstecher nach Aufkirchen: Das Dorf, knapp zwei Kilometer östlich des Ortsteils Leoni gelegen, war bereits vor 700 Jahren ein bedeutender Wallfahrtsort. An der Stelle der damaligen Kapelle entstand um 1500 die spätgotische *Wallfahrtskirche Mariä Himmelfahrt*; ihre Außenwände schmücken volkstümliche Fresken aus dem frühen 18. Jh., im Inneren sind lebensgroße Holzfiguren Christi, der Jungfrau und der zwölf Apostel zu sehen.

Bismarckturm: Wadlkräftige Wanderer können diesen 80 Meter über dem See gelegenen Aussichtspunkt auf einem Fußweg erreichen, der bei *Seeleiten*, etwa einen Kilometer südlich von Leoni, abzweigt. Errichtet wurde das recht nationalistisch wirkende Monument 1899 von einer Gruppe Münchner Bürger unter Führung von Franz von Lenbach. Wer auf der Landstraße unterwegs ist, wählt die Abzweigung nach *Assenhausen*, ein penibel gepflegtes Villendorf am Waldrand. Mag der klobige Turm selbst auch vielen keinen Besuch wert sein, so ist es der ruhig im Grünen gelegene Aussichtshügel umso mehr. Mehrere Bänke mit Blick auf den Starnberger See bieten Gelegenheit zur stillen Rast.

Information Kein Tourismusbüro, aber Infomaterial im Rathaus. Mo, Di, Do und Fr 7.30–12.30 Uhr, Do auch 14–18 Uhr. Ratsgasse 1, 82335 Berg, ✆ 08151-5080.

Freizeit/Sport Bootsverleih: Jeweils nahe des Hotels Schloss Berg und des Seehotels Leoni.

La dolce vita am Starnberger See, hier Hotel Schloss Berg

Übernachten/Essen & Trinken **** **Seehotel Leoni**, am Dampfersteg im kleinen Ortsteil Leoni, der unmittelbar südlich von Berg rechts der Hauptstraße liegt (ein Spazierweg verbindet die beiden Ortsteile auch unten am See entlang). Das Hotel an sich ist architektonisch keine Schönheit, bietet aber guten Komfort, ansprechend gestaltete Zimmer zwischen modern und gutbürgerlich, außerdem einen großen Spa-Bereich und eine hoteleigene Liegewiese. Das Restaurant mit sonniger Seeterrasse serviert Hauptgerichte für 20–30 €. DZ/Bad/F um 180 €. Assenbucher Str. 44, 82335 Berg, ✆ 08151-5060, www.seehotel-leoni.com.

Hotel Schloss Berg, ein paar hundert Meter nördlich des Ortskerns von Berg. Das stilvolle Strandhotel liegt direkt am Dampfersteg, stammt vom Anfang des 20. Jh. und glänzt mit schöner Restaurantterrasse am See. Das etwas zurückversetzte Parkhotel ist ein komfortabler Neubau. DZ/Bad/F mit Seeblick 130–170 €. Seestr. 17, 82335 Berg (Rezeption: Ölschlag 9), ✆ 08151-9630, www.hotelschlossberg.de.

››› **Mein Tipp: Oskar Maria Graf Stüberl**, an einer ruhigen Ecke in Berg liegt das Geburtshaus von Oskar Maria Graf, heute ein erstklassiges bayerisches Restaurant. Besonders hübsch sitzt es sich auf der kleinen, sonnigen Terrasse. Hauptgerichte um 20 €. Hervorragend: Spanferkelrücken, Zanderfilet, Tafelspitz. Spezialität sind Gerichte mit frischen Pfifferlingen. Di Ruhetag. Grafstr. 9, 82335 Berg, ✆ 08151-51688. «

Kramerfeicht, nur wenige Meter vom Oskar Maria Graf Stüberl entfernt hat eines der ungewöhnlichsten Lokale im Fünfseenland jeden 1. Mi und Do im Monat geöffnet. Serviert werden Spezialitäten aus aller Herren Länder, durchaus ein wenig hochpreisiger, aber nicht unerschwinglich, in einem uralten Fischerhaus. Achtung: Es gibt nur 20 Plätze, daher unbedingt reservieren! Grafstr. 6, 82335 Berg, ✆ 08151-5706 oder 0162-8118150, www.kramerfeicht.de.

Café Frühtau, ebenfalls in der schönsten Ecke von Berg, also gleich gegenüber dem Oskar Maria Graf Stüberl, liegt diese sympathische Café-Boutique mit einer geschmackvollen Auswahl an Wohnaccessoires, Pullovern, Schmuck und Mitbringseln. In einem wunderbaren kleinen, sonnigen Garten kann man mittags ausgefallene kleine Gerichte oder nachmittags hausgemachten Kuchen essen. Sonntags gibt es Brunch. Geöffnet Fr 12–18 Uhr, Sa 10–18 Uhr, So 8.30–18 Uhr. Grafstr. 14, 82335 Berg, ✆ 08151-971480, www.cafe-frühtau.de.

Ein bayerischer Querkopf – Oskar Maria Graf

Lange hat man ihn als bayernseligen Bierdimpfl verkannt, den 1894 in Berg geborenen Schriftsteller Oskar Maria Graf. In drangvoller Enge als eines von elf Kindern eines Bäckers aufgewachsen, zieht es den literaturbegeisterten jungen Mann bereits mit 17 Jahren in die Großstadt München. Doch der schnelle Erfolg als Autor lässt auf sich warten; über ein Jahrzehnt lang muss Graf sich mit Hilfsarbeiten ernähren. Erst 1927 verschafft er sich mit *Wir sind Gefangene* breite Anerkennung, *Bolwieser, Roman eines Ehemannes* wird 1931 einer seiner größten Erfolge.

Wohl weil viele seiner Bücher das Leben auf dem Land thematisieren, finden die Nationalsozialisten fast so etwas wie Gefallen an dem politisch eigentlich links eingestellten Schriftsteller. Der jedoch lässt sich nicht vereinnahmen. Die Bücherverbrennungen 1933 beantwortet er von einer Vortragsreise aus Wien mit dem Aufruf *Verbrennt mich!* („Nach meinem ganzen Leben und meinem ganzen Schreiben habe ich das Recht zu verlangen, dass meine Bücher der reinen Flamme des Scheiterhaufens überantwortet werden …") Nach dieser Reaktion, erst recht nach der höhnischen Darstellung des grundsätzlich unpolitischen, aber die Gunst der braunen Stunde nutzenden Postinspektors *Anton Sittinger* (1937), bleibt Graf nur das Exil, zuerst in Österreich, Prag und der Sowjetunion, ab 1938 dann in den Vereinigten Staaten. In Deutschland will der eigentlich so heimatverbundene Schriftsteller nicht mehr leben; er stirbt 1967 in New York. Sein Heimatdorf tat sich lange schwer mit dem „roten" Sohn. Doch 1994, zu seinem 100. Geburtstag, ehrte die Gemeinde ihn mit einer großen Ausstellung. Und heute erinnert eine große Bronzeplastik im Viertel Aufkirchen an ihn, eine Schule ist nach ihm benannt, und sein **Geburtshaus** liegt jetzt in der Grafstraße 9. Dort, im **Oskar-Maria-Graf-Stüberl**, lässt es sich übrigens vorzüglich speisen und, vor allem an den sonnigen Plätzen vor dem Haus, ausnehmend nett sitzen. Die Berger, so scheint es, haben ihren Frieden mit dem politischen Querkopf gemacht, der sich in seinen Romanen immer gegen falsche Idyllen gewehrt hat.

„Ein ewiges Rätsel will ich bleiben mir und anderen"

Zumindest dieser Wunsch Ludwigs II. ging in Erfüllung: Kaum eine andere Persönlichkeit der bayerischen Geschichte blieb bis heute Objekt so zahlreicher Spekulationen. Zwar gilt inzwischen als gesichert, dass der „Märchenkönig" eine Zuneigung zu hübschen jungen Männern hegte und auch dem Alkohol mehr zusprach, als ihm guttat. Rätsel bleiben dennoch genug. Nicht einmal mehr die Abstammung des berühmtesten aller Bayernkönige ist unumstritten. 1991 nämlich präsentierte der Universitätsprofessor Karl Bosl eine Untersuchung, der zufolge Ludwig II. das Resultat eines Seitensprungs seiner Mutter Marie von Preußen war. Für die rund 10.000 Mitglieder der 56 bayerischen Ludwig-Vereine ein Albtraum: der „Kini" kein Wittelsbacher, somit als Herrscher illegitim ... Pikanterweise verweigert das Haus Wittelsbach bis heute einen anhand von Gewebeprobenvergleichen technisch durchaus möglichen Vaterschaftstest Maximilians II. – auch künftig ist also für Kontroversen gesorgt.

Schon bei seiner Thronbesteigung 1864 besaß Ludwig II. die besten Voraussetzungen, zur Legende zu werden: gerade 18-jährig, gut aussehend und mit der Statur eines Hünen, dabei friedliebend und romantisch. Seit seiner Jugend ein Freund der Natur und der Künste, besonders der Opern Richard Wagners, brachte ihm seine Regentschaft bald unsanften Kontakt mit den Realitäten der Zeit: 1866 der verlorene Krieg auf Seiten Österreichs gegen Preußen, 1870/71 die Teilnahme am Krieg gegen Frankreich, dann der unangenehme Beitritt Bayerns zum Deutschen Reich, dem Ludwig seine Unterstützung vielleicht nur deshalb nicht versagte, weil er bereits auf finanzielle Hilfen Bismarcks angewiesen war.

Mehr und mehr hatte sich der „Märchenkönig" nämlich von der Politik abgewandt und in eine teure Traumwelt geflüchtet. Schon 1868 ließ er Schloss Neuschwanstein erbauen; 1870 folgte das Jagdschloss Schachen im Wettersteingebirge, in dessen orientalisch inspiriertem Inneren türkisch gekleidete Diener Wasserpfeifen rauchen mussten; 1874 Schloss Linderhof mit seiner dem „Tannhäuser" nachempfundenen beleuchteten Grotte, durch die sich der König mit einem vergoldeten Kahn in Form einer Riesenmuschel schippern ließ; ab 1878 schließlich Schloss Herrenchiemsee, das Versailles Konkurrenz machen sollte. Nicht umsonst erinnern diese Schlösser allesamt an Opernkulissen, hatte der König doch jeweils Theatermaler mit der Gestaltung beauftragt. Der wahre Schöpfer dieser jedes Maß sprengenden Inszenierungen war jedoch der exzentrische Monarch selbst. „Das Unechte an Ludwigs Kunst ist so monströs, so gewaltig, daß die Quantität bereits in Qualität umschlägt. Der echte Stil Ludwigs II. ist das Unechte" (Herbert Rosendorfer).

Beim Volk, das den eigenbrötlerischen König innig liebte, hatte Ludwig II. unbegrenzten Kredit. Die bayerische Staatskasse war jedoch nicht so unerschöpflich, der baldige Bankrott abzusehen – 1885 mussten die Arbeiten an Herrenchiemsee abgebrochen werden. Zu jener Zeit mehrten sich auch die Zweifel am Geisteszustand des Königs, der schon seit Jahren mit seinem Kabinett nur noch über Mittelsmänner verkehrte.

Die näheren Umstände der Geschehnisse, die schließlich zum Tod des Königs führten, werden wohl ewig ein Geheimnis bleiben. Bekannt ist nur der chronologische Ablauf: Am 9. Juni 1886 wird Ludwig II. aufgrund eines ärztlichen Gutachtens durch eine Staatskommission entmündigt; statt seines Bruders Otto übernimmt der Onkel Luitpold die Regentschaft. Am 12.6. bringt eine Kutsche den entmachteten König nach Schloss Berg. Dort geht Ludwig II. in den späten Abendstunden, begleitet vom Psychiater Dr. von Gudden, auf einen Spaziergang zum See. Wenig später werden die beiden Männer tot im nur brusttiefen Wasser gefunden. Hat der immer noch kräftige Ludwig bei seinem Selbstmord den eher schwächlichen Arzt mitgerissen? Oder wurde der störende Ex-Regent beseitigt und der unglückliche Zeuge dieses Mordes gleich mit? Neue Studien legen eher den Schluss nahe, dass Ludwig II. sich dem Griff der Psychiatrie entziehen wollte. Bernhard von Gudden hatte die Zwangseinweisung in eine geschlossene Anstalt bereits arrangiert – dem kam der König zuvor, behauptet Prof. Heinz Häfner, langjähriger Direktor des Zentralinstituts für Seelische Gesundheit in Mannheim. Er hatte Zugang zu bisher unveröffentlichten Dokumenten aus dem Hausarchiv des Herzogs Franz von Bayern und kommt zu dem Schluss, dass der Märchenkönig weder geistesschwach noch paranoid, wie damals behauptet, sondern „bausüchtig" gewesen sei, eine Form der „nicht substanzgebundenen Sucht", wie sie auch bei Glücksspielern vorkommt.

In memoriam: Hier starb Ludwig II.

Wie dem auch sei – sicher ist jedenfalls, dass die Bayern ihren geliebten „Kini" bis heute nicht vergessen haben. Sicher auch, dass sich seine Verschwendungssucht auf lange Sicht bezahlt gemacht hat: Allein durch die Eintrittsgelder für Ludwigs Märchenschlösser fließen pro Jahr über 11 Millionen Euro in die Kasse des Freistaats, allein Neuschwanstein wird jährlich von 1,2 Millionen Gästen besucht; insgesamt bringt der Kult um den König, so hat ein Spezialist des Münchner Fremdenverkehrsamtes einmal ausgerechnet, alljährlich rund 1,5 Milliarden Euro Umsatz. Dazu gehören auch die Einnahmen aus den zahlreichen medialen Inszenierungen des sagenumwobenen Lebens. Helmut Käutner machte 1955 den Anfang, es folgte 1972 der berühmte Film von Lucchino Visconti mit Helmut Berger in der Titelrolle, 1998 verwandelte Georg Ringsgwandl den König an den Münchner Kammerspielen in einen Punk und 2000 baute Füssen ihm zu Ehren ein ganzes Theater, das mit seinen beiden Ludwig-Musicals anfangs Schiffbruch erlitt, 2017 aber mit neuen Eigentümern ein starkes Comeback erlebte. Die große Sonderschau zu seinem 125. Geburtstag 2011 schließlich war der reinste Selbstläufer – fast 600.000 Menschen kamen deshalb zum Schloss Herrenchiemsee.

Ammerland

Das schmucke alte Fischerdörfchen mauserte sich im 19. Jh. zu einer Kolonie der Münchner Künstler. Bekannt wurde es als Wohnsitz des „Kasperl-Grafen“ Franz Pocci, der ab 1830 im hiesigen Seeschloss aus dem 17. Jh. lebte, das heute in Privatbesitz ist. Pocci, Oberzeremonienmeister und Intendant Ludwigs I., gleichzeitig Dichter und Zeichner, war bei allen Würden ein fröhlicher, kinderfreundlicher Mensch, Autor vieler Stücke für Marionettenbühnen und Erfinder des „Kasperl Larifari“, dem er seinen kuriosen Beinamen verdankt. In gewisser Weise die Nachfolge Poccis angetreten hatte der 2011 verstorbene Humorist Vicco von Bülow, besser bekannt unter seinem Künstlernamen Loriot. 48 Jahre lang lebte er in Ammerland, 1993 wurde er zu dessen Ehrenbürger ernannt.

Logenplätze am Wasser: Biergarten in Ammerland

Münsing

Rund drei Kilometer landeinwärts, also östlich von Ammerland, liegt das ländliche Pfarrdorf, das bereits 740 urkundlich erwähnt wurde. Ein schönes Ziel für Radausflüge und Wanderungen ist der kleine *Buchsee*, der sich knapp drei Kilometer nördlich von Münsing zwischen Wälder und Felder schmiegt.

Essen & Trinken Gasthaus Limm, in Münsing an der Hauptstraße Richtung Wolfratshausen und allein schon den Weg in den Ort wert. Manchem ist der Gasthof vielleicht noch unter dem früheren Namen „Neuwirt“ bekannt – der Name hat gewechselt, der passionierte Küchenchef, ein Schüler des Drei-Sterne-Kochs Heinz Winkler, nicht. Geboten wird authentische bayerische Küche mit besten Zutaten; das Fleisch stammt aus der eigenen Metzgerei, doch auch die Fischgerichte sind hervorragend. Die meisten Hauptgerichte kosten 13–18 €, Fisch bis 21 €. Mi und So abends geschlossen. Hauptstr. 29, 82541 Münsing, ✆ 08177-411. Vor allem an Wochenenden ist eine Reservierung ratsam. www.gasthauslimm.de.

Buchsee: Die Abzweigung zu dem kleinen Moorsee ist in Münsing ausgeschildert. Hier kann man schon relativ früh im Jahr baden, weil das Wasser sich schnell erwärmt. Der See liegt in einer fast runden Mulde, die an der einen Seite von Wald, an der anderen von Liegewiesen umgeben ist. Es ist ein noch weitgehend unentdecktes Badeparadies, das vor allem von älteren Stammgästen besucht wird, die hier unter feierlichem Vogelgezwitscher ihre Bahnen ziehen. An der Gaststätte oberhalb des Sees ist für das Baden im See 1 € zu entrichten, dort ist auch das liebenswert anachronistische „Oben-ohne“-Verbotsschild angebracht. Die idyllische Gartenwirtschaft hat nur bei schönem Wetter geöffnet und bietet neben Getränken auch günstig warme Würstl (nur zur Badesaison), Kaffee und Kuchen an; bedient wird durch ein Fenster zur guten Stube.

Abstecher zur Wallfahrtskirche Holzhausen: Von Münsing führt die Straße Richtung St. Heinrich durch Holzhausen. Etwas abseits am Ortsrand steht leicht erhöht die *Wallfahrtskirche St. Johann Baptist und Georg* (15./18. Jh.). Errichtet wurde sie auf uraltem heiligen Boden: Schon die Kelten hatten hier eine Kultstätte und bereits ab 818 besetzte eine christliche Kapelle den aussichtsreichen Hügel.

Kurzwanderung: Am Seeufer von Ammerland nach Ambach

Eine für Kraftfahrzeuge gesperrte Straße verläuft radlfreundlich unmittelbar entlang des meist unzugänglichen Seeufers, dessen schönste Fleckchen den Besitzern der feudalen, am Berghang gelegenen Villen vorbehalten bleiben. Trotzdem: es ist ein schöner, etwa einstündiger Spaziergang durch schattigen Laubwald entlang einer ganzen Reihe von architektonischen Kunstwerken. Vor allem das auf dem Weg liegende *Seeheim* gilt dabei als Nobelwohnsitz *par excellence* – große, mit uralten Bäumen bestandene Gärten, an deren Abhang noch viele Gründerzeitvillen liegen und unten, am See, die kleinen privaten Bootshäfen. Die Anwohner haben sich lange gegen den Bau des Uferwegs gewehrt, weil er die Grundstücke zerschneidet, aber letztlich war der öffentliche Wille stärker.

Fünfseenland → Karte S. 37

Ambach

In dem lang gezogenen, über 1100 Jahre alten Dorf bricht an Wochenenden regelmäßig ein Parknotstand der Luxuskarossen aus – und dies, obwohl Ambach wegen der Sperrung der Uferstraße für Kraftfahrzeuge nur über **Münsing** und **Holzhausen** zu erreichen ist. An ruhigeren Tagen mag manchem Besucher das hübsche, *Székler-Tor* genannte Holztor an der Uferstraße auffallen, das mittlerweile über 100 Jahre auf dem Buckel hat. Benannt ist es nach einem ungarischen Volksstamm im heutigen Rumänien. Der damalige Direktor der Maler-Meisterschule von Budapest, Julius von Benczur, errichtete es 1894 für die Frau des Villenbesitzers; es sollte wohl das Heimweh der aus dem rumänischen Siebenbürgen stammenden Gattin vertreiben helfen. Ab 1918 lebte in der Villa der lange Zeit weitgehend vergessene, kürzlich aber wieder in den Blickpunkt geratene Erfolgsschriftsteller **Waldemar Bonsels** (1880–1952), Autor der „Biene Maja“. 2012 widmete ihm das Literaturhaus München eine Ausstellung angesichts des hundertjährigen Jubiläums seines Hauptwerks. In dem Haus an der *Seeuferstraße 25* wurde eine Werkbibliothek mit einigen Erinnerungsstücken ausstaffiert und für die öffentliche Nutzung freigegeben (nur mit Voranmeldung unter ✆ 089-51689790, info@waldemar-bonsels-stiftung.de). Auch das Grab des Schriftstellers befindet sich auf dem Gelände. Hauptziel der Porsche- und Harley-Fahrer in Ambach ist allerdings der *Gasthof Bierbichler*, offiziell angeschrieben als Restaurant „Zum Fischmeister“, nur wenige Meter entfernt, einer der beliebtesten Treffs am ganzen See.

Baden/Freizeit/Sport **Erholungsgebiet Ambach**, ein ausgedehntes, knapp 70 ha großes Gelände, das rund 1,5 km südlich des Gasthofs „Zum Fischmeister“ beginnt und sich über mehr als 2 km am See entlang erstreckt. Reichlich Platz also, Parkplätze (2,50 €) für über 2600 Pkw, an schönen Sommerwochenenden natürlich reichlich Rummel. Ziemlich flach abfallender Strand, gut für Kinder; eine Besonderheit ist die Bademöglichkeit für Rollstuhlfahrer. Eintritt frei.

Schlossgut Oberambach, wer auf der Landstraße von Münsing nach St. Heinrich unterwegs ist, muss gut aufpassen, um die

Ungarische Holzschnitzerei: Székler-Tor vor dem Wohnhaus des Biene-Maja-Autors Waldemar Bonsels

(beschilderte) Abzweigung zu dem bewaldeten Hügel nicht zu verpassen, hinter dem dieses Kleinod der Hotellerie versteckt liegt. Die gepflegte Anlage bietet einen traumhaften Blick über den Starnberger See und lockt zudem mit dem Begriff „ökologisch geführtes Hotel". Das Schlossgut gehört zum Verband der Biohotels mit derzeit 60 Mitgliedern in Westeuropa. Besitzer ist Andreas Schwabe, dessen Urgroßvater das heute älteste homöopathische Unternehmen der Welt gründete. Das Restaurant führt entsprechend nur Gerichte aus biologischem Anbau, es gibt zahlreiche Ayurveda- und Kosmetikangebote. Zum Hotel gehören ein Badeteich und ein eigener Zugang zum Starnberger See. DZ/Bad/F 140 €. Oberambach 1, 82541 Münsing, ✆ 08177-9323, www.schlossgut.de. ■

Essen & Trinken »» Mein Tipp: **Zum Fischmeister**, populärer Gasthof des bekannten Schauspielers Sepp Bierbichler. Der hübsche kleine Biergarten, der abends lange in der Sonne liegt, ist an warmen Tagen meist schnell bis zum letzten Platz besetzt. So viele rare Oldtimer-Cabrios wie im Sommer vor dem „Bierbichler" sieht man sonst selten. Zu essen gibt's überwiegend bayrisch wie international Feines, aber auch Bodenständiges. Oft voll, deshalb am Wochenende abends Reservierung ratsam. Di Ruhetag. Fr–So ab 17 Uhr, sonst ab 12 Uhr geöffnet. Seeuferstr. 31, 82541 Ambach, ✆ 08177-533, www.zumfischmeister.com. ««

»» Mein Tipp: **Buchscharner Seewirt**, rund 2,5 km südlich des „Fischmeister". Schöne Lage auf einer kleinen Anhöhe etwas über dem See, tolle Terrasse mit Sonnenuntergangsblick. Uralter Bauernhof aus Tirol, der sich dort nicht mehr rentierte und hier von der Spaten Brauerei Stück für Stück wieder aufgebaut wurde. Gekocht wird bayerisch-international, mit phantasievollen Anleihen aus dem nahen Ausland. Hauptgerichte, auch Fisch, überwiegend 14–20 €. Kein Ruhetag. *Anfahrt:* beim Erholungsgelände Ambach von der Landstraße runter, ab Parkplatz des Geländes ausgeschildert (ca. 600 m am See entlang). Weitere Parkplätze neben der Gaststätte. Buchscharn 1, 82541 Münsing, ✆ 08801-2409, www.buchscharner.de. ««

Sankt Heinrich

Hinter dem Freizeitgelände Ambach führt die Straße eine Weile direkt am Seeufer entlang und erreicht nach wenigen Kilometern das winzige St. Heinrich. Glaubt man der Sage, so geht der Name der Ortschaft (ca. 140 Einwohner) in der Südostecke des Sees auf einen der Grafen von Dießen und Andechs zurück, der hier im 12. Jh. als Einsiedler gelebt haben soll.

Baden/Freizeit/Sport **Badeplatz am Karniffelbach**, knapp 500 m nördlich der Kreuzung in St. Heinrich weist eine Zufahrt zum feinen Esslokal „Kleines Seehaus". Der Weg führt zu einem schönen, rund vier Hektar großen Gelände im Wald, das früher dem ADAC gehörte. Heute ist es als Eigentum der DLRG Schäftlarn-Wolfratshausen allgemein zugänglich. Von der recht kleinen Liegewiese hat man einen herrlichen Fernblick auf Seeshaupt und die Alpen. Die „Beach Bar" des Lokals liegt unmittelbar daneben. Nur wenige Parkplätze vorhanden.

Strandbad St. Heinrich, nahe der Kreuzung nach München. Kleineres Wiesengelände, wenige Bäume, kein Steg; der sehr flach abfallende Strand ist vor allem für Kinder (und die Anfänger der Surfschule) ein Vergnügen. Seit Neuestem serviert eine urgemütliche Strandbar aus Holz exzellente kleine Gerichte. Liegestühle davor erhöhen noch den Reiz. Ein echter Geheimtipp! Parkgebühr, Eintritt kostenlos. Buchscharnstr. 10, 82541 Münsing/St. Heinrich, www.strandbar-stheinrich.de.

Wassersport-Center Starnberger See, die freundliche **Surfschule im Strandbad St. Heinrich** (s. o.) bietet Kurse für Anfänger und Fortgeschrittene. Stand-up-Boards, Surfbretter, Kajaks und Katamarane werden auch verliehen. Buchscharnstr. 10, 82541 St. Heinrich, ✆ 08801-915910 oder 0152-33610272, www.surfschule-starnbergersee.de.

Fahrradverleih Velo Bavaria, verleiht auf dem Gelände des Campingplatzes Fischer (s. u.) City-, Trekking- und E-Bikes, außerdem Kinderfahrräder. Die Preise beginnen bei 12 €/Tag (E-Bike 34 €/Tag). Buchscharnstr. 10, 82541 St. Heinrich, ✆ 0176-20188410, www.velo-bavaria.de.

Übernachten/Essen & Trinken **Campingplatz Beim Fischer**, 2000 neu angelegter Platz, den die Durchgangsstraße vom See trennt. Danach nur wenige Meter zum Strandbad (s. o.). Erw. 8 €, Zelt 4–10 €, Pkw 2 €. Geöffnet April–Sept. Auf dem Gelände gibt es auch ein preiswertes Gästehaus (DZ/F 70 €, ab 3 Nächten 52 €) und vier Ferienwohnungen (80 € pro Nacht für 2 Pers.). Buchscharnstr. 10, 82541 St. Heinrich, ✆ 08801-802, www.camping-beim-fischer.de.

Gasthaus Fischerrosl, eine echte Traditionsgaststätte: Schankrecht seit 1528! Seit mehreren Generationen ist das Haus in Familienbesitz, vor einiger Zeit hat der Pächter gewechselt, das Haus wurde renoviert, auch die Fassade leuchtet jetzt in bayerischem Glanz. Die Spezialitäten des Hauses sind weiterhin, ganz dem Namen gemäß, alle Arten von Fisch aus Süß- und Salzwasser, doch gibt's in den gemütlichen Stuben natürlich auch Fleischgerichte, Vegetarisches und im Sommer Brotzeiten. Hauptgerichte 14 € (vegetarisch) bis 26 € (Fischpfanderl, Kalbslende). Es gibt auch elf hübsch eingerichtete Zimmer, bayerisch mit modern-minimalistischem Einschlag. DZ/F 80–95 €. Das Restaurant hat Mo Ruhetag. Beuerberger Str. 1 (direkt an der kleinen Kreuzung im Ort), 82541 St. Heinrich, ✆ 08801-746, www.fischerrosl.de.

››› **Mein Tipp:** **Zum kleinen Seehaus**, bis zum Jahr 2000 ein einfacher Kiosk, inzwischen ein Feinschmeckerlokal erster Güte. Spezialität sind Fischgerichte. Ein richtiges Schmuckstück ist die Sonnenterrasse mit Blick auf den See. Wer sicher gehen will, sollte für das Restaurant reservieren. Es gibt auch eine romantische **Beach Bar** am Seeufer (liegt bis spätabends in der Sonne) mit Gerichten und natürlich Getränken aus dem Lokal. Das Restaurant hat Mo/Di Ruhetag, sonst ist es ab 17 Uhr geöffnet. Die Beach Bar bedient im Sommer (und bei schönem Wetter) täglich ab 11 Uhr. Parkplätze vorhanden. Buchscharnstr. 9, 82541 St. Heinrich, ✆ 08801-550, www.kleines-seehaus.de. ‹‹‹

Von St. Heinrich nach Seeshaupt: Die beiden Orte gehen fast ineinander über. Da das Südufer des Starnberger Sees in weiten Teilen verschilft ist, finden sich Badeplätze hier nur auf dem Gelände des Campingplatzes von Seeshaupt.

Fünfseenland → Karte S. 37

Starnberger See bei Possenhofen

Starnberger See – Westufer

Zwischen Starnberg und Seeshaupt liegen die größeren und wichtigeren Ortschaften des Sees, wie überhaupt das Westufer stärker besiedelt ist als die gegenüberliegende Seite. Das bedeutet zwangsläufig auch mehr Verkehr. Glücklicherweise jedoch verläuft die ziemlich stark befahrene Landstraße zwischen Starnberg und Seeshaupt meist etwas abseits des Ufers. So bieten sich auch im Westen viele Gelegenheiten zu Spaziergängen und leichten Wanderungen; zu den schönsten Revieren zählen das Gebiet zwischen dem **Schlosspark Possenhofen** und Tutzing sowie der ausgedehnte **Park von Bernried.**

Possenhofen

Erste Station auf dem Weg von Starnberg nach Süden ist die kleine Siedlung **Niederpöcking,** fast ein Vorort der Kreisstadt, denn die Bebauung geht nahezu nahtlos vom einen in den anderen Ort über. Entstanden ist Niederpöcking Mitte des 19. Jh. als Villensiedlung Münchner Bürger. Daran hat sich bis heute nichts geändert – dem Münchner Journalisten Karl Forster zufolge trägt Niederpöcking im Volksmund deshalb den schönen Spottnamen „Protzenhausen".

Possenhofen: Gleich südlich von Niederpöcking durchquert die Straße ein ausgedehntes Parkgelände, das mit seinen Liegewiesen (s. u. „Paradies" Possenhofen), vielen Spazierwegen und altem Baumbestand bis an den See reicht: es ist der ehemalige, heute öffentlich zugängliche Park des 1536 erbauten *Schlosses Possenhofen*. Bekannt wurde es als das „Sissi-Schloss", in dem die berühmte Herzogin Elisabeth (1837–1898), spätere Kaiserin von Österreich, ihre Jugend verbrachte. Nach umfangreichen Renovierungsarbeiten beherbergt das Schloss heute Eigentumswohnungen. Deren Besitzer dürfen sich über einen hohen Freizeitwert freuen: Der Schlosspark, großteils Eigentum der Stadt München, ist einer der schönsten Badeplätze am See. Der Ort selbst zählt knapp 380 Einwohner.

Kaiserin Elisabeth Museum: Wenn schon nicht im Schloss ihrer Kindheit, dann doch wenigstens am Ort ihrer Ferienankunft wird der populären Monarchin gedacht, die als gebürtige Wittelsbacher-Prinzessin mit 15 Jahren Kaiser Franz Joseph kennenlernte und ihn acht Monate später heiratete. Gewohnt hat sie mit ihrem Hofstaat, der schon mal 60 Personen umfassen konnte, im nahen Hotel Strauch (s. Feldafing, Golfhotel Kaiserin Elisabeth), und das nicht selten. Zwischen ihrer ersten Ankunft 1869 am Bahnhof von Possenhofen, der wenige Jahre vorher eingeweiht worden war, und ihrer Ermordung 1898 besuchte sie den Starnberger See beinahe jeden Sommer. Ihr Cousin 2. Grades, König Ludwig II., ließ das von ihm in Auftrag gegebene Gebäude aus diesem Anlass jedes Mal mit weißen Lilien dekorieren. Im restaurierten Königssalon des heutigen S-Bahnhofs von Possenhofen (ein etwa 15-minütiger Fußweg führt durch den dichten Wald des Schlossparks zum Badegelände „Paradies") präsentiert ein kleiner Museumsverein in drei Räumen zahlreiche Sissi-Memorabilia wie Porträts (Fotos, Gemälde, Lithografien), persönliche Gegenstände (Porzellanteller, -tassen und -figuren en masse, aber auch ein Papiertheater mit Szenen aus Shakespeares „Sommernachtstraum"), Postkarten wie auch eine Reihe interessanter Informationstafeln zu historischen Hintergründen. Man schreitet dabei auch durch den damals tatsächlich so genannten „Wartesaal für Höchste und Allerhöchste Herrschaften". Der Sissi-Kult treibt übrigens immer noch seltsame Blüten – zum Geburtstag der Kaiserin am 24. Dezember musste das Museum schon öfters für eigens angereiste Japanerinnen öffnen. Die Besucherinnen sind dabei bestens vorbereitet, ein aufwendig gemachter Reiseführer stellt das Museum in allen Einzelheiten auf Japanisch vor ...

1. Mai bis ca. Mitte Okt. Fr–So 12–18 Uhr. Eintritt 4 €. Schlossberg 2, 82343 Pöcking (S-Bahnhof Possenhofen), ✆ 08157-925932, www.kaiserin-elisabeth-museum-ev.de.

Südlich des Schlossparks von Possenhofen stößt man als Spaziergänger zunächst auf den Yachthafen. Weiter südlich liegen noch einige kleinere, aber nicht unbedingt einsamere Badeplätze als jene im „Paradies"; kurz hinter dem Hotel „Forsthaus am See" beginnt dann das Gebiet der Gemeinde Feldafing.

Baden „Paradies" Possenhofen: Das Erholungsgelände der Stadt München umfasst 150 ha des ehemaligen Schlossparks. Mit altem Eichen-, Buchen- und Fichtenbestand, Liegewiesen (der Großteil allerdings nicht direkt am See, sondern hinter Bäumen etwa 50 m entfernt), Badestegen, Grillplätzen und eigenem Windsurfbereich. Durch den Park verlaufen mehrere schöne Spazierwege; man kann, immer in Seenähe, bis Tutzing und weiter wandern. An Sommertagen sind die zahlreichen, dann gebührenpflichtigen Parkplätze (2,50 €) oft überfüllt – das Badegelände ist jedoch auch mit der S-Bahn (Spazierweg durch den Schlosspark ausgeschildert) oder mit dem Boot ab Starnberg (Dampfersteg am Südrand des Areals) zu erreichen. Eintritt frei.

Freizeit/Sport Bootsverleih: Yachthafen Goetzke, am südlichen Ende von Possenhofen). Kleine Elektroboote für 4–5 Pers., je nach Leistung 20–24 €/Std. Tägl. außer Di 9–18 Uhr. Am See 2, 82343 Pöcking-Possenhofen, ✆ 08157-924370, www.yachthafen-goetzke.de.

Übernachten Jugendherberge/Camping Possenhofen, Schlafräume (4- und 6-Bett-Zimmer) und Campingplatz (für 50 Zelte) wurden 2002 in Betrieb genommen. Die Jugendherberge mit Zugang zum See befindet sich neben dem Erholungsgelände Possenhofen in unmittelbarer Nachbarschaft zum Schloss. Preise für Gruppen: Ü/F 28 €. Kurt-Stieler-Str. 18 (ab der S-Bahn-Haltestelle „Possenhofen" ausgeschildert, 10 Min. zu Fuß), 82343 Pöcking, ✆ 08157-996611, www.jugendherberge.de.

Essen & Trinken »» Mein Tipp: **Steg 1**, romantischer, kleiner Biergarten mit Liege-

Fünfseenland →Karte S. 37

stühlen am See. Am nördlichen Rand des Erholungsgeländes von Possenhofen. Südländisch-entspannte Atmosphäre, Steg in Reichweite. Weitgehend schattig, außer direkt am Ufer. Leichte Gerichte, viel Fisch, Cocktails, Eis und Vermietstation für Stand-up-Paddling. Ein großer, gebührenpflichtiger Parkplatz befindet sich über der Straße im Wald. Ferdinand-von-Miller-Str. 61, 82343 Pöcking-Possenhofen, ✆ 08157-9984699. «««

Feldafing

„Die Perle am See“: Der stolze Beiname, mit dem sich das ca. 4500 Einwohner zählende Dorf seit Langem schmückt, soll auf den besonders schönen Blick zurückgehen, den man von den dortigen Hängen genießt. Fast die gleiche Aussicht erfreute schon die Kaiserin Elisabeth von Österreich – 24 Jahre lang hatte „Sissi“ hier ihren Sommersitz. Ihre damalige Unterkunft ist heute als „Golfhotel Kaiserin Elisabeth“ Zentrum des eher auf Exklusivität denn auf Masse ausgerichteten Fremdenverkehrs. Der Namenszusatz verweist auf eine weitere Attraktion von Feldafing, nämlich den reizvoll gelegenen **Golfplatz.**

Doch nicht jeder Besucher kommt weit genug die Hänge hoch, um den berühmten Ausblick von Feldafing zu genießen. Unten am See ist es nämlich auch schön. Man badet im herrlich altmodischen Strandbad oder in einer der kleinen Buchten unterhalb des Golfplatzes, wirft vielleicht einen Blick auf die berühmte **Roseninsel** – und spaziert dann weiter, je nach Gusto Richtung Schlosspark Possenhofen oder südwärts gen Tutzing. Internationalen Ruf genießt die gut hundertjährige **Villa Waldberta** (Höhenbergstr. 25, 82340 Feldafing, ✆ 08157-9258280, www.villa-waldberta.de) hoch über dem Ort, die jährlich etwa zwei Dutzend jungen Schriftstellern und Künstlern aus aller Welt eine kostenlose Wohn- und Arbeitsstätte auf Zeit ist. Lesungen mit den Stipendiaten finden regelmäßig in der Landeshauptstadt statt (Termine im Kulturreferat der Stadt München: Karin Sommer, ✆ 089-23328718, karin.sommer@muenchen.de).

Roseninsel: Auf der kleinen Insel, etwas südlich des Strandbads von Feldafing gelegen, wurden die ältesten Siedlungsspuren des Fünfseenlands entdeckt. Irgendwann zwischen 3500 und 2000 v. Chr. hatten steinzeitliche Siedler hier Pfahlbauten oder einen Verbindungssteg zum Festland errichtet; eine archäologische Sensation war 1989 die Bergung eines 13 Meter langen Einbaums.

Ihren heutigen Namen (früher: „Insel Wörth“) trägt die Roseninsel erst, seit der bayerische König Maximilian II. sie 1853 mit Tausenden von Rosen bepflanzen ließ; aus jener Zeit stammt auch die Villa („Casino“) im pompejanischen Stil. Später nutzte Ludwig II. das abgeschiedene Plätzchen für heimliche Treffen mit seiner angebeteten Kusine Sissi. Sein Nachfolger Prinzregent Luitpold zeigte jedoch keinerlei Interesse an der Roseninsel und die Gartenanlage samt Villa verfiel. Erst 1997 (!) war wieder genügend Geld und Begeisterung vorhanden, um das romantische Eiland in seinen Originalzustand zu versetzen. Der Freistaat Bayern, der die Roseninsel bereits 1970 dem Wittelsbacher Ausgleichsfonds abgekauft hatte, beauftragte seine Schlösserverwaltung mit der Restauration.

Heute ist das „Casino“, die klassizistische Villa von Maximilian II., wieder in ihrer monarchischen Pracht zu besichtigen, und auch der Rosengarten ist wiederhergestellt. 380 Rosensorten, nach alten Vorlagen gepflanzt, blühen im Frühling und Sommer. Im Zentrum der Gartenanlage sind Teile einer historischen Glassäule zu sehen, ehemals ein Geschenk des preußischen Königs an seine bayerische Kollegin und Kusine. Das Zierdeobjekt galt 50 Jahre lang als verschollen und wurde erst vor

Strandbad Feldafing

Fünfseenland →Karte S. 37

einigen Jahren wieder gefunden. Im Gärtnerhaus, das mit Kasse und Museumsladen den Eingang zum Gelände bildet, wurde eine kleine Ausstellung zur Geschichte der Insel eingerichtet. Bei schönem Wetter können Besucher mit einer überdachten Elektro-Fähre zum Inselchen übersetzen. Es ist die einzige Möglichkeit, denn das flache Wasser rund um die Insel wird von der UNESCO als Welterbe geschützt – dort befinden sich über 5000 Jahre alte Pfahlbauten.

Richtung Tutzing folgt der Spazierweg weiterhin der Uferlinie, da und dort findet sich auch ein kleiner Badeplatz. Beim Ortsteil *Garatshausen*, knapp drei Kilometer südlich der Roseninsel, liegt linker Hand ein Schloss aus dem 16. Jh., das heute Fürstin Gloria von Thurn und Taxis gehört und nicht öffentlich zugänglich ist. Direkt daneben befindet sich ein großes Altenheim des Bayerischen Roten Kreuzes. Fans von Hans Albers (1891–1960) ist Garatshausen vielleicht als Wohnsitz des „blonden Hans" bekannt. Die Villa gilt allerdings nicht als denkmalschutzwürdig und soll, so die Pläne der Gemeinde Feldafing, einem „gehobenen" Hotel-Restaurant weichen.

Förderkreis Roseninsel Ausführliche Informationen zur Geschichte und Wiederherstellung der Insel, zu Veranstaltungen, Führungen, Online-Bestellformular für 36-seitiges Booklet über die Roseninsel: www.roseninsel.org.

Fährbetrieb Von Frühjahr bis Herbst tägl. Mo–Sa 11–18 Uhr, zur Hochsaison 10–18 Uhr (nicht bei schlechtem Wetter), auch für Rollstuhlfahrer möglich. Fahrpreis 4 €, Jugendliche bis 15 J. 1 €. Kontakt für Sonderfahrten: Stefan Seerieder & Bernhard Zillner, Fährmänner, ✆ 0151-28741905, www.roseninsel.bayern.

››› **Mein Tipp:** Falls Sie gerade vorhaben zu **heiraten**, geht das jetzt auch in der frisch restaurierten Königsvilla auf der Roseninsel, dem sogenannten „Casino". Standesamt Feldafing, ✆ 08157-931129. Aber auch **Serenadenabende** sind ein schönes Erlebnis – die neu erwachte Insel ist, wie zu Zeiten des Märchenkönigs, ein populärer Ort für Musik- und Tanzveranstaltungen. Etwa 5- bis 6-mal im Jahr finden Serenaden statt. Aktuelle Termine unter www.roseninsel.org. ‹‹‹

Baden **Freibad Garatshausen**, rund 3 km weiter südlich, kurz vor Tutzing. Rund ums

Gepflegtes, altes Strandbad mit guter Gastronomie: Badetipp in Feldafing

Jahr geöffnete Liegewiese (Eintritt frei!) mit reizvoller Aussicht; der zugehörige Kiosk (Kaffee & Kuchen, Würstchen, Getränke) mit Biergartentischen zum See ist nur bei schönem Wetter in Betrieb, dann aber ein echter Tipp. ✆ 08158-9889, www.freibad-garatshausen.de.

»» **Mein Tipp:** **Strandbad Feldafing**, elegante Anlage mit einem guten Schuss Nostalgie: Die denkmalgeschützten Holzbauten stammen aus den 1920er-Jahren. Gepflegte Liegewiese, Badesteg mit Rutschbahn, flach abfallendes Wasser, schöner Blick. Wem das mitgebrachte Handtuch nicht komfortabel genug ist, kann eine Liege für 7,50 € ausleihen. Die romantischen Tageskabinen sind für 2,50 € zu mieten. Angeschlossen ist ein **Restaurant** (kleine Gerichte um 7 €, Fisch 15 €), im Sommer wird draußen serviert – die Plätze mitten auf der Liegewiese sind dann schnell belegt! *Anfahrt:* bei der gut sichtbaren Villa Maffei abwärts zum See. *Eintritt:* Mo–Fr 2,40 €, Sa/So 3,50 €. Königinstr. 4, 82340 Feldafing, ✆ 08157-8200, www.strandbad-feldafing.de. «««

Übernachten/Essen **** **Golfhotel Kaiserin Elisabeth**, das Schmuckstück des Ortes. Die Sissi-Suite, 24 Sommer lang Herberge der Kaiserin, befindet sich im 1. Stock und ist unverändert. Auf der Aussichtsterrasse (die nahe Straße stört nur wenig) und im Restaurant speist man, der Historie des Ortes verpflichtet, altmodisch-stilvoll und, gemessen am Ambiente, nicht einmal allzu teuer: Hauptgerichte zumeist 15–25 €. Kein Ruhetag. DZ/Bad/F 180–210 €, die teuersten Zimmer haben Seeblick. Tutzinger Str. 2, 82340 Feldafing, ✆ 08157-93090, www.kaiserin-elisabeth.de.

Tutzing

Ihren überregionalen Bekanntheitsgrad hat die größte Siedlung am Westufer (ca. 9500 Einwohner) in erster Linie den oft bundesweit verfolgten Diskussionen der *Evangelischen Akademie* zu verdanken, deren Tagungen im ehemaligen Schloss (16./19. Jh.) am See stattfinden; im Juli/August werden auch Gästezimmer für Urlauber angeboten → Übernachten). Auch die *Akademie für politische Bildung* residiert in Tutzing.

Fünfseenland →Karte S. 37

Tutzing ist eine der ältesten Siedlungen am See, wurde 742 erstmals urkundlich erwähnt. Der Name geht auf die Familien Tozzi und Tuzzo aus dem Adelsgeschlecht der Huosi zurück, das im 8. Jh. u. a. die Klöster Tegernsee und Benediktbeuern gründete. Über ein Jahrtausend lang nährte sich das Dorf bescheiden vom Fischfang – dann kamen die ersten Ausflügler, angelockt vom Ausbau der Bahnlinie von Starnberg im Jahre 1865. Tutzing nahm einen raschen Aufstieg als wichtigster Fremdenverkehrsort des Fünfseenlandes, überflügelte in den 1920er-Jahren sogar Starnberg. Heute geht es hier, touristisch gesehen, etwas ruhiger zu als damals, doch hat der Luftkurort den Urlaubern und Ausflüglern immer noch einiges zu bieten. Neben dem breiten Angebot an Wassersportarten zählen dazu vor allem die vielen schönen Fleckchen am See, wie die *Brahmspromenade* im Norden oder die alte *Pfarrkirche St. Peter und Paul* beim Schloss. Einen weiten Blick über den See und die Alpenkette genießt man vom *Johanneshügel* nahe dem Südbad und, noch reizvoller, von der *Ilkahöhe* oberhalb der Ortschaft (→ Wanderung).

Baden Nordbad: Kleines Wiesengelände, relativ schnell abfallender Grund. Toll gelegene Wirtschaft (s. u.). Eintrittsgebühr, Nordbadstr. 1, 82327 Tutzing, www.nordbad.de.

Agua Südbad: Am entgegengesetzten Ortsende beim Sportgelände (auch Minigolfplatz); Kiesstrand, Gaststätte. Eintritt 2,50 €. Seestr. 20, 82327 Tutzing, www.suedbad-starnbergersee.de.

Freizeit/Sport Ballonfahrten: Rudolf Klein, Fischerbuchetstr. 4, 82327 Tutzing, ✆ 08158-6997, www.starnbergersee-ballonfahrten.de.

Bootsverleih, Segelkurse: Auch Elektroboote, je nach Leistung 15–20 €/Std. Segel- und Sportbootschule Tutzing, Marienstr. 13 (nördlich unweit des Dampferstegs), 82327 Tutzing, ✆ 08158-458574, www.segelschule-tutzing.de.

Postkutschenfahrten: Offeriert vom Unternehmen Andreas Nemitz im Weiler Kerschlach, westlich von Tutzing gelegen. Z. B. in zwei Tagen zu den Königsschlössern oder Tagesfahrt im Zweispänner ab 290 € für bis zu 7 Pers. ✆ 08808-386, www.coaching-in-bavaria.com.

Windsurfschule: Surf + Segel Center Tutzing; solider, schon seit Jahrzehnten eingeführter Betrieb am Nordbad (s. Baden). Neben Windsurfen kann man hier auch das Katamaran-Segeln lernen. Es werden auch SUP-Bretter verliehen. ✆ 08158-6819, www.nordbad.de.

Übernachten/Essen Schloss Tutzing, die Alternative zum Hotelurlaub: die Evangelische Akademie nutzt die veranstaltungsfreie Zeit im Sommer, um sich etwas nebenher zu verdienen. 66 Zimmer werden im Juli und August an Urlauber vermietet. Für die Abendgestaltung stehen Billardraum, Filmsaal und mehrere Salons mit reicher Zeitungsauswahl zur Verfügung. Schlossstr. 2+4, 82327 Tutzing, ✆ 08158-2510, www.schloss-tutzing.de.

»» **Mein Tipp:** Seerestaurant am Nordbad, auf einer in den See gebauten Holzterrasse, bei Föhn Alpenblick vom Feinsten. Beliebter Surfertreff, die Schule liegt gleich nebenan. Das Speiseangebot ist zwar eher schmal (Kuchen, Brotzeiten und einige Tellergerichte für 5–8 €), aber die Lage! Mai–Okt., an schönen Tagen auch schon mal ab März. www.nordbad.de. ««

Wanderung: Tutzing – Deixlfurter See – Ilkahöhe

Die Ziele dieser relativ kurzen Wanderung sind ein kleines, idyllisch gelegenes Seengebiet und eine Aussichtshöhe mit weitem Blick über den Starnberger See bis ins Gebirge. Sonnige und schattige Abschnitte wechseln sich ab. **Route**: Tutzing – Deixlfurter See – Ilkahöhe – Tutzing (9 km).

Vom S-Bahnhof Tutzing folgt man zunächst der Bahnhofstraße nach Norden, dann der Heinrich-Vogel-Straße durch die Unterführung und danach nach rechts; an der Traubinger Straße links und in weiten Kurven bergauf durch das verkehrsberuhigte Wohngebiet. Etwa 700 m hinter den letzten

Häusern geht es links ab auf den beschilderten Waldweg zum Deixlfurter See; nach weiteren 700 m ist der Weiher „Rüdiger“ erreicht.

Nun könnte man entlang des Damms spazieren, der den Deixlfurter See vom Rüdiger- und Cermakweiher trennt, doch wird die Orientierung später kompliziert. Besser, man folgt dem bisherigen Weg weiter in zunächst südlicher, später südwestlicher Richtung, vorbei am Clenzeweiher. Die Straße Tutzing–Obertraubing wird geradeaus überquert. Etwa 1 km weiter, an der Nebenstraße Tutzing–Monatshausen, zunächst rechts bergauf, dann nach etwa 200 m links in den Feldweg zur Ilkahöhe.

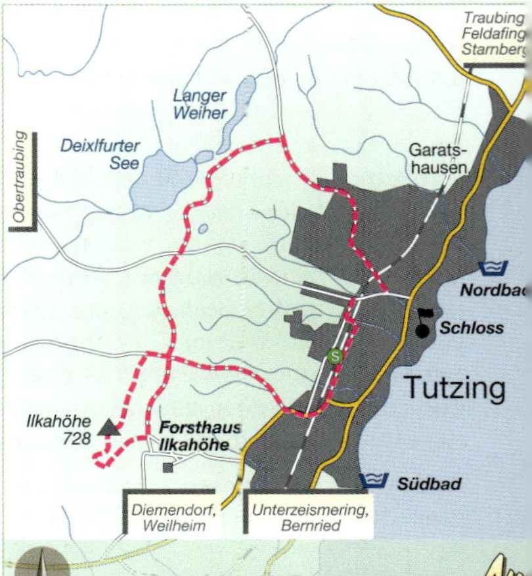

Wanderung ab Tutzing: Deixlfurter See und Ilkahöhe

Vom Spazierweg steigt man am Rand eines kleinen Wäldchens nach links ab zum Parkplatz des Forsthauses Ilkahöhe. Die parallel zum Höhenweg verlaufende, kurz vor dem Parkplatz linker Hand abzweigende Allee führt wieder zurück zur Nebenstraße Tutzing–Monatshausen; hier rechts bergab, in Tutzing dann links auf die Weilheimer Straße und erneut links zum S-Bahnhof (beschildert).

Deixlfurter See: Etwas rechter Hand des Rüdigerweihers liegt dieser schilfumstandene Moorsee, der alles andere als ein Badesee ist – der Sprung ins Wasser ist nur an wenigen Stellen erlaubt und bei einer maximalen Wassertiefe von kaum 3 Metern auch wenig empfehlenswert. Eine Umwanderung des Sees ist leider auch nicht möglich, da das Nordufer sich in Privatbesitz befindet. Beliebt ist der Deixlfurter See samt den umliegenden Weihern, die Namen wie „Johannaweiher“ und „Barbaraweiher“ tragen, dagegen bei Anglern.

Ilkahöhe: Von den Wiesen des Höhenzugs (728 m) über dem See bietet sich einer der schönsten Ausblicke im Fünfseenland. Bei entsprechendem (Föhn-) Wetter sieht man die gesamte Alpenkette vom Allgäu bis zum Chiemgau. Und damit der Wandersmann beim Schauen nicht stehen muss, hat man hier mehrere Bänke aufgestellt.

Bernried

Um zum „schönsten Dorf in Bayern“ gekürt zu werden, wie es Bernried in den 1980ern gelang, war auch der persönliche Einsatz der rund 2000 Bewohner nötig. Die Lust an der schmuckvollen Ausgestaltung ihrer Hausfassaden und Gärten scheint den Bernriedern erhalten geblieben zu sein – das Dörfchen ist immer noch einer der reizvollsten Flecken im Fünfseenland. 2007 wurde das vom Bundeslandwirtschaftsministerium erneut bestätigt: Bernried gewann die Goldmedaille bei dem Wettbewerb „Unser Dorf hat Zukunft" – als eine von nur acht Gemeinden in ganz Deutschland. Wesentlich für den Erfolg ist die Umgehungsstraße, die den Verkehr fernhält vom putzigen Dorfkern mit seinen Bauernhäusern wie aus dem Bilderbuch, der romantischen *Klosteranlage* nahe des Sees und nicht zuletzt dem Bernrieder Park, einem ausgedehnten Gelände mit uralten Bäumen. Seit Kurzem informieren Schrifttafeln im historischen Ortszentrum ausführlich über die jahrhundertealten Häuser, das Kloster und die Kirche.

Klein, aber überaus fein: das Dorfzentrum von Bernried

Nach schier endlosen Diskussionen über den geeigneten Standort wurde das *Buchheim-Museum* (s. u.) schließlich zur Jahrtausendwende am Nordrand des Dorfs in einer weitläufigen Parklandschaft gebaut. Es war sofort ein Besuchermagnet und wird heute von Starnberg aus mit einer eigenen Schiffslinie angefahren.

Historisches Dorfzentrum: Nicht versäumen sollte man einen Spaziergang durch den hübsch herausgeputzten Ortskern nahe des Klosters, in dem noch viele der typischen Holzhäuser stehen, darunter das historische „Stupperhaus". Ein beschilderter Rundweg stellt seit Kurzem alle Sehenswürdigkeiten in ausführlichen Texten vor.

Kloster Bernried: Bereits 1121 war hier ein Augustiner-Chorherrenstift gegründet worden. Ab der Mitte des 17. Jh. entstand eine Reihe neuer Gebäude, von denen einzig der Südflügel die stürmischen Zeiten der Säkularisation überdauerte; 1853 ist er in ein Schloss umgebaut worden. Heute befindet sich die Anlage im Besitz der Missionsbenediktinerinnen. Die frühbarocke ehemalige Klosterkirche *St. Martin* steht an der Stelle ihrer romanischen Vorgängerin; ihr Turm ist ein Werk des Baumeisters Kaspar Feichtmayr. In der Nähe bewahrt die *Pfarrkirche Santa Maria* sehenswerte Seitenaltäre von Tassilo Zöpf (1769); die zur Wallfahrtskapelle umgebaute Gruftkapelle birgt das Bernrieder Gnadenbild, eine gotische Pietà von 1440.

Information Fremdenverkehrsbüro, Bahnhofstr. 4, 82347 Bernried, Mo–Fr 10–11.30 und 16–17.30 Uhr, Sa 10–12 Uhr, Mi vorm. geschl., ✆ 08158-8040, www.bernried.de.

Baden Strandbad Hubl, südlich des Dampferstegs, nicht weit vom Kloster. Als Badeplatz eher bescheidener Natur (flacher, steiniger Einstieg) und ziemlich klein. Immerhin werden nostalgische Gefühle durch die hölzernen Umkleidebahnen der vorletzten Jahrhundertwende geweckt, und einen Ruder- und Tretbootverleih gibt es auch. ✆ 08158-1313, www.hubl.org.

Feste Lichterprozession mit jahrhundertelanger Tradition an Mariä Himmelfahrt (15. August).

Übernachten/Essen Hotel Marina, ein ganzer Komplex aus Neubauten am zugehörigen Yachthafen; Hallenbad, Wellness-Bereich, eigene Liegewiese am Wasser etc. Im Restaurant am See serviert man Bayerisch-Regionales, besonders stolz ist

Olympia-Architekt Günter Behnisch entwarf das Buchheim-Museum

man auf den Fisch aus eigener Zucht. Kein Ruhetag. DZ/Bad/F 140 €. Am Yachthafen 1–15, 82347 Bernried, ✆ 08158-9320, www.marina-bernried.de.

Gasthof Hotel Drei Rosen, das schöne, alte Lokal zieht schon von Weitem die Blicke auf sich. Es liegt mitten im Dorfzentrum ein paar Schritte vom Kloster entfernt. 2007 wurden Restaurant, Biergarten, Fischerstübl und Gästezimmer renoviert. Gastronomisch dominiert die deftige Küche, Hauptgerichte 11–18 €. Mo–Fr 14–18 Uhr keine Küche, am Wochenende und an Feiertagen durchgehend. Auch 13 einfach möblierte Zimmer mit Du/WC, TV, Telefon und Internet-Anschluss. DZ/F 106 €. Dorfstr. 11, 82347 Bernried, ✆ 08158-904053, www.dreirosenbernried.de.

Buchheim-Museum: Lothar-Günther Buchheim, der Autor des Weltbestsellers „Das Boot" hatte es 2001 endlich geschafft. Seine millionenschwere Sammlung ist nach jahrelangem Streit (zuletzt war Buchheim sogar in seinem Wohnort Feldafing abgeblitzt) endlich an einem Ort vereint. Und der ist wirklich malerisch. Am Ufer des Starnberger Sees, umgeben von einem großzügig angelegten Park, errichtete der berühmte Architekt des Münchner Olympiastadions, Günter Behnisch, für 19 Millionen Euro ein modernes Museum – bezahlt vom bayerischen Staat – das, so die erklärte Absicht, die vielfältige Sammlung durch eine betonte Mehrgliedrigkeit spiegeln soll. Herausgekommen ist ein wie zerhackt wirkendes Gebäude, das der wilden Aufbruchskunst der Expressionisten (Erich Heckel, Ernst Ludwig Kirchner, Otto Mueller u. a.) gut ansteht. Auch der stark heterogene Charakter der völkerkundlichen Sammlung (Briefbeschwerer, Druckgrafik, Masken, Bauernschränke, Jugendstilvasen) findet sich in der Architektur wieder. Nach anfangs euphorischem Zuspruch mit über 200.000 Besuchern im Eröffnungsjahr lösten 2013 nur noch 55.000 Menschen ein Ticket. Aber unter neuer Leitung ging es zuletzt mit deutlich über 100.000 Besuchern wieder aufwärts. Wichtigster Grund: Das Museum öffnet sich jetzt immer häufiger für Kooperationen mit anderen Museen und Sammlern. So wird die Sammlung Gerlinger, die mehr als 1000 Kunstwerke des Expressionismus umfasst, dort bis mindestens 2027 präsentiert. Die Gemälde, Aquarelle, Druckgrafiken und Zeichnungen der „Brücke"-Gruppe aus dieser Sammlung ergänzen bestens die berühmten Hauptwerke aus der Frühzeit der Bewegung, die von Buchheim gesammelt worden waren.

Anfahrt Das Museum liegt an der Landstraße Starnberg–Seeshaupt kurz vor Bernried. Am Parkplatz empfangen zwei überdimensionale Giraffen aus Holz die Besucher, im Park folgen Amphoren und eine Pagode.

Der **Schiffsverkehr** auf dem Starnberger See bedient auch Bernried, von wo das Museum in ein paar Gehminuten zu erreichen ist. Preis hin/zurück inkl. Museumseintritt 21,50 €. Abfahrtszeiten unter www.seenschifffahrt.de, ✆ 08151-12023.

Öffnungszeiten Tägl. außer Mo 10–18 Uhr, Nov.–März nur bis 17 Uhr. Erw. 8,50 €, erm. 4 €. Am Hirschgarten 1, 82347 Bernried, ✆ 08158-997020, www.buchheimmuseum.de.

Café Vor dem Museum lässt sich auf der Terrasse des **Café Phoenix** Aussicht und Sonne genießen. Zu essen gibt es u. a. die Starnberger Seerenke für 15,20 €, gebratenes Zanderfilet für 10,20 €, aber auch viele kleine Gerichte um 8 €.

Fünfseenland →Karte S. 37

Kurzwanderung: Von Bernried nach Seeshaupt

Das erste Stück des Weges ist das schönste, führt es doch vom Kloster Bernried direkt durch den *Bernrieder Park*, der – etwas übertrieben – manchmal auch „Bayerischer Nationalpark" genannt wird. Mit seinem alten Baumbestand, den Wasserläufen und kleinen Teichen ist das ausgedehnte Parkgelände südlich des Klosters ein wahres Eldorado für Ruhe suchende Spaziergänger. Gestiftet wurde der Park von der Deutsch-Amerikanerin Wilhelmina Busch-Woods; vielleicht verstand die hochherzige Dame ihren Doppelnamen ja als Aufforderung zu dieser Spende ... Unterwegs stößt man auf kleine, **freie Badeplätze,** die eine herrliche Sicht auf die Alpen bieten.

Bei *Seeseiten* treffen Wander- und Radweg auf die von Autos befahrene Asphaltstraße nach Seeshaupt; eine Rast im gleichnamigen Gasthof (s. u.) lohnt sich vor allem wegen der wundervollen Sicht aus erhöhter Lage über den See.

Seeshaupt

Stärker noch als Bernried steht Seeshaupt im Schatten der nördlicher gelegenen Uferorte mit S-Bahnanschluss. Manchem kommt diese relative Ruhe vielleicht gerade recht, ist der an vielen Wochenenden in Starnberg oder Tutzing herrschende Trubel doch nicht jedermanns Sache. Dabei ist das beschauliche kleine Dorf (ca. 2800 Einwohner) mit seinen hübschen Bauernhäusern ein guter Standort für Ausflüge, nicht nur am Starnberger See, sondern auch im Gebiet der *Osterseen*, einer unter Naturschutz gestellten Seengruppe im Süden des Ortes. Große Sehenswürdigkeiten gibt es in Seeshaupt allerdings nicht zu bewundern, denn das Dorf brannte bei einer großen Feuersbrunst 1815 nahezu vollständig ab – eine Ausnahme ist die 1522 errichtete Gedenksäule am Dampfersteg, an der einst das Seegericht tagte.

Information Touristinfo im **Rathaus** (Zi. 2), Weilheimer Str. 1–3, 82402 Seeshaupt, ✆ 08801-907114.

Schaugarten Falls Sie nach Ideen für Ihren Garten suchen, hier könnten Sie fündig werden: Blumen, Gemüse und Kräuter auf einem Gelände, das wie ein Lehrgarten angelegt ist. Die Gartenprodukte können in der Hauptstr. 13, nur wenige Meter entfernt, im Laden des Gründer-Ehepaars Kopf-Klug gekauft werden. Bahnhofstr. 40, 82402 Seeshaupt, ✆ 08801-592, www.seeshaupter-schaugarten.de.

Übernachten **The Starnbergsee Hideaway**, luxuriöse Neueröffnung direkt neben Bischoffs „Haus am See", also in perfekter Lage. Bei unserem Besuch im Sept. 2017 noch mitten im Bau. Versprochen ist ein modernes Boutique-Hotel im französischen Stil. Sankt-Heinricher Str. 113, 82402 Seeshaupt, ✆ 08801-789, www.thestarnbergsee.com.

Seeresidenz Alte Post, der auffallendste Bau von Seeshaupt liegt mitten im Ort und verbindet heute, nach dem Abriss der historischen „Alten Post" 1992, Altenheim, Hotel, Restaurant und Wellnesszentrum. Es

Sonnenuntergang ganz in Rosé bei Seeshaupt

gibt eine Galerie für Kunstausstellungen, im Festsaal finden etwa alle zwei Wochen Konzerte und Lesungen statt. Die modern-elegant eingerichteten Fremdenzimmer kosten 158–198 €. Alter Postplatz 1, 82402 Seeshaupt, ✆ 08801-9140, www.seeresidenz-alte-post.de.

Campingplatz Seeshaupt, an der Südspitze des Sees, unweit östlich von Seeshaupt. Gut ausgestatteter Platz mit Kiosk, Gaststätte und Liegewiese am See. Erwachsene 8 €, 2-Pers.-Zelt 7–15 €, Pkw 2 €. Geöffnet April bis Ende Okt. St. Heinricher Str. 127, 82402 Seeshaupt, ✆ 08801-9146880, www.camping-seeshaupt.com.

Essen & Trinken **Bischoff Haus am See**, hochwillkommener Neuzugang am gastronomisch etwas heruntergekommenen Starnberger See. Gehobenes Restaurant von Thilo Bischoff, der mit dem „Ähndl" bereits am Staffelsee bewiesen hat, dass bayerisch-bodenständige Küche nicht gleichbedeutend mit „lieblos" und „fett" sein muss. Geräumiges Wiesengelände direkt am See, mit Biergarten, Terrasse und einem großen Gastraum, der vielleicht eine Spur weniger spartanisch hätte ausfallen können. Doch das Essen ist exzellent, und das zu moderaten Preisen um 15–20 €. Der Ausblick über die gesamte Länge des Starnberger Sees ist allein den Besuch wert. Mo/Di ganztägig geschlossen, Mi–So 14–17 Uhr geschlossen. St. Heinricher Str. 113, 82402 Seehaupt, ✆ 08801-533, www.seerestaurant-lido.de.

Gasthof-Café Seeseiten, 2 km Richtung Bernried, neben der Straße, dennoch in Traumlage auf einer kleinen Anhöhe über dem See. Vom Biergarten fantastische Aussicht auf Seeshaupt und, entsprechendes Wetter vorausgesetzt, bis zum Karwendel- und Wettersteingebirge. Mittlere Preislage, vorwiegend um 10 €, Fisch ab 12 €; auch kleine Gerichte und hausgemachte Kuchen. Tagesbetrieb, warme Küche nur bis 15 Uhr; Mo Ruhetag. Seeseiten 3, 82402 Seeshaupt, ✆ 08801-742.

Radtour: Schloss Hohenberg und die Hardtwiesen

Start und Ziel: Bernrieder Bahnhof. **Streckenlänge**: 32 km. **Charakter**: leicht sportlich. **Einkehr**: Gasthof Seeseiten (s. o.), Schlossgaststätte Hohenberg (im folgenden Text). **Karte**: Kompass Nr. 179 (Pfaffenwinkel).

Vom *Bernrieder Bahnhof*, der mit dem Zug ab der S-Bahnstation Tutzing leicht zu erreichen ist, führt die Bahnhofstraße geradewegs in die Dorfmitte, die wenige Meter vom Kloster entfernt ist. Links daran vorbei geht es auf leicht abschüssiger Straße zum Dampfersteg, an den sich rechts die Promenade (Vorsicht Fußgänger!) und im fließenden Übergang der König-Ludwig-Fernwanderweg anschließt. Der schöne Pfad führt durch den *Bernrieder Park* über Kilometer am See entlang. Nach einer kleinen Villa, die sich links auf einer Anhöhe erhebt, folgt ein wilder Badeplatz mit sandigem Seegrund und weitem Blick auf die Alpen. Nächster Orientierungspunkt ist der *Gasthof Seeseiten*, dessen herrlicher Biergarten Gelegenheit zur Einkehr bietet (s. o.). Kurz danach geht es links auf die Landstraße Bernried–Seeshaupt. Der schmalen Asphaltstraße (Achtung: Autoverkehr!) folgend, geht es in Seeshaupt an der ersten großen Kreuzung (beim Restaurant Sonnenhof) rechts nach Bad Tölz/Penzberg. Etwa 250 m danach rechts Ri. Hohenberg abbiegen: der Straße immer geradeaus weiter folgen. Bereits außerhalb des Ortes zweigt ein schmaler Schotterweg nach links in den Wald ab (ausgeschildert als Fahrradweg nach Eberfing/Schloss Hohenberg). Jetzt geht es mal rauf, mal runter durch eine stille Waldlandschaft fernab jeden Verkehrs. Der Weg nach Hohenberg bleibt ausgeschildert. Ein kurzer, kräftiger Anstieg und danach läuft es bis zur **Gaststätte** von *Schloss Hohenberg* wie von selbst. Der von Wiesen und Wald umschlossene Gasthof hatte kurzzeitig schließen müssen, ist jetzt jedoch unter neuer Führung wieder offen. Die Auswahl an bayerischen Speisen ist riesig (Hauptgerichte 10–15 €), Kinder haben vor dem Haus viel Platz zum Toben, angeregt durch eine Schaukel oder die historische Holzkegelbahn im Freien. Tägl. geöffnet, ✆ 08801-626 (vorher anrufen), www.schlossgaststaette-hohenberg.com.

Auf einer kaum befahrenen Nebenstraße geht es Richtung Eberfing, mitten durch eine idyllische Szenerie aus Bauernhöfen, Wäldchen, Bachläufen und Wiesen. Bei der ersten T-Kreuzung nach rechts Ri. *Marnbach* abzweigen. Die Strecke ist hier eben und lässt Zeit zur Erholung von den Anstiegen zuvor.

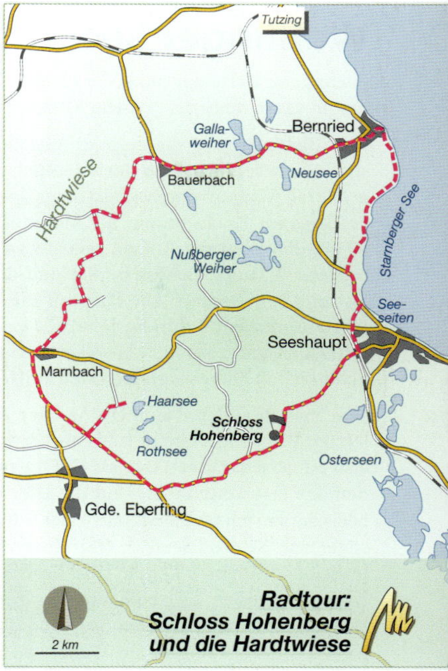

Wer will, kann sich unterwegs für eine kleine Erfrischung nach rechts zum idyllischen *Haarsee* absetzen. In Marnbach quert man die Hauptstraße Weilheim–Seeshaupt und weiter geht es Richtung Kirche und geradeaus zu der ausgeschilderten *Hardtwiese*, einem kleinen Höhenzug. Der Wald-Wiesen-Mix setzt sich fort und es wird wieder hügeliger. Beim Geflügelhof Hardtwiese wechselt der Asphaltbelag zu Schotter. Es beginnt eine der schönsten Teilstrecken dieser Tour, mit seinen Wiesen, Bäumen und Kühen ein oberbayerischer Traum. Sie mündet in eine T-Kreuzung, die Straße führt rechts nach *Bauerbach*, vorbei an der *Hardtkapelle*. Kurz vor Bauerbach geht es in einer Links-Rechts-Kurve nach Bernried. Dort den Bahnübergang überqueren und dann nach rechts zum Bahnhof einbiegen, dem Start- und Zielpunkt dieser Tour.

Weßlinger See

Nicht ganz 18 Hektar misst der kleinste der fünf „offiziellen" Seen des Fünfseenlandes; in kaum mehr als zwanzig Minuten hat man ihn zu Fuß umrundet.

Den Badegast mag die geringe Ausdehnung des Weßlinger Sees freuen, erwärmt sich sein Wasser deshalb doch deutlich früher und stärker als das seiner nahen und größeren Konkurrenten. Allerdings leidet der See aufgrund des starken Algenwuchses im Hochsommer an Atemnot, weshalb ihn dann eine Fontäne belüftet. 80.000 Euro hat die Anlage gekostet, die täglich 120 Kilogramm Sauerstoff in die unteren Wasserschichten pumpt und den See so vor dem Umkippen bewahrt. Das Konzept funktioniert: Die EU stuft die Wasserqualität des Weßlinger Sees seit der Jahrtausendwende durchgehend als exzellent ein. Im Winter friert das Gewässer schnell zu und zeigt sich bevölkerter noch als im Sommer – Eisstockschützen und Schlittschuhläufer vergnügen sich zu Dutzenden.

Wie manch anderer kleinere See des Alpenvorlands ist auch dieser während der letzten Eiszeit aus einem isolierten, langsam abschmelzenden Eisblock entstanden, also ein sogenannter „Toteissee". Obwohl der Ort *Weßling* (rund 5400 Einwohner) den See fast umschließt, sind die Ufer weitgehend unverbaut geblieben. Seit 1968 befindet er sich im Gemeindebesitz – für 100.000 Euro kaufte ihn Weßling dem Besitzer von Schloss Seefeld, Graf Toerring, ab. Die Idylle, die der französische Impressionist Auguste Renoir 1910 beschrieb, ist heute noch anzutreffen: „Binsen am Ufer. Die riesige Zwiebelhaube des Kirchturms. Die Bänke in den Anlagen. Die Wiesen und Villen um den See. Und im Osten spiegelt sich der Wald im Wasser." Neben Binsen wachsen am Weßlinger See auch so seltene Sumpfpflanzen wie der Wasserschierling, das Tausendblatt und der Wasserknöterich. Einen Riss bekommt das romantische Bild nur an schönen Sommerwochenenden, wenn die zahlreichen Besucher auf den wenigen und dazu recht schmalen Liegeflächen Erholung suchen ...

Idyllisch: der kleine See in Weßling bei München

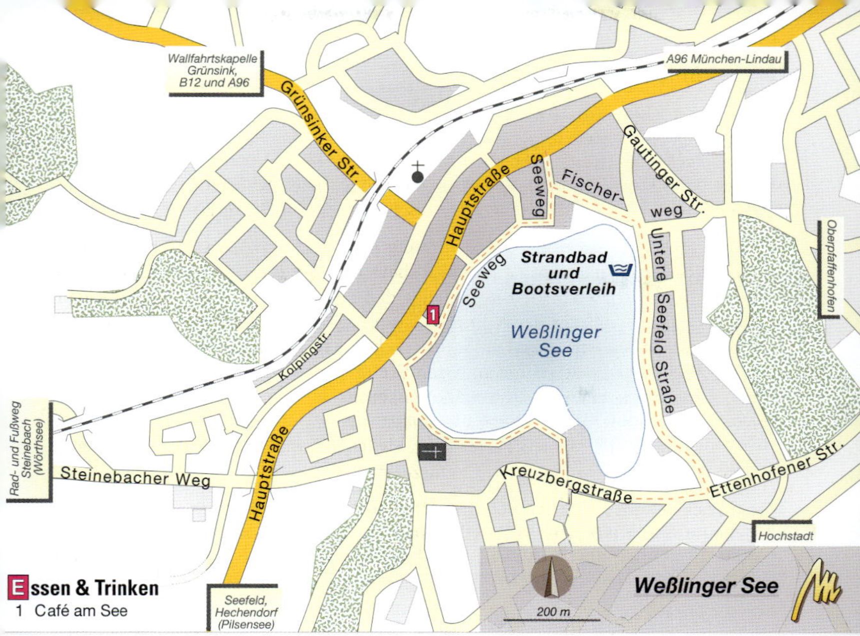

Topografische Angaben Fläche 0,17 Quadratkilometer, Länge 600 Meter, maximale Breite 500 Meter, Tiefe 12 Meter, Uferlänge 1780 Meter, großteils frei zugänglich.

Wasserqualität Sehr gut.

Wassertemperatur Sommer 23 Grad, Maximalwert 27 Grad.

Verbindungen **Mit dem Auto** über die Autobahn München–Lindau, Ausfahrt Weßling; kurz nach der Ortseinfahrt weist ein Weg nach links zum See (beschildert: Gauting, Pfaffenhofen). Im folgenden Wald liegen zahlreiche Parkplätze, bis zum Strandbad am See sind es dann noch 5 Gehminuten. Weitere Parkplätze befinden sich am Ortsausgang (von München kommend) rechts der Hauptstraße. Der See liegt links der Hauptstraße etwa 5 Minuten entfernt, Höhe Café am See.

Mit der S-Bahn (S 5) erreicht man Weßling in etwa 30 Minuten vom Münchner Hauptbahnhof. Vom Bahnhof sind es etwa 10 Gehminuten bis zum See.

Baden **Strandbad Weßling**, am Nordostufer, mit Kiosk samt Tischen am See, WC und Bootsverleih; Eintritt frei. Die kleine Liegewiese füllt sich an Sommerwochenenden sehr rasch, der Grund ist vorwiegend steinig (Stege ins Wasser). Die Wasserqualität wird 14-tägig kontrolliert, bei schlechten Ergebnissen behält sich die Gemeinde das Recht vor, den See zu sperren.

Veranstaltungen Am letzten Julisonntag und am Sonntag nach Mariä Himmelfahrt (15.8.) Feldgottesdienste bei der sehenswerten **Wallfahrtskapelle Grünsink** (18. Jh., schöne Votivtafeln), die etwa 2 km nordwestlich des Ortes an der Straße nach Etterschlag in einer Waldlichtung steht.

Übernachten/Essen **Gasthof Schuster**, im 2 km entfernten Hochstadt. Sympathisch rustikale Gästezimmer, ohne kitschige Übertreibungen. Beliebte Landgaststätte, beim Wettbewerb „Bayerische Küche“ prämiert und vor einigen Jahren renoviert; kleiner Biergarten (Ayinger Biere). Preiswerte und gute Küche. Do Ruhetag. DZ/Bad/F 77 €. Am Drössel 5, 82234 Hochstadt, ✆ 08153-3641, www.gasthof-schuster.de.

Aenishänslin Café am See **1**, mit reizvoller, an schönen Tagen leider oft bis auf den letzten Stuhl besetzter Terrasse direkt am Wasser, schräg gegenüber dem Strandbad. Der Fußweg um den See verläuft zwischen Terrasse und Haus. Neben Kaffee, hervorragendem Kuchen und Eis gibt es auch kleine Gerichte. Di Ruhetag. Hauptstr. 59, 82234 Weßling, ✆ 08153-1663, www.cafe-wessling.de. **Tipp**: Einige Meter weiter in Richtung Strandbad führt ein Steg ins Wasser, auf dem es sich geruhsam sonnen lässt.

Sepperlwirt, hübscher Biergarten in Meiling, ruhig gelegen und auffallend gut gepflegt. Zum ansprechenden Haus gehören auch ein edles bayerisches Restaurant und einige jüngst von Grund auf modernisierte Fremdenzimmer, die jetzt großstädtischen Chic ausstrahlen. Mo Ruhetag, DZ 160 €. Dorfstr. 35, 82229 Meiling (ausgeschilderte Abzweigung von der Landstraße Weßling–Wörthsee), ✆ 08153-3406, www.sepperlwirt.de.

Weßling – Spaziergang rund um den See

Ein Klacks, selbst für Kinder, ist die Umrundung des Sees zu Fuß. Vom Bahnhof in Weßling geht man auf der Hauptstraße Richtung Hotel Post, biegt kurz vorher links in den Seeweg ein, nach hundert Metern erneut links in den Fischerweg. Fortan hält man sich, vorbei am Strandbad, immer dicht am Wasser. Unterwegs bieten sich schöne Ausblicke auf den überdimensionalen Zwiebelturm der 1938/39 gegen den Willen der örtlichen NSDAP errichteten Neuen Pfarrkirche Christkönig. Am Karpfenwinkel in der Südostecke muss man das Ufer ganz kurz verlassen, kann aber gleich danach rechter Hand wieder in einen Fahrweg zurück an den See einbiegen. Wenig später lohnt sich ein Blick auf die im Mauerwerk gotische, während des 18./19. Jh. jedoch umgebaute Alte Pfarrkirche Mariä Himmelfahrt; ihre wertvolle ehemalige Innenausstattung (darunter Kruzifixe und Skulpturen des 15.–17. Jh.) ist allerdings zum großen Teil in die Neue Pfarrkirche verbracht worden.

Wanderung zum Wörthsee (und weiter zum Pilsensee)

Die einfache, nur knapp fünf Kilometer lange Wanderung führt von Weßling über freie Flur und durch schöne Mischwälder nach Steinebach am Wörthsee; beschildert ist sie als Wanderweg 5 C, außerdem als Kreisradwanderweg. Von Steinebach ist eine Verlängerung der Tour bis Hechendorf am Pilsensee möglich, für die weitere gut drei Kilometer einzuplanen sind. Sowohl Steinebach als auch Hechendorf verfügen über S-Bahnanschluss (S 5).

Weßling – Steinebach am Wörthsee: Vom Gasthof Post in Weßling, Hauptstr. 34, folgt man der Hauptstraße nach Südwesten (Richtung Seefeld/Pilsensee). Nach 500 m rechts in den Walchstadter Weg und sofort wieder links, also parallel zur Hauptstraße; nach weiteren 400 m an der Kreuzung nach rechts (Schild: Wörthsee). An der Weggabelung kurz nach den letzten Häusern und dem Ortsschild links halten. Auf dem Feldweg bis in den lichten Wald, an der Gabelung mit den drei Bäumen rechts. An der nächsten Kreuzung (etwa 1,5 km weiter) erneut rechts, durch die Unterführung, dann gleich links und nochmals links. Fortan immer geradeaus, bis der Weg schließlich, parallel zur S-Bahn, in *Steinebach* auf die Weßlinger Straße trifft. Dieser folgt man linker Hand bis zum S-Bahnhof oder weiter bis in den Ort.

Falls sich unterwegs Lust auf ein frisches Bier einstellt: Der **Umweg** über den „Sepperlwirt" in *Meiling* (mit Biergarten, Mo Ruhetag; von dort weiter über *Auing*; s. o.), an der Kreuzung vor der Unterführung ausgeschildert, nimmt etwa 3 km in Anspruch.

Steinebach – Pilsensee: (Wanderweg 7 B): Bei der Kirche am Ende der Weßlinger Straße in Steinebach geradeaus, der Kurve der Dorfstraße nach Süden folgen; später links in die Auinger, dann gleich rechts in die Günteringer Straße. In der Siedlung *Güntering* erst links, dann rechts bis zur Hauptstraße von *Hechendorf* (Inninger Straße); hier bergab und links in die Bahnhofsstraße zum S-Bahnhof.

Blick auf Steinebach am Wörthsee

Wörthsee

Sein sauberes, oft türkisfarben leuchtendes Wasser, das sich zudem im Sommer kräftig erwärmt, prädestiniert den Wörthsee eigentlich zum Badeparadies. Schade deshalb, dass ein großer Teil der Ufer als Privatbesitz nicht zugänglich ist.

An Sommerwochenenden drängen sich die vielen Besucher an den wenigen frei zugänglichen Stellen, nimmt der Kampf um die ebenfalls raren Parkplätze manchmal fast absurde Formen an. Auch die landschaftliche Schönheit des Sees lässt sich an diesen Tagen des überstarken Andrangs nur erahnen. Richtig gut haben es dann nur die vielen Segler und Surfer, die in geziemendem Abstand vom überfüllten Ufer als einzige den Anblick der sanften Hügel und grünen Wälder ringsum voll genießen können – sie sind die eigentlichen Könige des Wörthsees. Obwohl die Siedlung mit dem weiter östlich gelegenen *Walchstadt* zur Gemeinde Wörthsee zusammengefasst wurde, bildet *Steinebach* doch den eigentlichen Hauptort des Sees. In dem weiträumigen, teils noch ländlich wirkenden, aber auch gut auf den Fremdenverkehr eingestellten Dorf erstreckt sich die einzige Uferpromenade, findet sich die Mehrzahl der Gaststätten, Unterkünfte und Sportmöglichkeiten. Walchstadt ist mit Steinebach fast zusammengewachsen. Der Ort muss uralt sein: Der aus „welsch" abgeleitete Name der Siedlung verweist auf die keltisch-römische Mischbevölkerung der vorbajuwarischen Zeit.

Topografische Angaben Fläche 4,3 Quadratkilometer, Länge 3,5 Kilometer, Breite bis zu 1,7 Kilometer, Tiefe 34 Meter, Uferlänge 9,8 Kilometer.

Wasserqualität Sehr gut.

Wassertemperatur Sommer 22 Grad, Maximalwert 25 Grad.

Verbindungen Die schmalen Parkmöglichkeiten im Hauptort Steinebach sind schnell erschöpft. Der S-Bahnhof liegt knapp einen Kilometer östlich des Sees; Fahrzeit der S 5 ab München Hauptbahnhof etwa 35 Minuten.

Baden An der Uferpromenade von **Steinebach** liegen zwei Strandbäder. Das *Fleischmann* ist kostenlos, andere freie Badeplätze im Ortsbereich sind Mangelware. Am Südende des Sees befindet sich das kostenlos zugängliche Wiesen- und Erholungsgelände *Oberndorf*. Ein weiteres kleineres Badegelände liegt bei Walchstadt, am Ufer gegenüber von Steinebach.

Strandbad Fleischmann, gehört zur Wirtschaft „Augustiner am Wörthsee". Mit relativ großem, teilweise schattigem Wiesengelände und modernen Einrichtungen (Kiosk, Umkleiden, Duschen, WC etc.). Familiärer Charakter. Flach abfallender Grund, ins Wasser besser über den Steg. Freier Eintritt.

Strandbad Raabe 1, ein paar hundert Meter nordwestlich. Hübsch nostalgische Anlage, die kontinuierlich seit den Zwanzigerjahren besteht. Deutlich kleiner als das „Fleischmann", viel Schatten. Mix aus Liegewiese und grobem Sand. Auch hier seichtes Wasser, deshalb mehrere Stege als Einstieg. Ausreichend Parkplätze vorhanden. Gleich daneben liegt das Restaurant „Raabe am See" (s. u.). Umkleidekabinen 2,50 €, Liege 3,50 €, Eintritt 4 €. Verleiht auch Boote aller Art, ebenso SUP-Boards. Seestr. 97, 82237 Steinebach, ✆ 0152-28779009, www.strandbadraabe.de.

Erholungsgelände Oberndorf, südlich von *Bachern*, der größte freie Badeplatz am Wörthsee. Das gepflegte sonnige Wiesengelände mit ein paar schattenspendenden Bäumen erstreckt sich über einen knappen Kilometer entlang des südlichen Westufers. Mehrere Stege ermöglichen den Zugang zum sonst durch Schilf versperrten See, „Heidis Biergart'l" bietet Getränke und Currywurst, Weißwurst sowie warmen Leberkäse an. Reichlich (kostenlose) Parkplätze, WC, Duschen und ein Surferzugang sind ebenfalls vorhanden.

››› **Mein Tipp: Badeplatz Roßschwemme**, hinter sich Felder und eine kleine Anhöhe, davor der See mit dem Ufer teilweise unter Bäumen: ein idyllisches Fleckchen, zu erreichen über eine schmale Asphaltstraße, die kurz hinter dem Ortseingang von *Walchstadt* seewärts abzweigt; nach etwa 200 m links abbiegen. Beliebte Liegewiese mit

Wörthsee: Steg im Erholungsgelände Oberndorf

kleinem Kinderspielplatz, neuem und sehr ordentlich bestücktem Kiosk, WC und genügend Parkplätzen (2 €) und einigen kostenlosen (!) Liegestühlen. Auch SUP-Verleih. Vordere Seestr. 31, 82237 Wörthsee, www.rossschwemme.de. «‹

Freizeit/Sport **Bootsverleih 1**: Im Strandbad Raabe (s. o.), Ruder-, Tret- und Elektroboot 8–16 €/Std., und bei der Sportschifffahrtschule Wörthsee (→ Pension am See).

Bootsverleih in *Bachern* beim Hotel Mutz (s. u.), ab 12 €/Std. je nach Bootstyp.

Segel- und Surfschule: Sportschifffahrtschule Wörthsee, neben dem Strandbad Fleischmann (→ Pension am See).

Übernachten **Pension am See 2**, unmittelbar vor dem Strandbad Fleischmann in Steinebach. Das Haupthaus liegt etwas zurückversetzt; am eigenen Seegrundstück steht ein älterer, flacher Bau, in dem ebenfalls Zimmer, z. T. mit kleiner Terrasse und Seeblick angeboten werden. Zum Haus gehört die Sportschifffahrtschule Wörthsee. Schnupperkurs Segeln 1 Tag: 45 €. DZ/F im Haupthaus 80 €, im Haus am See 50 €. Seestr. 61–63, 82337 Steinebach, ✆ 08153-7650, www.sspw.de.

›› Mein Tipp: **Paradieswinkel Gasthof Woerl 5**, am Ostufer knapp 4 km südlich von Steinebach, neben dem Campingplatz am Wörthsee. Hier findet sich die schönste Terrasse am See: Ein echter Biergarten direkt am Wasser, besonders zum Sonnenuntergang ein herrliches Plätzchen. Entsprechend beliebt ist der Paradieswinkel, am eigentlich bodenständigen Wörthsee ist es der Treffpunkt der feinen Bussi-Gesellschaft. Hauptgerichte 9–14 €, im Biergarten oder von der Tageskarte kann man sich auch für 7–8 € satt essen. Kein Ruhetag. Mit Bademöglichkeit. DZ/Bad/F (mit Seeblick) 75 €; Camping: 2 Erw. mit Zelt 20 €. Wörthseestr. 25, 82337 Steinebach, ✆ 08152-76445, www.paradieswinkel.de. «‹

Hotel Gasthof Mutz 4, beim Westufer direkt an der Straße durch das noble Bachern gelegen. Bei einer Seeumrundung im Uhrzeigersinn ist der „Mutz“ mit seiner kastanienbeschatteten Terrasse mit die letzte Gelegenheit zur zünftigen Einkehr vor Steinebach. Es werden auch 12 ruhig gelegene Zimmer um 110 € vermietet. Fischerstr. 14–16, 82266 Bachern, ✆ 08143-93070, www.hotel-mutz.de.

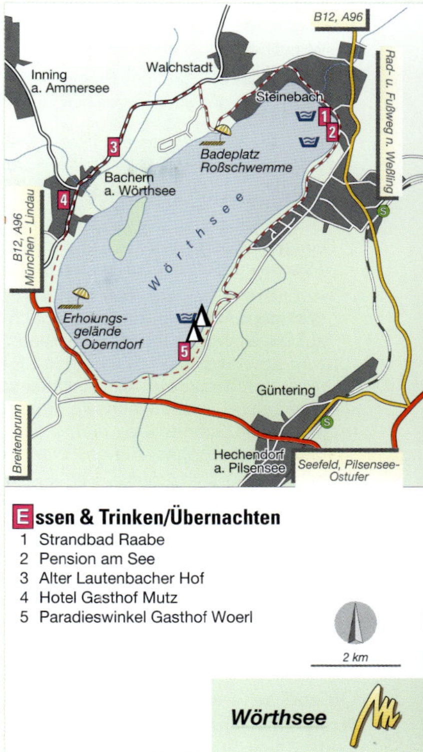

›› Mein Tipp: **Alter Lautenbacher Hof 3**, schöner alleinstehender Hof am Ortsausgang von Bachern Richtung Walchstadt, etwa 100 m vom See entfernt. Das große Grundstück mit kleinem Spielplatz und viel Grün gefällt den Kleinen. Der Hof ist auf Hochzeiten und Firmenfeiern spezialisiert. Eigener Bootsliegeplatz. Es gibt 9 Ferienwohnungen (20–70 m^2), ab 60 € pro Nacht. Am Krebsbach 1, 82266 Inning/Bachern, ✆ 08143-7659, www.alter-lautenbacher-hof.de. «‹

Campingplatz am Wörthsee, neu am Ostufer etwa 3 km südlich von Steinebach eingerichtet. Viele Dauercamper, aber auch Platz für Urlauber. Am Ufer erstrecken sich Liegewiesen, Stege bieten bequemen Zugang zum flach abfallenden See. Kiosk mit schöner Terrasse über dem See. Zelt und Wohnwagen 6–8 €, Badegäste 2 €, Tagescamper 7 € (Kinder ermäßigt). Geöffnet April bis Ende Sept. Wörthseestr. 29, 82229 Seefeld, ✆ 08152-3962586, www.campingplatz-am-woerthsee.de.

Essen & Trinken Seehaus Raabe, neben dem gleichnamigen traditionsreichen Strandbad in Steinebach. Einladende Terrasse direkt am See. Einfallsreiche Küche, hausgemachte Kuchen und Strudel. Im Sommer tägl. geöffnet. Seestr. 97, 82237 Wörthsee, ✆ 08153-7205, www.seehaus-raabe.de.

Rund um den Wörthsee

Gut elf Kilometer sind bei einer Tour um den Wörthsee zurückzulegen, davon einige hundert Meter auf einer relativ stark befahrenen Straße. Der Rest der Strecke verläuft auf Fußwegen und wenig befahrenen Nebenstraßen.

Am Ostufer bewegt man sich als Wanderer und Radfahrer eine Zeitlang auf der Seepromenade, kann dann noch ein Stück in Seenähe bleiben, bevor man auf die allerdings wenig befahrene Straße wechseln muss. An der Kreuzung zum Erholungsgelände Oberndorf führt erst ein Fahrradweg neben der Hauptstraße entlang, bevor das Gelände so eng wird, dass Radler auf die recht verkehrsreiche Straße wechseln müssen. Nach wenigen hundert Metern zweigt jedoch ein Schotterweg rechts zum See ab. Er führt durch das Badegelände und weiter am Westufer des Wörthsees entlang. Nach etwa 2 km stößt er auf eine wenig befahrene Nebenstraße, die etwas abseits des Westufers zunächst durch den kleinen Weiler *Bachern* und später über freies Feld nach *Walchstadt* (zwischen diesen beiden Orten besteht kein Zugang zum See: Landschaftsschutzgebiet) und weiter nach *Steinebach* führt.

Die Mausinsel im Wörthsee

Offiziell heißt das Inselchen vor dem Westufer Insel Wörth. Der volkstümlichere Name „Mausinsel“ geht auf eine alte Sage zurück: Vor Jahrhunderten lebte auf Schloss Seefeld am Pilsensee ein hartherziger Graf – so geizig, dass ihm die vielen Bettler und Hungerleider, die sein Reichtum anzog, zutiefst verhasst waren. Eines Tages ließ er sie allesamt in eine Scheune einsperren und diese anzünden. Die Todesschreie der Verbrennenden rührten ihn nicht: „Hört ihr das Wimmern der Ratten und Mäuse?“ spottete er höhnisch. Zur Strafe für diese Grausamkeit sandte ihm Gott ein Heer echter Mäuse auf sein Schloss – und die Mäusearmee zernagte alles, was ihr zwischen die Zähne kam. Entsetzt flüchtete der Graf auf die Insel im Wörthsee. Doch selbst hierhin schwamm das Mäuseheer ihm nach. In seiner Not schwor der Graf, alle Armen fortan fürstlich zu beschenken, wenn nur die Plage ein Ende hätte – und so geschah es. Oder doch nicht? Eine andere, blutrünstigere Version nämlich lässt die Mäuse den bösen Grafen fressen …

Zugang: Die Insel mit ihrem Barockschloss aus dem 18. Jh. kann man zwar mit dem Ruder- oder Elektroboot umrunden (Bootsverleih beim Gasthof Mutz in Bachern oder beim Strandbad Raabe in Steinebach), sie darf aber nicht betreten werden, da sie Eigentum der Grafen Toerring ist, die außerdem auch das Schloss Seefeld und die gleichnamige Brauerei besitzen.

Thront seit 700 Jahren über dem Pilsensee: Schloss Seefeld

Pilsensee

Schade – auch an diesem zweitkleinsten der fünf großen Seen sind weite Teile des Ufers für die Öffentlichkeit gesperrt. Einen Abstecher lohnt aber allein der Besuch des sehenswerten Schlosses Seefeld, das hoch über dem Ostufer thront und sich mit seinen schönen Räumen für Kultur und Kunsthandwerk in ein vielbesuchtes Freizeitzentrum verwandelt hat.

Am Ostufer findet sich die Mehrzahl der Badeplätze. Das Westufer ist, von einem kleinen Strandbad abgesehen, dagegen fast völlig unzugänglich (weil durch Villengrundstücke verbaut). Und im Süden liegt die Moorfläche des Naturschutzgebietes Herrschinger Moos, die nicht nur das Baden dort, sondern auch eine Umrundung des Sees verhindert (es sei denn über Herrsching). In längst vergangenen Zeiten erstreckte sich von hier bis zur heutigen Herrschinger Bucht eine einzige Wasserfläche – der Pilsensee ist nämlich nichts anderes als ein ehemaliger Seitenarm des Ammersees, der durch Verlandung von diesem abgetrennt wurde.

Gut für Schlittschuhfans: Im Winter kann die relativ kleine Wasserfläche zufrieren und so ein Eldorado auf Eis schaffen. Allein die Länge des Sees beansprucht auf Kufen eine gute halbe Stunde, eine Umrundung verlangt schon eine richtig sportliche Natur. Platz jedenfalls ist stets genug, auch für abenteuerlustige Radfahrer und hie und da sogar einen Eissegler.

Topografische Angaben Fläche 1,95 Quadratkilometer, Länge 2,6 Kilometer, Breite bis zu 1 Kilometer, maximale Tiefe 30 Meter, Uferlänge 6,5 Kilometer.

Wasserqualität Sehr gut.

Wassertemperatur Sommer 22 Grad, Maximalwert 26 Grad.

Hechendorf

Durchquert man Hechendorf auf der Hauptstraße vom Wörthsee nach Seefeld, so wirkt die Siedlung, als sei sie erst in den letzten 30 Jahren entstanden. Der eigentliche Dorfkern aber gruppiert sich um die Kirche, die ein ganzes Stück weiter südlich hoch über dem Pilsensee steht. Ein Abstieg zum Ufer lohnt sich nur, wenn man vorhat, das einzige Strandbad am Westufer zu besuchen; den gesamten Rest der Uferlinie beanspruchen Privatgrundstücke.

Verbindungen S-Bahnhof Seefeld-Hechendorf im Ort; Fahrzeit der Linie S 5 ab München Hauptbahnhof knapp 40 Min.

Baden **Strandbad Hechendorf**, vom Dorfkern über einen steilen Abstieg (Badeweg) zu erreichen. Nostalgisch angehauchte Anlage mit hübscher Aussicht; gepflegte Liegewiese mit etwas Schatten, Einstieg ins flache, saubere Wasser über einen Steg. Exzellenter Kiosk mit ungewöhnlichen Gerichten wie Veggie-Burger und Süßkartoffel-Pommes mit Avocado-Dip. Eintritt frei, Liegestuhl 1 €/Std. Seestr. 68, 82229 Hechendorf, ✆ 0171-1746474, www.strandbad-pilsensee.de.

Seefeld

Das Dorf *Seefeld* (7000 Einwohner) steht ganz im Zeichen des gleichnamigen wuchtigen Schlosses, das sich auf einem Hügel am Ortsrand erhebt. Seit dem 15. Jh. ist es im Besitz der Grafen von Toerring, denen weite Teile der Umgebung gehören; sie waren es auch, die vor rund 200 Jahren die prachtvolle Eichenallee anlegten, die Seefeld mit Weßling verbindet.

Glänzende Erscheinung: Marienstatue in Seefeld

Von der großen Kreuzung unterhalb des Schlosses führt eine meist seenah verlaufende Straße am Ostufer entlang; über diese ziemlich stark befahrene Verbindung nach Herrsching sind die meisten der Badeplätze am Pilsensee zu erreichen.

Schloss Seefeld: Spätestens seit 1150 ist im Gebiet des Ortes das Geschlecht der Herren von Seefeld bezeugt. Damals noch unter der Herrschaft der Grafen von Andechs, übernahmen sie nach deren Aussterben selbst die Macht im Ammerseegebiet. Etwa um diese Zeit, Mitte des 13. Jh., entstanden wohl der mächtige Bergfried und die Ringmauer der Burg. Im 15. Jh. heirateten die *Grafen von Toerring* in die männlicherseits erloschene Seefeld-Dynastie ein. Auf sie gehen die verschiedenen, zunächst spätgotischen, später barocken

An- und Umbauten zurück, die im Laufe der Jahrhunderte die einstige Festung in ein wohnliches Schloss verwandelten. Der wehrhafte Charakter einer mittelalterlichen Burg bleibt jedoch trotz aller Veränderungen noch gut zu erkennen. Nach Jahren der Restaurierung hat sich Schloss Seefeld zu einem echten Schmuckstück gewandelt; Handwerker sind im ehemaligen Kuhstall zu finden, im früheren Pferdestall werden schicke Möbel und Wohnaccessoires verkauft und in den Garagen arbeiten Künstler. Alle Firmen finden Sie aufgelistet unter *www.schloss-seefeld.de*. Zum Freizeitangebot gehören ein mehrfach ausgezeichnetes Arthouse-Kino und das beliebte Bräustüberl mit dem „Alten Sudhaus", einem als Kulturzentrum genutzten Festsaal *(www.kultur-schloss-seefeld.de)*. Im Schlosspark beginnt ein schöner Wanderweg, der über den Weiher bei Widdersberg nach Andechs führt; da der Weg jedoch nicht markiert ist, ist eine genaue Karte unverzichtbar.

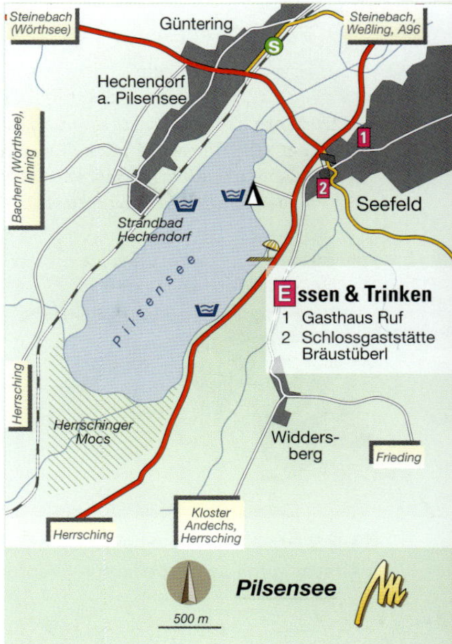

Verbindungen Der S-Bahnhof Seefeld-Hechendorf (Linie S 5 von München) liegt im Ortsgebiet von Hechendorf, etwa 1 km von der Kreuzung bei Seefeld entfernt.

Teilweise gebührenpflichtige Parkplätze finden sich unterhalb des Schlosses, beim Campingplatz und beim Erholungsgebiet Pilsensee-Ost; an Wochenenden überall starker Andrang.

Übernachten/Essen **Sepperlwirt**, → Weßlinger See: der frisch renovierte Gasthof mit schönem Biergarten liegt an der Eichenallee Weßling–Seefeld, kurz hinter der Abzweigung nach Meiling.

Schlossgaststätte Bräustüberl 2, schöne Lage im Innenhof des Schlosses Seefeld. Die Gaststätte, früher, der Name sagt's, die Schlossbrauerei, ist großteils denkmalgeschützt. Reichhaltige Speisekarte, keine leichte Küche, oft auch nicht ganz billig (Fleischgerichte um 14–18 €), aber es gibt auch Vegetarisches für weniger als 10 €. Ganzjährig tägl. geöffnet. Schlosshof 4c, 82229 Seefeld, ✆ 08152-99120, www.braeustueberl-seefeld.de.

Gasthaus Ruf 1, am Marienplatz von Seefeld, direkt neben der Kirche, liegt diese über 140 Jahre alte Traditionsgaststätte – ein Ort für den ganz großen Hunger, denn die rustikale Küche spart nicht an Fleisch, von der Schweinshaxe über den Grillteller bis zum Kalbshüftsteak und den Rahmlendchen vom Schwein ist alles dabei. Der Bruder vom Wirt führt nebenan eine Metzgerei. Es gibt aber auch Fisch, alles 12–20 €. Mi Ruhetag. Marienplatz 2a, 82229 Seefeld, ✆ 08152-76363, www.gasthaus-ruf.de.

Camping Strandbad Pilsensee, Zufahrt südlich der Kreuzung bei Seefeld. Als Badeplatz auch für Nicht-Camper ein Tipp (Eintritt 1,60 €). Große, teilweise schattige Liegewiese, Zugang ins Wasser wegen des steinigen, flach abfallenden Grundes über Stege. Zwei Gaststätten, SB-Geschäft, Bootsverleih, Windsurfschule. Übernachten pro Pers. 6,60 €, Zelt/Wohnwagen 10 €; es gibt auch Mietwohnwagen für 28 € pro Nacht zzgl. Personengebühr. Ganzjährig geöffnet. Am Pilsensee 2, 82229 Seefeld, ✆ 08152-7232, www.camping-pilsensee.de.

Dank S-Bahn-Anschluss beinahe ein Münchner Vorort:
Herrsching mit seiner beliebten Seepromenade

Ammersee

Der zweitgrößte See des Fünfseenlandes steht ein wenig im Schatten des „fürstlichen" Starnberger Sees. Die ländlichere Atmosphäre des Ammersees hat jedoch auch ihre Vorzüge.

An schönen Sommerwochenenden erfasst die Besucherlawine aus München natürlich auch den Ammersee. Unter der Woche jedoch wird schnell spürbar, dass der „Bauernsee" weniger stark auf den Fremdenverkehr ausgerichtet ist. Zudem beschränken sich die meisten Ausflügler auf einige wenige Ziele, zu denen vor allem der Hauptort *Herrsching* am Ostufer und das nahe, weltberühmte *Kloster Andechs* zählen. Schon ruhiger zu geht es in dem reizvollen alten Markt *Dießen* in der Südwestecke des Sees. Und in den kleineren Dörfern am Ammersee schließlich sehen die Bewohner außerhalb der Saison kaum ein fremdes Gesicht.

Wer vorwiegend baden oder geruhsame Spaziergänge ohne größere Steigungen unternehmen möchte, findet im hügeligen Osten des Sees zwar auch Möglichkeiten, die schönsten Strandbäder des Ammersees liegen jedoch eindeutig am flacheren Westufer, das durch einen reizvollen, durchgehenden Wander- und Radweg bestens erschlossen ist.

Seit der Ammersee am Ende der letzten Eiszeit aus einer Gletscherzunge entstand, schrumpft seine Fläche langsam, aber stetig. Ursache ist die starke Strömung des südlichen Zuflusses Ammer, die große Geröllmengen in den See schwemmt. Langsam füllt sich das Becken – wenn es so weiter geht, bleiben dem Ammersee noch 20.000 Jahre, prophezeien Wissenschaftler. Kein Grund zur Sorge also, weder für Badegäste noch für die zahlreichen Vögel, die am Ammermoos im Süden und am nördlichen Abfluss Amper weite Moor- und Schilfflächen vorfinden. Über 200 Arten sollen hier Brutplätze haben oder die verschwiegenen Orte als Rastmöglichkeiten nutzen.

Fünfseenland → Karte S. 37

Topografische Angaben Fläche 46,6 Quadratkilometer (drittgrößter See Oberbayerns nach Chiemsee und Starnberger See, Länge 16 Kilometer, Breite 3 bis 5 Kilometer, Tiefe bis zu 82 Meter, Uferlänge 42 Kilometer.

Wasserqualität Sehr gut.

Wassertemperatur Sommer 20 Grad, Maximalwert 25 Grad.

Verbindungen Bahn: Herrsching am Ostufer ist ans Münchner S-Bahnnetz angeschlossen; Fahrzeit der S 5 ab München Hauptbahnhof knapp 45 Minuten. Die Westuferorte Schondorf, Utting, Riederau und Dießen sind mit Zügen der Deutschen Bahn zu erreichen, Linie Augsburg–Garmisch-Partenkirchen.

Bus: Eine Reihe von Buslinien des Münchner Verkehrsverbundes MVV und des Regionalverkehrs Oberbayern (RVO) verbinden die einzelnen Ortschaften. Für Ausflüge besonders interessant: die MVV-Linie 951, die von Starnberg über Kloster Andechs nach Herrsching und zurück führt.

Auto: Autobahn- bzw. Landstraßenverbindung von München über die A 96/B 12 Richtung Landsberg am Lech und Lindau, Ausfahrt Herrsching oder Inning/Stegen.

Schiffsverkehr Die vier Ausflugsschiffe der Ammersee-Flotte legen in folgenden Ortschaften an: Stegen, Buch, Schondorf, Breitbrunn, Utting, Holzhausen, Herrsching, Riederau und Dießen. Flaggschiff der Flotte ist die „RMS Herrsching", 2002 vom Stapel gelassen und seit 70 Jahren der erste Schaufelraddampfer hierzulande. Ihr Gegenstück ist die 1908 gebaute „Dießen", der dienstälteste Raddampfer Deutschlands. Angeboten werden verschiedene Rundfahrten (April bis Mitte Okt.). Erwachsene 11,50–18,50 €, Kinder 6–17 J. die Hälfte. Familienermäßigung, Fahrradmitnahme möglich (3 €). Ausführliche Informationen über Preise, Fahrpläne, Sonderfahrten etc. bei den Touristinfos Herrsching und Dießen sowie bei der Staatlichen Schifffahrt Ammersee, Landsberger Str. 81, 82266 Inning/Stegen, ✆ 08143-93040, www.seenschifffahrt.de oder www.ammersee-region.de/schifffahrt.html.

Rund um den Ammersee

Je nach Routenführung legen Fußgänger und Radler bei einer kompletten Umrundung des Ammersees leicht 45, oft sogar mehr als 50 Kilometer zurück. Aufgrund der großen Distanz werden Wanderer aber wohl entweder übernachten oder nur Teilstrecken gehen und die Rückfahrt dann per Schiff antreten wollen. Der besseren Beschilderung wegen empfiehlt es sich, die Tour im Uhrzeigersinn anzugehen.

Um stark befahrene Straßen möglichst zu vermeiden, müssen Radler vor allem am hügeligen Ostufer nördlich von Herrsching, aber auch im Süden zwischen Dießen und Vorderfischen jeweils einen beträchtlichen Abstand zum See einhalten. Am flacheren Westufer ist der See zwar oft auch nicht in Blickweite, doch existiert hier ein durchgehender Rad- und Fußgängerweg zwischen Stegen und Dießen: die beste Empfehlung für alle Wanderer und Radler, die nur eine Teilstrecke zurücklegen wollen. Wanderwege am See finden sich im Westen durchgehend, am Ostufer entfernt sich der Pfad, teils bedingt durch Ortschaften, oft recht weit vom Wasser. Unzugänglich ist das Ammermoos im Süden.

Ammersee – Ostufer

Wie am Starnberger See lassen auch am Ammersee die steileren Moränenhänge des Ostens wenig Raum für ausgedehnte Ufersiedlungen. Die einzig bedeutende Ausnahme bildet *Herrsching*, größte Ortschaft am See, aber nicht unbedingt dessen kulturelles Zentrum. Schon eher das Anrecht auf diesen Titel hätten Dießen am Westufer und das berühmte *Kloster Andechs*, rund fünf Kilometer südlich von Herrsching hoch über dem See gelegen.

Herrsching

Seinen Aufstieg zum Hauptort des Ammersees erlebte Herrsching erst im Lauf des 19. Jh., als das damalige kleine Fischerdorf vom Münchner Bürgertum als Sommerfrische entdeckt wurde. Spätestens mit dem 1972 erfolgten Anschluss ans S-Bahnnetz der Landeshauptstadt avancierte Herrsching (heute ca. 10.000 Einwohner) dann zum Fremdenverkehrszentrum des Sees – ein Status, der sich in den Preisen der Gastronomie und Hotellerie spiegelt. Mit jährlich rund 140.000 Übernachtungen ist die Kleinstadt zu einem wichtigen Erholungsort in Oberbayern geworden.

Sehenswürdigkeiten im engeren Sinn hatte die Siedlung dabei bisher kaum zu bieten – sieht man von der acht Kilometer langen *Promenade* oder dem *Kurparkschlössl* nördlich des Landungsstegs mal ab. Doch mit der Eröffnung des *Archäologischen Parks* am Herrschinger Friedhof (Mitterweg 6) vor einigen Jahren besitzt Herrsching auch eine gut besuchte überregionale Attraktion. Im Mittelpunkt steht eine teilweise noch aus Originalsteinen rekonstruierte Adelskirche (geöffnet Mai–Sept. jeden So 11–12.30 Uhr) aus dem 7. Jh., deren Fundamente zusammen mit denen einer noch älteren Pfostenkirche 1982 bei Erweiterungsarbeiten entdeckt wurden. Eine archäologische Sensation – die Kirche hinter dem Friedhof am Mitterweg gilt als die älteste ihrer Art in Bayern. Hochinteressant waren auch die Funde in den nahegelegenen Gräbern, darunter eine vergoldete Gürtelgarnitur, die um das Jahr 620 in einer langobardischen Werkstatt hergestellt wurde. Im Original sind die Beigaben der 14 Gräber in der Bayerischen Staatssammlung in München zu sehen. Kopien der Funde sind in der frühchristlichen Steinkirche ausgestellt, die nach Voranmeldung im Verkehrsbüro besichtigt werden kann. Von dieser neuen Sehenswürdigkeit abgesehen, liegen Herrschings Qualitäten als Urlaubsort jedoch eher in der guten Verkehrsanbindung und der reizvollen Lage an einer weiten Bucht. Genüsslich bummeln lässt es sich an der längsten Seeuferpromenade Deutschlands, die nördlich der Schiffsanlegestelle durch einen schönen Park führt. Gleich zu Anfang stößt man auf die Villa des Kunstmalers Ludwig Scheuermann, die dieser 1888/89 – Herrsching zählte damals 360 Einwohner – nach italienischem Vorbild bauen ließ. Sein Sohn verkaufte das *Kurparkschlössl* 1934 an die Gemeinde, die nach dem Zweiten Weltkrieg dort erst Flüchtlingsfamilien wohnen ließ und später an eine Künstlerfamilie vermietete. In den 1970ern war der Verfall nicht mehr zu übersehen. Der Gemeinderat ließ es schließlich für 1,2 Millionen Euro renovieren und übergab es der öffentlichen Nutzung. Heute können die schönen Räume für Veranstaltungen aller Art gemietet werden, außerdem finden dort Trauungen statt.

In der Umgebung von Herrsching finden sich interessante Ausflugsmöglichkeiten, darunter auch Kloster Andechs, das von Herrsching über eine schöne, etwa einstündige Wanderung durchs Kiental zu erreichen ist (→ Kloster Andechs S. 86 ff.).

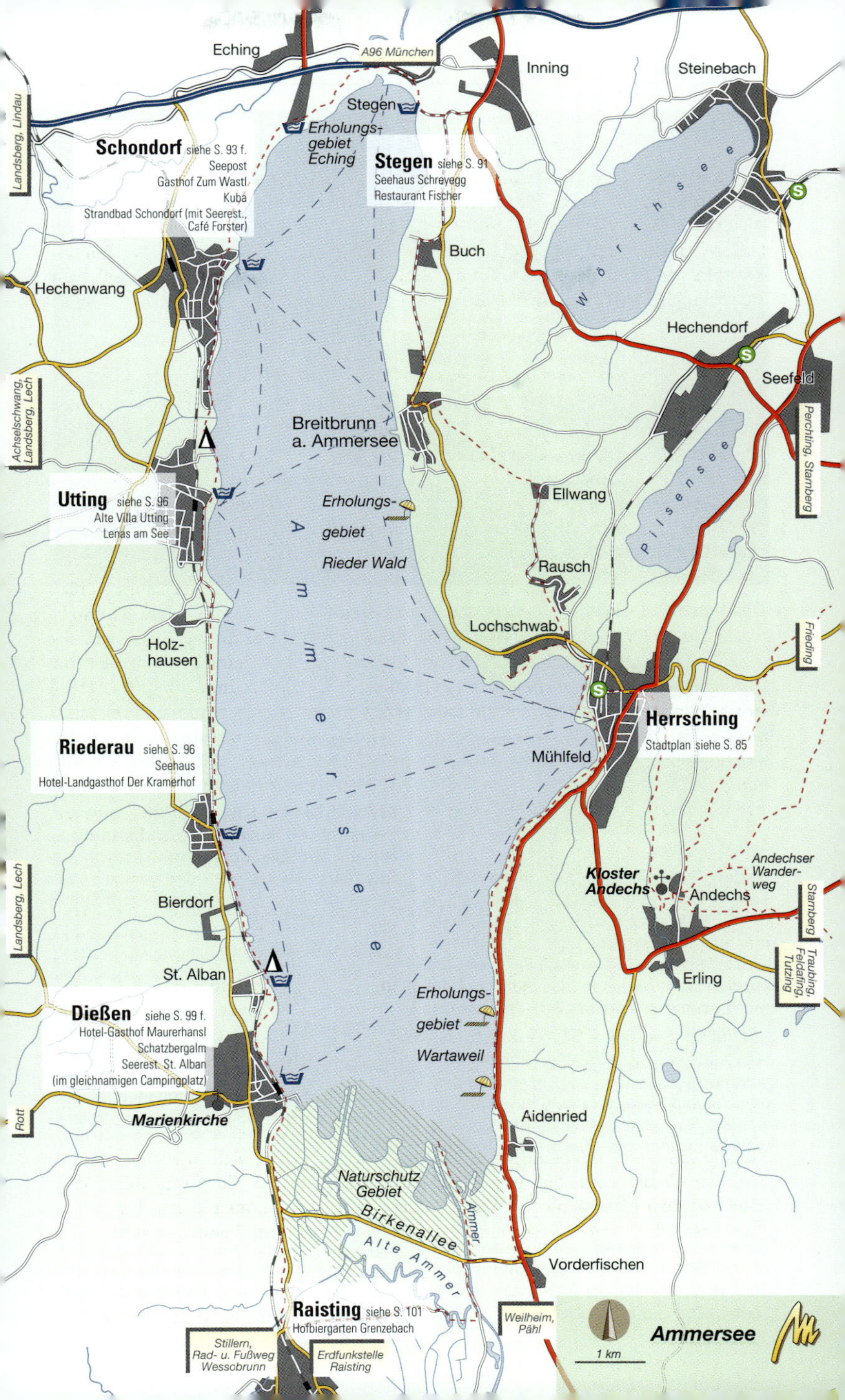

Eching
A96 München
Inning
Steinebach
Landsberg, Lindau
Stegen
Erholungs-
gebiet
Eching
Schondorf siehe S. 93 f.
Seepost
Gasthof Zum Wastl
Kubá
Strandbad Schondorf (mit Seerest.,
Café Forster)
Stegen siehe S. 91
Seehaus Schreyegg
Restaurant Fischer
Wörthsee
Buch
Hechenwang
Hechendorf
Seefeld
Achselschwang, Landsberg, Lech
Perchting, Starnberg
Breitbrunn
a. Ammersee
Utting siehe S. 96
Alte Villa Utting
Lenas am See
Erholungs-
gebiet
Rieder Wald
Ellwang
Pilsensee
Rausch
Ammersee
Lochschwab
Holz-
hausen
Friedling
Herrsching
Stadtplan siehe S. 85
Mühlfeld
Riederau siehe S. 96
Seehaus
Hotel-Landgasthof Der Kramerhof
Kloster
Andechs
Andechser
Wander-
weg
Andechs
Landsberg, Lech
Bierdorf
Starnberg
St. Alban
Erling
Traubing,
Feldafing,
Tutzing
Dießen siehe S. 99 f.
Hotel-Gasthof Maurerhansl
Schatzbergalm
Seerest. St. Alban
(im gleichnamigen Campingplatz)
Erholungs-
gebiet
Wartaweil
Rott
Marienkirche
Aidenried
Naturschutz
Gebiet
Birkenallee
Ammer
Alte Ammer
Vorderfischen
Raisting siehe S. 101
Hofbiergarten Grenzebach
Weilheim,
Pähl
Stillern,
Rad- u. Fußweg
Wessobrunn
Erdfunkstelle
Raisting
1 km
Ammersee

Das Kurparkschlösschen in Herrsching am Ammersee

Basis-Infos

Information **Touristinfo Herrsching**, direkt gegenüber vom S-Bahnhof. Mai–Okt. Mo–Fr 9–13 und 14–18 Uhr, Sa 9–13 Uhr, sonst Mo–Fr 10–15.30 Uhr. Bahnhofsplatz 3, 82211 Herrsching, ✆ 08151-906040, www.herrsching.de.

Baden Prinzipiell kann man in Herrsching entlang der Uferpromenade fast überall in die Fluten springen, sollte dabei jedoch immer ein wachsames Auge auf Ausflugsschiffe, Segler und Surfer haben. Lang gestreckte Liegewiesen unter schattigen Bäumen finden sich im nördlichen Ortsbereich.

Strandbad Seewinkel **2**, vom Dampfersteg aus gleich jenseits des Kurparks. Der ehemalige „Dorfplatz" von Herrsching wurde aufwendig umgebaut und hat jetzt alles, was ein Badeplatz braucht – Kiosk, Liegewiese, Riesensteg, Parkplätze, Toiletten und entspanntes Feeling. Keramikstr. 1, 82211 Herrsching, ✆ 08152-93090, www.strandbad-herrsching.de.

Freizeit/Sport **Bootsverleih**: Mehrere Vermieter von Ruder-, Tret- und Elektrobooten an der Uferpromenade südlich des Dampferstegs bis zum Ammersee-Hotel, etwa Peter Neuner vom Bootsverleih Stumbaum, ✆ 08152-5663.

Fahrradverleih: Peter Nandlinger, Mühlfelder Str. 5, 82211 Herrsching, ✆ 08152-1266, www.nandlinger.de.

Veranstaltungen/Feste, Wochenmarkt jeden Sa 8–13.30 Uhr, Bahnhofplatz (Parkplatz vor der Volks- und Raiffeisenbank).

Schlossgartenfest mit Fischerstechen, im Kurpark, wechselnde Wochenendtermine, meist Ende Juli.

Übernachten/Essen & Trinken

Übernachten/Essen **Ammersee Hotel** **7**, im südlichen Bereich der Uferpromenade. Das Restaurant mit kleinem Garten und Seeterrasse serviert französische und regionale Küche, Hauptgericht etwa 12–25 €. Tägl. geöffnet. DZ/Bad/F je nach Lage und Ausstattung um 150 €, inkl. Sauna- und Dampfbad-Nutzung. Summerstr. 32, 82211 Herrsching, ✆ 08152-96870, www.ammersee-hotel.de.

Hotel Promenade 5, neuerer Bau direkt am Dampfersteg. Restaurant mit Terrasse zur Seepromenade, internationale, französische und mediterrane Küche, Hauptgerichte 18–22 €. Nebenan ein beliebtes Eiscafé. Wird seit Kurzem vom Hotel Seehof mitbetrieben (s. u.). DZ Seeseite mit Balkon/Bad/F 158 €. Frühstücksbüfett im nebenan liegenden Hotel Seehof. Summerstr. 6, 82211 Herrsching, ✆ 08152-9350, www.hotel-promena.de.

Hotel Restaurant Seehof 4, auf der anderen Seite des Dampferstegs. Vier Gaststuben, Biergarten am See, Spezialität ist Fisch, serviert wird auch badischer Wein. Frisch renovierte Zimmer im gutbürgerlichen Stil. DZ Seeseite/Bad/F 158 €, zur Seeseite mit Balkon. Seestr. 58, 82211 Herrsching, ✆ 08152-9350, www.seehof-ammersee.de.

Arthotel Herrsching 3, der altehrwürdige „Andechser Hof" konnte in Verhandlungen zwischen der Gemeinde und dem Eigentümer Kloster Andechs nicht gerettet werden, und so bekommt Herrsching jetzt ein schickes Boutique-Hotel, das mit Original-Gemälden in jedem Zimmer und einer modern-rustikalen Einrichtung punkten will. Das „Ammerseer Bauerntheater" behält dennoch seinen Sitz im großen Kultursaal, der ebenso wenig umgestaltet wurde wie das „König Ludwig Stüberl". Zum Landungssteg 1, 82211 Herrsching, ✆ 08152-96810, www.arthotel-herrsching.de.

Hotel Gasthof zur Post 1, im Ortszentrum, wenige Minuten vom See entfernt, erhebt sich der massige Bau aus dem 15. Jh., der Ende der 90er-Jahre renoviert wurde und nun mit 17 hellen, geräumigen Zimmern eine echte Alternative zu den Hotel-Klassikern am See darstellt. Der gastronomische Teil besteht aus Restaurant, Biergarten und Ritterstube. DZ/Bad/F 140 €. Andechsstr. 1, 82211 Herrsching, ✆ 08152-396270, www.post-herrsching.de.

Restaurant/Pizzeria Da Mario 8, auch als „Seespitz" bekannt, ganz unten an der südlichen Promenade. Die Terrasse liegt neben der Straße, schöner sitzt man auf dem angrenzenden Balkon zum See. Gehobene italienische Küche, Fleisch- und Fischgerichte 15–23 €; es gibt aber auch Nudeln und Pizza (6–10 €). Am Mühlfeld 2, 82211 Herrsching, ✆ 08152-1486, www.seespitz-damario.de.

Bayrische Brandung 6, lockerer Kiosk-Treff mit Hippie-Anklängen, das Pendant zum „Kuba" in Schondorf. Eine wohltuende Alternative in touristischer Umgebung. Summerstr. 18, 82211 Herrsching (an der Promenade Richtung Süden), www.bayrischebrandung.de.

Radtour: Seeumrundung ab Herrsching

Vom Strandbad Seewinkel die Promenade nach Norden, hinter dem Segelhafen an der Rieder Straße rechts in die Hechendorfer Straße. Fußgänger biegen wenig später in den Rauscher Fußweg (Markierung 2 A), Radfahrer ein Stück weiter in die Rauscher Straße links ab. Von *Rausch* weiter auf dem Weg (2 A) nach *Ellwang*, dann links ab nach *Breitbrunn*. Der Hauptstraße und dann der Münchner Straße folgen, links auf den Bucherweg bis an dessen Ende in *Buch*; hier rechts bergauf, beim Radwegschild links Richtung Inning. Bei der kleinen Seesiedlung vor Inning links steil bergab in die Bergstraße (Rad schieben), unten rechts nach *Stegen*.

Hinter *Stegen* auf der Autobrücke über die Amper, dann dem ufernahen Weg nach *Schondorf* folgen. Am Westufer leichte Orientierung bis *Dießen* (Markierung R 9; Radler müssen in Ortschaften teils kurze Stücke in Einbahnstraßen schieben).

In *Dießen* hinter dem See-Park rechts in die Jahnstraße, dann gleich links in die Jägerallee. Am Radwegende der Beschilderung über *Raisting* nach *Vorderfischen* folgen, um die gefährliche Birkenallee zu vermeiden. Von *Vorderfischen* nordwärts (überwiegend auf Radwegen, ein kurzes, unangenehmes Stück aber auf der Hauptstraße), dann durchs Erholungsgebiet Wartaweil zurück nach *Herrsching*.

Alternative ab Raisting: Über *Pähl* und *Andechs* nach *Herrsching*; größere Entfernung und weitaus stärkere Höhenunterschiede, dafür kaum Verkehr.

Kloster Andechs

Der „Heilige Berg" ist mit jährlich einer Million „Pilgern" das meistbesuchte Ziel im gesamten Fünfseenland – sei es nun aus religiösen Gründen, aus kunsthistorischem Interesse oder des berühmten Bieres wegen.

Die Ausmaße des Parkgeländes am Fuß des Andechser Hügels sprechen Bände, was die Anziehungskraft des Klosters betrifft. Wer kann, sollte deshalb bei einem Besuch die Wochenenden meiden; auch an Werktagen ist es in Andechs noch voll genug.

Das Wunder von Andechs

Über ein Jahrhundert lang waren die kostbaren Andechser Reliquien verschollen gewesen, als im Jahre 1388 in der Burgkapelle eine Messe abgehalten wurde. Plötzlich raschelte es unschicklich laut vor dem Altar. Missetäterin war eine Maus, die ein Stück Pergament in der Schnauze trug. Bei näherem Besehen entpuppte sich das alte Papier als Teil des Verzeichnisses der verschwundenen Reliquien. Klar, dass man sofort unter dem Altar zu graben anfing. Und siehe, die Suchenden wurden fündig – der „Andechser Schatz" war wieder da.

Schnell schwoll der Strom der Wallfahrer so stark an, dass 1416 mit dem Bau einer gotischen Kirche begonnen wurde; 1455 folgte die Gründung eines Benediktinerklosters. 1669 brannten Kloster und Kirche nach einem Blitzschlag fast völlig aus, doch blieben die Reliquien unversehrt. 1803 wurde das Kloster säkularisiert, 1850 zogen erneut Benediktiner in Andechs ein.

Fünfseenland → Karte S. 37

Geschichte: Sitz heiliger Stätten war der 711 Meter hohe Hügel schon seit undenklichen Zeiten. Die christliche Geschichte beginnt mit den *Grafen von Dießen*, deren Andechser Burg 1157 erstmals urkundlich als Hauptsitz des Geschlechts erwähnt wird. Nun *Grafen von Andechs* genannt, dehnte die mächtige Dynastie ihren Einflussbereich bis nach Dalmatien aus. Die Blütezeit währte jedoch kaum ein Jahrhundert: 1248 starben die Andechser in männlicher Linie aus. Zuvor schon hatten ihnen die aufstrebenden Wittelsbacher so zugesetzt, dass die Grafen lieber ihre Burg zerstörten, als sie den verhassten Konkurrenten zu überlassen. Damals verschwand auch die große Reliquiensammlung der Andechser spurlos, samt den berühmten „Drei Hostien", die Graf Rasso, einer der Stammväter des Geschlechts, im 10. Jh. aus dem Heiligen Land mitgebracht haben soll. Doch dann geschah ...

Wanderweg von Herrsching nach Andechs: Die schönste Art, sich dem Kloster zu nähern, ist der Aufstieg zu Fuß. Gut eine Stunde nimmt dieser vier Kilometer lange durchs wildromantische Kiental führende Weg in Anspruch: Vom S-Bahnhof Herrsching geht es links, dann rechts in die Bahnhofsstraße, geradeaus über die Luitpoldstraße, bis rechts die Steindlgasse abzweigt. Dann gleich links über die Andechsstraße an der Martinskirche vorbei, an der Kientalstraße rechts und immer geradeaus in den Wald hinein, bis nach etwa zwei Kilometern links der Weg nach Andechs abzweigt.

Wallfahrtskirche: Anlässlich der 300-Jahr-Feier des Klosters wurde diese wichtigste Sehenswürdigkeit von Andechs Mitte des 18. Jh. völlig umgestaltet. Die gotische Grundanlage blieb dabei weitgehend erhalten, innen jedoch bestimmt Rokoko das Bild. Der phantasievolle Stuck, die zarten Fresken und der prächtige Hochaltar gehen weitgehend auf den Künstler *Johann Baptist Zimmermann* zurück, der auch an der Gestaltung der Wieskirche beteiligt war. Ebenfalls nähere Beachtung verdienen die zahlreichen Kapellen, darunter die *Heilige Kapelle*, die die spätgotische Monstranz mit den Reliquien des Andechser Schatzes birgt. Im *Wachsgewölbe* sind über 250 große Votivkerzen ausgestellt, deren älteste aus dem 16. Jh. datiert.

Andechser Biere: So berühmt die Kunstschätze, so begehrt die Biere des Klosters. Immerhin reicht die hiesige Brautradition zurück bis ins Jahr 1455. Die Brauerei produziert jährlich um die 100.000 Hektoliter Bier in acht Sorten. Letzter Neuzugang:

alkoholfreies Weißbier. Heute wird allerdings am Fuß des Andechser Bergs gebraut; eine Pipeline sorgt für den Transport des Gerstensafts hoch zum Ausschank. Trotz der relativ günstigen Preise sollten sich Fahrzeuglenker nicht zuviel vom süffigen „Spezial Hell“ oder gar vom kräftigen „Doppelbock“ schmecken lassen – besser, man hält sich an das Gebot, das direkt über dem Ausschank des Bräustüberls hängt: „Denk daran, dass Du heute noch nach Hause fahren musst“. Wer die Lieben daheim beglücken will, kann sich Andechser Bier in Flaschen auch im Geschenkkarton mitnehmen, wie überhaupt an kulinarischen Einkaufsmöglichkeiten auf dem Berg kein Mangel besteht.

Wallfahrtsort für Biertrinker und Gläubige: Kloster Andechs

Das Unternehmen Kloster Andechs: Die Mönche betätigen sich nicht nur als Braumeister. Getreu dem Benediktiner-Motto „ora et labora“ („bete und arbeite“) werden auch Rinder und Schweine gehalten, wird Ackerbau betrieben und ein bekannter Käse hergestellt. Und dann gibt es ja auch noch die Klosterbrennerei mit ihren fünf Schnäpsen, die Klosterarznei aus dem eigenen Kräutergarten, die in vielen Apotheken bundesweit verkauft wird. Und nicht zu vergessen die Orff-Festspiele, Kammerkonzerte, Tagungen, Seminare ... Kurz: Kloster Andechs ist heute ein vielfältiges, in den meisten Sparten sehr erfolgreiches Wirtschaftsunternehmen – was es letztlich auch sein muss, denn Mittel aus der Kirchensteuer erhält es nicht.

Verbindungen Busse fahren von/nach Starnberg und Herrsching (MVV-Linie 951, Mo–Fr rund 7-mal, Sa, So und Feiertags 5-mal tägl.), zusätzlich Privatbusse, jeweils ab den dortigen S-Bahnhöfen.

Rundwanderweg Eine reizvolle Wanderung von knapp 3 km Länge ist ab dem Großparkplatz unterhalb des Klosters ausgeschildert. Mit ständiger schöner Aussicht auf den „Heiligen Berg“ führt der Weg zunächst über den Andechser Kreuzweg, dann im Bogen zurück zum Kloster, passiert dabei mehrere landeskundliche Schautafeln. Unterwegs zweigt ein ebenfalls schöner Wanderweg nach **Frieding** ab; zurück dann über die Schotterstraße beim Gasthof Stiefelwirt (prämierte Küche) nach Südwesten, an der Hauptstraße rechts und etwa 300 m weiter links wieder in den Wanderweg.

Veranstaltungen Mit den jährlichen Opern-Festspielen „Orff in Andechs“ ist das Kloster noch populärer geworden. Das umgebaute Florian-Stadl am Fuße des Berges ist ein eigenes kleines Kulturzentrum, im Fürstentrakt des Klosters werden Lesungen abgehalten und in der Wallfahrtskirche finden regelmäßig Orgelkonzerte statt. Tickets und aktuelles Programm unter www.carl-orff-fest.de oder rufen Sie ✆ 08152-376400 an.

Essen & Trinken **Klostergasthof Andechs**, seit dem 15. Jh. fast durchgängig im Dienste des leiblichen Wohls der Pilger und

Besucher. Sehr schöner Biergarten mit weiter Aussicht, die bei Föhn bis zu den Alpen reicht; anerkannt gute Küche. Tägl. 10–23 Uhr. Bergstraße 9, 82346 Andechs, ✆ 08152-93090, www.klostergasthof.de.

Bräustüberl Andechs, die volkstümlichere Variante weiter oben am Berg. Gemütliche Stube, im Freien eher Terrasse als Biergarten. Selbstbedienung bei Brotzeiten (Grillstation, bekannt gute Haxen) und Bierausschank, beides zu durchaus christlichen Preisen. Ausschank täglich bis 20 Uhr. Warnung: Bestellen Sie ja kein „Helles", sonst erhalten Sie ein Glas Wasser, sagen Sie: „ein Klosterbier!" Geschlossen am 24./25. Dez., 1. Januar und am Karfreitag. ✆ 08152-376261.

Fünfseenland → Karte S. 37

Südlich von Herrsching

Hier gibt es am See keine größere Ortschaft mehr. *Fuß- und Radweg* führen zunächst, entlang der Straße nach Weilheim, in den Ortsteil Mühlfeld mit dem gleichnamigen Schloss, danach recht holprig am schmalen, häufig verschilften Ufersaum entlang. Zwischen dem Erholungsgebiet Wartaweil und der winzigen Siedlung **Aidenried** muss man für ein paar hundert Meter auf die enge, stark befahrene Straße ausweichen; von Aidenried bis Vorderfischen existiert dann wieder ein separater Weg.

Birkenallee: Diese Verbindungsstraße zwischen Vorderfischen und Dießen gilt als ein extrem gefährliches Pflaster für Radler und Fußgänger – es wird dringend empfohlen, ab der Ammerbrücke über Raisting auszuweichen (nur in der Gegenrichtung beschildert, Näheres → Ammersee – Westufer, S. 100).

Kupfermuseum: In einem renovierten Gutshaus aus dem 18. Jh. zeigt der Kunsthändler Siegfried Kuhnke auf 500 m² seine Kupferschätze: Stücke von der Steinzeit bis heute, vor allem aber mitteleuropäische Gebrauchsgegenstände aus dem 17.–19. Jh., insgesamt über 1000 Objekte. Das Kupfermuseum bietet einen spannenden Querschnitt durch 5000 Jahre Menschheitsgeschichte: Prähistorisches neben Sakralem, Küchen- neben Tafelgeschirr, Kunsthandwerk und Designstücke. Wer auf den Geschmack gekommen ist: Im Museumsshop lässt sich royales Kochgeschirr aus Kupfer erstehen.

Anfahrt: Von Herrsching kommend, immer am See entlang, kurz vor der Abzweigung nach Dießen. Herrschinger Str. 1, 82396 Pähl-Fischen, ✆ 08808-9219131, www.kupfermuseumfischen.de.

Öffnungszeiten April–Nov. Mi–Sa 10–16 Uhr. Eintritt: 5 €.

Essen und Trinken Auf dem Gelände befinden sich das Restaurant „Ammerwinkl", das aber nur eingeschränkt geöffnet ist (Fr/Sa ab 18.30 Uhr). Verpflegen kann man sich von Mo–Sa im Hofladen oder im Bistro mit Mittagstisch von 11.30–14 Uhr.

Baden **Erholungsgebiet Wartaweil**, im Gebiet zwischen der gleichnamigen Gaststätte und Aidenried. Lang gestrecktes, recht schmales Gelände mit Baumschatten; steiniges Ufer ohne Steg; Surfereinlassstelle. Am südlichen Rand liegt hübsch die Terrasse des Kiosks „Froschgart'l", in dem es auch Kleinigkeiten zu essen gibt. Parkplätze auch am südlichen Ende, dort auf der anderen Straßenseite (eine Unterführung bringt Sie gefahrlos zum See).

Badestrand in Aidenried, neben dem gleichnamigen Restaurant (s. o.) befindet sich eine Liegewiese mit steinigem, flachem Zugang zum See.

Freizeit/Sport **Postkutschenfahrten**, zum Beispiel Fahrten zu den Königsschlössern (Abfahrt Wieskirche), veranstaltet die Familie Nemitz im winzigen Weiler Kerschlach (nordöstlich von Pähl); eine Tagesfahrt kostet je nach Kutschentyp ab 290 €, kurze Ausflüge kann man für 75 € pro Stunde buchen. Informationen unter ✆ 08808-386, www.coaching-in-bavaria.com.

Golfen Die Anlage von **Hohenpähl** wurde unter die 50 schönsten Golfplätze Deutschlands gewählt – im Fünfseenland ist er damit die Nr. 2 hinter Feldafing. Die Anfahrt ab Pähl ist ausgeschildert. Clubrestaurant tägl. 10–23 Uhr. ✆ 08808-92020, www.golfclub-hohenpaehl.de.

Nördlich von Herrsching

Auch in diesem Bereich gibt es nur wenige Dörfer. Die Straße verläuft hier abseits des Sees, doch ein durchgehender Uferweg bis Stegen an der Nordspitze macht diesen etwa zehn Kilometer langen Abschnitt zu einem beliebten Ziel von Wanderern und Bikern. Die beiden Siedlungen **Breitbrunn** und **Buch** haben Dampferanlegestellen und kleine Badewiesen. Die Ortskerne liegen hoch über dem Ufer und bieten kaum Fremdenverkehrseinrichtungen. Umso beliebter sind die beiden Dörfer als Wohnsiedlungen betuchter Münchner; die ausgedehnten Villenkolonien Richtung See lassen sich nicht übersehen.

Baden Erholungsgebiet Rieder Wald, zwischen Herrsching und Breitbrunn, vom Parkplatz an der Straße noch fast 1 km Fußweg bergab durch den Rieder Wald. Gepflegtes Gelände, wenn auch ohne große Liegewiese – auf etwa 500 m Uferlänge finden sich aber immer wieder Badestellen. Flacher Einstieg in den See, Eintritt frei. Weitere, eher bescheidene Bademöglichkeiten beim Dampfersteg in **Breitbrunn** und unterhalb von **Buch**.

Inning: Das hübsche Dorf besetzt einen Hügel zwischen Ammer- und Wörthsee und liegt damit gewissermaßen an zwei Gewässern. Seine Lage an wichtigen Verkehrswegen verschaffte dem Ort schon vor Jahrhunderten Bedeutung und illustre Gäste: Durch Inning führten sowohl die Poststrecke von München nach Lindau als auch die alte Salzstraße von Salzburg nach Augsburg. 1021 soll Kaiser Heinrich II. auf dem Weg zum Italienfeldzug mit seinem 60.000 Mann starken Tross hier Station gemacht haben; an das Ereignis erinnern die Gemälde am „Kaiserhaus" im Ortskern. Einen Blick wert ist auch die Pfarrkirche St. Johann mit ihrem kuriosen doppelten Zwiebelturm; die wertvolle Innenausstattung stammt von *Tassilo Zöpf* und *Christian Wink*.

Stegen: Gewissermaßen die Seesiedlung von Inning, rund 1,5 Kilometer östlich des Hauptortes. Stegen besteht aus kaum mehr als zwei Wirtschaften mit wunderschön gelegenen Biergärten, einem Minigolfplatz, dem Badegelände und der großen Anlage der Staatlichen Schifffahrt: Stegen ist der Heimathafen der „Weißblauen Flotte" am Ammersee; morgens und abends liegen hier alle vier Schiffe vor Anker, darunter auch der altehrwürdige Raddampfer „Dießen" und das neue Schmuckstück „Herrsching".

Weite Sicht: Biergarten in Stegen

Durch die Lage fast direkt an der A 96 München–Lindau sind die in Stegen an sich reichlich vorhandenen Parkplätze oft schon früh am Tag belegt.

Baden Badegelände Stegen, an Wochenenden oft überfüllt. Wiese unter Bäumen, mäßige Sanitäreinrichtungen, sehr flaches Wasser mit oft steinigem Grund, Stege vorhanden. Geringer Eintritt.

Freizeit Bootsverleih (Ruder- und Tretboote) bei Edith Böck, Landsberger Str. 79, 82266 Inning am Ammersee, ✆ 08143-449.

Essen & Trinken (→ Karte S. 83) **Seehaus Schreyegg**, ein ganzer Restaurationskomplex, bestehend aus dem traditionellen Gasthof mit Bräustüberl, dem edlen Seerestaurant und zwei sehr hübsch direkt am See gelegenen Biergärten – volkstümlich mit Selbstbedienung und Brotzeiten der eine, nobel mit Bedienung und gehobener Karte (Hauptgerichte 10–20 €) der andere. Neueste Erweiterung: eine „Genießer-Lounge" für Weinverkostungen, Privatpartys und Firmenevents. Nov.–Feb. Di geschl., sonst tägl. geöffnet. Landsbergerstr. 78, 82266 Stegen, ✆ 08143-992537, www.seehaus-schreyegg.com.

››› **Mein Tipp** **Restaurant Fischer**, wenige Meter weiter, direkt am Dampfersteg und ebenfalls mit Biergarten am See (Bedienung) sowie einer Strandbar. 2006 aufwendig renoviert und unter neuer Führung. Küche mit mediterranen und exotischen Elementen, Hauptgerichte 12–24 €. Ausgefallene Mitbringsel gibt es in der „Manufaktur", Leckereien in der neuen „Eismacherei". Landsberger Str. 80, 82266 Stegen, ✆ 08143-992800, www.fischer-ammersee.com. ‹‹‹

Schloss Kaltenberg und die Ritterspiele

Der kleine Weiler bei *Geltendorf*, nördlich der A 96 München–Lindau unweit von Stegen, trägt einen klingenden Namen: Kaltenberg steht zum einen für die im Fünfseenland weit verbreiteten Biere der dortigen *Schlossbrauerei* (König Ludwig Dunkel, Prinzregent Luitpold Weißbier, Kaltenberg), zum anderen für ein großartiges Ritterturnier. Das bald 600-jährige *Schloss Kaltenberg* ist Wohnstatt des Enkels von Ludwig III., letzter König von Bayern. Die Brauerei in den tief gelegenen Kellergewölben produziert heute in der Größenordnung von Kloster Andechs, also rund 100.000 Hektoliter Bier pro Jahr. Der Öffentlichkeit zugänglich sind zwei rustikale Restaurants innerhalb des ausgetrockneten Burggrabens und die 13.000 Plätze fassende Freiluftarena vor dem Schloss, in der seit 1980 die *Kaltenberger Ritterspiele* stattfinden. Gepanzerte Ritter messen sich jährlich an drei Juli-Wochenenden auf schweren Rössern im Lanzenkampf, schlagen mit Schwertern und Streitäxten aufeinander ein. Gaukler, Akrobaten und Minnesänger buhlen um ihr Publikum, Schmiede, Schuster und Bader bieten ihre Dienste an – auf Schloss Kaltenberg wird das Mittelalter mit allem Drum und Dran zelebriert. Ein großer Markt mit rund 100 Ständen zeigt und verkauft mittelalterliche Handwerkskunst, auf sieben Bühnen bieten Gaukler, Akrobaten und allerlei Kampfsport-Artisten ein breites Rahmenprogramm. Das größte Ritterturnier der Welt lockt an neun Tagen bis zu 120.000 Zuschauer an; wer dabei sein will, sollte sich daher möglichst früh um Karten bemühen.

Reservierung/Verbindungen Schloss Kaltenberg, Vorverkauf ✆ 0180-6113311, www.ritterturnier.de. Die Turniere finden an den ersten drei Wochenenden im Juli statt, besonders stimmungsvoll an den Freitagabenden bei Fackelschein. Sitzplatzkarten 33–65 € (Kinder ermäßigt), Stehplatzkarten 23 €. Zu erreichen sind die Ritterspiele mit der S 4 nach Geltendorf; am Endpunkt der S-Bahnlinie warten Busse nach Kaltenberg. Für Autofahrer stehen 5000 Parkplätze zur Verfügung.

Essen & Trinken Es gibt mehrere Restaurants im Schloss sowie einen herrlichen Biergarten im Wald und unzählige Verpflegungsstände auf dem Turniergelände.

Es gibt keine Übernachtungsmöglichkeiten, weder Zeltplätze noch Hotelzimmer. Urlauber müssen auf die Hotellerie des Fünfseenlandes ausweichen.

Ammersee – Westufer

Weniger steil ansteigend als das Ostufer, ist das Westufer des Ammersees deshalb auch dichter besiedelt. Verglichen mit beispielsweise dem Starnberger See geht es hier freilich noch sehr ruhig zu, außerhalb der Saison sind manche Gaststätten am See sogar geschlossen. Eine bedeutende Ausnahme bildet Dießen, die zweitgrößte Siedlung am Ammersee und das touristische Zentrum des Westufers.

Wanderer und Radfahrer dürfen sich über einen durchgehenden Weg freuen, der zwar meist etwas abseits des Ufers, dafür aber nahezu autofrei verläuft. Badelustige finden am Westufer mehrere schöne Strandbäder mit gelegentlich nostalgischem Charakter; etwas rar sind dagegen Freibadeflächen.

Zwischen Stegen und Schondorf: Westlich der nahe Stegen aus dem See abfließenden Amper führt der Rad- und Fußweg am Rand eines ausgedehnten Landschaftsschutzgebietes entlang, in dessen flachen Schilfzonen sich Jungfische und seltene Wasservögel tummeln. Jenseits des Erholungsgeländes durchquert der Weg zunächst eine kleine Siedlung und erreicht durch ein Waldgebiet dann Schondorf.

Baden Erholungsgebiet Eching, etwa 2 km westlich von Stegen. Ausgedehntes Wiesengelände, relativ wenig Schatten, Gastronomie (Mai–Sept.) mit großer Terrasse, WC und Duschen, Parkplätze in der Nähe, Windsurfschule. Eintritt frei.

Schondorf

Ursprünglich bestand Schondorf (heute ca. 4000 Einwohner) aus zwei Ortskernen, die im Laufe der Jahre zusammengewachsen sind, ihren unterschiedlichen Charakter aber behalten haben. *Oberschondorf* liegt auf der Anhöhe über dem See um die Kirche St. Anna und macht mit seinen alten Häusern noch einen durchaus bäuerlichen Eindruck.

Kirche und Gaststätte einträchtig nebeneinander in Unterschondorf: Klischees haben oft einen wahren Kern

Hübsch hergerichtet: der Wastl in Schondorf

Fünfseenland → Karte S. 37

Der bescheidene Fremdenverkehr (25.000 Übernachtungen jährlich) spielt sich hauptsächlich in der Ufersiedlung Unterschondorf ab, in der feine Villen neben einfachen Fischerhäusern stehen. Bekannt wurde der Ortsteil vor allem durch den Maler Wilhelm Leibl, der ab 1875 hier wohnte. Dass jedoch auch Unterschondorf ein ehrwürdiges Alter besitzt, zeigt nahe des Dampferstegs der trutzige Bau der romanischen St. Jakobus-Kapelle (12. Jh.), der man erst viel später ein Zwiebeltürmchen aufgesetzt hat. Ganz neu ist dagegen der Ammersee-Skulpturenweg, der in den Seeanlagen beginnt und am Strandbad Forster vorbei durch den Wald bis nach Eching führt (Genaueres s. u.).

Information Das **Tourismusbüro** Schondorf vertritt auch die Gemeinden Eching und Greifenberg. Mai–Sept. Mo–Fr 10–12 Uhr, Mi geschlossen; Mitte Sept. bis Mitte Mai Di und Do 10–12 Uhr. Bahnhofstr. 44, 86938 Schondorf, ✆ 08192-8899, www.schondorf-tourismus.de.

Baden **Strandbad Forster**, 200 m nördlich (links) des Dampferstegs. Weit nach hinten reichendes Wiesengelände, nostalgische Umkleidekabinen aus Holz ringsum (2,80 €/Tag), wenig Schatten (Sonnenschirmverleih), kleiner Kiesstrand, „Seerestaurant Café Forster" mit großer Terrasse und verglastem Innenbereich. Langsam abfallendes Ufer, ins Wasser über Stege. Eintritt 2 €. Liegestühle/Sonnenschirme 2,80 €/Tag. An der Point 2, 86938 Schondorf, ✆ 08192-219, www.cafeforster.de.

Sport **Sportbootschule**, am Gemeindesteg in der Seestraße (100 m links vom Dampfersteg), ✆ 08807-947786 oder 0174-1915562, www.sportbootschule-schondorf.de.

Kultur **Ammersee Skulpturenweg**, herrlicher, etwa 1,5 km langer Spaziergang, der weitgehend durch den Wald führt. Beginnend am Dampfersteg in Schondorf (man beachte die unheimliche Figur im Wasser), dann durch die Seeanlagen, am Strandbad Forster vorbei, rechts in den Weingartenweg und dann immer weiter geradeaus, bis der Waldweg in die Kaagangerstraße von Eching mündet. Hier, am Austritt des Waldes, endet der Skulpturenweg, der von 21 zeitgenössischen Kunstwerken am Wegesrand gesäumt wird. Alle Künstler wohnen am Ammersee. www.ammersee-skulpturenweg.de.

Essen/Übernachten (→ Karte S. 83) **Seepost**, unmittelbar „über" dem Dampfersteg, direkt neben der Kirche, mit schönem Biergarten zum See. Das Areal liegt in zwei Etagen hübsch auf einer kleinen Anhöhe. Gute internationale Küche. Kein Ruhetag. Bahnhofstr. 2, 86938 Schondorf, ✆ 08192-933753, www.seepost-ammersee.de.

Gasthof Zum Wastl, ein paar hundert Meter den Hügel aufwärts von der „Seepost". Kleine, ländliche Holzterrasse, Sitzplätze sonst nur innen. Mo–Fr 11–15 Uhr. Zwei-Zimmer-Ferienwohnung mit Wohnküche 50 € f. 2 Pers. Bahnhofstr. 18, 86938 Schondorf, ✆ 08192-210, www.zumwastl.de.

Kuba, alte Scheune am Bahnhof Schondorf, improvisiert wirkende Einrichtung, dekoriert mit gestapeltem Holz, „Schonstrand" mit Sand, Tische auf einer Holzbühne, Kulturprogramm: das Herzensprojekt eines Weltenbummlers, der in seinem zweiten Leben Biobauer in Simbabwe ist („erster und einziger", wie er sagt). Was wie ein Jugendtreffpunkt aussieht, hat sich quer durch die Generationen etabliert. Essen wie Musik sind täglich anders. Mi–Sa ab 17 Uhr. Bahnhofstr. 43, 86938 Schondorf, ✆ 0174-4948977, www.kubaschondorf.de.

Abstecher nach Achselschwang: Pferdenarren werden auf einen Umweg zum Turnier- und Ausbildungsstall Achselschwang nicht verzichten wollen. In dem Gestüt, dessen Tradition bis ins 17. Jh. zurückreicht, werden neben dem Pensionspferdebetrieb auch Reitkurse für Anfänger, Fortgeschrittene und Kinder veranstaltet (Elke Wallner: ✆ 0176-39723155; www.reitanlage-achselschwang.de). Achselschwang liegt rund 8 km südwestlich von Schondorf; die Gestüts-Gaststätte bietet eine einfache Einkehrmöglichkeit (Mo–Fr 10–14 und 17–1 Uhr, Sa/So durchgehend geöffnet, Mi Ruhetag, www.gaststaette-achselschwang.de).

Von Schondorf Richtung Utting sind Rad- und Fußweg gut ausgeschildert. Zunächst geht es auf Asphalt durch ein Villengelände, später wieder abseits der Straße ins Erholungsgebiet von Utting.

Utting

Wie Schondorf setzt sich auch Utting aus zwei unterschiedlichen Siedlungskernen zusammen. Das Zentrum des alten Dorfs liegt auf einem Hügel über dem See und weist noch recht bäuerliche Züge auf. Die kleine, von weiträumigen Erholungsanlagen umgebene Ufersiedlung widmet sich dagegen eindeutig dem Fremdenverkehr, insbesondere dem Segelsport. *Bertolt Brecht* hatte mit den Einnahmen aus der erfolgreichen „Dreigroschenoper" im August 1932 ein Haus in Utting gekauft, doch schon wenige Monate später, im Februar 1933, nach dem Reichstagsbrand, entfloh er der aufkommenden Nazidiktatur nach Dänemark. Wenig später wurden seine Werke in Deutschland öffentlich verbrannt.

Holzhausen, ein ruhiger Weiler etwa zwei Kilometer südlich von Utting, zählt ebenfalls noch zur Gemeinde. Obwohl Holzhausen einen eigenen Dampfersteg besitzt, liegt auch hier der Ortskern etwas oberhalb des Sees. In Ufernähe (Eduard Thöny Str. 43) baute der Bildhauer *Mathias Gasteiger* (1871–1934) eine prächtige Jugendstilvilla, die seine Frau Anna Sophie mit einem geschmackvoll gestalteten **Landschaftspark** umgab, den sie als Inspiration für ihre Gemälde nutzte. Das Haus-Ensemble kann im Sommer besichtigt werden (April–Okt. So 14–17 Uhr, ✆ 08806-699, Eintritt 3,50 €, Nov.–März geschlossen). Der Garten ist ganzjährig kostenlos zugänglich, der südliche Teil wurde zur öffentlichen **Badewiese** umfunktioniert.

Baden Strandbad Utting, 100 m nördlich des Dampferstegs (Vorsicht beim Rausschwimmen!). Hübsch nostalgisches, allerdings recht kleines Strandbad mit Kiosk (reiche Auswahl an Essen und Getränken) und allen wichtigen Einrichtungen; besondere Attraktion ist der hölzerne Zehnmeterturm. Geringe Eintrittsgebühr. Seestr. 12, 86919 Utting, ✆ 08806-7680, www.strandbad-utting.de.

Freizeit/Sport Freizeitgelände Utting, vom Strandbad noch ein Stück weiter nördlich, beim Campingplatz. Wiese unter alten Bäumen, Kiesstrand, Stege, riesiger gebührenpflichtiger Parkplatz. Freier Eintritt. Auf dem Gelände befinden sich auch die *Segel-*

Fünfseenland → Karte S. 37

Direkt neben dem Freizeitgelände Utting klettern nicht nur Kinder durch die Takelage eines Piratenschiffs

schule Ernst mit Verleih von Booten aller Art (www.segelschule-ernst.de, ✆ 08806-534715), der Campingplatz Utting und irgendwo dazwischen ein kleiner *Badeplatz* mit Kiosk zwischen alten, großen Bäumen. Der *Campingplatz Utting* ist modern, gut ausgestattet und wurde vom ADAC mit 5 Sternen ausgezeichnet. Auf dem ebenen, weitgehend schattenlosen Wiesengelände liegen auch das geräumige, saubere Sanitärhaus sowie diverse Einkaufs- und Sportmöglichkeiten. Preise: 6,50 €/Pers., Zelt ab 6,60 €, Pkw 3,80 €. Geöffnet April bis Mitte Okt. Im Freizeitgelände 5, 86919 Utting, ✆ 08806-7245, www.ammersee-camping.de. Der kioskähnliche **Pavillon am See liegt am Rand des kleinen Badeplatzes**: ein runder, verglaster Bau mit Terrasse, der eine ganz gute Auswahl an einfachen Gerichten und Imbissen bietet. Im Freizeitgelände 4, 86919 Utting, ✆ 08806-7461, www.pavillion-am-see.de.

Hochseilgarten, anspruchsvolles Klettergerüst in Form eines Piratenschiffs. Ganz oben steht man 13 m über dem Boden. Zu erreichen über den Anfahrtsweg zum Campingplatz Utting. Erw. 25 €, Jugendl. 20 €. Geklettert werden darf ab 6 Jahren, der Kinderparcours kostet 17 €/Pers. – die professionell gesicherten Kleinen können ihn sogar ohne Begleitung Erwachsener bewältigen. Geöffnet ab Anfang April, nur Sa/So und an Feiertagen, meistens von 11–19 Uhr sowie in den bayerischen Schulferien (tagesaktuelle Termine auf der Website). Fahrmannsbachstr. 2, 86919 Utting, ✆ 08806-9234920, www.hochseilgarten-ammersee.de.

Ex Ornamentis – Labyrinth für Kinder, zwischen riesigen Sonnenblumen, Hanf, Mais und Zierkürbissen toben die Kleinen auf der Suche nach den Stempelstationen für ihren Aufgabenzettel. Am Rand stehen Tipis, es gibt einen kleinen Spielplatz zur Erholung. Eine reizende Idee, bei unserem Besuch überholten sich die Kinder gegenseitig in ihrer Begeisterung. An schönen Sommertagen ist das Feld mit den wild wuchernden Pflanzen gut besucht, von Gedränge aber keine Spur. Ein wirkliches Labyrinth ist es natürlich nicht, Gefahr, dass die Kleinen sich verirren, besteht zu keiner Zeit. Geöffnet Mitte Juli bis Ende Sept. tägl. 10–20 Uhr, Mitte Juli bis Ende Juli Mo–Fr 14–20 Uhr und Sa/So 10–20 Uhr, Mitte Sept. bis Ende Sept. Mo–Fr 14–18 Uhr und Sa/So 10–18 Uhr. Erw. 6 €, Kinder 6–11 J. 5 €, Jugendliche 12–17 J. 5,50 €, Kinder unter 6 J. frei. Fahrmannsbachstraße, 86919 Utting (kurz vor dem Hochseilgarten am Freizeitgelände), www.exornamentis.de.

Segel- und Motorbootschulen, reichlich vorhanden. Bayerische Seglervereinigung, im Dampfer „Andechs", Freizeitgelände 12, ✆ 08806-7592, www.bsv-ammersee.de; Segelschule Ernst, → Freizeitgelände; Segel- und Motorbootschule Marx, Seestr. 17, ✆ 08806-7704, www.segelschulemarx.de; Wassersportschule Steinlechner, Segel- und Motorbootführerscheine, Seestr. 8 (gleich links vom Dampfersteg), ✆ 08196-1605, www.ammersee-segelschule-steinlechner.de.

Essen und Trinken (→ Karte S. 83) **Alte Villa Utting**, lauschig im Wald neben dem Freizeitgelände Utting gelegen. Wenn Sie mit dem Auto kommen, am besten dessen Parkplätze nutzen. Schöne Ausflugsgaststätte unweit des Sees in einem italophilen Landhaus mit großem Biergarten. Vorwiegend bayrische Küche zu halbwegs moderaten Preisen. Di Ruhetag. Seestr. 32, 86919 Utting, ✆ 08806-617, www.alte-villa-utting.de.

Lenas am See, 1a-Lage zwischen Dampfersteg und Strandbad, direkt am See. Traditionsreiche Gaststätte in neuem Gewand: Geschäftsführerin Lena Mielke hat im Berliner Luxushotel „The Ritz Carlton" Management-Erfahrung gesammelt und knüpft mit der Neueröffnung 2017 an die Gastronomie-Tradition ihrer Urgroßeltern im gleichen Haus an. Feine internationale Küche mit bayrischen Einsprengseln in luftig-modernem Ambiente. Eine Rarität am Ammersee. Mo/Di Ruhetag, Mi ab 17.30 Uhr, sonst ab 11.30 Uhr. Seestr. 10, 86919 Utting, ✆ 08806-9570957, www.lenasamsee.de.

Südlich von Utting führen Rad- und Wanderweg zunächst durch ein kleineres Erholungsgebiet und einen daran anschließenden Park, dann vorbei am Dampfersteg von Holzhausen. Hinter dem Örtchen verläuft der Weg parallel zur Bahnlinie, am Rand eines Naturschutzgebietes mit schönen alten Bäumen.

Riederau

Offiziell zählt das kleine Dorf bereits seit über 20 Jahren zur Gemeinde Dießen, doch macht es immer noch einen sehr eigenständigen Eindruck. Riederau besitzt eine eigene Bahnstation, einen Dampfersteg, ein modernes Strandbad und gepflegte Gaststätten.

Baden **Strandbad Riederau**, nahe Dampfersteg (beim Schwimmen auf Schiffe achten!). Gepflegtes, mittelgroßes Wiesengelände mit allen Einrichtungen, etwas Baumschatten, Café mit Seeterrasse und guter Speisenauswahl. Eintritt 2,70 €. Seeweg Süd 4, 86911 Riederau, www.strandbad-riederau.de.

Essen/Übernachten (→ Karte S. 83) **Seehaus**, eines der Top-Restaurants des Ammersees. Von einem Garten umgebener, luftiger Bau in Spitzenlage am See, etwas südlich des Ortsausgangs von Riederau; Parkplätze an der Hauptstraße (beschildert). Traumhafte Terrasse, anspruchsvolle französische Küche (Herbert Houillot fing in den 70er-Jahren klein an, stieg schnell zum Küchenchef auf, heute ist er Inhaber). Hauptgerichte 20–30 €. Kein Ruhetag. Seeweg Süd 22, 86911 Riederau, ✆ 08807-7300, www.seehaus.de.

Hotel-Landgasthof Der Kramerhof, nahe der Hauptstraße beim Maibaum. Moderner Bau, hübsche Terrasse, gute Küche, Hauptgerichte etwa 12–20 €. Kein Ruhetag, Mo/Di ab 16 Uhr. Komfortable, modern eingerichtete Zimmer. DZ/Bad/F um 150 €. Ringstr. 4, 86911 Dießen, ✆ 08807-924060, www.derkramerhof.com.

Richtung Dießen verläuft der kombinierte Rad- und Fußweg weiter entlang der Bahnlinie bis St. Alban. *Bierdorf* wird dabei rechts liegengelassen – Freunde des Gerstensaftes müssen sich darüber nicht grämen, leitet sich der Name doch nicht vom Bier, sondern von der Birne ab.

St. Alban, schon ein Ortsteil von Dießen, war früher die Einschiffungsstation für Pilger nach Andechs; an diese alten Zeiten erinnert noch eine Wallfahrtskapelle am See, die innen spätbarock ausgeschmückt ist. Den Besuchern von heute bietet die kleine Siedlung einen hübschen Campingplatz mit Restaurant, vor allem aber das wohl schönste Strandbad des Ammersees (→ Dießen).

Dießen

Jahrhundertelang war Dießen die bedeutendste Siedlung am Ammersee. Heute genießt der malerische Marktfleck besten Ruf als Hort der Handwerkskunst.

Im 11. Jh. residierten hier die Grafen von „Diezzan", aus denen später die mächtigen Grafen von Andechs wurden. Vor dem Umzug dorthin gründeten sie noch ein Augustiner-Chorherrenstift, das bis ins 19. Jh. Bestand hatte. Ihm verdankt Dießen eine der schönsten Rokokokirchen überhaupt, die 1739 eingeweihte ehemalige Klosterkirche *Mariä Himmelfahrt*, auch „Dießener Himmel" genannt.

Obwohl die Marktgemeinde im 19. Jh. allmählich Konkurrenz durch Herrsching erhielt und mittlerweile an Einwohnerzahl von der Ostufersiedlung eingeholt wurde, ist Dießen der zumindest kulturell weit interessantere Ort geblieben: „Kultur in schönster Landschaft" warb das Verkehrsamt einst und hatte damit damals wie heute recht. Besonders hoch hält man in der knapp über 10.000 Einwohner zählenden Stadt die Handwerkskunst, die eine lange Tradition besitzt; bereits im 14. Jh. besaß Dießen Marktrecht, seit dem 16. Jh. gab es eine Zunft der Eisenschmiede. Auch die Weber, Hafner, Glaser und Bildhauer des Ortes wurden weithin für ihre gute Arbeit gerühmt. Heute sind es die Zinngießer und vor allem die Töpfer, die Dießen zu einem Mekka der Freunde des Kunsthandwerks machen: Der *Töpfermarkt* zu Christi Himmelfahrt zieht alljährlich Zehntausende von Besuchern an.

In Dießen schlug auch die Geburtsstunde der Ammerseeschifffahrt, als sich 1879 zwölf Dießener Bürger, genannt „Die zwölf Apostel", zum Kauf eines gebrauchten Dampfschiffes zusammentaten. Etwa zu jener Zeit wurde Dießen von Künstlern entdeckt, lernten Maler wie Carl Spitzweg und Wilhelm Leibl die reizvollen Winkel schätzen, die sich das Städtchen, obwohl mitunter verkehrsgeplagt, zum Teil bis heute bewahrt hat. Berühmtester Dießener Bürger wurde allerdings kein Maler, sondern der Komponist Carl Orff (1895–1982), weltbekannt besonders durch seine „Carmina Burana".

Sehenswertes

Seeanlagen: Ganz hübsch gestaltet sind die weitläufigen *Seeanlagen* beim Dampfersteg. Unter alten Bäumen, an dem kleinen Bächlein oder in der Minigolfanlage treffen sich tatsächlich noch Jung und Alt; in der angenehm verkehrsarmen Umgebung bis hoch zum sogenannten Marktplatz, der in Wirklichkeit nur aus einer Kreuzung besteht, ist noch eine ganze Reihe hübscher alter Häuser zu sehen.

Unweit des Dampferstegs im *Pavillon am See*, 1939 errichtet und 1954 umgebaut, stellt die „Arbeitsgemeinschaft Diessener Kunst" Erzeugnisse ansässiger Kunsthandwerker (Töpfer, Goldschmiede, Zinngießer, Hinterglas- und Bauernmaler etc.) zum Verkauf aus.

März–Okt. tägl. 11–18 Uhr. Eintritt frei. Seestr. 30, 86911 Dießen, ✆ 08807-8400, www.diessener-kunst.de.

Marienmünster: Größter Glanzpunkt in Dießen ist die hoch über dem Ortskern gelegene Kirche des ehemaligen Chorherrenstifts, der „Dießener Himmel". Seine Schönheit verdankt das 1739 fertiggestellte Marienmünster vor allem der Hartnäckigkeit und dem Ehrgeiz des damaligen Stiftpropstes. Der nämlich, unzufrieden über einen bereits 1720 begonnenen Rohbau, ließ diesen kurzerhand wieder

Fünfseenland → Karte S. 37

abreißen. Besser traf den Geschmack des Kirchenmannes der berühmte Münchner Baumeister *Johann Michael Fischer*, der dem Propst in nur sieben Jahren eine neue Kirche hinstellte, ein wahres Meisterwerk des Rokoko dazu. An der Innenausstattung wurde nicht gespart, die Liste der Mitwirkenden liest sich wie ein „Who's who" der damaligen Künstlerwelt: Der Entwurf für den perfekt in Szene gesetzten **Hochaltar** kam von *François Cuvilliés*, die **Deckengemälde** sind Arbeiten von *Johann Georg Bergmüller*, eine Kanzel und der Orgelprospekt stammen von *Johann Baptist Straub*, die Stuckaturen von den Wessobrunner Gebrüdern *Feichtmayr*, zwei Altarblätter von den Venezianern *Tiepolo* und *Pittoni* – womit die Aufzählung großer Namen jener Zeit noch längst nicht beendet wäre. Das Ergebnis jedenfalls beeindruckt durch Harmonie und Eleganz.

Geschlossen tägl. 12–14 Uhr, Sonntagsmessen 9 und 10.30 Uhr. Führungen beim Pfarramt unter ✆ 08807-948940. Klosterhof, 86911 Dießen.

Das Marienmünster, auch „Dießener Himmel" genannt

Das Ensemble rund um die Marienkirche umfasst noch weitere Sehenswürdigkeiten. Im Glockengang birgt das **Pfarrmuseum** eine Ausstellung religiöser Kunst vieler Jahrhunderte. Die nebenan liegende **Kirche St. Stephan**, einst eine Pferdestallung, wurde erst 1975 zu einem ungewöhnlichen Gotteshaus umgebaut, dessen Charakter zwischen Romanik und Moderne pendelt. Wechselnde Ausstellungen beherbergt der **Taubenturm** (geöffnet Sa/So und an Feiertagen 12–18 Uhr) am Eingang zum Klosterhof.

Gewerkhaus: „Ein ehemaliges kleines Krankenhaus, in dem sich verschiedene Handwerker zusammengeschlossen, das Haus nach ihren Bedürfnissen renoviert und jetzt darin ihre Werkstätten bzw. Ateliers haben: eine Schneiderin, ein Holzbildhauer, ein Sattler, eine Silberschmiedin, eine Grafikerin, eine Keramikerin, ein Messerschmied etc. Sehr interessant, sehr sehenswert." (Lesertipp)

Mo–Fr 9–17 Uhr (Kernzeit, kann je nach Mieter leicht variieren). Jahresausstellung im Herbst, meist Mitte Sept. Krankenhausstr. 7, 86911 Dießen, ✆ 08807-9495851, www.gewerkhaus.de.

Carl Orff Museum: Der Komponist der „Carmina Burana" hat jahrzehntelang im Dießener Stadtteil St. Georgen gelebt. Stets hat er die Bedeutung des Fünfseenlands für seine Kunst betont, wer seine Musik verstehen wolle, müsse wissen, wo sie entstanden sei, sagte er. Für Orff-Liebhaber dürfte die kleine Ausstellung in der Nähe des Marienmünsters daher von großem Interesse sein. Im Erdgeschoss des Rinkhofs werden seine biografischen Stationen in Wort und Bild veranschaulicht, Tonaufnahmen in exzellenter Qualität vergegenwärtigen seine Kompositionen. Im Untergeschoss haben Sie Gelegenheit, auf den Instrumenten seines „Schulwerks" zu spielen oder sich Aufführungen seiner großen Werke auf Video anzusehen. Tipp: Die herrliche Sammlung an verschiedenen Trommeln, Tamburinen, Rasseln und Becken macht kleinen Kindern, wie von Orff beabsichtigt, tatsächlich einen Riesenspaß. Und die Museumsleitung lässt auch den größten Höllenlärm wohlwollend zu. Orff wollte mit seinem musikpädagogischen Konzept, das heute weltweit vielfältige Anwendung findet, nichts weniger, als verborgen liegende Ausdrucksformen in Musik, Sprache und Bewegung wecken.

So und Feiertage 14–17 Uhr. Eintritt 2 €. Hofmark 3, 86911 Dießen, ✆ 08807-91981, www.orff.de.

Basis-Infos

Information **Touristinfo Dießen**, Bahnhofstr. 15, 86911 Dießen. Mai–Sept. Mo–Fr 9–12 und 15.30–18 Uhr, Sa 9–12 Uhr. März, April und Okt. Mo–Sa 9–12 Uhr. Nov.–Feb. Mo, Mi und Fr 10–12 Uhr. ✆ 08807-1048, www.tourist-info-diessen.de.

Baden **Strandbad beim Strandhotel**, an der Seepromenade von Dießen, kleines Wiesengelände (3000 m^2) mit Kiesstrand. Eintritt 2 €. Jahnstr. 10.

Strandbad St. Alban, die bessere Alternative, wohl das reizvollste Strandbad am See. Weitläufiges, leicht abfallendes Wiesengelände, dicht beschattet durch alte Bäume, Kiosk mit Terrasse, Einstieg ins flache Wasser über Stege; alle notwendigen Sanitäreinrichtungen. Eintritt: Erw. 4 €, Kinder 6–15 J. 1 €. Seeweg Süd 90, 86911 Dießen, ✆ 08807-9496436.

Feste/Veranstaltungen Auf diesem Gebiet wird in Dießen einiges geboten; ein komplettes Programm mit den genauen (oft wechselnden) Terminen ist bei der Touristinfo (s. o.), erhältlich.

Dießener Kunsthandwerkermarkt, an Mariä Himmelfahrt (15. August).

Dießener Töpfermarkt, schon lange eine Traditionsveranstaltung, zu der mittlerweile rund 150 Aussteller aus ganz Europa kommen. Von Christi Himmelfahrt (Ende Mai) bis zum folgenden Sonntag; das Gelände liegt an der Seepromenade beim Dampfersteg.

Freizeit/Sport **Bootsverleih**: Ernst, in St. Alban. Segel- und Elektroboote. St. Alban 6, 86911 Dießen, ✆ 08807-5646, www.ernst-st-alban.de.

Segelschule: Stefan Marx, nördlich des Dampferstegs. Seestr. 28, 86911 Dießen, ✆ 08807-8415, www.ammersee-segelschule.de.

Übernachten/Essen & Trinken

→ Karte S. 83

Übernachten/Essen Während des Töpfermarktes ist für Übernachtungsgäste eine rechtzeitige Reservierung ratsam.

Hotel-Gasthof Maurerhansl, die erste Adresse in Dießen, gleichzeitig der älteste, denkmalgeschützte Gasthof des Ortes, Baujahr 1765. Als Hotel recht exklusiv, nur 8 fein möblierte Zimmer (jedes ein wenig anders dekoriert, aber alle modern und luftig: es gibt das „Tiger Zimmer", das „Strand Zimmer" oder das „Kirschblüten Zimmer"). DZ 100–130 €, das Frühstück kostet 15 € extra. Hotelgästen steht auch das Familiengrundstück am See zur Verfügung. Das längere Zeit geschlossene Speiselokal wird jetzt als Wirtshaus mit kleiner Bühne in einem schönen Gewölberaum für Theater, Kabarett etc. geführt. Gästen stehen mehrere Räume mit unterschiedlicher Stimmung und Einrichtung zur Verfügung. Moderne Bilder brechen den rustikalen Charakter der Architektur auf. Johannisstr. 7 (in Marktplatznähe), 86911 Dießen, ✆ 08807-92290, Restaurant ✆ 08807-8810, www.maurerhansl.de.

Die Zinngießerei Schweizer bietet neben kleinen Figuren auch Leckereien in einem schönen Café an

Schatzbergalm, die schöne Lage in freier Natur macht den Biergarten zum beliebten Ausflugsziel. Essen und Getränke sind regionaltypisch. Geöffnet ist das Lokal nur am Wochenende, aber man kann dort auch in eleganten Zimmern übernachten. DZ 100–140 €. Ziegelstadel 11 (beim Ortsausgang Richtung Weilheim weist ein Schild den Weg), 86911 Dießen, ✆ 08807-6780, www.schatzbergalm.de.

Seerestaurant St. Alban, im gleichnamigen Campingplatz und besonders aufgrund der schönen Lage über dem See interessant. Hübsche Terrasse; auf der umfangreichen Karte stehen hauptsächlich Standardgerichte, Pizzen und Grillfleischgerichte vom Balkan dominieren. Ostern bis Sept., Mo Ruhetag, Di–Fr 14–18 Uhr keine warme Küche, Sa/So durchgehend. Seeweg Süd 85, 86911 Dießen, ✆ 08807-1503, www.seerestaurant-ammersee.de.

Weitere empfehlenswerte Einkehr- und Übernachtungsadressen finden sich in den nahen Orten Riederau und Raisting (s. jeweils dort).

Campingplatz St. Alban, auf dem gleichen Gelände wie das Seerestaurant St. Alban (s. o.), beim gleichnamigen Ortsteil. Relativ kleiner, angenehmer Platz am See, ruhige Lage, gute Bademöglichkeiten auch für Kinder; viele Segler und Surfer. 1 Pers. inkl. Kurtaxe 8 €, Zelt 6 € (mit Auto 10–14 €). Geöffnet Ostern bis Sept.; für Juli/Aug. empfiehlt sich frühzeitige Reservierung. Seeweg Süd 85, 86911 Dießen, ✆ 08807-7305, www.camping-ammersee.de.

Südlich von Dießen

Die weit ausgedehnten, moorigen Verlandungsflächen, die der alte und der neue, künstliche Ammerzufluss am südlichen Ende des Sees geschaffen haben, sind ein wichtiges Überwinterungs- und Brutgebiet für zahlreiche vom Aussterben bedrohte Vogelarten, darunter Seeschwalbe, Flussuferläufer, Brachvogel, Regenpfeifer und Eisvogel. Sie stehen deshalb unter Naturschutz und dürfen nicht betreten werden.

Birkenallee: Die direkte Verbindungsstraße zwischen Dießen und Vorderfischen, so genannt wegen ihres schönen Birkenbestands, ist sehr schmal und als Gefahrenquelle besonders für Radler und Fußgänger bekannt. Als Alternative empfohlen wird ein Schlenker auf Wirtschaftswegen über Raisting, der ab dem Ende des Radwegs südlich von Dießen beschildert ist. Kurz vor Raisting biegt diese Route links ab, führt dann an der Neuen Ammer entlang zur Brücke am Ende der Birkenallee kurz vor Vorderfischen.

Vogelwanderung an die Neue Ammermündung: An der Brücke vor Vorderfischen beginnt ein Fußweg, der entlang der Neuen Ammer ins Naturschutzgebiet zur Mündung führt. An seinem Ende ist ein Beobachtungspunkt eingerichtet, von dem aus man mit etwas Glück einige der hier lebenden, seltenen Vogelarten beobachten kann (Fernglas empfiehlt sich). Schautafeln beschreiben die Vögel und zeigen an, wann welche Art hier Station macht.

Raisting: Das stille Dorf liegt rund vier Kilometer südlich von Dießen, eine kompakte, ländlich gebliebene Siedlung. Umso frappierender wirkt das futuristische Bild auf den Feldern südlich der Ortschaft: Riesige Satellitenschüsseln öffnen sich dem Himmel, reflektieren gleißend das Sonnenlicht – es handelt sich um die **Erdfunkstelle Raisting,** jahrzehntelang im Besitz der Telekom, bzw. früher der Bundespost. Seit Januar 2006 gibt es einen neuen Besitzer: die US-Firma Emerging Markets Communications stellt für die Vereinten Nationen und mehrere Hilfsorganisationen Telefonverbindungen über Satellit her – und braucht dafür die Parabolantennen bei Raisting. Deren Aufgabe ist es, über Satellit die Richtfunkverbindung zu weit entfernten Ländern und Kontinenten herzustellen; auf direktem Weg ist dies wegen der Erdkrümmung nicht möglich. Als Bauplatz für die großen Lauscher ins All drängte sich das flache Gebiet der „Raistinger Wanne", das durch Hügelketten im Westen und Osten abgeschirmt wird, geradezu auf. 1963 wurde die Anlage errichtet, heute senden und empfangen hier 18 Antennen mit Schüsseldurchmessern zwischen 7 und 32 Metern. Beeindruckend ist der Kontrast zwischen der hochmodernen Technik und der kleinen Wallfahrtskapelle **St. Johann,** die neben den gigantischen Silberpilzen wie ein Zwerg wirkt. Interessierten erklärt Ingenieur Gerd Knauth vor Ort Details zu Zweck und Funktionsweise der Parabolantennen (telefonische Vereinbarung unter ✆ 08807-2691, Kosten: 2 € pro Person bei Großgruppen ab 20 Personen, bei weniger Teilnehmern werden pauschal 40 € berechnet. www.raisting.eu). Wer wissen will, was genau sich hinter und unter der riesigen weißen Kuppel auf dem Gelände befindet: Das sogenannte Radom Raisting, 1964 als Antenne 1 in Betrieb genommen, aber inzwischen schon jahrzehntelang außer Betrieb, steht nach der Sanierung von April bis Oktober an jedem Sonntag von 14–17 Uhr Besuchern offen. 2009 wurde das Radom in die Liste der national bedeutenden Industriedenkmäler aufgenommen. Kontakt und Führung: Edith Brey, ✆ 08862-911785 oder 0171-6115952, www.pfaffenwinkler-kulturfuehrer.de.

Übernachten/Essen (→ Karte S. 83)

Hofbiergarten Grenzebach, unser Tipp in Stillern, rund 3 km südwestlich von Raisting. Ein ganz besonderer Biergarten: Sowohl das Bier als auch die angebotenen Schmankerln (4–12 €) stammen aus ökologischem Anbau bzw. ebensolcher Tierhaltung; angegliedert ist ein Naturkostladen. Obwohl es sicher optisch schönere Biergärten gibt, ist der Grenzebach-Hof samt riesigem Fahrradparkplatz an Wochenenden gut gefüllt. Die idyllische Lage mit guten Wander- und Radlmöglichkeiten in der Umgebung (u. a. der König-Ludwig-Weg nach Wessobrunn) trägt sicher ihren Teil bei; für Autos ist in Stillern nämlich Endstation. Ab Mai Do/Fr ab 17 Uhr, Sa/So ab 12 Uhr. Stillern 1, 82399 Raisting, ✆ 08809-675 oder 862, www.hof-biergarten.de.

Fünfseenland → Karte S. 37

Wessobrunn

Der kleine Ort mit dem berühmten Kloster ist für Autofahrer von Dießen aus nur auf Umwegen (über Rott oder Weilheim) zu erreichen; Radler dagegen können über Raisting und Stillern dem König-Ludwig-Weg folgen.

Benediktinerkloster Wessobrunn: Man schrieb das Jahr 753, als dem auf einem Jagdausflug schläfrig gewordenen Agilolfinger Tassilo III. im Traum eine Himmelsleiter erschien, an deren Fuß drei Quellen entsprangen – dem Herzog Anlass genug, ein Kloster zu gründen, zumal er am nächsten Tag ganz in der Nähe seines Lagers tatsächlich drei Quellen entdeckte. Im Lauf der Jahrhunderte stieg Wessobrunn zu einem der mächtigsten Klöster Altbayerns auf. Heute lässt sich der einstige Glanz nur mehr erahnen, denn allzu viele Gebäudeteile wurden nach der Säkularisation Anfang des 19. Jh. zerstört.

Das *„Wessobrunner Gebet"*, die wohl älteste deutsche Handschrift mit christlichem Bezug, befindet sich zwar heute nicht mehr im Besitz des Klosters, in dem sie zu Anfang des 9. Jh. möglicherweise entstand, sondern in der Staatsbibliothek München. Der Text des Stabreimgedichts, das in der bairischen Mundart jener Zeit die Schöpfungsgeschichte erzählt, ist jedoch auf einem Findling eingeschlagen, der schräg gegenüber dem Gasthof „Zur Post" steht.

Für meisterhafte Stuckarbeiten steht die *„Wessobrunner Schule"*: Im 17. und 18. Jh. war das Kloster ein Zentrum der Kunst, vor allem der Baumeister, Maler und eben der Stuckateure, aus dem große Künstler wie Dominikus und Johann Baptist Zimmermann, Johann und Franz Xaver Schmuzer, die Gebrüder Feichtmayr und viele andere hervorgingen. Ein großer Teil der bayerischen Barock- und Rokokokirchen, darunter die weltberühmte Wieskirche, sind von Wessobrunnern ausgeschmückt worden. Ihre Kunst kann in den unzähligen Kirchen und Klöstern der so genannten Region *Pfaffenwinkel* bestaunt werden.

Vor Ort noch zu sehen ist der Wessobrunner Stuck in der von Franz Xaver Schmuzer mit Stuck versehenen und von Johann Baader ausgemalten Pfarrkirche St. Johannes (mit schönem romanischem Kruzifix des 13. Jh.) und im Fürstenbau. In der Umgebung des Klosters, in dem jahrzehntelang ein Kindererholungsheim untergebracht war, steht die mächtige *Tassilolinde*, unter der Herzog Tassilo geschlafen haben soll; auch die drei Quellen sprudeln immer noch, bewacht von einem Brunnenhaus.

Nonnen gibt es in Wessobrunn allerdings schon seit einigen Jahren nicht mehr. Finanz- und Nachwuchsprobleme haben zum Verkauf des Klosters an die Unternehmerin *Martina Gebhardt* geführt, die hier ihre Naturkosmetik-Produkte herstellt. Weitere Manufakturen könnten einziehen, Platz genug gibt es, im Klostergarten will Gebhardt Heilpflanzen für ihre Firma anbauen, es sollen Künstlerwerkstätten entstehen und ein kleines Spa. Restaurationsarbeiten dürften Wessobrunn noch für einige Zeit, mal hier, mal da, zur Baustelle machen. Führungen allerdings bietet die Unternehmerin durch die wiederbelebten Klostergebäude auch während dieser Zeit an.

Klosterführungen *Martina Gebhardt Naturkosmetik:* Mo–Fr 14 Uhr. Ticket 3 €. *Pfarrei Wessobrunn:* Mi–So 15 Uhr; im Sommer auch an Sonn- u. Feiertagen um 14 Uhr. ✆ 08809-828990, www.klosterwessobrunn.de.

Übernachten/Essen **Gasthof Zur Post**, traditionsreiche, im 16. Jh. errichtete Wirtschaft, die wegen ihres schönen Saales sehr beliebt für Hochzeiten und andere Feierlichkeiten ist. Gute bayrische Küche zu mittleren Preisen. Mi Ruhetag. Angeboten werden auch einige Fremdenzimmer, auf moderne Art im bayrischen Stil eingerichtet, d. h. reduziert und klar. DZ 80 €. Zöpfstr. 2, 82405 Wessobrunn, ✆ 08809-208, www.post-wessobrunn.de.

Einer der Osterseen: Fohnsee mit Blick auf das schöne Erholungsgebiet

Die Osterseen

Über 20 kleine Moorgewässer bilden die idyllische Seengruppe südlich des Starnberger Sees. Als Rückzugsgebiet vieler selten gewordener Tierarten stehen die Osterseen schon seit Beginn der Achtzigerjahre unter Naturschutz.

Baden ist deshalb, außer im Ortsbereich von Iffeldorf, nur an besonders gekennzeichneten Stellen an **Ostersee** und **Fohnsee** erlaubt. Mit ihren überwiegend sehr schmalen, durch den dichten Wald vielfach schattigen und oft feuchten Uferstreifen sind auch diese beiden größten der Osterseen keine echten Badeparadiese; weite Teile der Ufer sind zudem aus Naturschutzgründen nicht zugänglich. Eher steht hier das Naturerlebnis im Vordergrund: Die Osterseen wollen erwandert werden. Mit etwas Glück sieht man dabei einen Graureiher aus den Schilfzonen aufsteigen, beobachtet vielleicht sogar einen Fischadler oder andere rar gewordene Wasservögel. Besonders hübsch sind die vielen kleinen Bachläufe und Kanäle, die die einzelnen Seen miteinander verbinden.

Entstanden sind die Osterseen als sogenannte Toteisseen während der letzten Eiszeit: Von Geröll bedeckt, blieben große Eisblöcke lange Zeit liegen; als sie schließlich doch schmolzen, rutschte der Schotter in die dadurch entstehenden Kessel nach, die sich allmählich mit Grundwasser füllten. Weniger klar ist die Herkunft des Namens. Oft wird er auf die „heidnische“ Göttin Ostara zurückgeführt – doch handelt es sich bei dieser, zumindest laut Lexikon, nur um die Fiktion eines in Erklärungsnot geratenen Wissenschaftlers. Zudem stellt sich die Frage, was eine „erfundene angelsächsische Frühlingsgöttin“ (Brockhaus) überhaupt in Bayern verloren hat …

Iffeldorf

Das hübsche kleine Dorf (etwa 2500 Einwohner) ist der Hauptausgangspunkt für Wanderungen im Gebiet der Osterseen. Auch für kulturhistorisch Interessierte hat Iffeldorf etwas zu bieten: Schon auf dem Weg von der Autobahnausfahrt Penzberg grüßt von einem Aussichtshügel die *Wallfahrtskapelle St. Maria im Heuwinkl* mit ihrer weithin sichtbaren, ungewöhnlich geformten Kuppel. Innen ziert üppige Stuckdekoration den 1696 errichteten Bau, dessen Patronatstag am 2. September mit Hochamt und einer Lichterprozession begangen wird.

Im Ort selbst steht die nach einem Brand von 1699 neu aufgebaute *Pfarrkirche St. Vitus*, ausgeschmückt mit Rokoko-Gestühl, Wessobrunner Stuck und einem Deckengemälde (1755) des Johann Jakob Zeiler, der auch das große Kuppelfresko der Klosterkirche Ettal schuf.

Baden Die Seen werden im Hochsommer ziemlich warm (um 22 Grad, Spitzenwert im August 1994 25 Grad). Die Wasserqualität ist gut bis sehr gut. Der meist moorige Untergrund gebietet für alle Fälle die Mitnahme einer Isomatte.

Erholungsgebiet Fohnsee: Beim *Campingplatz Fohnsee*, mit dem beliebten *Waldhaus am Fohnsee* auf einer kleinen Anhöhe daneben. Die sonnige Uferwiese mit Schatten spendenden Bäumen ist der beliebteste Badeplatz an den Osterseen, dennoch selten überfüllt. Gebührenpflichtige Parkplätze.

Eine große **FKK-Wiese** gibt es auf der gegenüberliegenden Seite, am Westufer des Fohnsees: in Iffeldorf zum großen Parkplatz abzweigen, dann den Wiesenweg entlang, rechts halten zum großen Hügel, an deren Seeseite befindet sich der Nacktbadeplatz (ohne jede Infrastruktur).

Angler mit Aufpasser am Fohnsee

Ostersee: Zwei Badeplätze mit jeweils flach abfallendem Grund liegen am **Ostufer**. Der südlichere (Sommerstation der **Wasserwacht**) ist landschaftlich vielleicht reizvoller und überwiegend schattig; der nördlichere bietet mehr Raum und Sonne (hier auch **FKK**); Zugang vom großen Parkplatz am Ortsende von Iffeldorf in Richtung Seeshaupt (rechts über die Bahngleise, dann immer am Waldrand entlang). Keinerlei Infrastruktur, überwiegend feuchter Boden.

Sengsee: im Ortsbereich von Iffeldorf unterhalb des Hotels Osterseen.

Parken Großer Besucherparkplatz bei Iffeldorf (hinter der limnologischen Station der TU München, Hofmark 3, rechts ab); gebührenpflichtig, Münzautomaten, kein Wechselgeld. Weitere Parkplätze am Fohnsee und an der Straße nach Seeshaupt.

Wander- und Radwegkarte Kompass Nr. 180, Fünfseenland–Landkreis Starnberg.

Übernachten/Essen An den Seen selbst gibt es, mit Ausnahme des Stüberls am Fohnsee, keine Einkehrmöglichkeit.

Hotel Landgasthof Osterseen 3, an der Hauptstraße in Iffeldorf. Großer Neubau in nicht allzu aufdringlicher Architektur. Clou ist die weiträumige, sonnige Terrasse mit schönem Blick auf die Seenplatte. Gehobene bayrische Küche. Di Ruhetag. DZ/Bad/F 120–160 €, inkl. Fahrradleihe. Hofmark 9, 82393 Iffeldorf, ✆ 08856-92860, www.landgasthof-osterseen.de.

Fohnsee-Camping, am Ostufer des Fohnsees (Osterseenstr.) neben dem Badeplatz Fohnsee; teilweise schattig, sehr viele Dauercamper. 1 Pers. 4 €, Fkw 2 €, Wohnwagen/Wohnmobil 14 €, Zeltplatz 5–12 €. Geöffnet 15. April bis 15. Okt. Fohnseeweg, 82393 Iffeldorf, ✆ 08856-7874 oder 0176-64272566, www.campingplatz-fohnsee.de.

Waldhaus am Fohnsee 2, idyllisch gelegene Gaststätte über dem Badeplatz Fohnsee, große Terrasse zum See. Biergarten- und Balkan-Gerichte, So Steckerlfisch oder Spanferkel. Mo Ruhetag. Fohnseeweg 30 (Abzweigung in Iffeldorf: Osterseenstr.), 82393 Iffeldorf, ✆ 08856-6094277, www.fohnsee.de.

Futterknecht 1, Kiosk am Parkplatz zum Ostersee, am Ortsende von Iffeldorf Ri. Seeshaupt. Hervorragender selbst gemachter Kirschschmandkuchen, belegte Semmeln, Getränke. Von der Straße nicht zu sehen, hinter einem großen Gutshof. Einfach, ruhig und gemütlich. Mo geschl.

Rundwanderung: Um Oster- und Fohnsee

Eine von zahlreichen Wandervarianten im Osterseengebiet; der Weg um den Ostersee ist mit Nr. 7, der um den Fohnsee mit Nr. 5 markiert. Am **Besucherparkplatz bei Iffeldorf** kann man sich anhand einer Informationstafel ein genaues Bild der vielfältigen Möglichkeiten machen. **Route**: Besucherparkplatz – Ostersee Westufer – Ostersee Ostufer – Fohnsee – Iffeldorf – Besucherparkplatz (ca. 12 km).

Vom Parkplatz folgt man zunächst in nordwestlicher Richtung dem Feldweg und hält sich nach ca. 500 m beim Asphaltsträßchen rechts. Ein kleines Stück weiter geht es bei der Gabelung (hier nochmals eine Informationstafel) links. Bald taucht rechter Hand eine verschilfte Bucht des Ostersees auf; wenig später rechts ab und durch den Wald oberhalb des Westufers auf- und abwärts bis zur Kreuzung beim Sanatorium Lauterbacher Mühle. Vorbei am Sanatorium bleibt man zunächst noch auf dem Sträßchen, biegt kurz darauf aber rechts auf den schmalen Weg („Rundweg Osterseen") ab und umgeht nahe der Bahnlinie die Nordspitze des Sees. Rund 1 km weiter öffnet sich ein schönes Panorama auf den See samt Badeplatz; hier den Weg zum Ufer hinab und diesem etwa 1,5 km weit nach Süden folgen. Kurz vor dem Verbindungskanal zwischen Fohnsee und Ostersee links (aber nicht auf den Weg nach Staltach) und über einen schmalen Wurzelweg zum Fohnsee; dort am Ufer entlang nach Norden zu der kleinen Brücke über die Verbindung zwischen Fohnsee und Staltacher See. Kurz darauf sind der Campingplatz und das Badegelände Fohnsee erreicht. Über die Ostuferstraße geht es nach Iffeldorf und durch den Ort zurück zum Parkplatz.

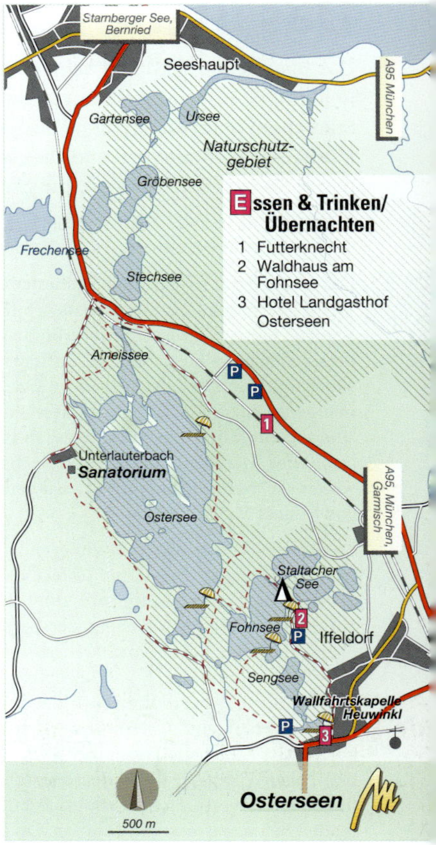

Rundfahrt auf dem Staffelsee

Das Blaue Land

Das Blaue Land verdankt seinen Namen der Künstlergruppe des „Blauen Reiters". Größter Anziehungspunkt für Kunstfreunde ist das romantische Städtchen Murnau mit dem ausgezeichneten Schlossmuseum und dem Münter-Haus. Staffelsee und Riegsee bieten sich vor allem als Ausgangspunkt für Wanderungen an. Die großen Touristenströme gehen an beiden Seen aber nach wie vor vorbei – am kleinen Riegsee ohnehin, aber auch am größeren und bekannteren Staffelsee.

Das ist auch gut so, denn die zauberhafte Region um den Staffelsee ist empfindlich. Weite Zonen sind als Landschaftsschutzgebiet, einzelne Bereiche sogar als Naturschutzgebiet ausgewiesen; Motorboote sind auf den Seen generell verboten. Besonders gefährdet sind die Staffelseemoore am Westufer des Sees und das Murnauer Moos im Süden des gleichnamigen Ortes, beides ausgedehnte Feuchtgebiete, in denen noch eine Vielzahl vom Aussterben bedrohter Tier- und Pflanzenarten lebt. Es sind eigentümliche, weiträumige Landschaften, deren Stimmung vor dem Hintergrund der Alpenkette dramatisch wechseln kann: Je nach Jahreszeit und Witterung wirken sie mal wildromantisch, mal heiter und lieblich, ein andermal zeigen sie sich von sanfter Melancholie.

Es war wohl auch dieser faszinierende Wechsel von Licht und Farben, der schon früh hochrangige Maler ins Gebiet des Staffelsees lockte: *Gabriele Münter* und *Wassily Kandinsky* kauften sich 1909 ein Haus in Murnau, wurden hier oft besucht von befreundeten Mitgliedern der berühmten „Neuen Künstlervereinigung München", darunter neben *Paul Klee*, *Alfred Kubin* und *August Macke* auch *Marianne von Werefkin* und *Alexej von Jawlensky*, die wie Kandinsky aus Russland stammten. Das Murnauer Malerdomizil war der Bevölkerung deshalb bald als „das Russenhaus" bekannt. Hier schaffte Kandinsky den Durchbruch von der gegenständlichen zur abstrakten Kunst. Im Dezember 1911 gründete er mit seinem Freund *Franz Marc* den „Blauen Reiter", die bedeutendste Programmschrift der klassischen Moderne; das Titelbild zierte ein Holzschnitt mit dem Motiv des heiligen Georg, des drachentötenden Schutzpatrons von Murnau. Doch war der Hauptort des Staffelsees nicht nur Wohnstatt berühmter Maler: Zwischen 1923 und 1933 lebte der Schriftsteller *Ödön von Horváth* hier, verfasste in Murnau unter anderem die „Italienische Nacht".

Auf den Spuren dieser und anderer Künstler, die sich von der Landschaft des Staffelsees inspirieren ließen, bewegt man sich in dem sehenswerten Schlossmuseum von Murnau.

Staffelsee

Neben der Kultur muss am Staffelsee der Badespaß nicht zu kurz kommen: Das moorhaltige, weiche Wasser des Voralpensees ist dank Ringkanalisation absolut sauber. Gleichzeitig erwärmt es sich schnell und kann im Hochsommer Temperaturen von bis zu 27 Grad erreichen – im Wettbewerb um den Titel „Wärmster Badesee in Bayern" ist der Staffelsee damit ein ernsthafter Konkurrent des Waginger Sees.

Einmalig steht der Staffelsee auf einem anderen Gebiet da: Sieben Inseln liegen im See, von der großen Insel Wörth, die schon in der Vorgeschichte besiedelt und später Standort eines der ersten Klöster Bayerns war, bis hin zum Miniatureiland. Mit dem Ruderboot lassen sie sich gemütlich umrunden; auf der Insel Buchau ist sogar ein Campingplatz untergebracht.

Bademöglichkeiten, wenn auch in begrenztem Umfang, bieten auch die beiden anderen Seen des Staffelseegebietes, die östlich von Murnau liegen. Am **Riegsee,** der komplett in Privatbesitz ist, findet sich sogar eine familiäre kleine Surfschule; der winzige **Froschhauser See** ist als Naturschutzgebiet ausgewiesen, verfügt aber dennoch über ein kleines Freibadegebiet.

Topografische Angaben Fläche 7,6 Quadratkilometer, Länge 4,3 Kilometer, Breite 1,7 Kilometer, Tiefe bis zu 35 Meter, Uferlänge 25 Kilometer (ohne Inseln: 18 Kilometer).

Wasserqualität Sehr gut.

Wassertemperatur Sommer 22 Grad, Maximalwert 27 Grad.

Information Touristische Tipps (Adressen s. unter den einzelnen Ortschaften) gibt es am Staffelsee in den Uferorten Murnau, Seehausen und Uffing, am Riegsee in der Ortschaft Riegsee. Die besten Informationen über das Gesamtgebiet liefert die Touristinfo Murnau.

Verbindungen Fahrplanauszüge für Bahn und Bus sind im Verkehrsamt Murnau erhältlich, ✆ 08841-61410 oder touristinfo@murnau.de.

Bahn: Züge auf der Linie von München nach Garmisch-Partenkirchen fahren ab München Hauptbahnhof tagsüber etwa stündlich, Fahrzeit nach Murnau etwa 60 Min.; teilweise besteht Zusteigemöglichkeit in Tutzing (Starnberger See, Endpunkt der S 6). Uffing besitzt einen eigenen Bahnhof, an dem jedoch nicht jeder Zug hält.

Bus: Der Regionalverkehr Oberbayern (RVO) bedient ab Murnau Bahnhof das gesamte Umland. Nach Seehausen und Uffing gelangt man mit der Linie 9601 Richtung Weilheim (Mo–Fr 6- bis 9-mal tägl.), nach Kochel mit der Linie 9611 (Mo–Fr 8-mal tägl.). Da die Busverbindungen vor allem auf den Schul- und Arbeitsverkehr ausgerichtet sind, bestehen am Wochenende nur spärliche oder gar keine Verbindungen; immerhin gibt es an Sonntagen einen Bus zum Freilichtmuseum Glentleiten.

Auto: Anfahrt ab München auf der Autobahn A 95 München–Garmisch bis zur Ausfahrt Murnau/Kochel, dann noch etwa 5 km bis Murnau; insgesamt rund 60 km. Das Zentrum von Murnau am Ober- und Untermarkt ist teils verkehrsberuhigt, teils zur Fußgängerzone umgewandelt worden – was die Verkehrsdichte in der kleinen, hübschen Innenstadt sehr reduziert hat. Parkplätze gibt es vorwiegend in Parkhäusern, die über das Verkehrsleitsystem leicht zu finden sind.

Schiffsverkehr Von etwa Mitte Mai bis Ende Sept. bietet die „Seehausen", ein kleines Schiff mit 270 Sitzplätzen, 6-mal tägl. Gelegenheit zu Rundfahrten auf dem Staffelsee; Anlegestellen sind Seehausen (Nähe Gasthof Fischerstüberl), Murnau (Bootsverleih Achele, Nähe Strandbad), Uffing (Gaststätte Alpenblick) und die Insel Buchau, zu der auch ein Pendelverkehr ab Seehausen besteht. Die etwa 80-minütigen Rundfahrten kosten 10 €, Kinder ab 6 Jahren zahlen 4 €. Detaillierte Fahrplaninformationen im Verkehrsamt Murnau, Abfahrtszeiten für die Rundfahrt ab Seehausen im Sommer 10, 11.20, 12.40, 14, 15.20 und 16.40 Uhr. Den kompletten Fahrplan finden Sie unter www.staffelsee.org.

Rund um den Staffelsee

Etwa 21 Kilometer legt man bei einer Umrundung des Staffelsees zurück; die Strecke ist als „Staffelsee-Rundweg" gut ausgeschildert, die Orientierung mit der Wanderkarte des Verkehrsamtes problemlos. Landschaftlich besonders reizvoll zeigt sich die Route am waldigen Südufer und im Westen bei der Durchquerung der Staffelseemoore.

Radfahrer sind, zumindest seitens des Verkehrsamtes Murnau, auf diesem Rundweg nicht gern gesehen; dementsprechend fehlt er auch auf der Radwegkarte. Offiziell gesperrt ist jedoch nur ein kleiner Abschnitt im Westen, durch den sich das Rad leicht schieben lässt. Im Interesse der Natur sollten Rader jedoch, wenn sie schon nicht auf den ganzen Rundweg verzichten wollen, so doch zumindest auf den Abstecher über die Halbinsel südlich von Uffing: Hier sind die Pfade sehr schmal und führen zudem über mooriges Wiesengelände, auf dem Reifen schnell irreparable Schäden hinterlassen können. Rücksichtnahme auf Fußgänger ist ja (hoffentlich) überall selbstverständlich.

Wegbeschreibung: Vom Strandbad Murnau am Südufer entlang immer geradeaus, dann im rechten Bogen durchs Moorgebiet; beim kleinen Weiler Obernach neben einer schmalen Asphaltstraße weiter Richtung Uffing. Radfahrer nun geradeaus weiter nach Uffing und durch den Ort; Fußgänger bei einem freistehenden Baum mit Bank rechts zur Halbinsel abbiegen, bei der zweiten Abzweigung im Wald links halten, später vorbei am Campingplatz zum Gemeindebad Uffing. Direkt dahinter dem Ufer zum Strandbad Alpenblick folgen; hier bergauf zur Hauptstraße durch Uffing. Kurz vor dem Ortsausgang Richtung Seehausen links hoch (Galveigenstraße), durch ein Wohngebiet und über die Bahnlinie, sofort rechts, nach etwa 800 m erneut rechts über die Gleise und hinunter nach Rieden und zur Hauptstraße; Vorsicht beim Überqueren! Zunächst parallel zur Hauptstraße, dann auf schmalem Wiesenweg zum Strandbad Seehausen (Radfahrer gegen Einbahnstraße schieben), vorbei an der Anlegestelle und durch den Park bei der Halbinsel Burg; am Ende links, an der Uferstraße wieder rechts zum Strandbad Murnau.

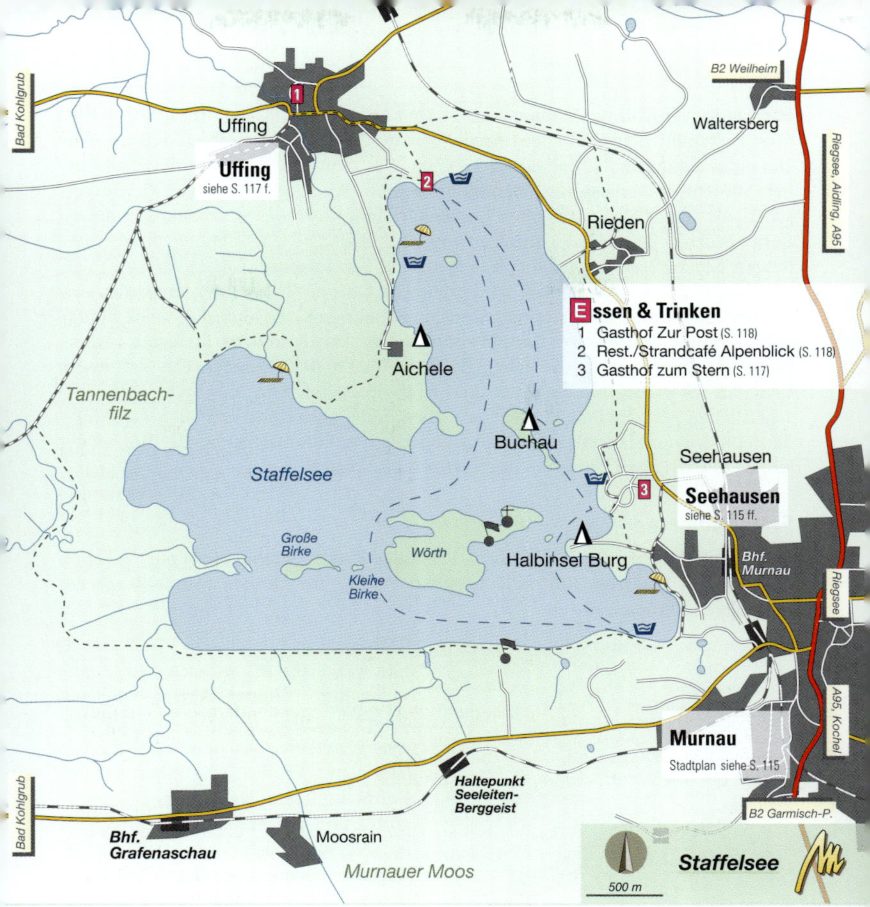

Murnau

Die mit rund 12.000 Einwohnern bedeutendste Siedlung im Bereich der beiden Seen ist ein liebenswerter Marktflecken mit gewachsener Struktur und einer ganzen Reihe von Sehenswürdigkeiten, darunter dem Schlossmuseum mit seinen oft hochkarätigen Ausstellungen. Das historische Zentrum der Stadt zeigt seit der Umwandlung in eine Fußgängerzone sein wahres Gesicht – als Schatzkästlein mit Bergblick.

Das denkmalgeschützte Ensemble links und rechts des Rathauses mit seinen in heiteren Pastellfarben bemalten Giebelhäusern im Stil des Biedermeier und des Neoklassizismus geht auf einen seinerzeit (1906) nicht unumstrittenen Entwurf des Münchner Architekten Emanuel von Seidl zurück. Heute wird das anheimelnde Kopfsteinpflaster an der Mariensäule von einer hochwertigen Einkaufszeile begrenzt, deren Cafés zum Verweilen verführen und viel zum lebendigen Ortsbild beitragen.

Entstanden ist Murnau wohl als Raststation an der alten Römerstraße von Italien über Partanum (Partenkirchen) nach Augsburg. Im 12. Jh. wurde die Nikolauskirche erstmals urkundlich erwähnt. 1322 machte sich Kaiser Ludwig der Bayer beliebt, indem er Murnau das Marktrecht verlieh. Weniger erfreut war die Bürgerschaft, als derselbe Herrscher den ganzen Ort dem Kloster Ettal schenkte, in dessen Besitz Murnau bis zur Säkularisation von 1803 blieb. Die Übereignung an die ungeliebten Klosterherren war jedoch längst nicht das folgenschwerste Missgeschick, das dem kleinen Marktflecken widerfuhr. Die Chronik Murnaus verzeichnet eine ganze Folge wahrer Katastrophen: Der Dreißigjährige Krieg hinterließ seine blutige Spur, die Pest wütete unter der Einwohnerschaft, im 18. und 19. Jh. legten verheerende Feuersbrünste das Städtchen gleich dreimal in Schutt und Asche. Erst gegen Ende des 19. Jh. brachte der Anschluss an die Bahnlinie von München einen wirtschaftlichen Aufschwung, entdeckten neben den ersten Künstlern auch die Bürger der Landeshauptstadt Murnau als Ausflugsziel und Sommerfrische: der Beginn der langen touristischen Tradition des heutigen Luftkurorts.

Sehenswertes

Ober- und Untermarkt: Die hübsche, lebendige Fußgängerzone (teils nur verkehrsberuhigt) im Stadtzentrum verläuft genau entlang des uralten Handelswegs der ehemaligen Römerstraße.

Lebendiges Stadtzentrum: Mariensäule in Murnau

Rathaus: Der neugotische, 1842 errichtete Bau steht da, wo sich früher eine sogenannte „Rottniederlage“ befand, ein gemauertes Gewölbe, das als Warenlager diente. Geschmückt ist das Gebäude mit Fresken, die einen lokalen Bezug besitzen: Neben einer Muttergottes und Kaiser Ludwig dem Bayern ist auch ein Drache dargestellt, das geflügelte Wappentier des Marktstädtchens. Der Sage nach hatten sich die Murnauer dieses Monstrums einst entledigt, indem sie ihm einen mit ungelöschtem Kalk gefüllten Kalbsbalg zum Fraß vorwarfen.

Mariensäule und Mariahilfkirche: Die barocke Marienfigur in der Mitte der Marktstraße stammt aus dem 17. Jh., wurde aber im Laufe der Zeit mehrmals verändert. 1939 entfernten die Nazis die katholische Heiligenskulptur, erst seit 1975 steht sie wieder an ihrem Platz. Eine ähnlich dramatische Geschichte hat die 1655 geweihte kleine Mariahilfkirche hinter sich. Zweimal fiel sie einer Feuersbrunst zum Opfer, ihre heutige, neobarocke Gestalt verdankt sie den Umbaumaßnahmen Emanuel von Seidls.

Schlossmuseum: Das Murnauer Schloss, schon im 13. Jh. errichtet, von Kaiser Ludwig dem Bayern erweitert und im 16. Jh. umgebaut, bildet seit 1993 den Rahmen für ein hochinteressantes Museum. Grundthema der facettenreichen Ausstellung ist die Landschaft um Murnau, die aus ganz verschiedenen Blickwinkeln betrachtet wird.

Raum 1 zeigt die Schwerpunkte des Museums in aller Kürze: Entstehungs- und Entwicklungsgeschichte der Landschaft, äußere Einwirkungen durch Tourismus und das von der Umgebung inspirierte künstlerische Schaffen. Die *Räume 2 und 3* gehen ausführlich auf die Entstehungsgeschichte der Landschaft und die Entwicklung des Murnauer Mooses von der wirtschaftlichen Nutzung als Torfstich bis zum Naturschutzgebiet ein. In den *Räumen 4 und 5* werden die Entstehungsgeschichte Murnaus und wichtige örtliche Gewerbe dokumentiert, darunter auch die Hinterglasmalerei, die um Murnau als bäuerlicher Nebenerwerb seit dem 18. Jh. Tradition besitzt. *Raum 6* befasst sich ebenfalls mit der Hinterglasmalerei, doch sind hier Bilder des europäischen und asiatischen Raums ausgestellt. *Raum 7* widmet sich der Geschichte des Schlosses selbst; zu sehen sind unter anderem die Originalmauern, deren mittelalterliche Schiebefenster in Deutschland einmalig sind.

Der Blaue Reiter

Mit dem Beginn des Expressionismus hatte in den Jahren vor dem Ersten Weltkrieg Aufbruchstimmung die Kunst-Szene Deutschlands erfasst. Junge, „wilde" Künstler schlossen sich zusammen, um ihre Ideen gegen die erstarrten, von konservativen Kritikern und Galeristen diktierten Sichtweisen durchzusetzen. Neben der 1905 in Dresden gegründeten *Brücke* und der später aus ihr hervorgegangenen *Neuen Sezession* in Berlin entstand 1909 in Schwabing die *Neue Künstlervereinigung München* mit ihren „schönen, seltsamen Ausstellungen, die die Verzweiflung der Kritiker bildeten" (Franz Marc). Im Dezember 1911 zerbrach die Gruppe an persönlichen und künstlerischen Differenzen. Schon im Frühjahr hatten Wassily Kandinsky und Franz Marc das Zerwürfnis vorausgesehen. Im Juni 1911 machte Kandinsky Marc den Vorschlag, ein Jahrbuch der Kunst zu erstellen, das ausschließlich von Künstlern – und eben nicht von Journalisten oder gar Kritikern – herausgegeben werden sollte: Die Geburtsstunde des *Blauen Reiters.* Bereits wenige Tage nach dem Austritt der beiden Freunde aus der Künstlervereinigung fand die erste Ausstellung statt, gefolgt von einer zweiten im März 1912. Als Veranstalter verantwortlich zeichnete jeweils die „Redaktion des Blauen Reiters". Das Buch selbst erschien erstmals im Mai 1912, eine zweite Auflage im Jahr 1914. Weitere Ausgaben, wie sie Kandinsky und Marc ursprünglich jährlich, später dann zumindest in loser Folge vorgesehen hatten, waren der Publikation jedoch nicht beschieden. Der Ausbruch des Ersten Weltkriegs brachte das Ende des „Blauen Reiters": Franz Marc fiel bei Verdun, Wassily Kandinsky zog zurück nach Russland.

Viele Spekulationen hat es über den Titel gegeben. Kandinsky selbst lieferte 1930 die Erklärung: „Den Namen ‚Der Blaue Reiter' erfanden wir am Kaffeetisch in der Gartenlaube in Sindelsdorf; beide liebten wir Blau, Marc Pferde, ich Reiter. So kam der Name von selbst."

Die *Räume 8–13* spiegeln den Einfluss der Murnauer Landschaft auf Künstler des 19. und 20. Jh. wider, unter ihnen Kandinsky, Werefkin, Jawlensky, Macke und Marc. Besonders umfangreich ist die Sammlung der Werke von Gabriele Münter, die, mit kürzeren Unterbrechungen, bis zu ihrem Tod im Jahre 1962 in Murnau lebte und arbeitete.

Raum 14 ist dem Leben Ödön von Horváths gewidmet, die *Räume 15–17* beherbergen wechselnde Ausstellungen. In *Raum 18* werden Filme zu den einzelnen Schwerpunktthemen des Museums gezeigt. Sonderausstellungen führen meist das Thema Expressionismus fort. Zuletzt zeigte das Schlossmuseum eine Sonderschau zum 100-jährigen Jubiläum der Zusammenarbeit von *Kandinsky, Münter, Jawlensky* und *Werefkin* in Murnau. Eine frühere Ausstellung spekulierte darüber, dass der berühmte Stummfilmregisseur *Friedrich Wilhelm Murnau* sich wahrscheinlich erst nach einem Besuch des Ortes so nannte – geboren wurde der Schöpfer des „Nosferatu“ 1888 unter dem Namen F. W. Plumpe in Bielefeld.

Tägl. außer Mo 10–17 Uhr, Juli–Sept. Sa/So bis 18 Uhr, Feiertage geöffnet. Eintritt zur Dauerausstellung 6 €, Sonderausstellungen 6 €, Kombiticket 9,50 €. Schlosshof 2–5, 82418 Murnau, ✆ 08841-476201 und 476207 (Kasse), www.schlossmuseum-murnau.de.

Das gute, gemütliche **Restaurant Schloßvogel** mit seiner hübschen kleinen Gartenterrasse im Biergartenstil befindet sich gleich neben dem Eingang zum Museum (✆ 08841-4878838).

Pfarrkirche St. Nikolaus: An einem Hang östlich des Untermarktes steht die 1717–1734 auf den Grundmauern einer gotischen Vorgängerin errichtete Pfarrkirche von Murnau. An die frühere Kirche erinnert noch der gotische Eingang zum Glockenhaus; das Innere des heutigen Baus ist in schönem Rokoko gehalten, der Hochaltar eine Stiftung des Klosters Ettal. Nach Süden zu erstreckt sich in prächtiger Aussichtslage der *Friedhof von Murnau* mit dem *Grab Gabriele Münters*.

Putzige Malerresidenz: das Münter-Haus

Münter-Haus: Das „Russenhaus", das von einer kleinen Anhöhe in der Kottmüllerallee über Murnau blickt, war von 1909–1914 Wohn- und Arbeitsadresse des Künstlerpaars Gabriele Münter und Wassily Kandinsky. Zu Beginn des Ersten Weltkriegs trennten sich die beiden, doch fünf Jahre lang war ihr Haus der Treffpunkt zahlreicher Freunde aus dem Avantgarde-Milieu der Zeit. Heute ist das außen wie innen hübsch-bunte Münter-Haus ein kleines, aber feines Museum, das nicht nur atmosphärisch viel zu erzählen hat, sondern auch zahlreiche Originale von Gabriele Münter ausstellt, darunter ihr letztes Bild aus den 1950er-Jahren.

Die Einrichtung ist großteils original geblieben, das Treppengeländer sowie mehrere Möbelstücke wurden von Kandinsky bemalt, anderes Mobiliar von Gabriele Münter. In dem Haus befindet sich kaum ein größeres Holzmöbel, das nicht von den beiden als Unterlage für ihre unbändige Schaffenskraft genutzt wurde. Viele von Kandinskys Frühwerken haben hier im Keller die Jahrzehnte überdauert und wurden von Gabriele Münter, die von 1931 bis zu ihrem Tod 1962 erneut hier wohnte, der Städtischen Galerie im Münchner Lenbachhaus gestiftet. Seit 1999, nach umfangreichen Renovierungsarbeiten, sieht Münters Wohnsitz wieder so aus wie zu den Glanzzeiten des „Blauen Reiters". Mehrere Anbauten von 1936 wurden entfernt, der Garten neu angelegt und im einstigen „Millionenkeller" (so genannt, weil Münter hier Kandinskys Gemälde aufbewahrte) ein kleines Besucherzentrum eingerichtet. Der Schriftsteller Ota Filip, selber ein zugereister Murnauer, veröffentlichte jüngst einen Roman über die legendäre Künstler-Beziehung: „Das Russenhaus" ist im Verlag LangenMüller erschienen.

Tägl. außer Mo 14–17 Uhr. Eintritt 3 € (bis 25 J. frei). Kottmüllerallee 6 (keine Parkplätze), ✆ 08841-628880. Der Museumsführer, 2014 erschienen, kostet 8 €. www.muenter-stiftung.de.

Basis-Infos

Information **Touristinfo Murnau**, an der Straße nach Bad Kohlgrub und zum Strandbad im Kultur- und Tagungszentrum, das auch Räume für wechselnde Ausstellungen bereithält. Mai–Sept. Mo–Fr 9–17 Uhr, Sa/So 10–13 Uhr; Okt.–April Mo–Fr 9–12.30 und 13.30–17 Uhr, Sa 10–12 Uhr.

Hier gibt es zahlreiche kostenlose Prospekte und Veranstaltungskalender zum Ort und zum Blauen Land. Gute Rad- und Wanderkarten sind für 3–6,90 € erhältlich.

Zuständig für das gesamte „Blaue Land", also für die Gemeinden rund um Staffel- und Riegsee. Kohlgruber Str. 1, 82418 Murnau, ✆ 08841-61410, www.murnau.de, www.dasblaueland.de.

Baden **Staffelsee Freibad Murnau**, unterhalb des Ortskerns in der Südostecke des Staffelsees. Eher kleines, jedoch gepflegtes und überwiegend schattiges Wiesengelände unter alten Bäumen, kiesiger Uferstreifen, mehrere Stege, Badeplattform und Beachvolleyballplatz; hübsch gelegenes Restaurant „Lido" mit Tischen zum See. Täglicher Restaurantbetrieb von Mai–Sept. 11–23 Uhr. Eintritt 4 €, 8–18 J. 1 €. ✆ 08841-9861, www.lido-murnau.de.

Freibadeplatz, südlich direkt an das Strandbad anschließend; Wiesengelände, das allerdings nur schmale Zugänge zum schnell abfallenden Kiesufer besitzt.

Feste/Veranstaltungen **Fronleichnamsprozession**, im Ort – nicht zu verwechseln mit der berühmten Bootsprozession in Seehausen (s. dort).

Gedenkfeier zu Ehren Ludwigs II., am 25./26. August, u. a. mit Festzug zum Denkmal. Die Murnauer wissen, was sie sich schuldig sind, immerhin wurde hier 1894 das erste Ludwig-Denkmal außerhalb Münchens errichtet. Es steht an der Kohlgruberstr. 2, schräg gegenüber der Touristinfo.

Leonhardifahrt zu Ehren des Vieh-Patrons, am 6. November von Murnau zur Froschhauser Kirche.

Murnauer Volksfest, eine Woche Anfang Juli, auf dem Volksfestplatz im Kemmelpark, Weilheimerstr. 15.

Freizeit/Sport **Bootsverleih** Achele, am Südufer, ein paar hundert Meter vom Strandbad entfernt; hier legen auch die Rundfahrtschiffe an.

Geführte Wanderungen, verschiedene Themen je nach Jahreszeit; Information und Anmeldung in der Touristinfo (s. o.).

Bauerntheater: Das „Original Murnauer Bauerntheater" am Staffelsee bringt regelmäßig Stücke im Gasthof Griesbräu auf die Bühne. Obermarkt 37, ✆ 08841-626828, www.original-murnauer-bauerntheater.de.

Übernachten/Essen & Trinken

Kargs Bräustüberl **3**, Pflichtziel für alle Liebhaber von Brauereigaststätten. Ins gemütliche Bräustüberl mit der Originalausstattung von vor 50 Jahren gehen Einheimische wie Urlauber aber auch des guten, preiswerten Essens wegen; besonders beliebt sind die riesigen, ganzen Haxn. Die umfangreiche Karte offeriert zudem Menüs und vegetarische Gerichte. Di ab 18 Uhr, Mi–So Mittagspause 14–18 Uhr, Mo Ruhetag. Untermarkt 27, 82418 Murnau, ✆ 08841-8272, www.karg-murnau.de.

››› Mein Tipp: *** **Hotel Post** **2**, schönes historisches Haus, einst Posthalterei, in der auch König Ludwig II. Station machte. 2005 komplett renoviert. Innen sehr stilvoll eingerichtet und dekoriert, mit einer großen Sammlung von Hinterglasbildern. Großes Plus: mitten in der schönen, ruhigen Fußgängerzone gelegen. DZ/Bad/F ca. 130 €. Obermarkt 1, 82418 Murnau, ✆ 08841-48780, www.hotel-post-murnau.de. ‹‹‹

*** **Gasthof Griesbräu** **1**, am Obermarkt. Stattliches Wirtshaus mit eigener Brauerei (2000 nach jahrzehntelanger Stilllegung wieder eröffnet). Angeschlossen sind ein Kino (www.kino-im-griesbraeu.de), es gibt einen freundlichen, kleinen Biergarten (ab 17 Uhr geöffnet) und 26 individuell eingerichtete Fremdenzimmer, einige davon in modern-rustikalem Stil. Kein Ruhetag. DZ/Bad/F 130 €. Obermarkt 37, 82418 Murnau, ✆ 08841-1422, www.griesbraeu.de.

Ristorante Grissini da Alfredo **4**, beliebtes italienisches Restaurant nicht weit vom Zentrum, kleine Terrasse zur Straße. Kein Ruhetag, Mittagspause tägl. 14.30–17.30 Uhr. Postgasse 5, 82418 Murnau, ✆ 08841-1428, www.grissini-da-alfredo.de.

Gasthof Ähndl **5**, Sternekoch Thilo Bischoff zaubert bodenständige bayerische Küche in diesem herrlich gelegenen Ausflugslokal neben dem uralten, kleinen Ramsachkircherl (s. u.). Mo Ruhetag (Okt.–Juni auch Di). Ramsach 2, 82418 Murnau, ✆ 08841-5241, www.aehndl.de.

Umgebung von Murnau

Murnauer Moos: Südwestlich von Murnau erstreckt sich die stimmungsvolle Landschaft des mit rund 30 Hektar größten zusammenhängenden Moorgebietes Bayerns. In dem Naturschutzgebiet vor der grandios aufragenden Alpenkette blühen im Frühjahr und Herbst ganze Felder der Sibirischen Schwertlilie, haben viele seltene Tier- und Pflanzenarten ein Refugium gefunden. Vom Zentrum Murnaus führt ein schöner Spaziergang vorbei am Münterhaus zur Ramsachkirche, dem Ausgangspunkt des zwölf Kilometer langen, gut beschilderten „Moos-Rundwegs" quer durch das Moor. Denken Sie aber daran, dass durch unvorsichtige Besucher schon viele Tiere aus dem Moor vertrieben wurden. Seien Sie deshalb bitte zurückhaltend, lassen Sie keine Hunde frei laufen und verlassen Sie die Wege nicht – auch im eigenen Interesse, denn in allen Feuchtgebieten um Murnau gibt es Kreuzottern. Dass man in einem Naturschutzgebiet keine Pflanzen pflückt und in freier Natur keinerlei Abfälle zurücklässt, ist wohl selbstverständlich.

Ramsachkirche: Die auch als „Ähndl" bekannte kleine Kirche steht auf uraltem heiligem Boden. Wohl schon um 750 wurde hier, möglicherweise am Ort einer vorchristlichen Kultstätte, ein Gotteshaus errichtet, das Mitte des 18. Jh. wegen Bau-

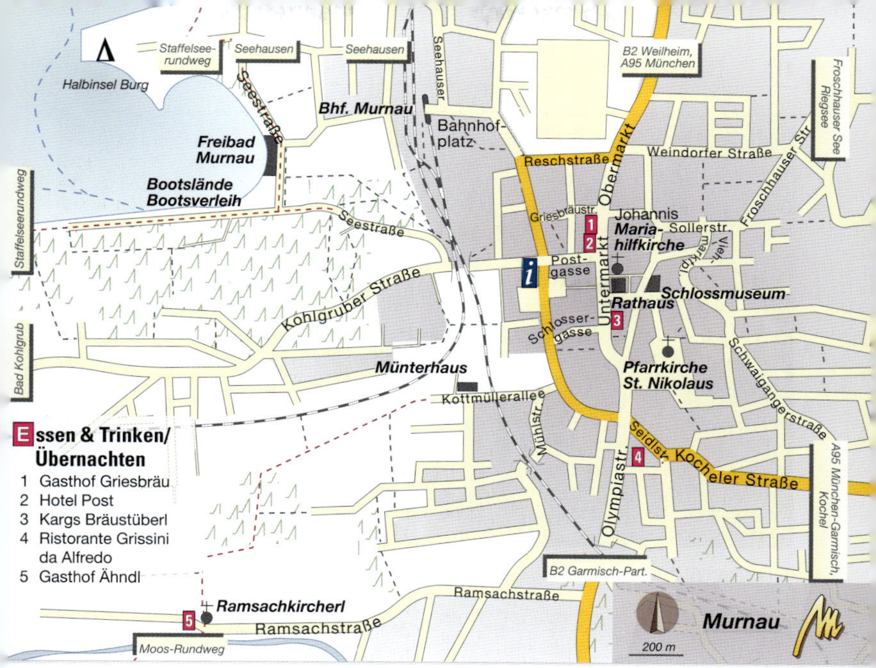

fälligkeit abgerissen und durch das heutige Kirchlein ersetzt werden musste. Geweiht ist es dem Hl. Georg, der am Altar als Drachentöter zu sehen ist. Die Ramsachkirche steht nahe des südlichen Ortsausgangs (Richtung Garmisch), beschildert ist der Weg zum Gasthof Ähndl (→ Murnau „Übernachten/Essen & Trinken“).

Bergfahrt auf das Hörnle: Von **Bad Kohlgrub** aus, dessen gemütlicher Ortskern 13 Kilometer westlich von Murnau liegt und auch mit dem Zug zu erreichen ist, führt eine Doppelsesselbahn bis in 1400 Meter Höhe. Neben der Bergstation liegt eine täglich geöffnete, bewirtschaftete Hütte des Alpenvereins (Übernachtungsmöglichkeit, ✆ 08845-229), in der Umgebung bietet sich Gelegenheit zu zahlreichen Wanderungen. Besonders beliebt ist die Tour zum 1548 Meter hohen Hörnlegipfel, auf dem sich eine prächtige Aussicht eröffnet.

Die Hörnle-Bahn fährt ganzjährig, außer zu den Wartungsarbeiten im April und November. Berg- und Talfahrt 10 €. Infos unter ✆ 08845-592, www.hoernlebahn.de.

Haupt- und Landgestüt Schwaiganger: Ein Ausflug für Pferdefreunde – das große Gestüt des Freistaats Bayern liegt etwa sechs Kilometer östlich von Murnau in der Nähe der Autobahn; der Abstecher hierher lässt sich ideal mit einem Besuch des nahen Freilichtmuseums Glentleiten (→ Kochelsee) verbinden. Rund 350 Pferde zählt der Bestand des Gestüts, ein Gasthof ist angeschlossen.

Führungen Mai bis Mitte Okt. Di–Do jeweils 13.30 und 15 Uhr. Dauer 1 Std., Preis 4 €. Schwaiganger 1, 82441 Ohlstadt, ✆ 08841-61360, www.schwaiganger.bayern.de.

Seehausen

Obwohl mit Murnau fast zusammengewachsen, bildet Seehausen mit 2500 Einwohnern doch eine eigene Gemeinde. Das hübsche Dorf geht auf eine Fischersiedlung zurück, die bereits im 7. Jh. unten am See entstand. Heute ist der Ortskern ein

Oberbayern wie aus dem Bilderbuch: Seehausen am Staffelsee

Stück landeinwärts gerückt, hin zu der etwas erhöht stehenden *Pfarrkirche St. Michael*, einem Rokokobau des Jahres 1775.

Seehausen, dessen Bauernhäuser teilweise noch mit Lüftlmalereien verziert sind, war früher für seine Hinterglasmalereien bekannt. Weithin berühmt ist das Dorf durch die große Bootsprozession, die hier an Fronleichnam stattfindet. Seit einigen Jahren präsentiert sich die Gemeinde eigens in einem *Heimatmuseum*. In dem schönen Haus an der Dorfstraße 3 sind alte Karten, frühchristliche Funde von der Insel Wörth, Hinterglasgemälde, Trachten und traditionelle Fischfanggeräte ausgestellt (ganzjährig Do, Sa und So 14–17 Uhr. ✆ 08841-99532).

Information **Verkehrsamt Seehausen**, in der Nähe des Strandbads. Verleiht auch Fahrräder. Mai–Okt. Mo–Fr 9–12 und 14–17 Uhr, Sa 9–12 Uhr; außerhalb der Hochsaison eingeschränkte Öffnungszeiten, im Winter wird die Infostelle ins Rathaus gegenüber der Kirche verlegt. Johannisstr. 8, 82418 Seehausen, ✆ 08841-3550, www.seehausen-am-staffelsee.de.

Baden **Strandbad Seehausen**, das größte am Staffelsee: 300 m misst der Uferstreifen der „Seehauser Riviera". Entsprechend ausgedehntes, teilweise recht schattiges Wiesengelände; Einstieg ins flach abfallende Wasser über mehrere Stege; Badeplattform mit Sprungturm. Die zugehörige Gaststätte besitzt eine schöne Terrasse zum See (das „Al Lago" serviert italienische Klassiker, www.danoi-murnau.de). Eintritt 3,50 €, Kinder ab 6 J. 1 €, Sonnenliegen 2 €. Parkplätze vor dem Bad gebührenpflichtig. Am Strandbad 9, 82418 Seehausen, ✆ 08841-2951.

Feste/Veranstaltungen **Bootsprozession an Fronleichnam**, ein feierliches Ereignis, zu dem die Mitwirkenden festliche Tracht anlegen; die Letzte ihrer Art in Oberbayern, nachdem die Prozession auf dem Chiemsee bereits 1972 eingestellt wurde. Bei Regen fällt sie evtl. aus, Informationen im Verkehrsamt.

Seefeste, fünf Feste im Bereich der Schiffslände, ab Mitte Juni in vierzehntägigem Rhythmus. Höhepunkt ist das Seefest mit Fischerstechen am 15. August.

Freizeit/Sport **Bootsverleih**: Ruder-, Tret- und Elektroboote neben der Anlegestelle der Rundfahrtschiffe. Preise: 4–11 €, max. 7 Personen.

Fahrradverleih im Verkehrsamt Seehausen.

Schifffahrt, die 80-minütige Rundreise mit der neuen „MS Seehausen", einem kleinen Motorschiff, kostet 10 €. Abfahrt ist am Steg vor dem „Fischerstüberl", tägl. 6-mal. ✆ 08841-628833, www.staffelsee.org.

Übernachten/Essen (→ Karte S. 109)
››› **Mein Tipp: Gasthof Zum Stern** **3**, in Seehausen. Solides, bodenständiges Wirtshaus mit nettem Biergarten, gleich neben der Kirche; gute und preisgünstige bayerisch-internationale Küche, viele Hauptgerichte unter 10 €. Mi Ruhetag (Jan./Feb. auch Do). 9 geräumige Zimmer, alle frisch renoviert und mit TV. DZ/Bad/F 110 €. Dorfstr. 2, 82418 Seehausen am Staffelsee, ✆ 08841-3304, www.gasthof-stern.de. ‹‹‹

Campingplatz Halbinsel Burg, auf der gleichnamigen Halbinsel im südlichen Ortsbereich, fast rundum vom See umgeben. Sehr reizvoll und ruhig gelegener, gut ausgestatteter Platz, Bade- und Einkaufsmöglichkeit, Kinderspielplatz, angeschlossen ist eine Gaststätte. 1 Pers. 5,90 €, 2-Pers.-Zelt 4,90 €, größerer Stellplatz 7,50 €, Pkw 4,60 € (auf dem Parkplatz gratis). Nov./Dez. geschlossen. Burgweg 41, 82418 Seehausen am Staffelsee, ✆ 08841-9870, www.camping-staffelsee.de.

Inselcamping Buchau, unseres Wissens nach der einzige oberbayerische Platz, der auf einer Insel liegt – absolute Ruhe müsste somit garantiert sein. Hügeliges, überwiegend schattiges Gelände, natürlich nur für Zelte, ausreichende Sanitärs, bewirtschafteter Kiosk. Überfahrt mit der „Fischerin" (1,80 €), in der Hochsaison 7-mal täglich. 2 Pers. mit Zelt 16,50 €. Geöffnet 15. April bis 15. Okt. ✆ 08841-4881701, www.buchau-campinginsel.de.

Uffing

Uffing liegt auf einer Hügelkuppe über der Nordecke des Staffelsees. Im Ortskern scharen sich hübsche Bauernhöfe um die schmucke Kirche, in den Außenbezirken stehen Wohnhäuser neuen Baudatums. Der Tourismus ist in dem 3000 Einwohner zählenden Ort abgesehen vom Ausflugsverkehr zu den beiden allerdings sehr schönen Strandbädern nicht besonders ausgeprägt.

Information **Verkehrsamt Uffing**, im Rathaus an der Hauptstraße (Nähe Gasthof „Zum See"). Juni Mo–Fr 9–12 Uhr. Juli/Aug. Mo–Fr 9–12 und 14–17 Uhr, Sa 10–12 Uhr. Sept. Mo–Fr 9–12 Uhr, Okt.–Mai Mo 9–12 Uhr. Hauptstr. 2, 82449 Uffing, ✆ 08846-920213, www.uffing.de.

Baden **Gemeindebad Uffing**, ein Prachtexemplar von einem Strandbad: ruhig im Grünen gelegen, mit großer sonniger Liegewiese (Schatten vorhanden), herrlicher Alpenblick. Zufahrt über das Ortszentrum beim Gasthof Zum See. Moderne Sanitärs, abgetrennter Kinderbereich, **Beachvolleyball-Feld**; Zugang ins ziemlich flach abfallende Wasser auch über Stege. Angeschlossen eine **Gaststätte**, gebührenfreie Parkplätze vor dem Bad. Eintritt 2,50 €, Kinder über 7 J. 0,50 €. Seestr. 53, 82449 Uffing, ✆ 08846-914311.

Gemeindebad Uffing

Strandbad Alpenblick, der gleichnamigen Gaststätte angeschlossen und mit derselben schönen Aussicht. Kleinere, familiäre Anlage mit älteren Einrichtungen; ein Teil des Geländes bietet vollen Schatten, der Großteil liegt allerdings in der Sonne; schmaler Zugang ins Wasser, am besten noch über den Steg. Großer Parkplatz. Erw. 2,80 €, Kind ab 7 J. 0,50 €.

Ruderbootverleih (2 €/Std.). Kirchtalstr. 30, 82449 Uffing, ✆ 08846-914312.

Badeplatz Aichalehof, hübsche Liegewiese, Infrastruktur des Campingplatzes (s. u.) kann genutzt werden. Eintritt 2 €, Parkgebühr 2,50 €. www.aichalehof.de.

Übernachten/Essen (→ Karte S. 109) Übernachtungsmöglichkeiten finden sich fast ausschließlich bei Privatvermietern, Vermittlung über das Verkehrsamt Uffing.

Restaurant-Strandcafé Alpenblick **2**, im Südosten des Ortes an der Anlegestelle der Rundfahrtschiffe; **Strandbad** angeschlossen (s. o.). Vielleicht die am schönsten gelegene Gaststätte am Staffelsee: schattiger Biergarten praktisch direkt am Ufer, zurückversetzt und etwas erhöht eine Terrasse; beide mit der fantastischen Aussicht, die der Name verspricht. Gehobene internationale Küche, Hauptgerichte 15–21 €, im Biergarten einfache Gerichte mit Selbstbedienung. Im Sommer tägl. geöffnet, im Winter Do Ruhetag. Kirchtalstr. 30 (großer Parkplatz), ✆ 08846-9300, 82449 Uffing, www.seerestaurant-alpenblick.de.

Gasthof zur Post **1**, die beliebte Wirtschaft ist nach einem Brand 2003 in neuer bayerisch-rustikaler Pracht wiederauferstanden. Gehobenes Ambiente. Ein kleiner Biergarten im Innenhof ist vorhanden. Die 3 geräumigen Fremdenzimmer mit Dusche und WC sind funktional eingerichtet. DZ mit Frühstück 88 €. Kirchstr. 9, 82449 Uffing, ✆ 08846-691, www.post-uffing.de.

Campingplatz Aichalehof, auf der Halbinsel südlich von Uffing, Zufahrt vorbei am gemeindeeigenen Strandbad. Weit ausgedehnter, landschaftlich reizvoller Platz mit großer Liegewiese am See. Im behindertengerechten Sanitärgebäude befinden sich Waschräume, Duschkabinen, Waschmaschine, Trockner und eine Spülküche mit Kochgelegenheiten. Ein Kiosk bietet einfache Speisen und ein breites Sortiment an Lebensmitteln. Viele Dauercamper. 1 Pers. 6,50 €, Zelt 6 €, Pkw 3,50 €. Geöffnet Mai–Sept. ✆ 08846-211, www.aichalehof.de.

Riegsee

Der „kleine Bruder" des Staffelsees misst nur knappe zweieinhalb Kilometer Länge und etwa einen Kilometer Breite. Gespeist wird er aus unterirdischen Quellen.

Da der Riegsee sich seit 1910 völlig in Privatbesitz befindet, sind Badeplätze an seinen Ufern äußerst rar; der einzige Zugang für die Öffentlichkeit liegt beim Campingplatz Brugger im Norden des Sees. Das ist natürlich schade, zumal der Riegsee eine ebenso gute Wasserqualität und auch ähnlich hohe Sommertemperaturen aufweist wie der Staffelsee. Von Campern und Tagesausflüglern abgesehen, spielt der Fremdenverkehr hier keine große Rolle. Die Dörfer um den See haben sich ihre Eigenart bewahrt; wenn es hier einen Verkehrsstau gibt, dann stammt er garantiert von einer Kuhherde, die gemächlich quer durch den Ort marschiert. Am schönsten entdeckt man die hügelige Wiesenlandschaft um den Riegsee auf einer kleinen Wanderung von etwa zwei Stunden: Der rund acht Kilometer lange „Riegsee-Rundweg" ist ausgeschildert, die Wanderkarte des Verkehrsamtes Murnau aber trotzdem nützlich. Besonders reizvoll präsentiert sich der Riegsee von Norden, mit dem Hintergrund der aufragenden Alpenkette; als schönster Aussichtsbalkon gilt das Dorf Aidling.

Information Rathaus Riegsee, im gleichnamigen „Hauptdorf" des Sees. Nur Di und Fr, jeweils 8–12 Uhr. Dorfstr. 35, 82418 Riegsee, ✆ 08841-3985, www.riegsee.de.

Baden am Kiesstrand des Campingplatzes Brugger.

Freizeit/Sport **Windsurfschule Riegsee**, am Westufer bei Neuegling, Zufahrt vorbei an einem Werksgelände (beschildert). Freundlich geführter, familiärer kleiner Betrieb, der sich besonders an Anfänger wendet. Elke Flory, ✆ 0172-8631381.

Radwanderungen: Eine große Auswahl von Trekkingrädern und geführten Touren hat der Historiker Thomas Wagner, Unterer Birnberg 8, 82418 Riegsee (südlich der Kirche, die Dorfstraße entlang, 2. links) im Angebot. Mietpreis pro Tag: 14 €. Eine geführte Tour inkl. Leihfahrrad gibt es für 30 € pro Pers. ✆ 08841-629971, www.kultur-velo.de.

Übernachten/Essen **Gasthof Zur Post** **1**, in Aidling, bei der Kirche. Traditionsreiche Wirtschaft, seit über 130 Jahren in Familienbesitz, Gartenterrasse mit schönem Alpenblick. Bekannt gute Küche im Preisbereich 9–14 €. Mi/Do Ruhetage. Insgesamt elf hübsch möblierte Zimmer, DZ/Bad/F 55 €. Dorfstr. 26, 82418 Aidling, ✆ 08847-6225, www.gasthof-post-aidling.de.

Forsthaus Höhlmühle **2**, in reizvoller Landschaft einige Kilometer östlich des Sees. Ein beliebtes Ausflugsziel, das auch auf einer schönen Rundwanderung über die Aidlinger Höhe zu erreichen ist (Wanderkarte des Verkehrsamtes Murnau ratsam). Gemütliches Ambiente, kleiner Biergarten. Gute bayerische Küche, zahlreiche Wildspezialitäten, die meisten Hauptgerichte zwischen 15 und 20 €. Autozufahrt kurz hinter dem Badeplatz Froschhausen beschildert. Mo/Di Ruhetag (außer an Feiertagen), außerhalb der Hochsaison vorsichtshalber anrufen. Höhlmühle, 82418 Riegsee, ✆ 08841-9620, www.forsthaus-hoehlmuehle.de.

Campingplatz Brugger, im Norden des Sees, Zufahrt über Hofheim. Großer, gut ausgestatteter Platz auf einem terrassierten, zum See abfallenden Hang. Gaststätte mit Terrasse zum See, Kiosk, Liegewiese auch für Nichtcamper. Eintritt frei, gebührenpflichtiger Parkplatz. 1 Pers. 7 €, Zelt ab 5,50 €, Pkw 2,50 €. Seestr. 2, 82418 Spatzenhausen-Hofheim, ✆ 08847-728 oder 01520-1701091 (Petra Brugger), www.camping-brugger.de.

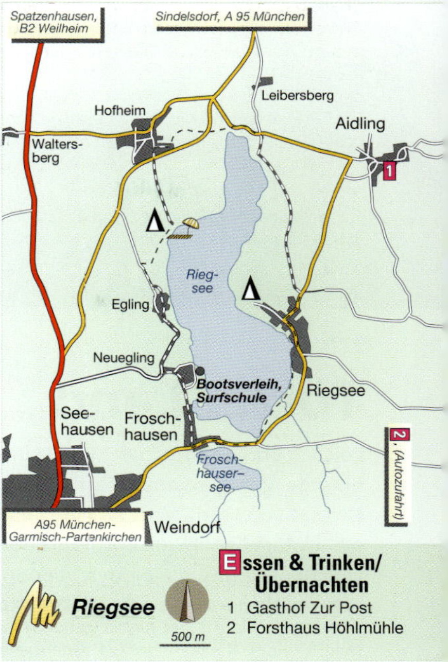

Camping der Gemeinde Riegsee, im gleichnamigen Ort, überwiegend von Dauercampern genutzt. In Terrassen zum See abfallendes Gelände, gute Sanitärs, Kiosk und Gaststätte mit hübscher Sonnenterrasse angeschlossen. 1 Pers. 6 €, Zelt 5 €, Wohnwagen 10 €. Ganzjährig geöffnet. Seestr. 21, 82418 Riegsee, ✆ 08841-2677, www.camping-riegsee.de.

Froschhauser See: Der winzige See südlich des Riegsees ist mit seinen verschilften Ufern ein wichtiges Vogelbrutgebiet und deshalb unter Naturschutz gestellt. Dennoch gibt es an seiner Nordostecke einen kleinen, aber von der ortsansässigen Bevölkerung viel besuchten Badeplatz, der über die Straße von Murnau zum Ort Riegsee zu erreichen ist; der Eintritt ist frei, die Parkplätze aber sind gebührenpflichtig. Vor oder nach dem Sprung ins Nass lohnt sich ein Blick in die mit üppigem Rokoko prunkende *Wallfahrtskirche St. Leonhard* (Innenausstattung 18. Jh., erbaut im 15. Jh.) in *Froschhausen*, zu der jährlich am 6. November eine große Leonhardifahrt mit 350 Pferden und Dutzenden von Festwagen führt.

Kalt, aber inmitten einer prachtvollen Landschaft gelegen: der Kochelsee

Tölzer Land

Loisach und Isar durchziehen die im Norden flache, nach Süden zunehmend bergige Voralpenlandschaft um das geografische Zentrum Bad Tölz. Die Heimat von Franz Marc ist eine ländlich geprägte Gegend geblieben, in der das Naturerlebnis im Vordergrund steht. Kochelsee und Walchensee, Sylvensteinsee und die beiden kleinen im Norden gelegenen Moorseen Kirchsee und Hackensee sind beliebte Ausflugsziele dieser Region.

Kochelsee und Walchensee sind zwei im Charakter sehr unterschiedliche Gewässer. Dennoch bilden sie in gewisser Weise eine Einheit: Seit dem Bau des Wasserkraftwerks sind Walchensee und Kochelsee miteinander verbunden. Beide Seen verfügen über frisches, sauberes Wasser und einen reichen Fischbestand, beide bieten ein schönes Revier für Wanderungen. Doch obwohl sie nur wenige Kilometer voneinander entfernt sind, wiegen die Unterschiede schwerer als die Gemeinsamkeiten. Während der Kochelsee nur im Süden an die Berge heranreicht, liegt der fast dreimal größere Walchensee schon mitten im Gebirge. Und wenn unten am Kochelsee, im Windschatten der Höhenzüge, vielleicht gerade mal ein laues Lüftchen weht, pfeift es einem oben am Walchensee oft so richtig um die Ohren. Ein wenig machen sich diese klimatischen und geografischen Unterschiede auch im Publikum bemerkbar: Liebt es die Mehrheit der Gäste am Kochelsee eher ruhig und beschaulich, so zieht der Walchensee überwiegend Aktivurlauber an.

Kochelsee

Als Badegewässer kann man den gut 60 Straßenkilometer von München entfernten Kochelsee nur bedingt bezeichnen. Dafür gibt es an seinen Ufern einiges zu sehen.

Da dem Kochelsee laufend kaltes Wasser aus dem Walchensee zufließt, steigt seine Temperatur kaum je über 20 Grad an, frostige 15 Grad im Juli sind keine Seltenheit. Wasserratten brauchen dennoch keinen Bogen um den See zu machen, finden sie doch in Kochel das wiedereröffnete und erweiterte „Trimini“, ein direkt ans Wasser

gebautes Freizeit- und Erlebnisbad, das zu den größten und vielseitigsten Oberbayerns zählt.

Die weitgehend unverbauten, wenig besiedelten Ufer und die Lage des Sees zwischen Gebirge und Moor locken natürlich zu Spaziergängen und Wanderungen. Dabei muss die Kultur nicht zu kurz kommen: In Kochel lockt das sehenswerte *Franz Marc Museum* mit Arbeiten des berühmten Künstlers, am Südufer die technische Pionierleistung des *Walchenseekraftwerks* und im nahen *Benediktbeuern* eines der ältesten Klöster Bayerns. Ebenfalls etwas abseits des Sees, zu erreichen auf einer schönen Wanderung ab Schlehdorf oder gleich bei der Autoanfahrt von München, lohnt sich unbedingt ein Abstecher ins *Freilichtmuseum Glentleiten*, das bäuerliche Architektur und ländlichen Alltag vergangener Jahrhunderte dokumentiert.

Topografische Angaben Fläche 5,95 Quadratkilometer, Länge 6 Kilometer, Breite bis zu 4 Kilometer, Tiefe 67 Meter, Uferlänge 18 Kilometer.

Wasserqualität Sehr gut.

Wassertemperatur Sommer 18 Grad, Maximalwert 21 Grad.

Verbindungen Das Verkehrsamt in Kochel hält Bahn- und Busfahrpläne bereit.

Bahn: Gute Verbindungen der Deutschen Bahn; Abfahrt ab München Hauptbahnhof, umsteigen in Tutzing (Endstation der S 6), tagsüber etwa stündliche Anschlüsse. Fahrzeit München–Kochel rund eine Stunde.

Bus: Keine Direktverbindung mit München; die Linienbusse des Regionalverkehrs Oberbayern (RVO), der jetzt offiziell DB Bahn Oberbayernbus heißt, eignen sich jedoch gut zum „Seen-Hüpfen“: Regelmäßige Verbindungen bestehen u. a. zum Walchensee (6-mal tägl.), nach Murnau/Staffelsee (Mo–Fr 7- bis 9-mal, Sa 1-mal, So 2-mal tägl.) und zum Tegernsee (teilweise mit Umsteigen in Bad Tölz).

Auto: Autobahn A 95 München–Garmisch bis zur Ausfahrt Murnau/Kochel, dann weiter über Großweil und Schlehdorf. Oder: Autobahn A 8 München–Salzburg bis Holzkirchen, weiter über Bad Tölz, Bichl und Benediktbeuern.

Schiffsverkehr Rundfahrten auf dem See veranstaltet die private „Motorschiffahrt Kochelsee“. Im Sommer, von Juni–Sept., fährt das Schiff die Route 5-mal tägl., in der Vor- und Nachsaison 4-mal täglich. Haltestellen des Motorschiffs „Herzogstand“ sind Kochel (südlich des Trimini), das Seehotel Grauer Bär, Altjoch (Walchenseekraftwerk) und Schlehdorf. Die Rundfahrten dauern rund 75 Min., Fahrpreis 9 €, Kinder bis 14 J. 4,50 €; Teilstrecken sind möglich. ✆ 08851-416 oder 7241, www.motorschiffahrt-kochelsee.de.

Rund um den Kochelsee

Etwa 14 Kilometer sind bei einer Umrundung des Sees zurückzulegen. *Wanderer* werden durch schöne Ausblicke auf den See, auf Jochberg und Herzogstand voll dafür entschädigt, dass die Wege längst nicht überall direkt am Ufer entlangführen. Das reizvollste Teilstück ist sicher der etwa zwei Kilometer lange sogenannte „Felsenweg" am Südwestufer zwischen Walchenseekraftwerk und dem Örtchen Raut: ein schmaler Steig durch dichten Wald, an manchen Stellen eng zwischen Ufer und steil aufragende Felswände gezwängt (Karte im Maßstab 1:30.000 beim Verkehrsamt Kochel).

Fahrradfahrern ist wegen genau dieses Streckenabschnittes von einer Tour rund um den See abzuraten: An vielen Engstellen des Pfades müsste das Rad über holprige Steine und Wurzelwerk geschoben, teilweise sogar über längere Distanzen getragen werden; wenn hier dann noch Fußgänger entgegenkommen, wird es haarig – deshalb ist der „Felsenweg" auch für Radler gesperrt.

Wegbeschreibung: Ab Bahnhof Kochel im Ort über den Schmied-von-Kochel-Platz in den Herzogstandweg und vorbei am Franz-Marc-Museum; dort bergab zur Hauptstraße und dieser auf der Seeseite folgen, vorbei am Hotel „Grauer Bär". Kurz nach dem Campingplatz „Renken" rechts ab auf die Straße zum Walchenseekraftwerk. Dort über die Brücke südlich des Turbinenhauses, dann dem Knick folgend zum See und dort auf den Felsenweg. An dessen Ende auf schmalen, verkehrsarmen Sträßchen über Raut nach Schlehdorf. Am Ortsausgang Richtung Kochel beginnt ein Rad- und Fußweg, der zunächst rechts, ab der Loisachbrücke dann links der Straße (Vorsicht beim Überqueren!) durch das Gebiet der Loisach-Kochelseemoore zurück nach Kochel führt (gute Karte beim Verkehrsamt Kochel).

Schlehdorf

Das 1200-Einwohner-Dorf an der nordwestlichen Ecke des Kochelsees ist von ehrwürdigem Alter, 763 wird es erstmals urkundlich erwähnt. Wenige Jahre später entstand hier ein Benediktinerkloster, das nach der Säkularisation 1803 von Missions-Dominikanerinnen erworben wurde, die darin heute eine Ausbildungsstätte für ihre Mission und eine Internatsschule unterhalten. Die zugehörige *Stiftskirche St. Tertulin*, 1727 begonnen, aber erst 1780 fertiggestellt, sieht mit ihren beiden Vierecktürmen nobel, schon fast klassizistisch aus. Die Dekoration des Inneren ist ebenfalls zurückhaltend und schlicht. Aus einem bestimmten Blickwinkel von der Hauptstraße ergibt sich ein reizvoller Zusammenklang mit der barocken *Friedhofskapelle*, in der man – so sie geöffnet ist – eine überlebensgroße romanische Christusfigur des 12. Jh. bewundern kann.

Übernachten/Essen **Gasthof Hotel Klosterbräu** **2**, an der Kurve der Hauptstraße im Ort, daher empfiehlt es sich, Zimmer nach hinten zu buchen. Vor einigen Jahren umfangreich renoviertes Traditionsgasthaus, dessen Geschichte bis ins 14. Jh. zurückreicht und das schon die Könige Maximilian II. und Ludwig II. bewirtete. Mehrere gemütliche Stuben, zum Teil mit Blick auf den ein Stück entfernten See, große Terrasse. Bayerisch-kroatische Küche, viel Fisch. Kein Ruhetag. DZ/F 90 €. Seestr. 2, 82444 Schlehdorf, ✆ 08851-286, www.klosterbraeu-schlehdorf.de.

Landgasthaus Café Fischerwirt **1**, hier auch Informationen über Privatzimmer im Ort. An der Hauptstraße Richtung Autobahn, mit einem recht großen, leider zur Straße gelegenen Garten. Gute Küche, die Spezialität des Hauses sind dem Namen gemäß Fischgerichte; es gibt auch hausgemachten Kuchen. Zuletzt aufwendig um- und ausgebaut. Kein Ruhetag. Unterauer Str. 1, 82444 Schlehdorf, ✆ 08851-484, www.fischerwirt-schlehdorf.de.

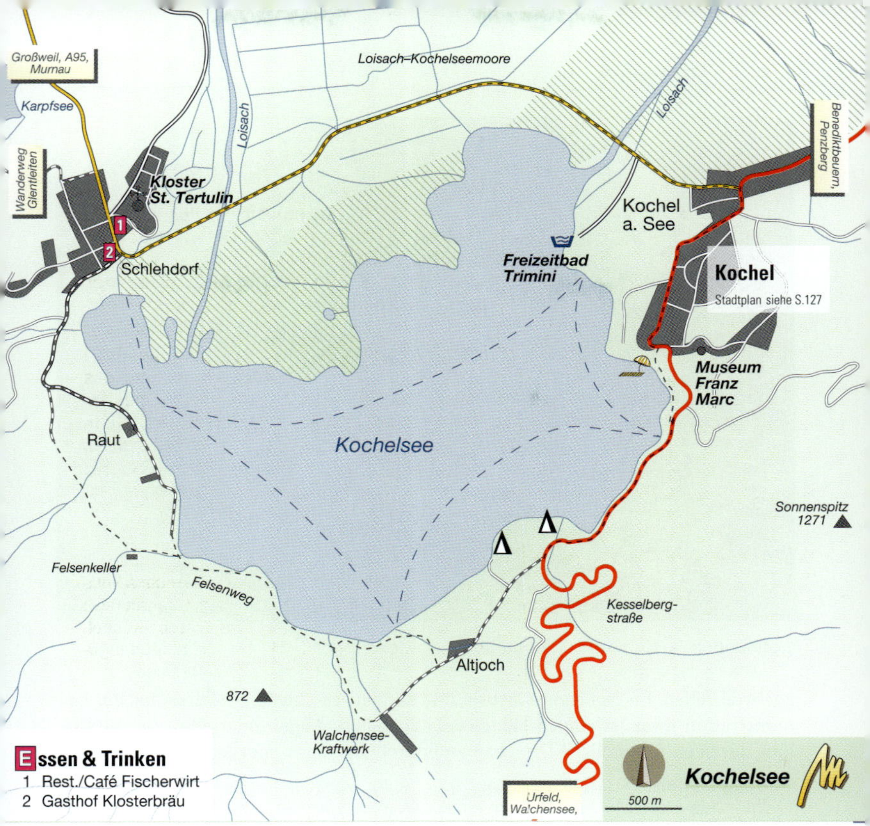

Freilichtmuseum Glentleiten

Wer über die Garmischer Autobahn zum Kochelsee anreist, sollte noch vor Schlehdorf den ersten Stopp einplanen. Doch auch für alle anderen Besucher der Gegend lohnt ein Abstecher zum Freilichtmuseum Glentleiten mit einer der interessantesten Ausstellungen Oberbayerns.

Rund 60 ländliche Bauten, die an ihrem ursprünglichen Standort nicht mehr erhalten werden konnten, sind auf dem ausgedehnten hügeligen und teils im Wald gelegenen Freigelände originalgetreu wieder aufgebaut worden: Bauernhäuser, Scheunen, Mühlen, Almhütten, selbst eine kleine Kapelle und ein Kramerladen, in dem man auch wirklich einkaufen kann. Neben der Darstellung unterschiedlicher Architekturformen gibt das Museum einen tiefen Einblick in die ländlichen Lebensbedingungen vergangener Jahrhunderte – manchem wird die nostalgische Sehnsucht nach der „guten alten Zeit“ vielleicht vergehen, wenn er sieht, wie karg die Höfe eingerichtet waren, wie hart der Alltag der Altvorderen gewesen sein muss. Ein dritter Schwerpunkt ist die Darstellung bäuerlicher Technik: Der Besucher sieht voll ausgestattete Werkstätten von Schäfflern, Schreinern, Schuhmachern und Sattlern und kann an einem Bachlauf, der aus einem Weiher gespeist wird, die Funktionsweise von Säge- und Getreidemühlen, einer Wetzsteinmacherei, einer Hammerschmiede und sogar eines vorsintflutlich anmutenden kleinen Elektrizitätswerks

Lohnendes Ausflugsziel: Glentleiten

nachvollziehen. Im täglichen Wechsel sind zudem verschiedene Meister bei der Demonstration ihres jeweiligen Handwerks zu sehen. Abgerundet wird die Ausstellung durch eine stündliche Diaschau und durch diverse Sonderveranstaltungen.

Öffnungszeiten Juni–Sept. tägl. 9–18 Uhr. Mitte März–Mai und Okt. bis Mitte Nov. Mo geschl., ab Ende Okt. nur bis 17 Uhr geöffnet. Eintritt 7 €. An der Glentleiten 4, 82439 Großweil, ✆ 08851-1850, www.glentleiten.de.

Verbindungen Das Museum liegt etwa 2 km südlich des Dorfes Großweil.

Bus: 5-mal tägl. RVO-Bus ab Kochel; Rückfahrt einige Stunden später.

Wanderung: Ab Schlehdorf ist ein Wanderweg ausgeschildert, der in etwa einer Stunde hinauf zur Kreut-Alm und zum Freilichtmuseum führt.

Auto: Von der Autobahnausfahrt Murnau/Kochel zunächst Richtung Kochel, in Großweil dann rechts ab (beschildert).

Essen & Trinken Drei einfache Lokale sorgen für Stärkung: der **Starkerer Stadel** (www.starkerer-stadel-jimdo.com), der **Kramerladen** (www.kramerladen-glentleiten.de) und der historische Biergarten am **Salettl,** zu dem auch eine Kegelbahn gehört. Wer es gediegener mag, findet ein paar hundert Meter entfernt den Biergarten des Gasthofs **Kreut-Alm** (www.kreutalm.de). Vom Biergarten hat man einen schönen Blick auf Kochelsee und Alpen. März–Mitte Nov. tägl. geöffnet, sonst nach Bedarf (im Winter daher vorher anrufen). ✆ 08841-5822.

Loisach-Kochelseemoore: Zwischen Schlehdorf und Kochel erstreckt sich dieses ausgedehnte, brettebene Feuchtgebiet, aus dem nur einzelne Bäume und die zur Zwischenlagerung von Heu errichteten Holzhütten herausragen. Die melancholische Landschaft aus Streuwiesen und kleinen Seen beherbergt über 200 Vogelarten, darunter auch so selten gewordene Spezies wie den Großen Brachvogel. Es ist unter Schutz gestellt; unter anderem besteht für die Zeit vom 20. März bis 15. Juli ein Betretungsverbot, das nur bestimmte Wege ausnimmt. Wer im Moor wandern will, sollte sich deshalb vorher genau beim Verkehrsamt Kochel erkundigen – die Bußgelder auch für unabsichtliche Übertretungen des Wegegebots sind hoch.

Kochel

Würde nicht die verkehrsreiche Bundesstraße 11 quer durch den Ort führen, könnte man Kochel als ruhig, vielleicht gar als etwas verschlafen empfinden. Immerhin wohnen im nach Norden bis Ried und im Süden bis hinauf zum Walchensee reichenden Gemeindegebiet kaum mehr als etwa 4000 Menschen, die Eigentümer der zahlreichen Zweitwohnungen und Ferienhäuser bereits mitgerechnet. Kochel selbst dürfte also nicht viel mehr als etwa 2000 ständige Einwohner haben – für den Hauptort eines doch recht großen Sees ist das nicht viel. Und wirklich glaubt man abseits der Verkehrsader da und dort auch heute noch die gelassene Atmosphäre eines alten Dorfes zu spüren, das bereits im 8. Jh. aus einem längst wieder verschwundenen Kloster hervorgegangen und bis weit ins 19. Jh. hinein rein bäuerlich geprägt war. Einen ersten Aufschwung im Fremdenverkehr erlebte Kochel, als 1846 eine natronhaltige Heilquelle entdeckt wurde, die eine illustre Gästeschar bis hin zu König Ludwig II. und Otto von Bismarck anzog. Der Ruhm von „Bad Kochel" währte zwar nur einige Jahrzehnte (dann nämlich versiegte die Quelle wieder), der Name des Ortes besaß jedoch fortan einen guten Klang. Als gegen Ende des 19. Jh. die Kesselbergstraße zum Walchensee ausgebaut und die Siedlung ans Schienennetz angeschlossen wurde, hatten der Adel und das wohlhabende Bürgerturm Münchens schon eine ganze Reihe klassizistischer, türmchengekrönter und mit Erkern besetzter Villen in Kochel stehen – Vorboten der Entwicklung zum heutigen, viel besuchten Luftkurort, der jährlich gut 120.000 Übernachtungsgäste anzieht.

Sehenswertes

Pfarrkirche St. Michael: Die mit einem Zwiebelturm gekrönte Pfarrkirche ist ein Werk des Baumeisters Kaspar Feichtmayr aus Benediktbeuern. Sie wurde um 1670–1685 wahrscheinlich an der Stelle errichtet, an der bereits im 11. Jh. eine Vorgängerin stand. Der üppige Stuck- und Freskenschmuck im Inneren stammt von lokalen Künstlern und wurde in den Jahren um 1730 angefertigt.

Pfarrer-Hartmann-Weg 3, 82431 Kochel am See, ✆ 08851/303, www.pfarrei-kochel.de.

Franz Marc Museum: Die bedeutendste Sehenswürdigkeit des Ortes ist das Museum für den 1880 in München geborenen Maler Franz Marc, der ab 1909 im nahen Sindelsdorf lebte. Von dort aus besuchte er häufig den Kochelsee und bezog schließlich 1914 ein Haus im Ortsteil Ried. 1917 wurde der Leichnam des bei Verdun gefallenen Künstlers zur Bestattung nach Kochel überführt.

Mitte der 1980er-Jahre richtete die Gemeinde zunächst in einer alten, im Wald gelegenen Villa, Ende des 19. Jh. für einen Münchner Industriellen gebaut, eine ständige Ausstellung über den bedeutendsten bayerischen Maler des 20. Jh. ein. Gewohnt hat Franz Marc nie in dem Haus, dessen Lage macht jedoch den Einfluss der Natur auf das Werk des Künstlers augenfällig. 2008 wurde unmittelbar neben der alten Villa ein neuer Museumsbau eröffnet. 700 Quadratmeter stehen nun für die Gemälde von Franz Marc und die schöne Sammlung der Stiftung Edda und Otto Stangl zur Verfügung. Zu sehen sind u. a. Werke der Berliner „Brücke" und Arbeiten von Paul Klee. In der alten Villa befindet sich heute ein hübsches, gut geführtes Restaurant mit einer schönen Aussichtsterrasse hoch über dem umgebenden Wald.

Anfahrt Über die B 11 von Kochel Richtung Walchensee. Links vor einer Kurve liegt ein großer Parkplatz, von dem es bergauf durch den Franz Marc Park ca. 7–8 Min. zu Fuß sind. Für Behinderte bleibt die alte Anfahrt über die Kalmbachstr. in Kochel und weiter durch die Alte Str. und Rothenberg Süd bis nah ans Museum (Parkplätze vorhanden) erhalten. Franz-Marc-Park 8–10, 82431 Kochel am See.

Öffnungszeiten Tägl. außer Mo 10–18 Uhr (Nov.–März bis 17 Uhr). Eintritt 8,50 €. ✆ 08851-924880, www.franz-marc-museum.de.

Museumsshop Neben der Kasse im Eingangsbereich des neuen Museumsbaus befindet sich ein ergiebiger, gut sortierter Buch- und Andenkenladen.

Restaurant »» Mein Tipp: **Zum blauen Reiter** Hoch über dem Kochelsee liegt die Aussichtsterrasse des Museumsrestaurants in der alten Villa. Zur kleinen Speisekarte kommen Tagesgerichte und selbstgebackener Kuchen. ✆ 08851-9292860, www.restaurant-blauerreiter.de. ««

Basis-Infos

Information Touristinfo Kochel, Bahnhofstr. 23, 82431 Kochel. Mai/Juni und 15. Sept. bis Okt. Mo–Fr 8–12.30 und 13–17 Uhr. Juli bis 14. Sept. Mo–Fr 8–12.30 und 13–18 Uhr, Sa 8–12.30 Uhr, sonst Mo–Do 8–12.30 und 13–17 Uhr, Fr 8–14 Uhr. ✆ 08851-338, www.kochel.de.

Baden Langgestrecktes, gepflegtes Wiesengelände beim Parkplatz der Therme Trimini, mehrere einfache Zugänge zum See, doch der ist, wie erwähnt, nicht gerade der wärmste.

Therme, das Trimini hatte jahrelang geschlossen, weil es nicht mehr so gut lief. Nach Investitionen von 26 Mio. Euro sollen ein weitläufiger Saunabereich inkl. Dampfbad und Hamam, ein knappes Dutzend Becken und der erneuerte Außenbereich mit zwei Zugängen zum See – einer davon für Saunabesucher – wieder für mehr Publikum sorgen. Sehr öffentlichkeitswirksam war schon mal die Entscheidung, die Saunatherme zur FKK-Zone zu erklären. Nur Mi und So ist auch Badekleidung erlaubt. Geblieben ist die 1a-Lage direkt am See mit schönem Blick auf die Berge. Tägl. 10–23 Uhr (Fr 10–24 Uhr, Sa 9–24 Uhr, So 9–23 Uhr). Saunatherme 20,50–41,50 €, Freizeitbad 9–18 €. Gewählt werden kann zwischen 2 Std., 4 Std. oder dem ganzen Tag. Seeweg 2, 82431 Kochel, ✆ 08851-5300, www.kristall-trimini.de.

Feste/Veranstaltungen Kocheler Heimattag, am 15. August, mit Festzug und Konzerten, ab 12 Uhr Seefest.

Freizeit/Sport Fahrradverleih: Fahrradgeschäft Benedikt Heinritz, E-Bikes 25–35 €/Tag, Mountainbikes 16 €/Tag, Tourenräder 8 €/Tag. Bahnhofstr. 8, 82431 Kochel, ✆ 08851-471.

Übernachten/Essen & Trinken

Übernachten/Essen Viele Hotels in Kochel liegen direkt an den Hauptstraßen – wer Ruhe sucht, sollte dort versuchen, ein Zimmer nach hinten zu ergattern.

*** Seehotel Grauer Bär **5**, am südlichen Ortsrand, mit eigener Schiffsanlegestelle. Schöner als auf der Seeterrasse kann man wohl am ganzen Kochelsee nicht sitzen; auch von den Gasträumen genießt man einen hübschen Blick, entsprechend beliebt ist das Lokal. Gehobene Küche, Fischgerichte in breiter Auswahl, Preisniveau 14–20 €. Tägl. geöffnet, im Winter Mi Ruhetag. Komfortable, bürgerlich eingerichtete Zimmer (viel helles Holz, schwere Sofas, Doppelvorhänge). DZ/Bad/F 110 €, Wellness (Sauna, Dampfbad, Seeterrasse) und Ruderbootmiete inkl. Mittenwalder Str. 82–86, 82431 Kochel, ✆ 08851-92500, www.grauer-baer.de.

*** Gasthof Hotel Zur Post **1**, schönes, traditionsreiches Haus (1356 als Poststation erbaut) im Herzen des Ortes. Mehrere rustikale Stuben, an den Tischen im Freien mag manchen die nahe verkehrsreiche Durchgangsstraße (B11) stören. Zur Saison kein Ruhetag. Die Zimmer wurden vor wenigen Jahren renoviert, DZ/Bad/F 90–100 €. Schmied-von-Kochel-Platz 6, 82431 Kochel, ✆ 08851-92410, www.posthotel-kochel.de.

*** Landhotel Herzogstand **2**, zentral, aber doch etwas abseits der lauten Hauptstraße gelegen. Hübscher kleiner Biergarten, gemütliche Stube. Zu essen gibt es Brotzeiten in kleinen Portionen, vom Haus „bayerische Tapas" genannt. Die 10 Zimmer sind alle etwas unterschiedlich eingerichtet, das bayerisch-rustikale Element dominiert jedoch in allen, einige haben Balkon und ei-

nen schönen Blick. DZ/Bad/F 120 €. Herzogstandweg 3, 82431 Kochel, ✆ 08851-324, www.herzogstand.de.

Alpengasthof Rabenkopf **4**, an der Hauptstraße von Ried, einem an der B 11 kurz vor Benediktbeuern gelegenen Ortsteil, etwa 6 km nordöstlich des Zentrums. Ein ganz besonderes, von mehreren Restaurantführern empfohlenes Haus, das die Küche der alten Donaumonarchie in hoher Qualität und dabei zu durchaus zivilen Preisen auf den Tisch bringt. Do Ruhetag. Insgesamt neun Zimmer, DZ/Bad/F 68–96 €. Kocheler Str. 23, 82431 Ried bei Kochel, ✆ 08857-208, www.rabenkopf.de.

Jägerwirt **3**, im winzigen Dörfchen Ort, etwa 3 km nordöstlich von Kochel, Zufahrt über die Straße nach Benediktbeuern. Urige Wirtschaft in ruhiger Lage, klassischer Biergarten mit schöner Aussicht, bayerische Küche zu günstigen Preisen. Do Ruhetag. Der Jägerwirt vermietet auch Ferienwohnungen, je nach Größe 36–63 €/Tag. Wirtsgasse 7, 82431 Ort bei Kochel, ✆ 08851-280, www.jaegerwirt-ort.de.

Campingplatz Renken, etwa 2,5 km südlich von Kochel-Zentrum, nahe der B 11 (auf dem Weg zum Walchensee). Kleineres, zum See geneigtes Wiesengelände mit 70 Stellplätzen. Etwas Schatten durch Bäume, Kiosk-Gaststätte mit einfachen Gerichten, kleiner Badestrand. 2 Pers. mit Zelt 20 €, Auto 3 €. Geöffnet April–Sept. Mittenwalderstr. 106, 82431 Kochel, ✆ 08851-615505, www.campingplatz-renken.de.

Campingplatz Kesselberg, etwa 1 km weiter, Zufahrt über die Nebenstraße zum Walchensee-Kraftwerk. Ebenfalls ein Wiesengelände zum See, etwa 130 Stellplätze, kaum Schatten, Kiosk-Gaststätte mit einfachen Gerichten, Badestrand. 2 Pers. mit Zelt 20 €, Pkw 3 €. Geöffnet Mai–Sept. Voranmeldung empfiehlt sich zur Hauptsaison. Altjoch 2 ½, 82431 Kochel, ✆ 08851-464, www.campingplatz-kesselberg.de.

Walchensee-Kraftwerk: Etwa vier Kilometer südlich von Kochel nutzt das 1918–1924 errichtete Wasserkraftwerk die 200 Meter Höhenunterschied zwischen Walchensee und Kochelsee zur Stromgewinnung. Oben strömt das Wasser durch einen 1200 Meter langen Stollen zum sogenannten „Wasserschloss“, einer Art

Ausgleichsbehälter. Da die Sohle dieses Stollens rund zehn Meter unter der Wasseroberfläche des Walchensees liegt, wird kaltes Tiefenwasser herangeführt – Erklärung für die kurios erscheinende Tatsache, dass der Kochelsee niedrigere Wassertemperaturen aufweist als der Walchensee. Vom Wasserschloss schießt das Wasser durch sechs etwa 450 Meter lange und zwei Meter dicke Rohre hinab zum Kraftwerk. Mit 20 Atmosphären Druck treibt es dort acht Turbinen von jeweils 18.000–24.000 PS an, die mit Generatoren gekoppelt sind; nach getaner „Arbeit" wird der Wasserstrom in den Kochelsee entlassen.

Idee und Realisierung der Anlage gehen auf den Münchner Ingenieur *Oskar von Miller* zurück, den Gründer des Deutschen Museums. Der Bau war seinerzeit nicht unumstritten. So mancher abergläubische Einwohner der Gegend erinnerte sich plötzlich der alten Sage von dem Riesenwaller, der auf dem Grund des Walchensees lebe und, wenn er erschreckt würde, den See zum Überlaufen bringen könne. Auch die Regierung zeigte sich skeptisch: „Wohin mit all dem Strom?" soll einer ihrer Vertreter gefragt haben. Nach einer langen Anlaufzeit wurde das erste Hochdruckspeicher-Kraftwerk Deutschlands (bis heute eines der größten seiner Art) dennoch realisiert – mit den bescheidenen Mitteln der damaligen Zeit eine technische Pionierleistung.

Im Kraftwerk, über dem ständig ein dumpfes Dröhnen liegt, betreibt der heutige Eigentümer *Uniper* das von der ehemaligen Konzernmutter *E.on* eingerichtete Informationszentrum. Neben der eigentlichen Ausstellung, die unter anderem mit Fotografien und Landschaftsreliefs Erzeugung und Verteilung des Stroms dokumentiert, kann man auch die imposante Maschinenhalle mit all den Turbinen und Generatoren besichtigen.

Tägl. 9–17 Uhr (Nov.–April bis 16 Uhr; Dez./Jan. geschl.). Eintritt frei. Führungen von Juni–Okt. jeden Dienstag 16 Uhr. Vor dem gut besuchten Infozentrum ausreichend Parkplätze. Einfache, günstige Gerichte gibt's im **Bistro** oder im kleinen Biergarten davor, Souvenirs im **Shop** daneben. Altjoch 21, 82431 Kochel, ✆ 08851-77225.

Abstecher zum Kloster Benediktbeuern: Im gleichnamigen Ort (Bahnstation), etwa acht Kilometer nördlich von Kochel, steht unweit der Straße nach Bad Tölz eines der ältesten Klöster Bayerns. Bereits gegen 740 von den Huosi gegründet, 955 von den Ungarn zerstört, bald aber von Tegernsee aus wieder aufgebaut, entwickelte sich die Benediktinerabtei zu einem kulturellen Zentrum des Mittelalters. Benediktbeuern war insbesondere berühmt für seine Malerschule, seine Bibliothek und die Schreibstuben, in denen im 13. Jh. die von fahrenden Sängern vorgetragenen „Carmina Burana" aufgezeichnet und so der Nachwelt überliefert wurden. Der breiten Öffentlichkeit bekannt wurden die – übrigens teilweise recht frivolen – Texte durch die Vertonung Carl Orffs 1936.

1803 wurde das Kloster im Zuge der Säkularisation aufgelöst, ein Großteil der Bibliothek ging verloren. Später errichtete man hier eine Glashütte, in der der Physiker und Astronom *Joseph von Fraunhofer* eine optische Werkstatt besaß – sie blieb als Museum erhalten. Dazu schrieb uns ein Leser: „1805 kaufte der Fabrikant Joseph von Utzschneider die gesamte Klosteranlage für die Summe von 55.000 Gulden. 1806 erwarb er den Meierhof und vor allem den Klosterwald an der nördlichen Benediktenwand. Sein Besitz mit ca. 2.000 ha erreichte damit den Umfang des ehemaligen Klosters. Neben der Weiterführung der Landwirtschaft stand hinter dem Kauf Utzschneiders von Anfang an der Plan, im Kloster eine Glashütte zu errichten. Utzschneider holte den später geadelten Joseph Fraunhofer nach Benediktbeuern und betraute ihn ab 1811 mit der Gesamtleitung der Firma. Ab 1815 war Fraunhofer

Lieber bayerisch sterben als kaiserlich verderben: der Schmied von Kochel

Hünenhaft, martialischer Blick, mit buschigem Schnäuzer – so stellte sich der Schöpfer des 1900 entstandenen Denkmals in der Ortsmitte den berühmten Schmied von Kochel vor. Dabei ist die tatsächliche Existenz dieses bayerischen Volkshelden historisch nicht einmal wirklich belegt. Gesichert dagegen ist das Umfeld der Legende, nämlich die „Sendlinger Mordweihnacht" vom 24. auf den 25. Dezember 1705. Ein paar tausend patriotische Bauern des Oberlandes hatten sich damals zusammengetan, um im Handstreich München von den kaiserlich-österreichischen Truppen zu befreien, die Bayern im Spanischen Erbfolgekrieg bereits im Jahr zuvor besetzt hatten. Der Plan wurde verraten, und der tapfere, mit Sensen, Heugabeln und Morgensternen großteils nur spärlich bewaffnete Trupp sah sich unerwartet den Musketen und Kanonen der kaiserlichen Armee gegenüber. Von Kavallerie und Infanterie zurückgeschlagen, suchten die Aufständischen Schutz in Sendling, heute ein Stadtteil von München, damals ein kleines Dorf. Vergebens – obwohl die Oberländer schließlich die Waffen niederlegten und sich ergaben, wurden fast alle von den Kaiserlichen massakriert. Auf dem Sendlinger Friedhof scharte sich ein letzter verzweifelter Haufen um den riesenhaften Schmied von Kochel, der in einer Hand die gefürchtete Keule, in der anderen bis zuletzt die Fahne der Aufständischen trug. Mit den Worten „Lieber bayerisch sterben als kaiserlich verderben" verschied auch er.

Heldendenkmal in Kochel

So weit in groben Zügen die Legende um Balthasar Maier, wie der Schmied von Kochel geheißen haben soll. Der wirkliche Schmiedemeister des Ortes zu jener Zeit allerdings ist namentlich bekannt, er hieß Georg Heinrici. Verbürgt ist jedoch immerhin der Tod eines „Schmiedbalthes" (Balthes = Balthasar) in Sendling – vielleicht ein Geselle des echten Kocheler Schmieds? Zum 300. „Jubiläum" des niedergeschlagenen Aufstandes fanden 2005 die „Schmied von Kochel Spiele" in einer Neuinszenierung eines Dramas aus dem 19. Jh. statt. Die 58 Aufführungen der Heimatbühne waren restlos ausverkauft.

mit 10.000 Gulden als Mitgesellschafter beteiligt, doch hatte er nicht das Recht, diese Summe aus dem Firmenvermögen zu entnehmen. Fraunhofer selbst war Optiker und Physiker, aber nicht Astronom. Die Glashütte war also nicht im Besitz von Fraunhofer."

1930 zogen die rührigen Salesianer Don Boscos in Benediktbeuern ein. Heute arbeiten und unterrichten 49 Geistliche neben 150 weltlichen Mitarbeitern in Benediktbeuern. Das Kloster ist Sitz zweier theologischer Hochschulen und eines sozialpädagogischen Instituts mit insgesamt 600 Studenten. Noch beliebter ist die Jugendherberge des Klosters: 14.000 Jugendliche übernachten hier jährlich, die Betten sind selbst im Winter ausgebucht.

Die weitläufigen Klosteranlagen stammen überwiegend aus der zweiten Hälfte des 17. Jh. Besonders üppig fiel der Stuck aus, beispielhaft zu sehen im Kreuzgang, in dem eine Missionssammlung aus aller Welt untergebracht ist, und im *Alten Festsaal* mit seinen originellen Deckenfresken von Hans Georg Asam. Von ihm stammen auch die Fresken der *Klosterkirche St. Benedikt*. Mit ihren charakteristischen zwei Zwiebeltürmen nach einem Entwurf von Kaspar Feichtmayr 1680 erbaut, ist sie eine der ältesten Barockkirchen Bayerns – insgesamt zwar prächtig ausgestattet, nach Expertenmeinung aber doch etwas schwermütig geraten. Wesentlich freundlicher zeigt sich die 1758 von Johann Michael Fischer fertiggestellte *Anastasiakapelle*, die an den Chor angebaut, jedoch durch einen eigenen Eingang auf dem Friedhof zu erreichen ist: ein heller, heiterer Traum des Rokoko, in dessen Inneren so berühmte Künstler wie Johann Jakob Zeiller (Kuppelfresko), Ignaz Günther (Seitenaltäre) und Jacobo Amigoni („Himmelfahrt Anastasias" am Hochaltar) ihre Visitenkarten hinterließen.

Öffnungszeiten/Veranstaltungen **Freie Besichtigung** in der Regel tägl. 9–17 Uhr: gotischer Klosterkreuzgang von 1493, gotisches Refektorium mit einem Faksimile der Carmina Burana, Fraunhofer-Glashütte, Ausstellung über die Salesianer, ehemalige Abteikirche, Pfarrkirche St. Benedikt, Vorraum der Anastasia-Kapelle.

Führungen April–Juni und Sept./Okt. Di/Do/Sa/So 14.30 Uhr, So auch 13 Uhr (außer Sept./Okt.); Juli/Aug. tägl. 14.30 Uhr, So auch 13 Uhr; Nov.–März Sa/So 14.30 Uhr. Ticket 4 €, erm. 2,50 €. ✆ 08857-880, www.kloster-benediktbeuern.de.

Klosterkonzerte Von Mai bis September sind die Basilika und der Barocksaal von Benediktbeuern Schauplatz berühmter Konzerte, andere Veranstaltungsorte sind das angeschlossene Zentrum für Umwelt und Kultur sowie für Open-Air-Aufführungen der Maier- und der Klosterhof. Kartenvorbestellungen: im Klosterladen, tägl. 9–18 Uhr (Nov.–März nur bis 17 Uhr), ✆ 08857-88110, www.klosterladen-benediktbeuern.de. Einen Überblick über die geplanten Konzerte gibt die Gästeinformation der Gemeinde Benediktbeuern, Prälatenstr. 3, ✆ 08857-248, tourismus@benediktbeuern.de. Der Veranstaltungskalender ist aber auch online zu haben: www.kloster-benediktbeuern.de/veranstaltungen.

Übernachten **Don Bosco Jugendherberge**, im Kloster. Die Zimmer sind meist durch komplette Schulklassen belegt, doch wenn Betten frei sind, wird niemand abgewiesen. Zimmer mit 6–8 Betten, 2 Speiseräume, zahlreiche Sportanlagen, Disco, Musikinstrumente, Internet-Café. Hilfreich ist eine frühzeitige Anmeldung. Paketpreis mit Vollpension im Sommer 5 Tage (mit Lunchpaketen) 205 € pro Person. Don Bosco Str. 3, 83671 Benediktbeuern, ✆ 08857-88350, www.juhebb.de.

Gästehaus des Klosters, einfache, aber geräumige DZ/Dusche/F für 76 €, mit Etagendusche 60 €. Don-Bosco-Str. 1, 83671 Benediktbeuern, ✆ 08857-88195 (tägl. 9–12 Uhr), www.kloster-benediktbeuern.de.

Essen & Trinken **››› Mein Tipp: Klosterbräustüberl**, allein schon ein Grund für den Klosterbesuch: sehr reizvolles Ambiente, sowohl im lauschigen Biergarten vor alten Mauern als auch im maßvoll renovierten Inneren, dem sein ehrwürdiges Alter anzumerken ist. Darüber, dass der Name etwas in die Irre führt (Bier wird in Benediktbeuern schon seit 1925 nicht mehr gebraut), kann man da gerne hinwegsehen. Geöffnet Mitte März bis Okt. Kein Ruhetag. Zeiler Weg 2, 83671 Benediktbeuern, ✆ 08857-9407, www.klosterwirt.de. «

Die Kesselbergstraße – Handelsweg und Rennstrecke: Ein wichtiger Verkehrsweg war die steile Straße, die in zahlreichen Kurven den Kochelsee mit dem Walchensee verbindet, wohl bereits in der Bronzezeit, damals freilich noch als schmaler Saumpfad. 1492, also vor über 500 Jahren und zeitgleich mit der Entdeckung Amerikas, ließ Herzog Albrecht IV. die *Via regia ad Tirolienses et Italos* („Königliche Straße nach Tirol und Italien") ausbauen; wichtigster Grund war die wenige Jahre zuvor (1487) erfolgte Verlegung des Marktes der Venezianer von Bozen nach Mittenwald. Die Kesselbergstraße fungierte nun als Direktverbindung von München zu dem aufstrebenden Handelszentrum Mittenwald, von dem aus man über den Brenner weiter nach Italien reisen konnte. Genau diesen Weg nahm auch Goethe, als er auf seiner „Italienischen Reise" am 7. September 1786 per Postkutsche die 858 Meter hoch gelegene Passhöhe des Kesselbergs überquerte. Für den Gütertransport hatte die Kesselbergstraße zu Goethes Zeit allerdings kaum noch Bedeutung. Dies lag am Niedergang Venedigs, aber auch an der Sperrung der Straße für Ferntransporte durch Kurfürst Max Emanuel 1722, der stattdessen die Route über Aibling favorisierte. In der Folge ging der Verkehr stark zurück; Mitte des 19. Jh. kam zeitweilig sogar der Postverkehr völlig zum Erliegen.

Fahrbahnteiler sollen das Kurvenschneiden auf der Kesselbergstraße unterbinden

Neuer Bedarf entstand Ende des 19. Jh., unter anderem durch den Ausbau der Bahnlinie bis Kochel. Die alte Trasse mit ihrer extrem starken Steigung von bis zu 25 % genügte den Anforderungen der neuen Zeit jedoch nicht mehr. 1893/97 wurde deshalb die heutige Streckenführung angelegt, die mit 5,8 Kilometern mehr als doppelt so lang und weit kurvenreicher ist als ihre Vorgängerin. Eben diese Kurven und Kehren ließen die neue Kesselbergstraße ab 1905 zu einer berühmten Rennstrecke für Motorräder und Rennwagen werden; den Höhepunkt seines Ruhms erreichte das Kesselbergrennen in den Jahren 1928–1934, als der legendäre „Bergkönig" Hans Stuck die Konkurrenz fast nach Belieben beherrschte. 1935 endete die Geschichte der Kesselbergrennen.

Die alte Kesselbergstraße, großteils westlich der neuen Trasse verlaufend, blieb übrigens als Fußweg erhalten – hier lässt es sich wirklich auf uralten Spuren wandeln.

Achtung Motorradfahrer: Wegen zahlreicher schwerer Unfälle auf der Kesselbergstraße ist diese seit vielen Jahren **an Samstagen, Sonn- und Feiertagen für Motorräder in Richtung Walchensee gesperrt**. In der Gegenrichtung darf die Kesselbergstraße auch an Wochenenden ohne Einschränkungen befahren werden. Um das gefährliche Kurvenschneiden zu unterbinden, sind an vielen Stellen sogenannte Leitschwellen mit Warnbaken angebracht worden, tatsächliche Fahrbahnteiler also. Eine mögliche Ausweichstrecke zum Walchensee an Wochenenden und Feiertagen verläuft über Garmisch-Partenkirchen, Krün und Wallgau.

Walchensee

Es muss nicht immer der Lago di Garda sein: Auch am Walchensee finden Surfer den richtigen Wind. Zwar weht es hier meistens erst ab der Mittagszeit – dann aber oft kräftig.

Windsurfer zählen deshalb zum Stammpublikum des größten bayerischen Gebirgssees, finden am Westufer auch alle nötigen Einrichtungen. Besonders stark ist das Surferaufkommen natürlich an Samstagen und Sonntagen. Spötter behaupten deshalb gerne, an Wochenenden könne man den Walchensee trockenen Fußes überqueren – „einfach von Brett zu Brett springen ...“ Vor Kollisionen mit Motorbooten sind Surfer jedoch auch bei hohem Andrang gefeit: Motorisierter Wassersport ist auf dem Walchensee verboten.

Man muss jedoch nicht unbedingt ein Windsurfer sein, um am Walchensee Spaß zu haben. Seine Ufer sind kaum besiedelt, von Wald und Bergen umgeben und fast überall frei zugänglich. Und obwohl der Walchensee rund 200 Meter höher liegt als der Kochelsee, überschreiten die Temperaturen seines kristallklaren Wassers (Trinkwasserqualität!) in den Uferzonen durchaus schon mal die Zwanzig-Grad-

Weitgehend einsam inmitten traumhafter Natur gelegen: der Walchensee

Marke. Zwar gibt es keine Strandbäder und der Wasserspiegel kann, bedingt durch den Abfluss zum Walchenseekraftwerk, um bis zu zwei Meter schwanken, doch findet sich trotzdem eine Reihe von Plätzchen für den Sprung ins mal türkisblaue, mal smaragdgrün schimmernde Nass. Am schönsten liegen die Badeplätze entlang der Straße am Südufer.

Wanderer und Radfahrer finden rund um den komplett als Landschaftsschutzgebiet ausgewiesenen See ein hervorragendes Revier für Streifzüge. Einzig am Westufer gibt es mit der B 11 eine stark befahrene Straße. Im Süden verläuft nur eine schmale Mautstraße (die Schranke ist aber meist offen) mit vergleichsweise immer noch sehr geringem, in den letzten Jahren aber doch deutlich gestiegenem Durchgangsverkehr, und das einsame Ostufer ist nur durch einen Fußweg erschlossen. Die den Walchensee umgebende Bergwelt ermöglicht zudem eine Fülle anspruchsvollerer Touren. Beliebtestes Ziel ist der 1731 Meter hohe Herzogstand, der auch durch eine Kabinenbahn erschlossen ist: Von seinem Gipfel aus liegen dem Beobachter Kochelsee und Walchensee wie auf einem Luftbild zu Füßen.

Topografische Angaben Fläche 16,1 Quadratkilometer (viertgrößter See Oberbayerns), Länge knapp 7 Kilometer, Breite bis zu 5 Kilometer, Tiefe fast 200 m (der tiefste See Oberbayerns!), Uferlänge 27 km.

Wasserqualität Sehr gut.

Wassertemperatur Sommer 19 Grad, Maximalwert 22 Grad.

Verbindungen Bus: Der Regionalverkehr Oberbayern (RVO) fährt 9-mal tägl. ab Kochel hinauf zum Walchensee und weiter nach Garmisch-Partenkirchen.

Auto: Anfahrt wie zum Kochelsee (s. dort), dann über die Kesselbergstraße. Parkplätze sind sehr rar und in Walchensee-Ort meist gebührenpflichtig!

Rund um den See

Insgesamt 27 Kilometer legen Wanderer bei einer Umrundung des Walchensees zurück, Radfahrer etwa einen Kilometer mehr. Unterwegs hat man zumindest als Fußgänger praktisch überall Uferkontakt – da lässt es sich vielleicht verschmerzen, dass es auf den knapp sechs Kilometern zwischen Urfeld und dem Ortsende von Walchensee keine Alternative zur vielbefahrenen B 11 gibt; Wanderer finden hier immerhin einen separaten Fußgängerweg neben der Straße. Genau ein solcher fehlt zwar auf der Mautstraße am Südufer, doch hält sich der Verkehr hier normalerweise in Grenzen.

Wegbeschreibung: Am Ortsende von Walchensee-Ort links halten, vorbei am Campingplatz und rund um die Halbinsel Zwergern, hinter Einsiedl dann auf der Mautstraße bis Niedernach. Fußgänger folgen hier bei der Gaststätte „Waldschänke" dem uferwärts abzweigenden Weg nach Sachenbach. Dieser Weg ist im Wald vor Sachenbach auf etwa 1,5 km Länge für Radfahrer gesperrt; gesetzestreue Radler folgen deshalb ab Niedernach noch knapp 2 km weit der Mautstraße, bis rechter Hand „ihr" Weg nach Sachenbach abzweigt. Von dort geht es am Ufer entlang bis Urfeld und auf bzw. neben der B 11 zurück nach Walchensee.

Urfeld

Nach der Passhöhe auf 858 Metern führt die vom Kochelsee kommende Kesselbergstraße in wenigen Kehren steil hinab in den winzigen Weiler. Urfeld besteht nur aus ein paar Häusern, einem Bootsverleih und Surferzentrum sowie dem **Walchensee-Museum**, das an einem schon viele Jahrhunderte lang bebauten Ort direkt an der Einfahrt nach Urfeld liegt. Von der Kesselbergstraße kommend, führt gleich links am Ortseingang eine Zufahrt zum Museum, das von dem Kunstsammler *Friedhelm Oriwol* vor einigen Jahren anstelle des alten Hotels zur Post eröffnet wurde. Nach umfangreichen Umbauarbeiten stellte er dort seine Sammlung aus, die neben etwa 200 Werken von *Lovis Corinth* (1858–1925) – der Maler hatte in Urfeld eine Zweitwohnung, die er häufig besuchte – auch um das Jahr 1900 entstandene Gemälde und Zeichnungen einiger sogenannter „Malweiber" umfasst, von Frauen, die mit ihren Staffeleien im Freien arbeiteten und sich damit den Spott der Bevölkerung zuzogen. Sie waren Autodidaktinnen, die in privaten Malschulen ausgebildet worden waren – Kunstakademien waren Frauen damals verschlossen. Daneben widmet sich das Walchensee-Museum auch der Geschichte der Umgebung und macht diese mithilfe zahlreicher Exponate, z. B. mit Ölgemälden, Chroniken, Land- und Ansichtskarten bis hin zu alten Instrumenten und Spielen, auf sehr anschauliche Weise erlebbar.

Urfeld 4, 82432 Urfeld. Geöffnet Juni–Sept. Do–So 10.30–16.30 Uhr. Eintritt: 6 €. ✆ 089-92860092, www.walchenseemuseum.de.

Freizeit/Sport **Bootsverleih (B)**: Ruder-, Tret- und Segelboote neben der Surfschule. (vermietet auch Ferienwohnungen 20 m vom See entfernt). Karl Asenstorfer, Haus 28, 82432 Urfeld, ✆ 08851-363, www.asenstorfer.de.

Fahrradverleih: Im Surfcenter **(S)**, auch Mountainbikes. Oder bei Asenstorfer, → Bootsverleih.

Windsurfen (S): Windsurfingcenter Walchensee, Vermietung von Boards und Zubehör, Anfänger-, Fortgeschrittenen- und Kinderkurse. Seestr. 10, Urfeld, ✆ 08858-261.

Übernachten/Essen **Jugendherberge Urfeld 1**, beim südlichen Ortsausgang. RVO-Bus von Kochel Bahnhof mit Haltestelle an der Jugendherberge. 97 Betten in 18 Zimmern. Übernachtung mit Frühstück 22 €, Vollpension 33 €. Urfeld 17, 82432 Walchensee, ✆ 08851-230, www.jugendherberge.de.

Von Urfeld nach Walchensee (Ort): Fünf Kilometer ist das „Hauptdorf" des Walchensees von Urfeld entfernt. Die Bundesstraße verläuft hier immer am See entlang, doch gibt es eigentlich keinen Grund anzuhalten.

Von Urfeld ans Ostufer: Hier entlang führt keine Straße, sondern nur ein schmaler Weg, der auf einem Teilstück zwischen den Weilern **Sachenbach** und **Niedernach** sogar für Radfahrer gesperrt wurde – die Umleitung ist ab Sachenbach beschildert. Hier ist sicher der ruhigste Abschnitt des Sees; die wenigen Badeplätze sind von bescheidener Größe, aber dafür selten überlaufen. Einkehrmöglichkeiten fehlen völlig, erst in Niedernach (s. u.) findet sich wieder eine kleine Wirtschaft. Das dem Ostufer vorgelagerte Inselchen Sessau ist Naturschutzgebiet und darf nicht betreten werden.

Walchensee (Ort)

Walchensee ist eigentlich auch nur ein bescheidenes, großteils aus Fremdenverkehrsbetrieben bestehendes Dörfchen, dennoch aber die größte Siedlung am See und gleichzeitig der Ausgangspunkt für die Fahrt zur Bergstation unterhalb des 1731 Meter hohen Aussichtsgipfels Herzogstand (s. u.). Der Name „Walchen" übrigens stammt von der keltisch-römischen Mischbevölkerung der vorbajuwarischen Zeit, den „Welschen".

Information **Verkehrsamt Walchensee**, ab der Hauptstraße am See beschildert. Nov.–April Mo–Do 9–12 und 13–16 Uhr, Fr 9–12 Uhr. Mai/Juni und Sept./Okt. Mo–Fr 9–12 und 13–17 Uhr. Juli/Aug. auch Sa 9–12 Uhr. Ringstr. 1, 82432 Walchensee, ✆ 08858-411, www.walchensee.de.

Baden Der Platz im nördlichen Ortsbereich neben der Surferzone ist wegen möglicher Kollisionen nicht zu empfehlen; ruhiger badet man im südlichen Ortsbereich beim Gasthof Edeltraut – die dortige Bucht ist für Surfer gesperrt.

Freizeit/Sport **Bootsverleih (B)**: Beim Gasthof Edeltraut.

Windsurfen (S): Im nördlichen Ortsbereich, nahe der Zufahrt zur Herzogstandbahn, liegt der größte und beliebteste Surfertreff am See. Das Wiesengelände am Ufer kann von Pkws (Höhensperre für Wohnmobile etc.) direkt angefahren werden, ist zur Saison aber oft belegt. Direkt dahinter das *Windsurfcenter Walchensee*: Leihboards pro Tag oder stundenweise, Leihausrüstung, Surfkurse für Anfänger und Fortgeschrittene. Seestr. 10, Urfeld, ✆ 08858-261.

Fahrradverleih: Tourenräder und hochwertige Mountainbikes verleiht das Windsurfcenter **(S)**, Mountainbikes auch der Gasthof Edeltraut.

Übernachten/Essen (→ Karte S. 133)
Gasthof Café Edeltraut **4**, ein Stück südlich im Ort, etwas von der Straße zurückversetzt. Terrasse mit Seeblick, im Angebot mehrere Tagesmenüs sowie hausgemachte Kuchen und Torten. Eigener Boots- und Fahrradverleih. Mi Ruhetag. DZ/Bad/F 67 € (ab 3 Übernachtungen). Seestr. 90, 82432 Kochel, ✆ 08858-262, w.gasthof-edeltraut.de.

Walaho **6**, drei Luxus-Apartments in einem renovierten Bauernhaus aus dem 19. Jh.: Holzböden, Porzellanwaschbecken, Ledersessel; die Räume sind 25, 80 und 160 m² groß. Schöner Garten. Preise: 50/95/150 €. Seestr. 92, 82432 Walchensee, ✆ 0174-4230200, www.walaho.de.

Strandcafé Bucherer **3**, im nördlichen Ortsbereich, direkt an die Surferzone anschließend. Terrasse, Garten und auch die Wirtsräume in sehr schöner Aussichtslage direkt am Ufer, eine Seltenheit am Walchensee; zu essen gibt es nur kleine Gerichte, vor allem aber Kuchen und Torten aus eigener Herstellung. Seestr. 1, 82432 Walchensee, ✆ 08858-920593, www.strandcafe-bucherer.de.

Campingplatz Walchensee, dem Ort gegenüberliegend auf der Halbinsel von Zwergern, Zufahrt von der Hauptstraße südlich des Dorfes. Am Ufer gelegen, etwas Schatten durch Bäume, Untergrund überwiegend aus Kies; für sehr kleine Zelte auch ein sehr unebener Abschnitt im vollen Baumschatten. Einkaufsmöglichkeit. Keine Reservierung für Zelte. 1 Person 8 €, Auto und Zelt 7 €. Geöffnet Mai–Sept. Lobisau, ✆ 08858-929168, www.camping-walchensee.de.

Vom Walchensee auf den Herzogstand

Fürwahr ein königlicher Berg: Bereits Maximilian II. hatte sich 1860 hier oben eine Jagdhütte aufstellen lassen. Später war es Ludwig II., der ganze Nächte auf der Aussichtsplattform des nun schon größeren Hauses verbracht haben soll. Das Gebäude brannte 1990 ab, wurde aber 1992 wieder aufgebaut; in der Nähe erinnert eine Büste an den „Märchenkönig".

Das Interesse der hohen Herrschaften am Herzogstand verwundert nicht, hat man erst einmal selbst die Aussicht vom Pavillon auf dem 1731 Meter hohen Gipfel genossen: Gen Norden bietet sich ein weiter Blick über den Kochelsee und bei entsprechendem Wetter sogar bis zum Starnberger See, Ammersee und nach München. Im Osten ragen die Benediktenwand, die Tegernseer Berge und der Wilde Kaiser auf; im Süden die Tauern mit Großglockner und Venediger, das Karwendel und die Stubaier Gletscher. Südwestlich sieht man das Wettersteingebirge mit der Zugspitze und im Westen die Ammergauer und Allgäuer Berge – ein fulminantes Panorama.

Doch vor dem Ausblick will der Gipfel erst einmal erklommen sein. Die Sportlicheren tun dies zu Fuß, zum Beispiel auf dem **Wanderweg**, der bei der Passhöhe der Kesselbergstraße beginnt und etwa zwei Stunden in Anspruch nimmt. Die meisten Besucher allerdings ziehen die Bequemlichkeit der Kabinenbahn vor, die für die gut 800 Höhenmeter von Walchensee bis zur Bergstation nur etwa vier Minuten benötigt. Schließlich ist ja auch oben noch ein kalorienzehrender Fußmarsch zurückzulegen – immerhin wollen bis zum Gipfelpavillon weitere rund 100 Meter Höhenunterschied überbrückt werden. Etwa zehn Fußminuten auf fast ebenem Weg sind es zunächst zum Berggasthof Herzogstand. Von dort führt ein breiter, aber recht steiler Serpentinenweg hinauf zum Gipfel; 45 Minuten veranschlagt ein Schild vorsichtig für den Aufstieg, mit etwas Kondition ist man aber deutlich früher droben.

Das Südufer des Walchensees ist vollkommen unverbaut

Herzogstandbahn Betrieb tägl. 9–17.15 bzw. 17.45 Uhr Sa/So (im Winter Mo–Fr bis 15.45 Uhr, Sa/So bis 16.15 Uhr); Auffahrten in der Regel jede halbe Stunde. Fahrpreise: Berg- und Talfahrt 12,50 € (Erwachsene). ✆ 08858-236, www.herzogstandbahn.de.

Essen/Übernachten (→ Karte S. 133)
Berggasthaus Herzogstand **2**, auf 1575 Meter Höhe, mit Sonnenterrasse. Gutbürgerliche Küche und Brotzeiten; auch Übernachtungsmöglichkeit. DZ/F 96 €, Matratzenlager pro Person mit Frühstück 34 €. Di Ruhetag. ✆ 08851-234, www.berggasthaus-herzogstand.de.

Heimgartenhütte, nahe des Heimgartengipfels; bewirtschaftet von Pfingsten bis Mitte Oktober, 9–17 Uhr, keine Übernachtungsmöglichkeit. ✆ 0171-9507787, www.heimgartenhuette.de.

Gratweg zum Heimgarten: Wer vom Herzogstandgipfel aus noch weiterwandern möchte, kann in etwa einer bis eineinhalb Stunden den 1790 Meter hohen

Gipfel des Heimgarten erreichen; die dortige Hütte (s. o.) ist im Sommer und Frühherbst bewirtschaftet. Der mit „H 1“ beschilderte, teilweise durch Drahtseile gesicherte Weg wird zu den „100 schönsten Gratwanderungen der Alpen“ gerechnet. Schwindelfreiheit und Trittsicherheit sind allerdings absolute Bedingung, entsprechende Ausrüstung (feste Bergschuhe) und gute Wetterverhältnisse ohnehin. Vom Heimgarten aus führt ein mit „H 5“ beschilderter Weg in etwa zweieinhalb Stunden wieder hinunter zum Parkplatz der Herzogstandbahn.

Einsiedl und das Südufer des Walchensees

Den kleinen Weiler Einsiedl erreicht die B 11 von Walchensee-Ort über einen Höhenrücken, den sie in mehreren Serpentinen überquert. Radfahrer und Fußgänger, die Verkehr und Steigungen meiden wollen, sind gut beraten, den auch landschaftlich reizvollen, ebenen Umweg über die Halbinsel bei Zwergern zu machen, vorbei an der kleinen St.-Anna-Kapelle. Einsiedl selbst, an einer tief eingeschnittenen Bucht gelegen, ist keine Ortschaft im eigentlichen Sinn, sondern besteht nur aus einer Surfschule, einem Bootsverleih und zwei beliebten Badeplätzen.

Baden/Freizeit/Sport Badeplätze direkt beim jetzt geschlossenen Gasthof Einsiedl und auf der Halbinsel beim Bootsverleih.

Windsurfen/Fahrradverleih (S): Windsurfschule Walchensee, neben dem ehemaligen Gasthof; Leihboards und Anfängerkurse; auch Verleih von guten Mountainbikes, Tourenrädern und Kinder-Mountainbikes. Reinhard Post vermietet auch Fahrräder. Einsiedl 1, 82432 Walchensee, ✆ 08858-745.

Bootsverleih (B): Unweit nördlich der Surfschule, die selbst auch Segelboote vermietet.

Tölzer Land

Entlang des Südufers verläuft eine Mautstraße (Pkw/Motorräder 3 €, Fahrräder gratis, oft ist die Schranke aber auch offen und unbesetzt) zum winzigen, in der Südostecke des Sees gelegenen Weiler **Niedernach**, dann weiter über **Jachenau** nach Lenggries. An der stets seenahen Straße sind eine ganze Reihe von Parkplätzen eingerichtet, in deren Umgebung sich fast immer eine Bademöglichkeit findet;

Kleine Kiesstrände unterbrechen das schmale Ufergelände hinter Einsiedl

die Uferzonen sind meist kiesig mit anschließendem Wiesengelände, der Grund fällt zunächst langsam, dann oft recht rasch ab. Zuletzt hat der Autoverkehr hier deutlich zugenommen, auch Radlern gefällt es, zwischen Wald und See entlangzufahren, kurz gesagt: Das Südufer ist zum beliebten Ausflugsziel geworden. Voll ist es deshalb nicht, aber auf der schmalen Straße ist eben erhöhte Vorsicht geboten.

Essen & Trinken (→ Karte S. 133) **Gasthof Waldschänke** **5** in Niedernach, das fast nur aus eben dieser Wirtschaft besteht, der einzigen im Umkreis. Ruhige Atmosphäre, Terrasse zur selten befahrenen Straße, einfache Gerichte um 6–10 €. Mai–Nov. 10–18 Uhr, Do/Fr Ruhetage. Niedernach 55 1/2, 83676 Jachenau, ✆ 08043-397.

Sylvensteinsee

Am äußersten Rand des Tölzer Landes liegt der Sylvensteinsee. Man sieht es ihm kaum an, so gut passt das lang gezogene, an einen Fjord erinnernde Gewässer in die Landschaft: Der Sylvensteinsee ist kein natürlicher See, sondern ein Stausee.

Natürlich wird auch hier die Wasserkraft zur Elektrizitätsgewinnung genutzt, doch der eigentliche Zweck des 1959 angelegten Sylvensteinsees ist die Regulierung der Isar, vor allem der Schutz vor Überschwemmungen. Seine Ausdehnung kann deshalb erheblich schwanken; bei extremem Niedrigwasser misst der Sylvensteinsee gerade einen, bei sehr hohem Wasserstand bis zu sechs Quadratkilometer. Der Mittelwert liegt bei knapp vier Quadratkilometern, die Uferlänge beträgt dann rund 25 Kilometer, die Tiefe bis zu 50 Metern. Das klare, saubere Wasser erreicht in warmen Sommern an die 20 Grad, meist bleibt die Temperatur jedoch darunter – ein eher kühles Gewässer also.

Landschaftlich eine Pracht, sind die völlig unverbauten Ufer des Sylvensteinsees zum Baden nur bedingt geeignet. Sie sind zwar überall frei zugänglich, fallen aber teilweise sehr steil ab. Am besten sind die Bedingungen noch in dem winzigen Ort **Fall** (80 Einw.), der Nachfolgesiedlung des gleichnamigen alten Dörfchens, das durch Ganghofers Erzählung „Der Jäger von Fall" berühmt wurde, dann aber in den Fluten des Sees untergegangen ist. Das Dörfchen, am Südufer nahe der 400 Meter langen Brücke gelegen, auf der die Deutsche Alpenstraße B 307 eine Engstelle des Sees überquert, ist auch schon die einzige Siedlung in der Nähe des Sylvensteinsees. Im Ort gibt es eine Kneipe und ein Hotel mit Restaurantbetrieb; eine größere Auswahl an Gaststätten und Übernachtungsmöglichkeiten bietet sich erst im 15 Kilometer entfernten Städtchen Lenggries. Zur Jahrtausendwende wurde der Damm um drei auf 44 Meter über der Talsohle erhöht und ein zweites Kraftwerk gebaut. Wie wichtig dieses Bollwerk wider die Urgewalten der Natur ist, zeigte sich beim Pfingsthochwasser 1999 – der Sylvensteinspeicher verhinderte eine mögliche Jahrhundertflut von Lenggries bis München.

Die wilde, völlig naturbelassene Isar vor der Einmündung in den Stausee

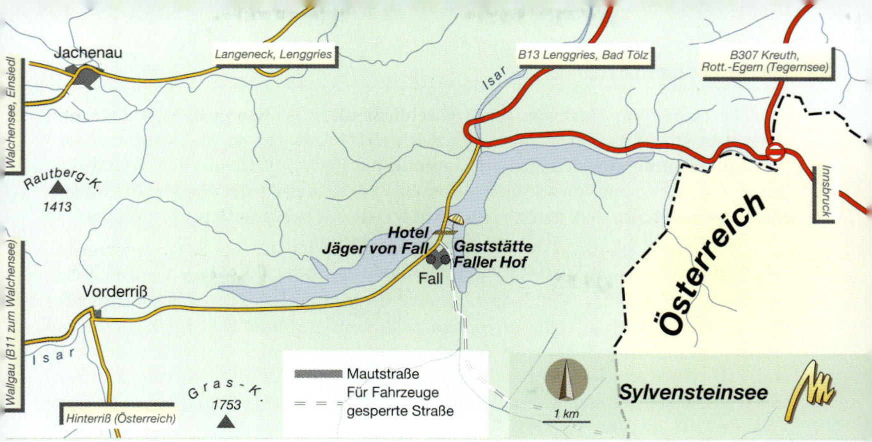

Information Touristinfo Lenggries, Mo–Fr 9–18 Uhr, Sa/So 10–12 Uhr, in der Nebensaison Mo–Fr 9–12 und 14–17 Uhr. Rathausplatz 2, 83661 Lenggries, ✆ 08042-5008800, www.lenggries.de.

Anfahrt Von **München** auf der Salzburger Autobahn A 8 bis zur Ausfahrt Holzkirchen, weiter auf der B 13 über Bad Tölz und Lenggries.

Vom **Walchensee** nach **Wallgau**, dort über die schmale, landschaftlich ungemein beeindruckende **Mautstraße** (3 €) durchs *Isarhochtal* nach *Vorderriß* und weiter auf der B 307. Distanz Wallgau–Fall: 20 km. Alternativ von **Einsiedl** am Südufer des Walchensees über die **Mautstraße** nach Jachenau und weiter Richtung Lenggries, am anderen Ufer der Isar dann auf der B 13 südwärts zum Sylvensteinsee.

Baden Am besten im Umfeld der Brücke auf der Ortsseite von Fall. Parkplätze finden sich entweder direkt an der Straße (bei der Brücke führt ein Treppenweg hinab ans Ufer) oder auf dem Großparkplatz ein paar hundert Meter weiter westlich.

Übernachten *** **Jäger von Fall**, komfortables, einstöckiges Hotel (70 Zi.), Naturholzmöbel dominieren. Vielfältiges Erholungsangebot: Sauna, Whirlpool, Fitnessraum, Geschenkeladen, kleine Bibliothek, draußen Bogenschießanlage und Hochseilgarten. Restaurantbetrieb (3 Räume) mit Bar. Auch zahlreiche Räume für Tagungen vorhanden. DZ/Bad/F 100–140 €. Ludwig-Ganghofer-Str. 8, 83661 Fall-Lenggries, ✆ 08045-130, www.jaeger-von-fall.de.

Essen & Trinken **Faller Hof**, im Ort Fall hinter der Kirche, moderner Bau mit vorgelagertem Wirtsgarten. Preisgünstige, gut zubereitete Gerichte. Wird gerne von Radlern auf Tour angefahren. Im Sommer kein Ruhetag (Nov.–April Fr Ruhetag). Übernachtungsmöglichkeit: DZ/F oder Vierbettzimmer/F 35 €/Pers. (gemeinsames Bad), Bettenlager 25 €/Pers. Schöttlstr. 1, 83661 Lenggries Fall, ✆ 08045-91596-90 oder -77, www.fallerhof-sylvensteinsee.de.

Kirchsee

Auch ganz im Norden des Tölzer Landes finden sich einige kleinere attraktive Seen. Nur etwa 1,4 Kilometer Länge und 500 Meter Breite misst der Kirchsee, ein kleines Moorgewässer bei Sachsenkam. Dennoch ist er ein beliebtes Bade- und Ausflugsziel.

Dabei ist dieses Überbleibsel der ersten nacheiszeitlichen Abflussrinne der Ur-Isar bereits seit 1940 unter Naturschutz gestellt, zusammen mit den sich südlich anschließenden Mooren. Das Betreten fast des gesamten Südufers ist deshalb verboten; Bademöglichkeit besteht dort nur an einer einzigen Stelle, die nur nach einem längeren Fußmarsch erreichbar ist. Besser sieht es in den besonders gekennzeichneten

Badebereichen am Nordufer aus, wo es auch einen großen, gebührenpflichtigen Parkplatz gibt. Das vom Moor rostbraun gefärbte Wasser ist absolut sauber und wird im Sommer recht warm, die Liegeflächen jedoch bleiben nach Regenfällen lange feucht. Abseits dieser freigegebenen Badestellen ist der Sprung ins Wasser nicht gestattet. Auf dem ganzen See verboten ist das Befahren mit Motorbooten, in der Zeit vom 15.5.–15.9. auch das Surfen und Segeln.

Doch kommen längst nicht alle Besucher nur der nassen Freuden wegen an den Kirchsee. Die hügelige, waldreiche Landschaft nördlich des Sees, der bis auf einige ältere Ferienhäuschen völlig unverbaut geblieben ist, bietet sich für kleinere und größere Wanderungen an, zum Beispiel zum fünf Kilometer entfernten **Dietramszell** mit seiner von Johann Baptist Zimmermann und Franz Xaver Schmädl wunderschön ausgestatteten **Klosterkirche Mariä Himmelfahrt** (1729–1741 erbaut); eine Wandertafel am Nordufer gibt Auskunft über die einzelnen Wege. Auch Radfahrer finden im Gebiet um den Kirchsee prächtige Möglichkeiten; sehr reizvoll ist die kleine Rundtour vom Nordufer über Abrain, Feichten und Sachsenkam zurück zum See.

Das **Kloster Reutberg** ist ein besonders guter Grund für einen Besuch am Kirchsee, der seinen Namen eben diesem Kloster verdankt. Hauptanziehungspunkt ist das dortige Bräustüberl, das mit guter Küche und hervorragenden, gleich nebenan gebrauten Bieren glänzt. In dem 1618 gegründeten Kloster selbst leben Franziskanerinnen in strenger Klausur. Zugänglich ist deshalb nur die in üppigem Rokoko gehaltene *Klosterkirche*, die der Kapelle Santa Casa im italienischen Wallfahrtsort Loretto nachempfunden wurde. Gegenüber dem Eingang fällt der Blick auf das reich geschmückte Grab der 1923 gestorbenen Schwester Fidelis Weiß, deren Seligsprechungsprozess 1936 begann. Wie das ausliegende Gästebuch dokumentiert, ist die Grabstätte der frommen Frau Ziel zahlreicher Pilger. Der Name des Klosters leitet sich von den Rodungen während dessen Errichtung ab.

Anfahrt Von München über die Salzburger Autobahn A 8 bis zur Ausfahrt Holzkirchen, ab Holzkirchen dann über die B 13 bis Sachsenkam und von dort zum See; insgesamt ca. 40 km.

Baden Die besseren und leichter erreichbaren Badeplätze finden sich am Nordufer, doch sind auch hier die kleinen, allerdings bis abends sonnigen Liegeflächen in den Buchten zwischen Birken und Nadelbäumen oft feucht. Zusätzlich stört die exorbitante Beschilderung den freien Naturgenuss. Der Uferrand ist teilweise mit Holzbohlen gefasst, mehrere Stege führen ins recht schnell abfallende Wasser. Beim Parkplatz bietet ein Kiosk auch kleine Speisen an. Parken ist gebührenpflichtig (bis 17 Uhr 3 €, danach 2,50 €), der Zugang zum See ist frei. Toiletten und eine Wasserwachtstation liegen etwas westlich.

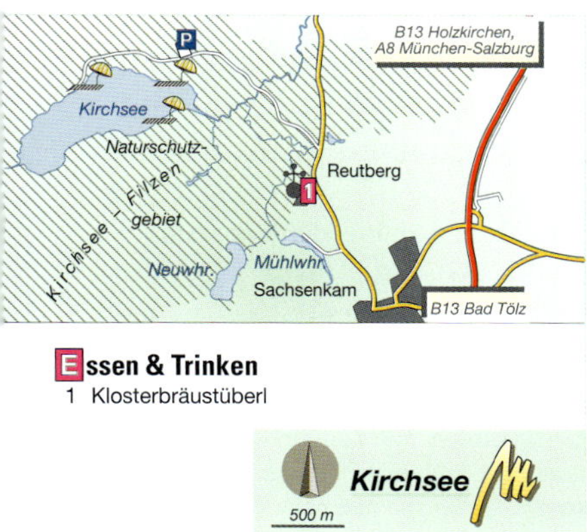

Essen & Trinken Klosterbräustüberl Reutberg **1**, in schöner Hügellage mit reizvollem Alpenblick. Schattiger Biergarten mit einigen sonnigen Aussichtsplätzen. Solide bayerische Küche mittlerer Preislage. Der Weg hierher würde sich schon allein der Biere wegen lohnen, die die 1924 gegründete Brauereigenossenschaft Reutberg (Direktverkauf!) gleich nebenan braut. Kein Ruhetag. Am Reutberg 2, 83679 Sachsenkam, ✆ 08021-8686, www.klosterbraeustueberl.de.

Hackensee

Der kleine Moorsee bei **Kleinhartpenning** in der Nähe von Holzkirchen entwickelt sich vom Geheimtipp zum etablierten Ausflugsziel. Versteckt in einer tiefen Waldlichtung gelegen, ist er ein Refugium bedrohter Tier- und Pflanzenarten und daher als Landschaftsschutzgebiet ausgewiesen. Der See ist sehr fischreich, auch große Arten wie Waller und Karpfen kommen hier vor. Ein Parkplatz etwa 300 Meter oberhalb des Sees hält die Autos fern, unten am Ufer führt rechts ein schmaler Pfad zu kleinen Badestegen und weiter zu einem über dem See hängenden Schwungseil, links geht es durch den Wald zu einer Badewiese mit Seezugang. Dieses Südufer hat sich in den letzten Jahren zu einer beliebten FKK-Wiese entwickelt. Eine Infrastruktur für Badende gibt es an dem naturbelassenen See, der auch bei Anglern sehr beliebt ist, nicht.

Übernachten/Essen **** **Landgasthof Altwirt**, im benachbarten Großhartpenning. Schöner, großer Neubau im Zentrum mit zwei Restaurants – eins mit bayerisch-deftigen Gerichten, das andere mit feinerer Küche. Gegessen wird bei schönem Wetter auf der großen Terrasse mit freiem Blick auf grüne Wiesen. Ein traumhafter Wellness-Bereich gehört zum Haus. Die freundlich-hell eingerichteten und gut ausgestatteten Doppelzimmer kosten mit Frühstück ab 130 €, eine Suite 180 €. Tölzer Str. 135, 83607 Holzkirchen/Großhartpenning, ✆ 08024-303220, www.hotel-altwirt.de.

››› **Mein Tipp: Schreinerwirt**, in Kleinhartpenning (vom See kommend links die Hauptstraße entlang). Hübsches Traditionswirtshaus mit nettem, kleinem Biergarten. Geräumig, einladend, gut und günstig (z. B. Krautwickerl mit Specksoße, Fleischpflanzerl mit Wirsing und Salzkartoffeln). Kostenlose Parkplätze vor dem Haus. Geöffnet Fr–So. Dorfstr. 23, 83607 Kleinhartpenning, ✆ 08024-6084272, www.schreinerwirt.com. ‹‹‹

Der kleine Hackensee ist ringsum von Wald umgeben

Radwanderung: Zwei-Seen-Tour zwischen Schaftlach und Holzkirchen

Streckenlänge: 15 km. **Charakter**: einfach. **Start**: Schaftlach, BOB-Bahnhof (Züge stündlich ab München Hauptbahnhof, Abfahrtszeiten unter www.bayerische-oberlandbahn.de). **Ziel**: Holzkirchen, S-Bahnhof. **Fahrräder**: Trekkingräder genügen. **Karte**: Kompass Nr. 180 (Starnberger See, Ammersee). **Einkehrmöglichkeiten**: Klosterbräustüberl Reutberg, Schreinerwirt.

Die einfache Radtour führt durch ebenes Gelände entlang von Wiesen und durch traumverlorene Kleinstsiedlungen zu zwei der schönsten Moorseen Oberbayerns: **Kirchsee** und **Hackensee**.

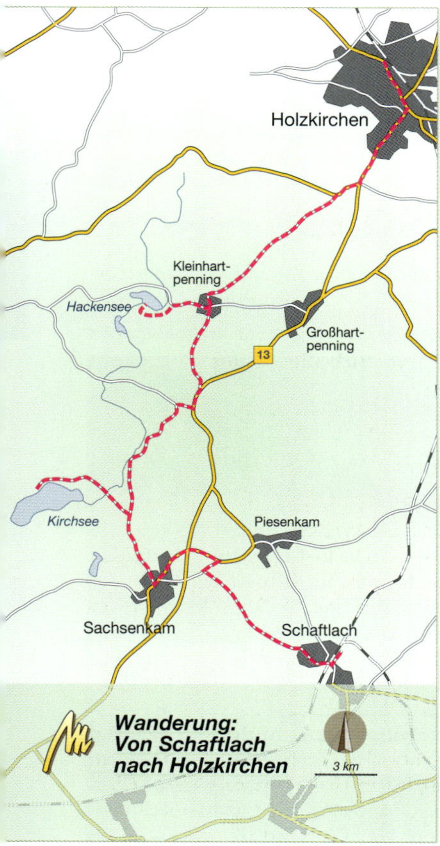

Startpunkt ist der BOB-Bahnhof von *Schaftlach*. Das Dorf in nordwestlicher Richtung nach *Sachsenkam* durchqueren, eine schmale Nebenstraße führt zwischen Feldern und Wiesen zu einer T-Kreuzung, an der Sie nach rechts abzweigen und dann gleich wieder links. Auf einem Hügel liegt das ehemalige französische Spezialitätenrestaurant *Moar Alm*, das heute zu einem Golfclub gehört. Die nächste Einkehrmöglichkeit liegt nördlich von Sachsenkam: das Bräustüberl von *Kloster Reutberg* (s. o.). Der Weg dorthin ist im Ort ausgeschildert. Wenige hundert Meter weiter folgt der **Kirchsee**. Fahren Sie die Straße, von der aus Sie nach links zum Kirchsee abbiegen, weiter und Sie kommen – an Wiesen und kleinen Weilern vorbei – zur B 13, auf die Sie erst nach links einbiegen und nach wenigen Metern wieder links auf den Weg nach Ried einschwenken. Etwa 1 km weiter folgt *Kleinhartpenning*, an dessen erster Kreuzung es, einem Schild folgend, links zum **Hackensee** geht. Eine rasante Abfahrt später teilt sich der Weg um den See – rechts geht es auf unwegsamem Gelände (Fahrrad schieben) zu kleinen Badestegen am Waldrand, links, ebenfalls durch den Wald, zur Liegewiese. Wieder zurück in Kleinhartpenning, geht es an der vorherigen Kreuzung nach links zum *Schreinerwirt* (gute Verpflegungsstation, s. o.) und von dort weiter halb rechts abbiegend über eine kleine Nebenstraße nach *Holzkirchen*. Erst kurz vor dem Ort erreichen Sie die B 13, der Sie nach links zur S-Bahnstation (ausgeschildert) folgen.

Badeanstalt Grubsee

Karwendel/Zugspitze

Zwischen Walchensee und Mittenwald, vor der mächtigen Kulisse des Karwendelgebirges, gewinnen Wallgau und Krün als „grüne" Urlaubsorte an Profil. Westlich davon liegt der Touristenmagnet Garmisch-Partenkirchen und der spektakuläre Eibsee. Attraktiv sind auch die weniger bekannten kleinen Seen Grubsee, Barmsee und Badersee.

Grubsee und Barmsee

Ein Badeparadies wie aus längst vergangenen Tagen: Nobel gleitet man am Geländer ins Wasser, hinter sich die hölzernen Umkleidekabinen mit den romantischen Spiegeln an der Front; Sitzbänke, Hang-Wasserrutsche und Sprungturm verstärken den nostalgischen Eindruck. Dazu kommt ein traumhafter Blick auf die Karwendelkette ... Der warme **Grubsee** ist ein noch weitgehend unentdecktes Kleinod in dem sonnenverwöhnten Hochtal von Krün und Wallgau kurz vor Mittenwald. Zu erreichen ist er von Garmisch über die B 2 oder, falls Sie vorher die Region Kochel-/Walchensee besucht haben, auch von Norden her über die B 11. Die beiden Orte in der weitgespannten Ebene vor der Gebirgswand des Karwendel – mit zusammen 3500 Einwohnern – haben sich zu kleinen Ferienzentren für Aktivurlauber (Wanderer, Mountainbiker, Nordic Walker, Langläufer) entwickelt, auch ein schöner Golfplatz zieht Publikum an. Logis findet man in fast jedem Haus, jährlich 600.000 Übernachtungen zeugen davon, dass das Angebot angenommen wird. Der Grubsee liegt im Wald vor dem Krüner Ortsteil Barmsee, ein stiller Pfad führt vom gleichnamigen

Hotel dahin. Viel Platz hat man nicht zum Liegen, die Bäume reichen bis zum See hinab, nur nach Süden hin hat man freie Sicht auf die schneebedeckten Karwendelgipfel. Eine kleine, wenn auch abschüssige und zudem unebene Wiese gibt es dennoch – und vor allem romantische Wege durch den Wald.

Einer davon führt, unmittelbar am Badehäuschen vorbei, zum größeren **Barmsee** und dort um das auf einer Waldlichtung liegende Gewässer herum zurück zur Hauptstraße des gleichnamigen Ortsteils. Der Barmsee ist einen Kilometer lang und 500 Meer breit, Platz zum Baden gibt es an der nordwestlichen Ecke, eine gute halbe Stunde Fußweg vom Hotel Barmsee. Der See lässt sich in etwa 1,5 Stunden umrunden.

Information In **Krün**: Anfang Mai bis Anfang Okt. Mo–Fr 8–18 Uhr, Sa 9–12 Uhr, So 10–12 Uhr (sonst meist am Wochenende geschl., außer Mitte Dez. bis Anfang März). Rathausplatz 1, 82494 Krün, ✆ 08825-1094, www.alpenwelt-karwendel.de.

In **Wallgau**: Anfang Mai bis Anfang Okt. Mo–Fr 8.30–17.30 Uhr, Sa 9–12 Uhr, So 10–12 Uhr (sonst meist am Wochenende geschl., außer Mitte Dez. bis Anfang März). Mittenwalder Str. 8, 82499 Wallgau, ✆ 08825-925050, www.alpenwelt-karwendel.de.

Verbindungen Mit der Regionalbahn nach **Klais** und von dort stündlich mit RVO-Bussen zum Barmsee/Grubsee und weiter nach Krün, Wallgau, Walchensee bis Kochel.

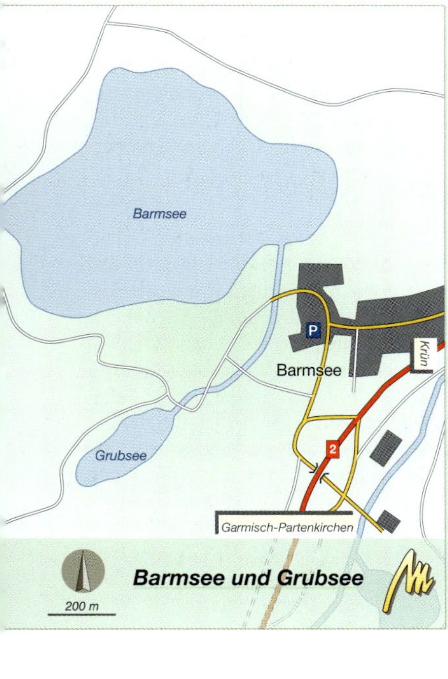

Barmsee und Grubsee

Baden **Freibadeflächen**, schöne Liegewiese an der Nordwestecke des Barmsees. Ausgeschilderter Fußweg vom Hotel Barmsee (40 Min.).

»› Mein Tipp: **Badeanstalt Grubsee**, altes Naturschwimmbad (1934 gegründet) mit Holzkabinen, romantisch im Wald versteckt. Vom Hotel Barmsee führt ein ausgeschilderter Pfad dahin. Kinderbecken und Wasserrutsche unterhalten den Nachwuchs, nach Süden ausgerichtete Liegewiesen am Hang und auf Waldboden. Eintritt Erwachsene 2,30 €, Kinder 1,50 €, Liege 1,50 €. ‹‹«

Freizeit/Sport **Bootsverleih**, in der Badeanstalt Grubsee: Ruderboot 4 €/Std., Tretboot 5 €/Std.

Geführte (Rad-)Wanderungen werden regelmäßig von den Touristinfos durchgeführt, dort gibt es auch Karten und Tourenpläne.

Golf-Club Karwendel, wunderschön gelegener Platz am Waldrand im oberen Isartal mit weitem Blick auf das Karwendel- und Wettersteinmassiv. Risserstr. 14, 82499 Wallgau (Richtung Sylvensteinsee, Abzweigung von der Mautstraße kostenfrei), ✆ 08825-2183, www.golfclub-karwendel.de.

Übernachten/Essen *** **Ferienhotel Barmsee**, das altehrwürdige Haus in Krün liegt absolut ruhig am Waldrand. Geräumige Zimmer mit großen Fenstern und Balkon, viele mit Blick auf das Karwendelgebirge. Der Besitzer ist gleichzeitig Eigentümer des Grubsees, deshalb freier Eintritt zum dortigen Strandbad. Opulent-bayerische Küche im angeschlossenen Restaurant. DZ/Bad/F 110–140 €. Am Barmsee 9, 82494 Krün, ✆ 08825-2034, www.barmsee.de.

*** **Alpenhof**, freundliches Hotel mit individueller (alpenländischer) Zimmereinrichtung in Wallgau, gutbürgerlich-bayerisches Restaurant. DZ/Bad/F 65–80 €. Mittenwalder Str. 28, 82499 Wallgau, ✆ 08825-2090, www.alpenhof-wallgau.de.

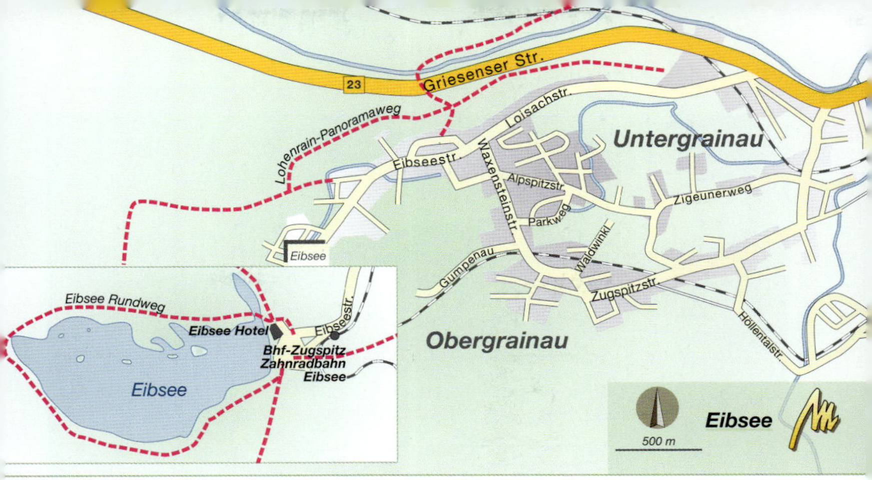

Alpen-Caravanpark Tennsee, in Krün, schräg gegenüber vom Hotel Barmsee. Komplett ausgestatteter Campingplatz auf einem hübsch terrassierten Gelände. Sogar Frisierplätze und Trockenhauben gibt es, außerdem ein geräumiges Restaurant und gute Sanitäreinrichtungen – nur keinen See, der ist nämlich ein Biotop und als solcher oft ausgetrocknet. 9,50 €/Pers., Zelt 7 €. Am Tennsee 1, 82494 Krün, ✆ 08825-170, www.camping-tennsee.de.

Eibsee und Badersee

Obwohl beide Seen viel kleiner sind als der Königssee, ist die Ähnlichkeit dennoch bestechend: Direkt unterhalb des steil aufragenden Zugspitzmassivs bieten die klaren Gebirgsseen optischen Hochgenuss und schöne Wanderbedingungen.

Eibsee: Der See liegt etwa drei Kilometer südlich von *Grainau* bei Garmisch-Partenkirchen. Schon der erste Eindruck ist gewinnend: Der höchste Punkt der Straße, die zum See führt, zeigt ihn als grün glitzerndes Gewässer, rundum von dichten Nadelwäldern und massigen Gebirgsriesen umgeben. Ein einziges Hotel liegt an den von einem breiten Wanderweg gesäumten Ufer, Jogger und Spaziergänger sind hier zu jeder Jahreszeit unterwegs. Die 7,5 Kilometer rund um den See sind in zwei Stunden leicht zurückgelegt. Auch an (kleineren) Badeplätzen mangelt es nicht – Temperaturen von selten über 20 Grad machen das Schwimmen im Eibsee zwar zur kleinen Mutprobe, doch seinem kristallklaren Wasser ist schwer zu widerstehen.

Spektakulär mutet die Entstehung des Gewässers an. Ein riesiger Bergsturz während der letzten Eiszeit, wohl etwa 15 Quadratkilometer groß, aus Toteismassen und Felsblöcken bestehend, schuf das Becken, in dem sich nach der Erderwärmung das geschmolzene Eis sammelte. Unter der Wasseroberfläche liegen heute Dutzende von Mulden und Kuppen, die tiefste 35 Meter unter dem Wasserspiegel, die höchste kaum drei Meter. Acht Inseln liegen in dem maximal drei Kilometer langen und einen Kilometer breiten See, der heute zu den klarsten Gewässern bundesweit zählt: Nachdem Abwässer seit den 70er-Jahren ferngehalten werden – es drohte ein Verlust seines oligotrophen, also nährstoffunbelasteten Status – erreicht der Eibsee heute wieder eine Sichttiefe von zehn Metern. Vor hundert Jahren waren es sogar über 17 Meter.

Blick von der Zugspitze auf den Eibsee

Die erzielt sein kleiner Bruder, der **Badersee**, sogar bis heute. Am Ortsrand von Grainau liegt er, ganz dicht am Fels, von dem vor 4000 Jahren ebenfalls riesige Stücke abbrachen und jene Grube bildeten, die der See heute ausfüllt. Man sieht überall bis auf den Grund des Badersees und hält ihn deshalb für seicht, doch an seiner tiefsten Stelle misst er 18 Meter. Riesige Karpfen und Forellen fühlen sich in dem Gebirgswasser „pudelwohl". Die heftige Spiegelung an der Oberfläche hat zu einer populären Volkssage geführt. Ein Junge glaubte in dem See einen Goldschatz zu sehen, doch als er den Fund barg, stellte der sich als gemeines Bleistück heraus: Der Glanz des Wassers hatte den Jungen geblendet. Heute erinnert eine vergoldete Nixe im Wasser an diese Legende.

Bader- und Eibsee sind durch einen schönen Waldweg miteinander verbunden, für den man gut eine Stunde braucht (s. u.). Eines trennt die beiden Gewässer aber doch: Während der Eibsee oft bis in den März hinein zugefroren ist, bleibt der Badersee stets eisfrei. Dafür sorgen unterirdische Quellen, die seine Temperatur nie unter 8 Grad sinken lassen – allerdings steigt sie auch kaum je darüber!

Information In Grainau im Kurhaus (ausgeschildert). In der Hauptsaison Mo–Fr 8.30–17.30 Uhr, Sa/So 9–12 Uhr. In der Nebensaison leicht verkürzte Öffnungszeiten. Außerhalb der Öffnungszeiten lassen sich freie Zimmer über den „Zimmerinformator" vor den Treppen zum Eingang aufrufen. Parkweg 8, 82491 Grainau, ✆ 08821-981850, www.grainau.de.

Baden **Freibadeflächen**, es gibt mehrere rund um den *Eibsee*, die erste liegt etwa 15 Gehminuten linker Hand vom Eibsee-Hotel entfernt, weitere am Nordufer, in der Braxenbucht (dort auch FKK). Im *Badersee* lässt sich bei 8 °C schlecht baden, zudem liegt er im Wald, die Bäume stehen außer im Bereich des Wanderwegs bis dicht ans Ufer.

Zugspitzbad Grainau, Hallen- und Freibad im Kurhaus neben der Touristinfo. Erwachsene 7 € (ganztags), Kinder 4 €. Große Liegewiese, 50-m-Schwimmbecken, 64-m-Wasserrutschbahn. Freibad im Sommer tägl. 10–19 Uhr, Hallenbad Okt.–Mai Di und Do/Fr 10–21 Uhr, Mo, Mi 14–21 Uhr, Sa/So 10–19 Uhr. Parkweg 8, ✆ 08821-981826.

Freizeit/Sport **Bootsverleih und Rundfahrten**, Leihboote gibt es neben dem Eibsee-Pavillon nur wenige Meter vom Parkplatz entfernt. Tretboot 8 €/30 Min., Ruderboot 6 €/30 Min. Anlegestelle des Motorboots ist direkt am Eibsee-Pavillon, eine 25-minütige Rundfahrt kostet 6 €, Kinder bis 14 J. zahlen 3 €. Vermietet werden auch SUP-Boards für 15 €/Std. www.eibsee.de.

Zugspitzbahn, nur wenige Meter vom Eibsee entfernt. Ende Dez. 2017 fuhr zum ersten Mal die neue Seilbahn, die innerhalb von 3 Jahren für 50 Mio. € gebaut wurde. Die alte verrichtete 54 Jahre lang anstandslos ihren Dienst, mit der neuen ist man in 10 Min. bei einem Tempo von knapp 40 km/h auf dem Gipfel. 4,5 km legt die Bahn in der Luft zurück, 2 km beträgt allein der Höhenunterschied. 120 Menschen passen in die bis zum Boden verglaste Kabine hinein. Lange Wartezeiten an den Stationen soll es dadurch nicht mehr geben (2 Std. waren an stark frequentierten Tagen bisher normal), so die Erwartung der Bauherren. Und wer es gemütlicher mag: Die Zahnradbahn gibt es daneben aber nach wie vor, ab Eibsee ist man in 45 Min. oben. Gefahren wird alle 30 Min. (Seilbahn ebenso wie Zahnradbahn und die sich für das letzte Teilstück anschließende Gletscherbahn), 45 € kostet die Rundreise bis auf die Spitze und zurück. Welche Bahn Sie nehmen, ist egal, z. B. können Sie mit der Zahnradbahn zum Gletscher, dann mit der Gondel auf Deutschlands höchsten Punkt und mit der Seilbahn wieder nach unten fahren. Infotelefon ✆ 08821-7970, aktuelle Wetterlage ✆ 797979, www.zugspitze.de.

Wandern Ein schmaler Pfad umrundet den Badersee und führt dabei fast stets durch dichten Wald – eine romantische, wenn auch schattige Angelegenheit.

Ein gekennzeichneter Waldweg führt in etwa 1 Std. vom Badersee zum Eibsee, dabei den Hinweisschildern G1 und G3 folgen. Der Eibsee lässt sich ebenfalls umwandern (7,5 km, etwa 2 Std. Gehzeit).

Übernachten/Essen **** **Eibsee-Hotel**, modernes Großhotel mit 120 Zimmern unmittelbar am See. Zum Angebot gehören 2 Restaurants, ein Biergarten und ein Pavillon mit Seeterrasse (freier Zugang), ferner Bar, Sauna und Schwimmbad. Der Besitzer ist gleichzeitig Eigentümer des Eibsees. Im Winter hält das Hotel Skier und Snowboards zum Leihen bereit (Preise und Modelle unter www.skiverleih-garmisch.com). Im Sommer fährt das Motorboot „Reserl" rund um den See. DZ 200–260 €. Am Eibsee 1–3, 82491 Grainau, ✆ 08821-98810, www.eibsee-hotel.de.

Am Badesee unterhalb der Zugspitze

Hotel am Badersee, großer Neubau, architektonisch an alpenländische Traditionen angelehnt, jedoch ohne folkloristische Zitate. Schöne Lage direkt am kleinen, kristallklaren Badersee unterhalb der Zugspitze (an der Hauptstraße im Ort ausgeschildert), mehrere edle Restaurants, dazu Wellness-Areal, Kegelbahn und Fitnessräume. Bootsverleih vor der großen Sonnenterrasse mit Blick auf See und Gebirgsmassiv. Das Hotel ist im Besitz der Volks- und Raiffeisen-Banken, die hier Tagungen durchführen. 154 Zimmer (DZ/Bad/HP 140–180 €, Suiten 300 € für 2 Pers.). Am Badersee 1–5, 82491 Grainau, ✆ 08821-8210, www.hotelambadersee.de.

Blick über den Schliersee

Tegernsee – Schliersee – Wendelstein

In dieser Region finden sich u. a. die drei sehr unterschiedlichen Seen Tegernsee, Schliersee und Spitzingsee: Während der große Tegernsee an schönen Tagen Tausende anzieht, geht es am Schliersee etwas ruhiger zu – was immer noch 500.000 Übernachtungen plus ebenso viele Tagesgäste pro Jahr bedeutet. Der kleine Spitzingsee schließlich ist vor allem ein Ausflugs- und Wintersportziel, als Badesee kommt er wegen der Höhenlage nicht in Frage.

Gemeinsam ist Tegernsee, Schliersee und Spitzingsee ihr altbayerischer Charakter und ihre Lage im Oberland, die Nähe zu den Bergen – der Spitzingsee, selbst schon in über tausend Meter Höhe gelegen, ist sogar völlig von Höhenzügen umgeben. In den Tälern und auf den Bergen rund um die Seen verläuft ein dichtes Netz von Wegen, die das Gebiet zu einem Eldorado für Wanderer, Radfahrer und Mountainbiker machen. Wer die Gipfel bequemer erstürmen will, findet eine ganze Reihe von Bergbahnen, die den Besucher binnen weniger Minuten in luftige Höhen transportieren.

Badelustige treffen an den drei Seen auf recht unterschiedliche Bedingungen. Der Tegernsee gilt zwar als blitzsauberes Gewässer, erwärmt sich allerdings nur zögerlich. Besser sieht es diesbezüglich am wesentlich kleineren Schliersee aus, dessen Wasserqualität sich durch die Ringkanalisation entscheidend gebessert hat; leider gibt es dort nur wenige Badeplätze. Und um im Spitzingsee zu baden, sollte man schon abgehärtet sein, denn das Wasser des Bergsees wird eigentlich nie richtig warm.

Zwar sind alle drei Gewässer von München aus leicht mit dem Auto zu erreichen, doch sind die Verbindungen mit öffentlichen Verkehrsmitteln so gut, dass man die Blechkutsche vielleicht wirklich daheim lassen sollte – nicht zuletzt deshalb, weil Parkplätze oft rar sind. Besonders gilt das für den Tegernsee, an schönen Wochenenden aber auch für die anderen beiden Seen.

Tegernsee | Schliersee | Wendelstein

Tegernsee

Der Tegernsee ist sicher einer der schönsten und – als Ferienziel wie als Zweitwohnsitz – beliebtesten Seen Bayerns. Schon im 19. Jahrhundert zog er Künstler und gekrönte Häupter an. Luxushotels, erstklassige Restaurants und mondäne Strandbäder prägen heute das Image des Tegernsees, der längst nicht mehr das „Rentnerparadies" früherer Zeiten ist.

Richtig in Mode kam der See ab Anfang des 20. Jh., als sich an seinen Ufern Dichter wie Ludwig Thoma und Ludwig Ganghofer, der Opernsänger Leo Slezak und der Karikaturist Olaf Gulbransson ansiedelten. Spätestens seit jener Zeit gilt der Tegernsee vielen als ein Synonym für Oberbayern schlechthin.

Heute ist es vor allem der Geldadel aus Politik, Wirtschaft, Showbusiness und Fußball, der am See den Ton angibt (Uli Hoeneß, Philipp Lahm und Manuel Neuer wohnen in dem Tal, aber auch einige russische Milliardäre, heißt es; dafür gab Super-Promi Michail Gorbatschow vor Kurzem aus gesundheitlichen Gründen sein Hubertus-Schlössl in Rottach-Egern auf), doch kommen seit Langem auch ganz normale Urlauber an das rund 50 Kilometer südlich von München gelegene Gewässer. Für manchen mag die zahlreich vertretene Prominenz ein Anziehungspunkt sein, für andere ist es die reizvolle Lage des Sees. Landschaftlich ist der Tegernsee nämlich wirklich ein Juwel, an drei Seiten von Bergen umgeben, die jedoch nicht schroff, sondern sanft, fast behütend wirken. Klar, dass Wanderungen zu den Lieblingsbeschäftigungen der Gäste gehören, zumal sich an nur wenigen bayerischen Seen so viele gut markierte Wege finden wie hier. Hinzu kommt ein äußerst üppiges Angebot an anderen Sport- und Freizeitmöglichkeiten. Auch baden lässt es sich prima im Tegernsee, sofern man sich nicht an den etwas niedrigen Temperaturen stört: auf 725 Meter Höhe gelegen und von den kühlen Alpenflüssen Rottach und Weißach gespeist, erwärmt sich sein Wasser nur selten über 20 Grad. Dafür ist es, dank der Ringkanalisation rund um den See, absolut sauber – Trinkwasserqualität, wie die Fremdenverkehrsämter betonen.

Doch es gibt auch Schattenseiten: Zum einen ist der Tegernsee der am dichtesten besiedelte See in ganz Oberbayern, sind weite Teile des Ufers in privater Hand; wer eine Umrundung zu Fuß oder mit dem Fahrrad versucht, wird dies schnell merken. Zum anderen schlagen die immens hohen Immobilienpreise natürlich auf das allgemeine Preisniveau durch. In Rottach-Egern kostet selbst ein kleines Einfamilienhaus nicht unter einer Million Euro, das zählt zur absoluten Spitze in Deutschland. Dementsprechend ist eine gut gefüllte Brieftasche zwar nicht unbedingt Voraussetzung für einen Besuch, erleichtert den Aufenthalt aber doch beträchtlich.

Ärgerlich mag auf manchen die „Alpentümelei" einiger Geschäftsinhaber wirken: Der pseudorustikale Anstrich, den sich Autovertretungen, Lebensmitteldiscounter und Getränkemärkte geben, ist kein schöner Anblick. Doch sind gerade solche Auswüchse auch Zeichen für eine prosperierende Region – heißt es doch, dass hier jemand am Erfolg eines Konzepts partizipieren will. Und eins bleibt unstrittig: Die bayerische Bilderbuchlandschaft rund um den Tegernsee ist eine Toplage, die für teure Investments prädestiniert ist. Die Umbau- und Erweiterungsmaßnahmen der zahlreichen Luxushotels belegen das ebenso wie die vielen neuen Michelin-Sterne, die zuletzt im Tegernseer Tal verteilt wurden. Neueste Luxusprojekte: ein „Almdorf" hoch über dem See und die Wohnanlage „Tegernsee Villen" in Bad Wiessee.

Topografische Angaben Fläche 9 Quadratkilometer (sechstgrößter See Oberbayerns), Länge 6 Kilometer, Breite bis zu 2 Kilometer, Tiefe 72 Meter, Uferlänge rund 20 Kilometer.

Wasserqualität Sehr gut.

Wassertemperatur Sommer 18–20 Grad, Maximalwert 23 Grad.

Information **Tegernseer Tal Tourismus GmbH**, Hauptstr. 2, 83684 Tegernsee. Unübersehbar mitten im Ort, durch zahlreiche Fahnen geschmückt, ist das zentrale Infobüro für den gesamten Tegernsee und die Orte Tegernsee, Kreuth, Gmund, Bad Wiessee und Rottach-Egern zuständig. Im Sommer Mo–Fr 8–18 Uhr, Sa/So 9–14 Uhr; Okt.–April leicht reduzierte Öffnungszeiten. ✆ 08022-927380, www.tegernsee.com.

Adressen der anderen Büros im jeweiligen Ortskapitel.

Verbindungen Fahrpläne für Bahn und Bus sind bei der **Tegernseer Tal Tourismus GmbH** und in den Kurämtern der einzelnen Orte rund um den See erhältlich.

Bahn: Stündliche Verbindungen der Deutschen Bahn ab München Hauptbahnhof nach Gmund (Anschlussbusse Bad Wiessee) und Tegernsee (Anschlussbusse Rottach-Egern). Einfache Fahrt: 16 €.

Bus: Die Busse des Regionalverkehrs Oberbayern (RVO) fahren ab München mit der Linie 9551 über Gmund und Bad Wiessee nach Rottach-Egern und teilweise weiter nach Tegernsee; Abfahrten beim Münchner Hauptbahnhof (Arnulfstraße, Haltestelle 13) Mo–Fr 7-mal, Sa, So 6-mal tägl. Interessante Sonderangebote sind die Kombinationskarten mit der Tegernsee-schifffahrt und der früheren Sutten-Bergbahn (das Skigebiet heißt jetzt offiziell Spitzingsee-Tegernsee) bei Rottach-Egern. Nähere Informationen in den RVO-Büros in München und in Tegernsee (Ort), Bahnhofplatz 5. Der Ticketschalter im Bahnhof hat tägl. bis 23 Uhr geöffnet. ✆ 08022-937965.

Lokalbusse: Zwei gegenläufige Ringlinien der RVO, ergänzt durch eine Linie nach Kreuth, bedienen alle Ortschaften des Tegernseer Tals; Abfahrten je nach Wochentag und Tageszeit etwa 1- bis 2-mal pro Stunde. Von besonderem Interesse für Ausflüge und Wanderungen sind die RVO-Linien nach Schliersee und durch die Valepp-Täler zum Spitzingsee. Informationen zu diesen und weiteren Buslinien an den Touristinfo-Schaltern oder in den RVO-Büros.

Auto: Von München über die Salzburger Autobahn A 8 bis zur Ausfahrt Holzkirchen, weiter über die B 318. An Sommer-Wochenenden stellen Parkplätze allerdings eine Rarität dar, während Staus praktisch die Regel sind.

Schiffsverkehr Fast schon „Wasserbusse" möchte man die Schiffe der Tegernsee-Flotte nennen, so häufig und pünktlich legen sie ab; bei entsprechenden Wetterbedingungen übrigens auch im Winter. Neben dem Liniendienst werden auch 2 Rundfahrten (14,70 €/10,70 €) und mehrere „Erlebnisfahrten" angeboten. Zusatzkosten für Fahrrad (2,50 €) und Hund (2,50 €). Schifffahrt Tegernsee, Seestr. 70a, 83684 Tegernsee, ✆ 08022-93311, www.seenschiffahrt.de.

Wander- und Radwegkarten Recht gut gemachte Karten für Wanderer und Radfahrer verkaufen die Touristinfos; dort gibt es auch eine kostenlose Broschüre mit Wandervorschlägen. Im Buchhandel erhält-

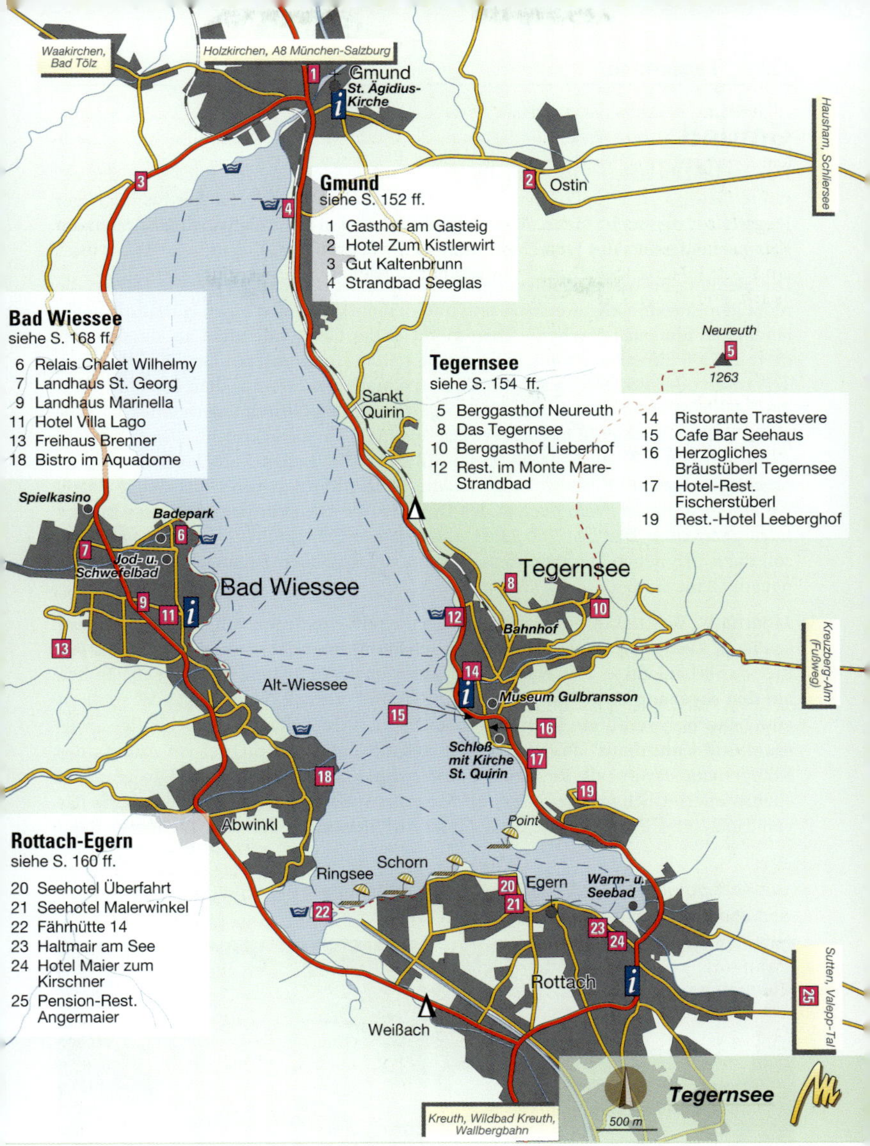

lich ist die „Kompass-Wanderkarte 08 Tegernseer-Tal" (1:25.000) mit Kurzführer über die Region.

Panoramawanderweg Neuer, gut ausgeschilderter Rundweg. Ab dem Tegernseer Schloss/Kloster mit seinem berühmten Bräustüberl geht es 34 km über viele Bergrücken zu schönen Aussichtspunkten und guten Einkehrmöglichkeiten. Eher keine Eintageswanderung.

Wintersport Mit Bergbahnen und Liften, rund 25 km Skipisten, knapp 100 km Loipen, Rodelbahnen und mehreren Natureisbahnen eignet sich das Tegernseer Tal auch bestens als Winterurlaubsziel. Einen Überblick über das Angebot gibt die Tegernseer Tal Tourismus GmbH (s. o. unter Information).

Gmund

Das verkehrsbelastete „Tor zum Tegernsee“ bietet einen weiten Blick über das gesamte Gewässer bis hin zu den Bergen. Gmund liegt noch in flacher bis hügeliger Landschaft; dennoch finden sich auch hier schon gute Wandermöglichkeiten, zum Beispiel beiderseits des Flüsschens Mangfall.

Die Siedlung besteht aus einer Reihe von Ortsteilen, ehemals einzelne Dörfer, die nicht ganz zusammengewachsen sind und dementsprechend einen verhältnismäßig ländlichen Eindruck machen – man merkt es der Gemeinde nicht an, dass sie immerhin 6000 Einwohner zählt, mehr als die weitaus berühmteren Orte Bad Wiessee, Tegernsee oder Rottach-Egern. Im Ortskern, nahe der hier aus dem See abfließenden Mangfall, steht die *Pfarrkirche St. Ägidius* auf den Grundmauern einer Vorgängerin, deren Geschichte möglicherweise bis ins 9. Jh. zurückreicht. Das Schmuckstück von Gmund wurde 1688–93 im Stil des italienischen Barock erbaut und ist prächtig ausgestattet, besitzt unter anderem ein Altarblatt von Hans Georg Asam. An einem weiteren Wahrzeichen des Dorfs wurde bei Drucklegung dieses Buches noch gearbeitet: Der fast 700 Jahre alte Gasthof „Maximilian“, beinahe verfallen, soll dank der neuen Besitzer, dem immens erfolgreichen Brauhaus Tegernsee, zu neuem Glanz finden.

Jagerhaus: Wer tief in die Geschichte der Region einstiegen will, findet in diesem schönen, kleinen Museum reichlich Anschauungsmaterial – wenn auch nicht immer das erbaulichste. Der Name des Hauses aus dem späten 18. Jh. geht nämlich auf den sogenannten „Wilden Jager von Gmund“ zurück, keine Legende, sondern eine historisch verbürgte Person: Johann Baptist Mayr, der 1822 das heutige „Museum und Kulturhaus“ an der Mangfall gekauft hatte und offiziell im Auftrag des Königreichs Bayern als Revierjäger unterwegs war. Wilderer verfolgte er dabei ebenso unerbittlich wie das Wild. Elf Menschen soll er erschossen haben, viele davon Holz- und Pilzsammler. Zum Opfer fiel ihm auch der erst 17-jährige Sepp

Gut Kaltenbrunn wird jetzt vom Feinkost-Unternehmen Käfer geführt, und das auf sympathisch-unaufgeregte Weise

Menthen – einer zu viel. Die Gmunder rächten sich brutal, es kam zur „Jägerschlacht im Grund", bei der zehn Menschen unfassbar bestialisch mit Gewehrkolben aufeinander einschlugen. Auch der Kampfhund des Jägers mischte mit und verletzte einen der Angreifer, die Mayr in einen Hinterhalt nahe Gmund, eine Senke, bekannt als „am Grund", gelockt hatten. Die lauten Schreie und das Hundegebell lockten einige Männer aus dem nahen Ort Schmerold an – was sie vorfanden, hatte wohl weniger mit den Errungenschaften des vorgeblich bereits aufgeklärten Westeuropa des frühen 19. Jh. zu tun, sondern erinnerte wohl eher an das Ergebnis archaischer Selbstjustiz im Wilden Westen – einer der beiden Gehilfen des Jägers war bereits tot, der andere hatte sich tot gestellt und nur deshalb überlebt, Mayr selbst lag schwer verletzt in seinem Blut, der Hund erschlagen, dazu der durch Bisswunden entstellte Rächer namens Hans Waldhofer. Seine Gesinnungsgenossen konnten fliehen, wurden, anders als Waldhofer, auch nie verurteilt. Mayr hatte schwere Kopfverletzungen erlitten und starb daran drei Monate später. Waldhofer erholte sich von der Hundeattacke, wurde aber wegen Totschlags zu 16 Jahren Haft verurteilt, von denen er zehn absaß, nur um kurz nach seiner Entlassung aus dem Gefängnis zu sterben. Am 11. November 1933, hundert Jahre nach dem Angriff, wurde am Ort des Geschehens im Wald „am Grund" bei Schmerold ein kleines Marterl in den Boden gesetzt, das an die „Jägerschlacht" erinnert.

In dem Museum, der Wohnstätte Mayrs, findet sich neben Exponaten zu dem Selbstjustizfall vieles zur Geschichte von Gmund, zu Fabriken, Handwerk, Landwirtschaft und Folklore der Gegend.

Geöffnet Mo, Fr und So 14–17 Uhr. Seestr. 2, 83703 Gmund, ✆ 08022-937810, www.jagerhaus-gmund.byseum.de.

Information **Touristinfo Gmund**, Mo–Fr 9–18 Uhr, Sa/So 9–14 Uhr (Nov.–April leicht reduzierte Öffnungszeiten). Wiesseer Str. 11, 83703 Gmund, ✆ 08022-7060350, www.gmund.de.

Baden **Strandbad Seeglas** **4**, in der gleichnamigen, südlich an den Ortskern anschließenden Siedlung geht es am großen Kreis rechts auf den *Parkplatz*. Gepflegtes, allerdings recht kleines Wiesengelände mit allen nötigen Einrichtungen, darunter eine *Gaststätte* am See (Mo Ruhetag) und ein etwas größerer *Kinderspielplatz*. Wenig Schatten, aufgeschütteter Kiesstrand, Steg. Ein Handicap ist die Nähe zur Anlegestelle und der Segelschule, beim Rausschwimmen ist also Vorsicht geboten. Eintritt frei. Seeglas 1, 83703 Gmund, ✆ 08022-76129, www.strandbad-seeglas.de.

Strandbad Kaltenbrunn, von der Gemeinde Gmund jährlich immer wieder aufs Neue gepachtet, ist die langfristige Zukunft des beliebten Strandbads noch ungeklärt. Der Besitzer, die Schörghuber-Unternehmensgruppe, will erst abwarten, bis Gut Kaltenbrunn oben auf dem Hügel vollständig renoviert ist. Ein ungenutztes Lokal auf dem Wiesengelände belegt die derzeitige Zwischennutzung. Bedient werden die zahlreichen, vor allem jungen Badegäste aktuell von einem Imbisswagen. Große Liegewiese, langer Steg. Eintritt frei. Zum Seeblick 9, 83703 Gmund (über die B318, die nach Bad Wiessee führt, am Ortsende von Gmund Ri. See), ✆ 08026-9292810.

Freizeit/Sport **Segeln/Windsurfen/Paddeln**: Segel- und Surfschule Stickl, mit Vermietung, links vom Strandbad Seeglas (s. o.), Parkplätze vorhanden. Segel- und Windsurfing-Kurse. Vermietung: Surfbretter und SUP-Boards 15 €/Std., Segelboote ab 25 €/Std. ✆ 08022-75472, www.segelschule-stickl.de.

Sommerrodelbahn: Ostin Oedberg, ausgeschildert am großen Kreisverkehr gleich hinter Gmund (in Ri. Süden). Weitläufiges Areal mit Gaststätte und riesigem Parkplatz. Auch ein Hochseilgarten (www.kletterwald-tegernsee.de) und ein Streichelzoo gehören zu dem kleinen Freizeitpark. 1-mal Rodeln Erw. 5 €, Kinder 4 €. Neureuthstr. 10, 83703 Gmund, ✆ 08022-665386 (Betriebsleitung), -7195 (Lift), www.oedberg.de.

Übernachten/Essen (→ Karte S. 151)
*** **Hotel zum Kistlerwirt** **2**, im Ortsteil Ostin, etwa 2,5 km östlich des Zentrums an der recht befahrenen Straße zum Schliersee.

Lang gestreckter, jahrhundertealter Bau, bis 1960 Bauernhof. Überregional gerühmte Küche in eigenständigem **Edel-Restaurant Ostiner Stub'n** (www.ostiner-stubn.de), größtenteils bayrische, aber auch wechselnde internationale Gerichte, die Preise liegen bei 15–25 €. Mittagspause 14.30–18 Uhr, Di Ruhetag. Erst vor Kurzem wurden die Hotelzimmer in Ferienwohnungen umgewandelt, Fotos der im modernen Landhausstil eingerichteten Wohnungen sehen vielversprechend aus. Preise: 85–105 €. Schlierseer Str. 60, 83703 Gmund, ✆ 08022-968370, www.kistlerwirt.de.

Gut Kaltenbrunn **3**, von Käfer seit dem Sommer 2015 geführter Vierseithof aus dem 15. Jh., der jahrelang leer stand, nachdem ein Luxushotelprojekt der Schörghuber-Gruppe aus Denkmalschutzgründen gescheitert war. Nach dem Einstieg von Käfer als Pächter wurden schließlich Millionen in die Renovierung des geschichtsträchtigen Landguts investiert. Heute ist Gut Kaltenbrunn ein gastronomischer Betrieb mit riesigen Eventflächen, vor allem aber einem erstklassigen Restaurant mit Biergarten in Balkonlage über dem See. Wer angesichts der jahrelangen Diskussionen in den Medien eine seelenlose Großgaststätte erwartet, dürfte sich getäuscht sehen: modernes Mobiliar mit leicht bayrischer Anmutung im Lokal, draußen ein herrlich unkompliziert geführter Wirtsgarten in rustikaler Lounge-Optik, eine Etage tiefer dann der Biergarten. Überaus freundliche Bedienung, hervorragende Küche, die Wirtshausklassiker sehr fein zubereiten kann. So ist etwa das Wiener Schnitzel ganz exzellent, erstklassiges Fleisch, weich und dennoch knusprig, wo es sein soll, und auch der Kaiserschmarrn, sonst gerne mal schwer und fettig, präsentiert sich hier leicht und fluffig. Insgesamt eine überaus angenehme Erfahrung. Tägl. durchgehend geöffnet. Kaltenbrunn 1, 83703 Gmund, ✆ 08022-187000, www.feinkost-kaefer.de/gutkaltenbrunn.

Gasthof am Gasteig **1**, nahe des Ortskerns an der Hügel aufwärts führenden Straße Richtung Autobahn. Terrasse und zwei große Speisesäle, Hauptgerichte überwiegend 8–12 €, gute Brotzeitauswahl. Netter Wirtsgarten mit benachbartem Kinderspielplatz. 2 Ferienwohnungen im bayrisch-rustikalen Stil 70–80 €. Mo Ruhetag. Münchner Str. 14, 83703 Gmund, ✆ 08022-7378, www.gasthofamgasteig.de.

Richtung Tegernsee durchquert die Straße den kleinen Ortsteil *Sankt Quirin*, der aus kaum mehr als ein paar Häusern, einer Gaststätte, dem Landungssteg und einem Bootsverleih besteht. Der Name Sankt Quirin verweist auf den Schutzheiligen des Tegernseer Tals, dem auch die kleine Kapelle des Weilers geweiht ist.

Tegernsee (Ort)

Der heilklimatische Kurort ist mit rund 4000 Einwohnern zwar nicht die größte, doch die historisch bedeutendste Siedlung am See – und gleichzeitig die Keimzelle des Fremdenverkehrs im Tegernseer Tal.

Die Geschichte von Tegernsee reicht zurück bis in die Mitte des 8. Jh. Damals gründete der bayerische Uradel der Huosi hier ein Benediktinerkloster, das wenige Jahre später in den Besitz der Reliquien des Heiligen Quirin kam. Im Laufe der Jahrhunderte entwickelte sich das Kloster zu einem der wichtigsten kulturellen Zentren Oberbayerns. Die Mönche von Tegernsee, denen übrigens auch die Landeshauptstadt ihren Namen („Munichen") verdankt, pflegten Sprache und klassische Dichtung, waren im Europa des Mittelalters weithin bekannt durch ihre Glasgemälde und schön verzierten Handschriften. Im 15. Jh. übertraf der Tausende von Bänden umfassende Bestand der Klosterbibliothek sogar die Sammlungen des Papstes und der Medici. Gewaltig war auch der wirtschaftliche Besitz der Abtei, der mit fast 12.000 Bauernhöfen bis nach Südtirol und Schwaben reichte.

Die Säkularisation von 1803 brachte das Ende des Klosters, dessen Gebäude von den Wittelsbachern gekauft wurden. Bis heute befindet sich Schloss Tegernsee im

An der Hauptstraße der Kleinstadt, die wie der See heißt

Besitz der Adelsfamilie, als dessen Oberhaupt Franz von Bayern gilt, geboren 1933, Urenkel des letzten bayerischen Königs Ludwig III.

Den teilweise ziemlich rabiaten Umbau des Klosters zur standesgemäßen Sommerresidenz besorgte der Architekt Leo von Klenze, der auch die Münchner Residenz gestaltet hatte. Im Gefolge der Wittelsbacher kamen der Münchner Adel, das hohe Beamtentum und die ersten Künstler. Aus jener Zeit stammen ursprünglich die beiden in Aussichtslage errichteten Unterstände, der „Kleine Paraplui" und der „Große Paraplui", unter deren ausladenden Dächern die Königsfamilie ihr Picknick zu halten pflegte (heute handelt es sich freilich um Nachbauten). Bald entdeckte auch das wohlhabende Bürgertum den See als Sommerfrische. Die 1883 fertiggestellte Bahnlinie brachte einen weiteren Zustrom an Besuchern, Tegernsee war Fremdenverkehrsort geworden.

Dessen Hauptanziehungspunkt ist bis heute das königliche Schloss geblieben – jedoch nicht, wie man glauben möchte, der kulturellen Erbauung, sondern einer anderen Form des Genusses wegen: Ziel aller Reisebusse ist das berühmte „Bräustüberl" im Schloss, in dem die soliden, gleich nebenan gebrauten Biere des Herzoglich Bayerischen Brauhauses ausgeschenkt werden. Das „Tegernseer Hell" hat es in den letzten Jahren zum Szenegetränk in München gebracht und von dort zum bundesweiten Erfolg. Das Resultat: Die Brauerei musste ihre Produktionskapazitäten stark ausbauen, unter anderem durch eine neue Abfüllanlage im Gmunder Gewerbegebiet. Vielen Bewohnern sind die Expansionsgelüste der Brauerei in dem engen Tal allerdings ein Dorn im Auge. Das „Bräustüberl" sorgt zur Saison schließlich schon jetzt für einen gehörigen Betrieb. Wem das zu viel ist, der kann sich dem Trubel allerdings immer noch leicht entziehen, zum Beispiel in einem der beiden Museen oder bei einer ausgedehnten Wandertour durch die nahen Berge, deren Ausläufer gleich hinter der Hauptstraße ansteigen.

Auf eher viele Gleichgesinnte wird man dagegen am Seeuferweg treffen – vor allem auf dem über Wasser laufenden Steg zwischen Tegernseer Länd und August-Macke-Anlage, vorbei an sündteuren Villen. Die 200 Meter waren jahrzehntelang (!)

Quelle erbitterten Streits zwischen Befürwortern (Politik) und Gegnern (Anwohner). Letztlich setzte sich das Allgemeininteresse durch und im Oktober 2013 konnte das 740.000 Euro teure Teilstück endlich eröffnet werden.

Sehenswertes

Pfarrkirche St. Quirin im Schloss Tegernsee: Seit 2004 erstrahlt der „Himmel“ der Pfarrkirche wieder in seiner barocken Pracht. Die Fresken der großen Kuppel, die den christlichen Himmel mit den um die göttliche Dreifaltigkeit versammelten Heiligen zeigen, wurden zwischen 1688–1694 von Hans Georg Asam geschaffen. Und auch der Innenraum glänzt wieder ganz im Original-Weiß der Graubündner Stukkateure, die Ende des 17. Jh. die üppigen Dekorationen anbrachten.

Im Laufe der Jahrhunderte musste die frühere Klosterkirche eine Reihe von Umbauten über sich ergehen lassen; von der ursprünglich romanischen Kirche des 11. Jh. verblieben nur die unteren Abschnitte der Doppeltürme und die Krypta. Im 15. Jh. errichtete man auf den Fundamenten eine dreischiffige gotische Basilika, die nach einer großangelegten Umgestaltung in der zweiten Hälfte des 17. Jh. heute jedoch ein barockes Kleid trägt. Weitere Veränderungen stammen aus der Zeit des Klosterumbaus zur Residenz; so setzte Architekt von Klenze damals die Doppeltürme niedriger, um sie dem klassizistischen Gesamtbild anzupassen.

Über dem Portal eingelassen ist eine gotische Grabplatte, deren Relief die Klostergründer Adalbert und Otkar zeigt. Prachtvoll ausgeschmückt sind auch die vor Jahren bereits restaurierte Quirinus-Kapelle im nördlichen und die Benediktus-Kapelle im südlichen Seitenschiff, beide im Rokoko-Stil 1746–1748 erbaut. Bei Letzterer muss noch geklärt werden, wie dramatisch die jüngst entstandenen Risse wirklich sind, bevor an eine eigentlich dringend notwenige Sanierung gedacht werden kann.

Kirchenführungen: Nach Vereinbarung mit dem Kath. Pfarramt St. Quirinus, Seestr. 23, ✆ 08022-4640.

Museum Olaf Gulbransson: Der norwegische Maler, Zeichner und Karikaturist, bekannt besonders durch seine Arbeiten für die satirische Wochenschrift „Simplicissimus“, lebte ab 1929 im hiesigen Schererhof, wo er 1958 in hohem Alter starb. Das Museum im Kurgarten zeigt neben satirischen Zeichnungen auch Ölgemälde und eine Fotodokumentation seines Lebens; im Anbau finden oft hochkarätige Wechselausstellungen statt, in jüngerer Vergangenheit etwa zu Edvard Munch oder Max Beckmann.

Tägl. außer Mo 10–17 Uhr, Eintritt 7 €, mit Kurkarte 6 €. Im Kurgarten 5, 83684 Tegernsee, ✆ 08022-3338, www.olaf-gulbransson-museum.de.

Museum Tegernseer Tal: Seit 1999 zeigt das Heimatmuseum im Alten Pfarrhof unweit des Schlosses in 17 Räumen 850 Objekte zu Kultur und Geschichte der Seeregion. Die Ausstellung informiert über den Alltag am See und die Lebensbedingungen früherer Zeit.

Mitte Mai bis Anfang Okt. tägl. außer Mo 14–17 Uhr (Mi auch 11–17 Uhr). Eintritt 4 €. Führungen nach Vereinbarung unter ✆ 08022-4978 oder 4862. Seestr. 17/Ecke Bahnhofstraße, 83684 Tegernsee, www.museumtegernseertal.de.

Halbinsel Point: Nur einen kurzen Spaziergang vom Schloss entfernt liegt die kleine Halbinsel mit Freibadegelände, Kinderspielplatz und verschiedenen Freizeitanlagen. Von ihrer Südseite kann man – für ein geringes Entgelt – bis etwa Ende Oktober tagsüber mit dem „Überführer“ per Ruderboot zum Malerwinkel von Rottach-Egern übersetzen, einem der beliebtesten Fotomotive am See. Wenn der Fährmann gerade auf der anderen Seite weilt, lässt er sich mit einer Glocke herüberrufen.

Frisch restauriert: die Barockkirche St. Quirin von Schloss Tegernsee

Basis-Infos

→ Karte S. 151

Information Touristinfo Tegernsee, Hauptstr. 2, 83684 Tegernsee. Geöffnet Mai–Sept. Mo–Fr 8–18 Uhr, Sa/So 9–14 und 15–17 Uhr; sonst leicht verkürzte Öffnungszeiten. ✆ 08022-9273860, www.tegernsee.de.

Baden Monte Mare **12**, Strandbad mit sonniger Liegewiese und angeschlossenem Wellness-Center, das mit sechs Saunen (darunter einer Schiffssauna!), zahlreichen Massage- und noch mehr Kombinationsangeboten sehr erfolgreich läuft. Gepflegtes Wiesengelände, etwas Schatten durch Kastanienbäume, kleiner Sprungturm. Schnell abfallender Grund aus Kieseln und Steinen, bequemer geht's über den Steg. Restaurant-Café mit wechselnder Tageskarte am See. Eintritt zum Strandbad 2,50 € inkl. Parkplatz, Miete Sonnenschirm 2 €, Liegestuhl 3 €. Hauptstr. 63, 83684 Tegernsee, ✆ 1874770, www.monte-mare.de.

Freibadeplatz Point, etwa 10 Min. Fußweg südlich des Schlosses. Eine zum See geneigte Wiese nahe der Ruderfähre (s. o., Halbinsel Point) nach Rottach-Egern, kiesiges bis steiniges Ufer, das Wasser wird schnell tief (Schilder warnen „Nur für Schwimmer"). Eintritt frei.

Feste/Veranstaltungen Umfangreiches Programm (Kurkonzerte, Barockmusik im Schloss, Bergfilmfestival etc.). Ein kompletter Veranstaltungskalender ist im Kuramt erhältlich oder unter www.tegernsee.de.

Tegernseer Woche, Ende September bis Anfang Oktober, Kultur- und Brauchtumsfestival mit Trachtengruppen, Volksmusik, Tanz, Konzerten im Schloss, Ausstellungen und verschiedenen Führungen, u. a. durch das Thoma-Haus. Aktuelle Infos bei der Touristinfo (s. o.).

Internationales Bergfilm Festival, an fünf Tagen Ende Oktober werden etwa 100 aktuelle Bergfilme aus aller Welt gezeigt, die meisten davon Dokumentationen. Kartenvorbestellung ab Ende Aug. online, unter dem Festival-Tel. ✆ 08022-180137 oder bei der Touristinfo (s. o.). Ticket 12 €. Festivalbüro: Rathausplatz 1, 83684 Tegernsee, www.bergfilmtegernsee.de.

Freizeit/Sport Bootsverleih, Seestr. 12a, 83684 Tegernsee (Bootsverleih Rixner, ✆ 08022-1554).

Geführte Wanderungen: An wechselnden Terminen. Für Gäste mit Kurkarte (gibt's bei Übernachtung) kostenlos; nähere Informationen in der Touristinfo Tegernsee (s. o.).

Übernachten/Essen & Trinken

→ Karte S. 151

Übernachten Vor allem im Juli, aber auch noch im August herrscht starker Andrang auf die Unterkünfte; rechtzeitige Reservierung ist ratsam. Sowohl am See als auch in Hanglage über dem Ort (etwas Kondition braucht's für Fußgänger hier schon) finden sich schöne Unterkünfte.

**** **Das Tegernsee 8**, renoviertes Traumquartier mit neuem Namen (früher „Hotel Bayern") in toller Aussichtslage hoch über dem See: Im modernisierten Sengerschloss, Herzstück der Hotelanlage, wurden 7 Suiten und 3 DZ eingerichtet. Hinzu kommen 3 Gästehäuser, die ebenfalls neu gestaltet wurden. Alles im modernen Stil eingerichtet: klare Linien, frohe Farben. Auch ein Biergarten mit Seeblick gehört noch zum Haus, ferner ein großer Spa-Bereich, zwei Edel-Restaurants und eine Bar. DZ/Bad/F 350–450 €, Suite ab 600 €. Neureuthstr. 23, 83684 Tegernsee, ✆ 08022-1820, www.dastegernsee.de.

››› Mein Tipp: **** **Restaurant-Hotel Leeberghof 19**, vor einigen Jahren von Grund auf renovierte, elegante Nobelresidenz mit bildschöner Seeblickterrasse hoch über dem Tegernsee, beliebter Prominententreff und eine der feinsten Küchen am See – edel bayerisch zu Mittag, mit internationalem Einschlag am Abend. 15 unterschiedlich eingerichtete Zimmer und Suiten, alle luxuriös im neuen Stil des Hauses: „Bayern light", also lichte, leichte Landhausatmosphäre. Neu gestaltet ist auch die kleine „Sassa"-Bar neben dem Hotel, die unter Eingeweihten einen legendären Ruf genießt. Wird seit dem Sommer 2017 von der jungen Hotelmarke Latona betrieben. DZ/Bad/F 210–230 €, Suiten 290–340 €. Ellingerstr. 10, 83684 Tegernsee (Zufahrt von der Hauptstraße nach Rottach-Egern, knapp südlich der Halbinsel Point), ✆ 08022-188090, www.leeberghof.de. ‹‹‹

Hotel Restaurant Fischerstüberl 17, gleich südlich des Schlosses, durch die Hauptstraße vom Ufer getrennt, bayerisch-gutbürgerlich eingerichtete Zimmer zum See dank Schallschutzfenstern dennoch ruhig. Tipps für Mountainbiker, Segler und Surfer; Swimmingpool. Restaurant mit Terrasse und gemütlicher Wirtsstube; Spezialität sind Fischgerichte. DZ/F 110–125 €. Seestr. 51, 83684 Tegernsee, ✆ 08022-919890, www.hotel-fischerstueberl-tegernsee.de.

Lieberhof 10, ganz oben am nordöstlichen Ortsrand, auf 900 m Höhe. Traditionelles, manche würden sagen, uriges Bauernhaus mit schöner Aussichtsterrasse auf den Tegernsee. Stand lange Zeit im Dienst des damaligen Klosters Tegernsee. Als Unterkunft ein Tipp, wenn man viel wandern will, das Haus liegt recht günstig. Parkplätze vor dem Haus. Die Küche bietet eine gute Auswahl an bayerischen Schmankerln und Brotzeiten. Mo/Di Ruhetage Einfache Zimmer mit bayerisch-bodenständiger Einrichtung. DZ/F 90–130 €. Neureuthstr. 52, 83684 Tegernsee, ✆ 08022-4163, www.lieberhof.de.

Essen & Trinken **Herzogliches Bräustüberl Tegernsee 16**, eine der großen (Touristenbus-)Attraktionen des Ortes; die Atmosphäre ist irgendwo zwischen Hofbräuhaus und Kloster Andechs angesiedelt. Zu essen gibt es Suppen, allerlei Würste und Brotzeiten für 5–8 €, Schweinshax'n 10 €, dazu ein Tagesgericht für 9–15 €. Aufgrund des großen Andrangs (100 Angestellte sind im Bräustüberl beschäftigt, um die täglich bis zu 5000 Essen zu bewältigen) wurde der Biergarten vergrößert und mit einem modernen Heizsystem für kühle Tage versehen. Kein Ruhetag. Schlossplatz 1, 83684 Tegernsee, ✆ 08022-4141, www.braustuberl.de.

Cafe Bar Seehaus 15, neben dem Rathaus, direkt am See liegen die beliebten Sonnenplätze dieses Cafés, das u. a. hausgemachten Kuchen, Tapas und Forellen serviert. Eine schattige Linde bereichert die manchmal etwas touristische Atmosphäre. Kein Ruhetag. Rathausplatz 1a, 83684 Tegernsee, ✆ 08022-187440, www.seehaus-tegernsee.de.

Ristorante Trastevere 14 (Ex-Tegernseer Hof), für Freunde der italienischen Kochkunst. Die gute Küche des Trastevere ist überregional bekannt, die Tische im Freien stehen an einer der schönsten Ecken des Ortes. Mi Ruhetag, sonst Mittagspause zwischen 14 und 17.30 Uhr. Rosenstr. 5 (beim Maibaum im Ortskern), 83684 Tegernsee, ✆ 08022-4382, www.trastevere-tegernsee.de.

Rundwanderung über Neureuth und Gindelalm

In den Bergen oberhalb des Ortes Tegernsee bietet sich Gelegenheit zu zahlreichen reizvollen Wanderungen, die wegen der kräftigen Höhenunterschiede zwar ein gewisses Maß an Kondition, jedoch keine ausgesprochene Bergerfahrung verlangen. Wie immer sollte man jedoch nur bei gutem Wetter losgehen und auch bei besten Bedingungen nie ohne Wetterschutzkleidung und feste Wanderschuhe unterwegs sein. Die beschriebene Wanderung führt großteils auf breiten Wegen durch schattigen Wald, zwischen Gindelalmschneid und Kreuzbergalm jedoch über Bergwiesen, die nach Regenfällen recht sumpfig sein können. **Route**: Tegernsee – Neureuth (1261 m) – Gindelalmschneid (1331 m) – Kreuzbergalm (1223 m) – Alpbachtal – Tegernsee. **Entfernung**: ca. 14 km, 3–4 Std. Gehzeit, Höhenunterschied rund 600 m. **Karte**: In der Touristinfo Tegernsee gibt es für wenig Geld gute Wanderkarten zur Region. **Variante nach Schliersee**: Von der Gindelalm kann man in etwa 1:30 Std. über eine Fahrstraße oder auf einem der mit W 9 markierten Wege nach Schliersee absteigen; Rückfahrt nach Tegernsee mit RVO-Bussen. **Einkehr**: Erkundigen Sie sich bitte vorher nach evtl. Betriebsferien *Berggasthof Neureuth* **5** (→ Karte S. 151), Sonnenterasse, gutbürgerliche Küche, warme Hauptgerichte 11.30–14.30 Uhr, Brotzeitkiosk; Mo Ruhetag (Kiosk bei gutem Bergwetter auch montags geöffnet); ✆ 08022-4408. Keine Übernachtung möglich. www.neureuth.com. *Gindelalm* (✆ 0173-9439384, Übernachtung möglich, vorher anrufen, www.gindelalm.de) und *Kreuzbergalm* (kein Tel.) sind beide nur im Sommer bewirtschaftet; es gibt einfache Gerichte, die Kreuzbergalm bietet zudem schöne Aussicht.

Vom **Bahnhofsplatz** in Tegernsee über die Neureuthstraße bergan, vorbei am **Hotel „Das Tegernsee"**, bis hinter die Gaststätte Lieberhof. Hier rechts (beschildert mit N), beim **Parkplatz** dann links auf den Winterweg zur Neureuth (ca. 1 Std.), einen in vielen Kehren durch Bergwald steil ansteigenden Weg, der im Winter als Rodelstrecke genützt wird. Vom **Berggasthof Neureuth** in etwa östlicher Richtung auf dem nahezu ebenen, mit N 2 markierten Weg durch den Wald. Am Zaun beim Waldrand schräg rechts hoch und auf dem Pfad immer den Waldrand entlang über den Gindelalmschneid; wer stattdessen unten in der **Gindelalm** einkehrt, nimmt später den Pfad, der kurz vor

Abstieg vom Gindelalmschneid

der Alm rechts (südöstlich) den Wiesenhang hoch führt, oben angekommen dann links – bitte jeweils immer an die ausgetretenen Pfade halten, um Beschädigungen der empfindlichen Almwiesen möglichst zu vermeiden.

Auf der Höhe schöne Aussicht zum Schliersee und auf die umliegenden Berge; an einem auffälligen, einzeln stehenden Baumskelett (vom Schild „E 4" nicht irritieren lassen) rechts vorbei und hinunter in die sumpfige Senke, die man auf einer Art Steg durchquert. Oben am gegenüberliegenden Hang erkennt man schon die **Kreuzbergalm** – wer sich die Höhenmeter sparen möchte, geht an der Weggabelung nach dem Steg jedoch links und trifft bald auf den von der Alm kommenden, geschotterten Weg. Hier wieder links und auf diesem Weg nun immer geradeaus, den Schildern T 3 folgend, bergab zum Alpbachtal und zurück nach Tegernsee.

Rottach-Egern

Mit Nobelhotels, exklusiven Restaurants und teuren Boutiquen ist Rottach-Egern die mondänste Ortschaft am Seeufer, fast ein bisschen das „Marbella vom Tegernsee".

Lange stand Rottach-Egern (5600 Einwohner) im Schatten des nahen, durch sein Kloster bedeutenden Tegernsee. Heute hat sich das geändert, denn mittlerweile zählt der aus zwei ehemaligen Fischer- und Bauerndörfern zusammengewachsene Ort weit mehr Einwohner als seine Nachbargemeinde. Weitläufig erstreckt sich das Gemeindegebiet in der ebenen Talfläche zwischen den Flüssen Rottach im Osten und Weißach im Westen, im Süden begrenzt durch die Hänge des über 1700 Meter hohen Wallbergs.

Ganghofer, Thoma, Slezak – drei Berühmtheiten am Tegernsee

Wenn ganze Reisebusgesellschaften sich über die engen Wege des Friedhofs der Laurentiuskirche in Rottach-Egern zwängen, dann wollen sie vornehmlich die an der Südmauer gelegenen Gräber der Schriftsteller Ludwig Ganghofer und Ludwig Thoma besichtigen. Etwas seltener besucht wird die Ruhestätte des Opernsängers Leo Slezak an der nördlichen Mauer. Dabei ist es, neben den beiden Schriftstellern, auch dem großen Tenor zu verdanken, dass der Tegernsee ab der Jahrhundertwende zu einer hochmodischen Adresse wurde.

Ludwig Ganghofer (1855–1920), ein „bekennender Optimist", arbeitete als Dramaturg, Redakteur und Autor. Zu seinen bekanntesten Romanen zählen „Die Martinsklause", „Schloß Hubertus" und „Das Schweigen im Walde"; sein erfolgreichstes Drama wurde „Der Herrgottschnitzer von Ammergau".

Ludwig Thoma (1867–1921), ein Freund Ganghofers, war Redakteur des „Simplicissimus", später Autor von humorvollen Erzählungen („Ein Münchner im Himmel") und genau beobachtenden Bauernromanen („Andreas Vöst", „Der Ruepp"). Seine Komödien („Die Lokalbahn", „Moral", „Erster Klasse") werden in den Theatern rund um den See immer wieder gespielt.

Leo Slezak (1873–1946), Opernsänger und Startenor, gelegentlich auch Schauspieler, zog 1910 nach Rottach-Egern. Sein Wohnhaus beherbergt heute das Hotel-Restaurant Malerwinkel – durchaus passend, denn Slezak galt als großer Gourmet, der sich wegen dieser Leidenschaft immer wieder Abmagerungskuren unterziehen musste. So ist von ihm der Spruch überliefert: „Lieber Gott, gib mir einen zweiten Magen. Du kannst meinen Bauch dafür haben".

Führungen durch den Friedhof der Kirche St. Laurentius, Seestr. 57, finden im Sommer etwa 14-tägig statt, jeweils am So im Anschluss an die Messe. Termine sind bei der Touristinfo Rottach-Egern (s. u.) oder im Pfarramt Egern, Kißlingerstr. 45, ✆ 08022-92760, zu erfragen (Mo, Mi, Fr 9–12 und 15.30–17.30 Uhr).

Häufig wird der heilklimatische Kurort als Treffpunkt der vornehmen Gesellschaft gerühmt (oder bespöttelt, je nach Sichtweise). Bummelt man an einem Wochentag an der Uferpromenade und der verkehrsberuhigten Seestraße entlang, mag man das zunächst kaum glauben, denn dort bestimmen vor allem Ausflügler und Kurgäste das Bild. Bald fallen jedoch die vielen teuren Cabrios ins Auge, die Schaufenster der Juweliere, Boutiquen und Modefriseure – etwas muss also schon dran sein am Ruf des Ortes. Rottach-Egern zeigt jedoch noch andere Seiten als Glanz und Glamour. Dazu zählt vor allem der schöne Blick auf den berühmten *„Malerwinkel"* mit dem nadelspitzen Turm der spätgotischen *Pfarrkirche St. Laurentius*, deren Friedhof dank der Gräber von **Leo Slezak, Ludwig Thoma** und **Ludwig Ganghofer** wohl zu den meistbesuchten Bayerns zählen dürfte. In Rottach-Egern weiß man sehr wohl, was man den hier heimisch gewordenen Berühmtheiten verdankt – dem Trio hat die Gemeinde deshalb mitten im kleinen Kurpark neben dem Dampfersteg drei lebensgroße Bronzedenkmäler gewidmet.

Die Umgebung von Rottach-Egern bietet vielfältige Ausflugsmöglichkeiten, sei es eine Fahrt mit der Kabinenbahn auf den Wallberg, eine Radtour durch die Täler der Rottach und Valepp zum Spitzingsee oder nur ein gemütlicher Spaziergang entlang

Blick auf Rottach-Egern am Südende des Tegernsees

der Weißach. Kein Wunder also, dass die rund 3700 Gästebetten von Rottach-Egern zur Saison meist gut belegt sind – und zwar nicht nur von Millionären ...

Basis-Infos

Information **Touristinfo Rottach-Egern**, Mai–Sept. Mo–Fr 8–18 Uhr, Sa/So 9–14 Uhr; Okt.–April Mo–Fr 9–17 Uhr, Sa 9–14 Uhr. Vor dem Haus gibt es ein Infoterminal, an dem sich tägl. von 7–23 Uhr freie Zimmer abfragen lassen. Nördliche Hauptstr. 9 (Verlängerung der Straße von Tegernsee), 83700 Rottach-Egern, ✆ 08022-673100, www.tegernsee.com/rottach-egern.

Verbindungen **Bus**: Neben der RVO-Ringlinie rund um den See besitzt Rottach-Egern auch zwei eigene Ortsbuslinien, die Mo–Fr und Sa vormittags etwa im Stundentakt die Strecken zu den Gemeindeteilen Schorn (westlicher Seebereich) und Trinis (südlicher Gemeindebereich) bedienen. Beide Linien starten auf Höhe der Post, unweit der Touristinfo.

Ruderfähre: Mit dem „Überführer" von der zur Gemeinde Tegernsee gehörenden Halbinsel Point und der Ganghoferstraße in Rottach-Egern können Fußgänger den Weg um die Egerner Buchten abkürzen. Mai–Okt. 10–18 Uhr.

Baden **See- und Warmbad**: Gepflegte Anlage gleich östlich der Promenade mit 50-Meter-Becken (26 Grad), Seezugang, Sauna und Solarien. Für den Spaßfaktor sorgen ein 50-Meter-Strömungskanal, eine ebenso lange Wasserrutsche, ein Whirlbecken und der Sandstrand. Mitte Mai bis Mitte Sept. 9–20 Uhr (Sept. nur bis 19 Uhr). Eintritt 7,50 €, erm. 4 €. Nördliche Hauptstr. 35, ✆ 08022-92890.

Strandbad Reiffenstuel, winziges, dem Bootsverleih angeschlossenes Gelände. Eintrittsgebühr. Seestr. 44, ✆ 08022-9273540.

Popperwiese, auch als „Badeanlage Schorn" bekannt, am Rand von Rottach-Egern, zwischen Tegernsee und Weißach gelegen. Sehr beliebt. Flacher Einstieg in den See, perfekt für Kinder. Davor große, gepflegte Liegewiese mit Kiosk, Kletterschiff für Kinder, Beachvolleyball-Platz und Tischtennisplatten. Eigener Bereich für Hunde mit Zugang zum See. Freier Eintritt. Weißachdamm 33, 83700 Rottach-Egern, ✆ 08022-65566.

Freizeit/Sport **Bootsverleih**: Ruder-, Tret- und Elektroboote, die teilweise mit Einstiegsmöglichkeit ins Wasser versehen sind, bei mehreren Vermietern an der Seestraße (z. B. Schulz, Reitner).

Die Fa. Reiffenstuel verleiht auch Segelboote, nach Vereinbarung sogar mit „Kapitän". Seestr. 44, 83700 Rottach-Egern, ✆ 08022-9273540, www.reiffenstuel.de.

Fahrradverleih: Fahrrad Eiblwieser (auch E-Bikes, 20 €/Tag), Fürstenstr. 28, 83700 Rottach-Egern, ✆ 08022-6123, www.fahrrad-eiblwieser.de; Zweirad Stemmer, Karl-Theodor-Str. 69, 83700 Rottach-Egern, ✆ 08022-65288, www.zweirad-stemmer.de. Leihgebühr ab 6 €/Tag; Ermäßigung bei Mehrtages- und Wochenmiete.

Geführte Wanderungen, für Übernachtungsgäste (Kurkarte) kostenlos, Führung durch Mitglieder der Bergwacht, je nach Wetterlage von Juni bis Anfang Oktober, jeden Di und Sa; im gleichen Zeitraum außerdem etwa einmal monatlich Gebirgspflanzen-Exkursion und Wanderungen mit einem Förster. Aktuelle Infos bei der Touristinfo (s. o.).

Waldlehrpfad: 2 km langer Wanderpfad am Ostufer der Weißach, Beginn etwa 700 m nördlich des Ortsteils Trinis, beschildert K 1 und K 6.

Feste/Veranstaltungen Ein Programm mit den genauen Terminen der zahlreichen Veranstaltungen ist in der Touristinfo Rottach-Egern erhältlich.

Bauerntheater der Ludwig-Thoma-Bühne, im Seeforum, dem vor einigen Jahren renovierten Kulturzentrum. Nördliche Hauptstr. 35 (beim See- und Warmbad); wöchentliche Aufführungen im Jan./Feb. und von Juni–Okt. Kartenvorverkauf bei der Touristinfo Rottach-Egern, Nördliche Hauptstr. 9, oder bei allen anderen Touristinfos am Tegernsee. www.thoma-buehne.de.

Rosstag, am letzten So im August. Das zweite große Fest im Jahresablauf, Pferde- und Fuhrwerkspromenade über die Seestraße und die Ludwig-Thoma-Straße zur Rosskapelle in Ellmau (Rottach-Tal), nach der Segnung dann zum Festplatz in Enterrottach. Meist ist auch eine Tragtierkompanie der Bundeswehr (Haflinger und Mulis) mit dabei.

Hat Rottach-Egern berühmt gemacht: der Startenor Leo Slezak

Seefest, mit Trachten-Musikkapellen, Schuhplattlern, großem Feuerwerk, beleuchteten Schiffen, etc. geht es die ganze Nacht durch. Jährlich an einem Mittwoch Mitte Juli.

Übernachten/Essen & Trinken

→ Karte S. 151

Übernachten/Essen **Hotel Maier zum Kirschner 24**, die imposante Fassade des uralten Bauernhauses, jahrhundertelang im Besitz des Klosters Tegernsee, dominiert die Gegend um den Kurpark an der zentralen Seestraße. Bayerisch-rustikal, aber mit einem guten Schuss Modernität, atmen die Zimmer ein wenig die Großzügigkeit und Weite toskanischer Villen. Vor dem Haus auf der Wiese direkt an der Seestraße wird in leicht erhöhter Position aus der edlen Kirschner-Stuben serviert, eine durchaus

Historischer Ausblick: Malerwinkel in Rottach-Egern

wohlig-dekadent wirkende Erfahrung. DZ/Bad/F 120–180 €, Suiten 175–245 €. Seestr. 23, 83700 Rottach-Egern, ✆ 08022-273939, www.maier-kirschner.de.

***** **Seehotel Überfahrt** **20**, einziges Hotel der Umgebung, das dem allgegenwärtigen Landhaus-Stil moderne Architektur entgegensetzt. Das Seehotel Überfahrt ist Teil der Kölner Althoff Hotel Collection, die eine neue Qualitätsmarke für Luxushotels werden soll. Am Tegernsee stehen dafür 134 Zimmer, 54 Suiten, 2000 m² Spa, Beautyfarm und das berühmte Drei-Sterne-Restaurant von Christian Jürgens zur Verfügung. DZ/Bad/HP 365–525 €. Überfahrtstr. 10, 83700 Rottach-Egern, ✆ 08022-6690, www.seehotel-ueberfahrt.com.

Fährhütte 14 **22**, zum „Hotel Überfahrt" (s. o.) gehört seit einigen Jahren auch dieses renommierte Haus an der Ringseebucht nahe der Weissach-Mündung, das mit edlem Restaurant und sorgfältig gepflegtem Badestrand inkl. passend nobler Liegestühle lockt. Vom Hotel ist es ein kurzer Spaziergang die Ganghoferstraße immer am See entlang. Mo/Di Ruhetag. Weißachdamm 50, 83700 Rottach-Egern, ✆ 08022-188220, www.faehrhuette.de.

**** **Haltmair am See** **23**, hübsche Hotelanlage an der Seepromenade, die den Landhausstil betont modern interpretiert – obwohl es das „Haltmair" schon seit 1898 gibt. Nach hinten schließt sich ein ruhiger, gepflegter Garten mit Obstbäumen und einigen Hühnern im Stall an. Begrenzt wird der Garten von zwei kleineren Häusern des Hotels. Neuer Wellness-Bereich mit 15-Meter-Pool. DZ/Bad/WC 150–190 €, Appartements 140–300 €. Seestr. 33–37a, 83700 Rottach-Egern, ✆ 08022-2750, www.hotel-haltmair.de.

Seehotel Malerwinkel **21**, zwei nebeneinanderliegende Häuser unter einer Leitung. Das Restaurant im ehemaligen Haus des Sängers *Leo Slezak* glänzt mit schöner Seeterrasse und feiner bayerischer Küche, wie sie sicher auch den Gourmet Slezak erfreut hätte. Neu ist das feine Bootshaus am See. Das im betont bayerischen, aber nicht traditionell überladenen Stil eingerichtete Hotel verfügt über 5 Zimmer, 3 Ferienwohnungen und 1 Ferienhaus. Kein Ruhetag. DZ/Bad/F 140–170 €. Überfahrtstr. 3, 83700 Rottach-Egern, ✆ 08022-673570, www.seehotel-malerwinkel.de.

Pension-Restaurant Angermaier **25**, im Ortsteil Berg. Hübsches bäuerliches Haus in ruhiger Hanglage. Fahrradverleih. Großer Biergarten, gepflegte bayerische Küche. Mo Ruhetag. Zimmer (DZ/Bad/F 90 €) und Ferienwohnungen (100/115 €). Berg 1, 83700 Rottach-Egern, ✆ 08022-92860, www.cafe-angermaier.de.

Ausflüge ab Rottach-Egern

Im Umfeld der Gemeinde locken natürlich eine ganze Reihe möglicher Ziele – die Auffahrt auf den Wallberg wie auch die Tour zum Suttengebiet, 2009 in Spitzingsee-Tegernsee umgetauft, und in die Täler der Valepp sind jedoch die drei absoluten „Klassiker“.

Auf den Wallberg: Der südlich des Ortes auf 1722 Meter Höhe ansteigende Wallberg gilt als Wahrzeichen des Tegernseer Tals. Von seinem Gipfel bietet sich der mit Abstand schönste Blick über den ganzen See. Hier starten auch die Drachenflieger und Paraglider zu ihren luftigen Exkursionen; im Winter ist der Wallberg ein beliebtes Ski- und Rodelgebiet.

Die *Kabinenbahn*, die in 13 Minuten auf 1622 Meter Höhe führt, ist die bequemste Möglichkeit, auf den Wallberg zu gelangen. Von der Bergstation, an der auch ein Restaurant mit großer Sonnenterrasse liegt (www.wallberg-restaurant.de), sind es dann noch etwa 30 Minuten Aufstieg zum Gipfel, gutes Schuhwerk ist ratsam. Im Umfeld bieten sich Möglichkeiten zu weiteren Höhenwanderungen, für die man selbstverständlich entsprechend ausgerüstet sein sollte (Wanderkarte, feste Schuhe, Wetter- und Sonnenschutz).

Talstation der Wallbergbahn

Auch eine asphaltierte *Mautstraße* (www.wallbergstrasse-tegernsee.de), die nahe der Talstation beginnt (4 € Gebühr pro Auto, im Winter gesperrt), führt auf den Wallberg, allerdings nur zur bewirtschafteten *Wallbergmoos-Alm* (www.wallbergmoos-alm.de, Di Ruhetag) auf 1100 Meter Höhe. Der Aufstieg vom dortigen Parkplatz zu dem auf 1507 Meter Höhe gelegenen *Alten Wallberghaus* (www.wallberg-haus.de, heute ein nobles, kleines Berghotel, DZ 260 €, ✆ 08022-278570, mit herzhafter Küche, Hauptgerichte meist 15–25 €, ✆ 08022-7056979; Ruhetage Mo/Di, sicherheitshalber aber immer lieber vorher anrufen, ✆ 08022-278523) nimmt etwa eine Stunde in Anspruch, der Weg von dort zur Bergstation mit dem beliebten *Panoramarestaurant* (www.wallberg-restaurant.de, tägl. 9–17 Uhr geöffnet) nochmals eine halbe Stunde.

Wallberg-Kabinenbahn: Tägl. 8.45–17 Uhr; Zubringerbusse der RVO ab Bahnhof Tegernsee via Rottach-Egern (Post). Im April und Nov. (Ausnahme: schöne Wochenenden) sowie bei Dauerregen geschlossen. Berg- und Talfahrt 20 €, Kinder 6–15 J. 10 €. ✆ 08022-705370, www.wallbergbahn.de. Von der Bergstation geht es im Winter eine 6,5 km lange Naturrodelbahn hinunter ins Tal. Sie gilt als durchaus anspruchsvoll, mit einigen engen Kurven und langen Geraden, die hohe Geschwindigkeiten ermöglichen. Vorsicht ist geboten!

Sutten: Im Südosten von Rottach-Egern ist das durch mehrere Wanderwege erschlossene Tal der Rottach bis kurz vor Enterrottach zunächst noch über einen Kilometer breit und mit üppigen Wiesen bestanden.

Bei Enterrottach beginnt eine *Mautstraße*, die entlang des nun schmal zwischen die Berge eingezwängten Flusslaufs hinauf ins Suttengebiet führt. In diesem auf knapp 1000 Meter Höhe gelegenen Hochtal, an dessen Ende die Rottach aus dem *Suttensee* abfließt, bieten sich zahlreiche schöne Wandermöglichkeiten. Einkehren, zum Teil auch Übernachten, kann man in mehreren Berggasthöfen und bewirtschafteten Almen, darunter die bekannte, täglich geöffnete „Moni-Alm" (tägl. geöffnet, ✆ 08022-664154, Tischreservierung: ✆ 08022-664154, www.moni-alm.de). Die beiden jüngst modernisierten Sesselbahnen *Sutten-Bahn* und *Stümpfling-Bahn*, die jetzt in wenigen Minuten auf dem Gipfel sind, bilden über die gemeinsame Bergstation, das 1506 Meter hoch gelegene Stümpfling-Haus, eine reizvolle Form der Verbindung zum Spitzingsee; im Winter erschließen sie das weitläufige Skigebiet des Spitzingsees auch den am Tegernsee wohnenden Besuchern.

Zum Forsthaus Valepp und zum Spitzingsee: Südöstlich von Sutten führt die *Mautstraße* zunächst zur Wasserscheide auf 1032 Meter Höhe, dann wieder abwärts durch das Tal der Weißen Valepp zum ganzjährig bewirtschafteten *Forsthaus Valepp* (tägl. geöffnet, ✆ 08026-71281, www.forsthaus-valepp.de). Für Autofahrer ist hier Endstation, denn die entlang der Roten Valepp nach Norden führende Straße ist für private Kraftfahrzeuge gesperrt; Radfahrer und Fußgänger jedoch können über diese nahezu verkehrsfreie Route die Tour bis zum noch knapp sechs Kilometer entfernten Spitzingsee fortsetzen (Gesamtdistanz ab Rottach-Egern rund 20 Kilometer).

Verbindungen Busse der RVO auf der Gesamtstrecke von Tegernsee (z. B. Bahnhof) über Rottach (z. B. Post), Sutten und Forsthaus Valepp zum Spitzingsee im Sommer 5- bis 7-mal tägl., Teilstrecken häufiger.

Mautstraßen (ganzjährig geöffnet): Von Enterrottach zur Moni-Alm pro Pkw inkl. Insassen 2 €; zum Forsthaus Valepp insgesamt 4,50 €.

Suttenbahn: Sommer-Fahrzeiten von Mitte Juni bis Sept./Mitte Okt., je nach Witterung, tägl. 9–16.20 Uhr. Berg- und Talfahrt 13 € (Kinder 8 €). Es gibt auch Kombinationsfahrkarten mit den RVO-Bussen zum Spitzingsee, erhältlich nur im Bus. ✆ 08022-24105, www.alpenbahnen-spitzingsee.de.

Kreuth

Der heilklimatische Kurort mit seinen 3700 Einwohnern wirkt ländlicher und ruhiger als die meisten anderen Siedlungen um den Tegernsee. Kreuth besteht aus einer ganzen Reihe von Ortsteilen, die sich in der Talsohle entlang des Flusses Weißach von Nord nach Süd aneinander reihen, unterbrochen von saftigen Wiesen und dichten Wäldern. Seeanschluss besitzt die flächenmäßig zweitgrößte Gemeinde der Bundesrepublik (das Kreuther Gebiet reicht bis zur österreichischen Grenze) nur im Ortsteil Ringsee; das Ringberg-Schloss, das am Hang hoch über Weißach zu sehen ist, befindet sich im Besitz der Max-Planck-Gesellschaft und ist der Öffentlichkeit nicht zugänglich.

Der eigentliche Ortskern von Kreuth liegt rund fünf Kilometer südlich des Sees um das Kurhaus an der B 307. Am westlichen Ortsrand steht die *Leonhardikirche*, deren Ursprünge bis ins 12. Jh. zurückreichen und die somit als Wallfahrtskirche die älteste ihrer Art in Deutschland ist. Besucht wird Kreuth in erster Linie von Urlaubern und Ausflüglern, die auf ein breit angelegtes Unterhaltungsangebot verzichten können, sich stattdessen in einer reizvollen und ruhigen Umgebung erholen wollen

– auf rund 120 Kilometern verkehrsfreier Wege bietet sich Wanderern und Radfahrern dazu reichlich Gelegenheit. Sportlichere Naturen finden auf den umliegenden Bergen Betätigungsfelder genug, im Winter werden fast 40 Kilometer Loipen gespurt und es laufen auch einige kleinere Skilifte.

Wildbad Kreuth: Rund zwei Kilometer südlich des Ortskerns von Kreuth zweigt bei einem großen Parkplatz linker Hand der Weg zu dem ehemaligen Kurbad ab. Bereits im 17. Jh. nutzte man die hiesige Heilquelle, 1973 wurde der Betrieb eingestellt. Die repräsentativen Räumlichkeiten der ehemaligen, 1826 durch Maximilian I. errichteten Badeanlage waren jahrzehntelang Sitz der *Hanns-Seidel-Stiftung*, bundesweit wohlbekannt durch die mal mehr, mal weniger spektakulär verlaufenden Treffen der bayerischen CSU. Nachdem die Stiftung den Mietvertrag 2016 auslaufen ließ, plant die Eigentümerin, Herzogin Helene in Bayern, offenbar die Einrichtung eines Sanatoriums in dem alten Bad. Bei Drucklegung war diesbezüglich eine Entscheidung noch nicht gefallen.

Einen Kontrapunkt zur wuchtig lang gestreckten Badeanlage bildet die malerische kleine *Kapelle* schräg gegenüber, an deren Rückseite das (inzwischen leider geschlossene) Wirtshaus „Altes Bad" angebaut war. Über einem Brunnen erinnert eine Gedenktafel an den 1960 verstorbenen *Kiem Pauli*, den im ganzen Tegernseer Tal berühmten Wiederentdecker und Sammler alten Liedgutes.

Basis-Infos

Information **Touristinfo Kreuth**, neben dem Warmbad. Mai–Okt. Mo–Fr 8–17 Uhr, Sa 10–12 Uhr, sonst So geschl., Mo–Fr ab 9 Uhr geöffnet. Vor dem Haus gibt es ein Infoterminal, an dem sich auch außerhalb dieser Zeiten freie Zimmer abfragen lassen. Nördliche Hauptstr. 3 (Ortskern), 83708 Kreuth, ✆ 08029-9979080, www.kreuth.de.

Baden **Warmfreibad Kreuth**, direkt neben der Kurverwaltung, 26 Grad Wassertemperatur. Mai–Sept. tägl. ab 9 Uhr. Eintritt 4,50 €, Kinder 1,80 €. Nördliche Hauptstr. 3, 83708 Kreuth, ✆ 08029-1854.

Feste/Veranstaltungen **Almabtrieb** geschmückter Kühe, traditionelles Brauchtum, etwa um den 20. September; kurzfristige Termine je nach Wetterlage, zu erfragen in der Touristinfo Kreuth.

Internationales Musikfest, während der zweiten Julihälfte, eine Reihe klassischer Konzerte an verschiedenen Orten rund um den Tegernsee. Geschäftsstelle: Nördliche Hauptstr. 3, 83708 Kreuth, ✆ 08029-9969007, Programm unter www.musikfest-kreuth.de.

Leonhardifahrt, Trachtenwallfahrt und Messe zu Ehren des „Viehheiligen", am 6. November zur Leonhardikirche.

Freizeit/Sport **Fahrradverleih**, Radsport Zehendmaier, Nördliche Hauptstr. 88a, 83708 Kreuth, ✆ 08022-997820, www.radsport-zehendmaier.de.

Waldlehrpfad: Beginn am östlichen Weißachufer etwa 1 km nördlich des Ortskerns; 2 km langer, ebener Weg am Weißachdamm, Markierung K 1 und K 6.

Paragliding: Gleitschirmschule Tegernseer Tal, Schnupperwochenenden und Höhenkurs, Tandemflüge. Tegernseer Str. 88, 83700 Kreuth-Reitrain, ✆ 08022-2556, www.gleitschirmschule-tegernsee.de.

Übernachten/Essen & Trinken

Übernachten **Pension-Restaurant Haus Göttfried**, an der Hauptstraße etwa 100 m südlich des Warmbades. Umfangreiche Speisekarte, bürgerliche Küche, viele Grillgerichte, günstige Preise. Do Ruhetag. DZ/Bad/F 80 €. Südliche Hauptstr. 2, 83708 Kreuth, ✆ 08029-293, www.hausgoettfried.de.

Kiem-Pauli-Jugendherberge, im Ortsteil Scharling. 26 Zimmer, 113 Betten. Übernachtung mit Frühstück 25 €, VP 33 €. Nördliche

Hauptstr. 91, 83708 Kreuth, ✆ 08029-99560, www.jugendherberge.de/jh/kreuth.

Campingplatz Wallberg, in Weißach, also relativ nahe zu Rottach-Egern gelegen. Ebenes Wiesengelände, zum nächsten Badeplatz am See etwa 1 km. 1 Person 7,40 €, Zelt+Pkw 7 €. Rund ums Jahr geöffnet, geeignet für Wintercamping, Juli/Aug. Reservierung ratsam. Rainerweg 10 (Zufahrt über die B 318 nach Bad Wiessee), 83700 Weißach, ✆ 08022-5371, www.campingplatz-wallberg.de.

Essen & Trinken **Almcafé Aibl**, Ausflugsgaststätte hoch über Scharling, Terrasse mit schönem Blick über das Weißachtal. Teilweise steiler Anstieg, das Almgasthaus lässt sich aber auch mit dem Auto erreichen („Anlieger frei"). Mi/Do Ruhetag. Berghaus 49, 83708 Kreuth, ✆ 08029-437, www.aibl.de.

Naturkäserei Tegernseer Land, Milchbauern aus der Region führen die Herstellung von Rohmilchkäse vor. 9,50 € kostet eine Führung durch die Schaukäserei inkl. Verkostung: Mo 14 Uhr, Do/Fr 10 Uhr, Sa 12 Uhr. Auf der sonnigen Terrasse werden kleine Gerichte angeboten, kaufen kann man den Käse gleich vor Ort. Ein Renner, im Sommer ist der große Parkplatz meist schnell voll. Tägl. 9–17 Uhr. Reißenbichlweg 1, 83708 Kreuth, ✆ 08022-1883520, www.naturkaeserei.de. ■

Bad Wiessee

Das Kurbad am Westufer des Sees erstreckt sich, etwa auf Höhe des gegenüberliegenden Ortes Tegernsee, über ein beträchtliches Gebiet. Bad Wiessee (5000 Einwohner) teilt sich in drei deutlich erkennbare Siedlungsbereiche. Die eigentliche *Kurzone* liegt im Norden und bildet heute das Zentrum; entstanden ist sie jedoch erst im Laufe des 20. Jh. Nach Süden schließt sich *Alt-Wiessee* an, das aufgelockert bebaute ehemalige Herz des Dorfes; mit der Kirche und schönen alten Bauernhöfen vermittelt es einen noch ländlichen Eindruck. Noch weiter südlich, zur Ringseebucht hin, liegen die Häuser des ruhigen Ortsteils *Abwinkl.*

Der Heilige Quirinus und das Erdöl

Seinen Status als Kurbad verdankt Bad Wiessee einem Ölboom – und letztlich dem Heiligen Quirin. Als nämlich 1441 im Gebiet von Wiessee eine ölhaltige, heilkräftige Quelle entdeckt wurde, war den Mönchen vom Kloster Tegernsee klar, dass niemand anderes als ihr Schutzheiliger dieses Wunder vollbracht haben konnte. Jahrhundertelang wurde das gegen allerlei Gebrechen wirksame Quirinus-Öl von Wiessee erfolgreich verkauft, bis im 19. Jh. eine chemische Analyse das ergab, was mancher schon länger vermutet hatte: dass es sich um schlichtes, aber wertvolles Erdöl handelte. Nun hoffte Wiessee natürlich auf den großen Fund, und der eine oder andere Bauer sah sich wohl schon als Ölscheich. Über ein Jahrzehnt wurde eifrig gebohrt – vergeblich. 1909 wurde man schließlich doch noch fündig. Aus der in 636 Meter Tiefe entdeckten Quelle sprudelte jedoch kein Öl, sondern eine unangenehm riechende Flüssigkeit, die sich bei näherer Untersuchung als stark jod- und schwefelhaltig entpuppte – und damit als heilsam bei Krankheiten der Atemwege, des Kreislaufs, der Augen und der Haut, auch hilfreich bei manchen Rheumaerkrankungen. Schon 1922 durfte Wiessee das Prädikat „Heilbad" tragen, 1930 wurde eine zweite Quelle gleicher Zusammensetzung entdeckt. Dem Aufstieg zum vielbesuchten Kurort stand nichts mehr im Wege.

Das Bild in Bad Wiessee bestimmen die Kurgäste. Zwar zieht die hiesige Spielbank auch andere Besucher an und auf den im Hintergrund ansteigenden Bergen tummeln sich Wanderer und Mountainbiker, aber entlang der Promenade und auf den Ruhebänken, die am Kurpavillon in bis zu acht zum See hin ausgerichteten Reihen gestaffelt sind, sieht man kaum ein jüngeres Gesicht; wenn doch, kann man fast sicher sein, dass es sich um Einheimische handelt.

Basis-Infos

Information **Touristinfo Bad Wiessee**, im Zentrum, ganz in der Nähe der Seepromenade. Mai–Okt. Mo–Fr 8–18 Uhr, Sa/So 9–14 Uhr (Okt. So geschl.); Nov.–April Mo–Fr 9–17 Uhr, Sa 9–14 Uhr. Abfrage freier Zimmer auch außerhalb dieser Zeiten an einem Info-Terminal am Eingang möglich oder unter ✆ 08022-860340. Lindenplatz 6, 83707 Bad Wiessee, ✆ 08022-86030, www.bad-wiessee.de.

Baden **Seefreibad Abwinkl**, zu erreichen über den Sonnenfeldweg (nördliche Verlängerung der Ringbergstraße). Zum See geneigtes Wiesengelände, sehr gepflegt, allerdings kaum Schatten; Kiosk mit Seeblick-Terrasse. Kiesstrand, flacher Einstieg ins Wasser, Steg vorhanden. Eintritt frei. Im Sonnenfeldweg 21, 83707 Bad Wiessee.

Seebad Grieblinger, fast am nördlichen Ortsrand, Nähe Yachtclub. Privates Strandbad mit einfachem Gästehaus (DZ 56–88 €), Wiesengelände, relativ schnell abfallendes Ufer. Eintritt Erwachsene 2,30 €, Kinder 1 €. Übernachtungsgäste können Strandbad, Liegestühle und die Fahrräder des Hauses kostenlos nutzen. Am Strandbad 14, 83707 Bad Wiessee, ✆ 08022-83566, www.grieblinger.de.

Bade-Park, Freizeitbad mit mehreren Innen- und Außenbecken (auch im Winter), Saunen, Solarien, Whirlpool, Kalt-Wasserfall, Kinderrutsche, Sportmöglichkeiten und sogar einem Biergarten. Hohe Eintrittspreise: ganztags 22 €; Kinder und Studenten 12/13 €. Okt.–Mai Sa–Mi 9–21 Uhr, Do/Fr bis 22.30 Uhr; im Sommer ca. 1 Std. kürzer geöffnet. Wilhelminastr. 2 (Ecke nördliche Adrian-Stoop-Straße), 83707 Bad Wiessee, ✆ 08022-86260, www.badepark-bad-wiessee.de.

Feste/Veranstaltungen Programmkalender mit genauen Terminen hält das Kuramt/Haus des Gastes bereit.

Seefest, Mitte August, mit Trachtenkapellen, Tanz, Schifferstechen, gastronomischen Highlights in der Adria-Stoop-Straße, Grillen an der Seepromenade etc.

Traditionelle Waldfeste, in Tracht bei Blasmusik und Tanz, Bier und Brez'n. Die Vereine von Bad Wiessee geben sich die Ehre, gefeiert wird etwa 1-mal wöchentlich von Anfang Juni bis Mitte Aug. Besonders beliebt sind die Feste des Skiclubs (Ende Juni/Anfang Juli am Sonnenbichl) und des Trachtenvereins (erster Augustsonntag im Kurpark Abwinkl).

Kuriose Pose am Kurpark

Freizeit/Sport **Bootsverleih**: Ruder-, Tret- und Elektroboote an der Seepromenade im Zentrum, beim Hotel Terrassenhof, Adrian-Stoop-Str. 50, 83707 Bad Wiessee, und beim Strandbad Grieblinger, Am Strandbad 12, 83707 Bad Wiessee; hier auch Segelboote.

Geführte Wanderungen: Mehrmals pro Woche, teilweise ganzjährig, werden geführte Spaziergänge, Wanderungen und Bergwanderungen angeboten. Teilnahme mit Kurkarte (erhält jeder, der im Tegernseer Tal übernachtet) kostenlos, Programm bei der Touristinfo (s. o.).

Geführte Radwanderungen: Von Juni bis September jeden Montag, für Gäste mit Kurkarte gratis.

Spielbank: Seit dem Sommer 2005 ist der 28 Mio. Euro teure, auffallende Neubau am nördlichen Ortsrand offen, der das alte Haus an der Promenade ersetzt. Roulette-, Black Jack- und Pokertische Feine Gastronomie der Familie Brenner, die auch das Freihaus in Bad Wiessee betreibt. Gut besuchtes Haus. Spielbank tägl. 15–2 Uhr, Fr/Sa bis 3 Uhr. Eintritt 2,50 €; Zutritt ab 21 Jahre (Ausweis obligatorisch), Kleiderordnung: gepflegt. Winner 1, 83707 Bad Wiessee, ✆ 08022-98350, www.spielbanken-bayern.de.

Aquadome: Kleines Aquarium (nur ein Raum) mit Fischen aus dem Tegernsee, etwa 20 Arten können hier aus der Nähe betrachtet werden. Gleich nebenan, im gleichen Haus, ist ein gutes und sehr beliebtes Bistro mit vielen Fischspezialitäten aus eigener Zucht. Herrlicher Ausblick auf See und Berge. Freier Eintritt, tägl. 10–19 Uhr. Überfahrtweg 19, 83707 Bad Wiessee.

Übernachten/Essen & Trinken

→ Karte S. 151

Übernachten/Essen **Hotel Villa Lago 11**, zum allgegenwärtigen Folklorismus im Tegernseer Tal setzt dieses junge Hotel einen modernen Kontrapunkt: klare Linien, warme Farben, eine innenarchitektonisch spannende Mischung aus rohem Holz und Designermöbeln. Großzügige Tischaufteilung im hellen Frühstücksrestaurant, geräumige Sonnenterrasse. DZ/Bad/F 160 €. Adrian-Stoop-Str. 29, 83707 Bad Wiessee, ✆ 08022-188160, www.villa-lago-tegernsee.de.

*** **Landhaus St. Georg 7**, jüngst gekonnt renoviertes Hotel, das die gutbürgerliche Grundkonzeption des Hauses entschlackt und modern, frisch und lebhaft wirken lässt. Betten der schwedischen Edelmarke Hästens befinden sich in jedem Zimmer. DZ/Bad/Bio-F 100–200 €. Jägerstr. 20, 83707 Bad Wiessee, ✆ 08022-6626100, www.stgeorg.net.

**** **Relais Chalet Wilhelmy 6**, feines Boutique-Hotel abseits des Kurtrubels mit Spa sowie vier stilvollen Räumen zum Essen und Trinken. DZ/Bad/F 190–210 €. Freihausstr. 15, 83707 Bad Wiessee, ✆ 08022-98680, www.relais-chalet.com.

Landhaus Marinella 9, am nördlichen Ende der Seepromenade, neben dem Strandbad Grieblinger. Edles Weiß dominiert in der kleinen Herberge, die dagegen starke farbliche Akzente wie Rot und Braun setzt. Moderner Landhausstil, der einen Hauch französisch wirkt. 11 Zimmer, DZ/Bad/F 180–200 €, Suiten 245 €. Am Strandbad 7, 83707 Bad Wiessee, ✆ 08022-8599990, www.landhaus-marinella.de.

Freihaus Brenner 13, weit oben über dem See, in einsamer Aussichtslage mit weitem Blick ins Tal. Nobel bayerisch, schöne Holzterrasse. Parkplätze vorhanden. Ambitionierte, saisonale und bekannt gute Küche der gehobenen Art. Im Umfeld gute Wandermöglichkeiten. Von 14.30–18.30 Uhr nur Brotzeiten und Kuchen. Schöne Suite im Dachgeschoss (bis 4 Pers.) auf Anfrage. Di Ruhetag. Freihaus 4, 83707 Bad Wiessee (von der Münchner Straße zu erreichen über die Koglkopfstraße, an deren Ende links in die Freihausauffahrt; insgesamt etwa 1 km Fahrweg mit bis zu 20 % Steigung), ✆ 08022-86560, www.freihaus-brenner.de.

Bistro im Aquadome 18, locker-aufgekratzte Stimmung, Tische auf der Wiese, hölzerne Terrasse mit herrlichem Blick auf See und Berge, bei schlechtem Wetter speist man in verglastem Pavillon. Sehr beliebt bei der Hautevolee im Tal. Eigene Fischzucht, die für den Erhalt der Arten im Tegernsee und für volle Tische im eigenen Bistro sorgt. Gerühmt für die exzellente Zubereitung von Fischgerichten, besonders der geräucherten. Geöffnet Do–So 11–17 Uhr. Überfahrtweg 15, 83707 Bad Wiessee, ✆ 08022-857495, www.fischerei-tegernsee.com.

Eine Landschaft wie aus dem Bilderbuch: am Schliersee

Schliersee

Deutlich kleiner und weniger überlaufen als der große Bruder Tegernsee, bietet sich der Schliersee als Alternative für diejenigen an, die eine entspannte, fast noch ländliche Atmosphäre suchen.

Wer den Schliersee nur an Wochenenden kennt, mag diese Einschätzung vielleicht nicht teilen. Dann nämlich tost der Ausflugsverkehr auf der Deutschen Alpenstraße, die mitten durch den Ort Schliersee und entlang des Ostufers zum Spitzingsee und nach Bayrischzell führt. Wenige Meter abseits dieser stark frequentierten Verkehrsader jedoch bleibt es auch an einem Samstag fast so ruhig wie unter der Woche. Der Fremdenverkehr ist am Schliersee nicht die einzige Erwerbsquelle, eher ein Zusatzgeschäft; dementsprechend steht die Mehrzahl der Gästebetten auch in Privathäusern und nicht in Hotels.

Trotz angenehmer sommerlicher Wassertemperaturen kann man den Schliersee leider kaum als ausgesprochenen Badesee bezeichnen. Dabei besitzt der See eine exzellente Wasserqualität. Es fehlt aber an Badeplätzen: Ein Strandbad gibt es nur im Ortsbereich von Schliersee, und die Freibademöglichkeiten sind bescheiden. Einen Ersatz für möglicherweise entgangene Badefreuden bieten jedoch der reizvolle Ort Schliersee und die abwechslungsreiche Umgebung, die zu Bergwanderungen und Radtouren einlädt; schöne Reviere sind besonders die Bergzüge in Richtung Tegernsee und Spitzingsee.

Topografische Angaben Fläche 2,2 Quadratkilometer, Länge 2,5 Kilometer, Breite bis zu 1,2 Kilometer, maximale Tiefe 37 Meter, Uferlänge 7 Kilometer.

Wasserqualität Sehr gut.

Wassertemperatur Sommer 22 Grad, maximal 24 Grad.

Verbindungen Wie der Tegernsee ist auch der Schliersee gut mit öffentlichen Verkehrsmitteln zu erreichen, während Parkplätze Mangelware sind.

Bahn: Direktzüge der Deutschen Bahn auf der Linie München–Bayrischzell Mo–So stündlich, Fahrzeit von München nach Schliersee rund 50 Min.

Bus: Wochentags fahren die Busse des Regionalverkehrs Oberbayern (RVO) stündlich von Holzkirchen (Endstation der S 2) auf der Linie 9561 zum Bahnhof Schliersee, am Wochenende nur 2-mal tägl. Weitere RVO-Regionalverbindungen bestehen zum Tegernsee (Linie 9555) und nach Neuhaus/Spitzingsee (Linie 9562).

Auto: Von München über die Salzburger Autobahn A 8 bis zur Ausfahrt Weyarn, von dort weiter auf der B 307 über Miesbach nach Schliersee.

Schiffsverkehr Die Schifffahrt auf dem Schliersee ist privat organisiert, Rundfahrten finden von Mai bis September tägl. zwischen 11 und 18 Uhr statt. Abfahrt beim Anlegesteg am Kurpark (Vitalwelt). Stationen sind die Insel Wörth, Fischhausen (Café Kögl), das Hotel Schlierseer Hof und das Café Seebar beim Minigolf. Die Rundfahrt dauert 45 Min. Preise: 6 €, Kinder bis 10 J. 3 €. ✆ 08026-922786 oder 9255658, www.schlierseeschifffahrt.de.

Rund um den Schliersee

Gut sieben Kilometer legen Wanderer und Radfahrer bei einer Umrundung des Sees zurück. Fußgänger brauchen für die Strecke etwa eineinhalb bis zwei Stunden. Am Westufer wird der mit „K 1" markierte, kombinierte Rad- und Fußweg meist durch die Bahnlinie vom See getrennt, am Ostufer verläuft er großteils ufernah neben der Straße. Radfahrer sollten bitte auf Fußgänger Rücksicht nehmen, denn der Weg ist an manchen Stellen sehr schmal.

Kurzbeschreibung: Aus dem Bahnhof kommend links, nach etwa 200 Metern dem entlang der Schienen verlaufenden Fuß- und Radweg folgen. Links über die Gleise zur St.-Martins-Kirche von Westenhofen, hinter der Kirche gleich links und durch die Unterführung, später dem rechten Ufer des Bachlaufs zum Waldrand folgen. Hier rechts, dann parallel zur Bahnlinie links, an der Wegekreuzung geradeaus die Stufen hinab und weiter zum Camping Lido. Dort rechts über die Gleise, wieder links und entlang der Schienen bis kurz vor Fischhausen. Nun am Ufer entlang bis zur Hauptstraße, dann bei einem Parkplatz an der Bootsanlegestelle vorbei und diesem Weg immer folgend zurück nach Schliersee.

Schliersee (Ort)

In dem mit Abstand wichtigsten Ort am See finden sich alle wichtigen Einrichtungen, die Mehrzahl der Sehenswürdigkeiten, Unterkünfte und Freizeitangebote; hier lebt auch die Mehrzahl der rund 7000 Einwohner der als Luftkurort ausgewiesenen Marktgemeinde. Schliersee ist eine alte Siedlung, die unter dem Namen „Slyrse" bereits im 8. Jh. als Sitz eines Klosters erwähnt wurde. Mit schönen Bauernhäusern und vielen hübschen Winkeln macht der Ort einen ansprechenden Eindruck. Das alte Kurzentrum am See wurde abgerissen und durch einen großen Neubau an gleicher Stelle ersetzt, der unter dem Namen „Vitalwelt" eine Vielzahl von Wellness-, Medizin- und Sporteinrichtungen unter seinem Dach vereint.

Hausham, Gmund, Miesbach, A8 München-Salzburg
Karl-
Haider-
Kirchbichlweg
Urlbachstraße
Straße
Miesbacher
Straße
St Martin
Talstation Schliersberg
Maier-
Weg
Dekan-
Leitnerstr.
Breitenbachstraße
Bahnhofstraße
Bahnhof
Rathausstr.
Rathaus
Schliersee
Perfallstraße
Lauterer
Weinberg
Vitalwelt Schliersee
Heimat-museum
St. Sixtus
Seestraße
Halbinsel Freudenberg
Westerbergstraße
Seestraße
Unterleiten
Unterleiten
Seestraße
Schliersee
Fußweg Hohenwaldeck
Park-Strandbad Schliersee
Insel Wörth
Essen & Trinken/ Übernachten (S. 176)
1 Schliersbergalm
2 Ratskeller Schliersee
3 Hotel Terofal mit Bauerntheater
Fußweg Burgruine Hohenwaldeck
Maxlrainer-Weg
Fischhauser Str.
Neuhausstr.
Fischhausen
Schliersee
200 m
Neuhaus, Spitzingsee, Bayrischzell

Sehenswertes

Heimatmuseum: In der Lautererstraße beherbergt ein schönes mittelalterliches Bauernhaus das Heimatmuseum von Schliersee. Errichtet im 14./15. Jh., diente es zunächst als Richterhaus und Gefängnis, später dann als Bauernhof. Die Stuben sind noch im Originalzustand erhalten; besonders sehenswert ist die Küche mit offener Feuerstelle und alten Gerätschaften.

Lautererstr. 8, 83727 Schliersee. Geöffnet Mai–Okt. Di–Sa 14–17 Uhr. Die Öffnungszeiten ändern sich leicht von Jahr zu Jahr, aktuelle Infos unter ✆ 08026-4397 oder ✆ 08025-5608. Eintritt 2 €, Schüler 1 €.

Rathaus: Auch das schöne Rathaus von Schliersee, direkt an der Hauptstraße (Rathausstr. 1) gelegen, diente einst als Richterhaus. Erbaut wurde es um 1477, ab 1919 erfolgte die Umgestaltung zur heutigen Form.

Weinberg: Neben dem Rathaus führt ein schweißtreibend steiler Fußweg hinauf zum Weinberghügel (der Name stammt von „weinen“, hat also nichts mit Trauben zu tun), von dem man eine weite Aussicht über den See genießt. Oben angekommen, lohnt ein Blick in die schindelgedeckte *St. Georgskapelle* aus dem 14. Jh.; besondere Aufmerksamkeit verdient der barocke Hochaltar von 1624, der den Drachentöter unter einem Triumphbogen zeigt.

Es war ein Schütz in seinen schönsten Jahren ...

War es schiere Not oder bloße Jagdleidenschaft, vielleicht auch eine Mischung aus beidem? Im 18. und 19. Jahrhundert jedenfalls blühte im bayerischen Oberland trotz äußerst harter Strafen die Wilderei, dies natürlich zum Verdruss der adeligen Jagdbesitzer und ihrer Gehilfen, der Jäger. Einer der bekanntesten Wildschützen, bis in unsere Zeit durch Lieder und Verse verehrt, war *Georg Jennerwein*, genannt „Girgl“, ein gutaussehender, beim Volk beliebter Hallodri. Besonders die Frauen mochten den feschen Girgl. Und das wurde ihm letztlich zum Verhängnis: Hätte er sich nicht mit der Frau des Pföderl Johann eingelassen, sie auch noch geschwängert und den ehemaligen Freund und Kriegskameraden dadurch dem allgemeinen Gespött preisgegeben, wäre er vielleicht hochbetagt im Bett gestorben. So aber nutzte der gedemütigte Jagdgehilfe Pföderl die Gelegenheit, als er den Girgl 1877 am Peißenberg bei Tegernsee im Wald ertappte, und erschoss ihn – in den Rücken. Der Mord kam ans Licht, und der Pföderl wurde zu einer (milden) Haftstrafe verurteilt. Als er aus dem Zuchthaus kam, sprach keiner mehr ein Wort mit ihm; wenige Jahre später starb er am Alkohol und wohl auch an der Einsamkeit. Den Girgl aber hat man bis heute nicht vergessen: 1976 band man ihm zu Ehren gar eine gewilderte Gams um sein Grabkreuz.

Das Jennerwein-Grab mit dem Original-Grabkreuz von 1877 liegt etwa in der Mitte des Friedhofs St. Martin im Ortsteil Westenhofen, Perfallstr. 40, ungefähr auf Höhe der Friedhofskapelle.

Pfarrkirche St. Sixtus: Die elegante Barockkirche steht an Stelle einer früheren Stiftskirche, die nach mehrfachen Umbauten 1712 abgetragen und durch das heutige Gotteshaus ersetzt wurde; einzig der spätgotische Turm der Vorgängerin blieb dabei erhalten. Ein guter Teil der Kirchenausstattung stammt von Johann Baptist

Der Verkehr drängt sich durch den Ort, am Ufer aber ist es meistens still

Zimmermann, darunter der Entwurf zum Hochaltar wie auch der Stuck und die Fresken, die Leben und Martyrium des hl. Sixtus zeigen. Bemerkenswert sind auch der Gnadenstuhl von Erasmus Grasser (1480; am Wandpfeiler rechts des Hochaltars) und das Gemälde der Schutzmantelmadonna von Jan Polak (1494; über der Tür zur Sakristei). Einen sehenswerten Hochaltar birgt auch die nahe spätgotische Friedhofskapelle *St. Nikolaus*.

Lautererstr. 1, 83727 Schliersee.

Insel Wörth: Um die Insel ragen eine Reihe von Kalkbuckeln aus dem sonst tiefen Wasser bis nahe an die Oberfläche; aufgrund ihrer hellen Farbe werden sie von der Bevölkerung „Die Weißen" genannt. Im Sommer 2017 wurde die Insel mitsamt Gaststätte, die zuletzt nur für den Sonntagsbrunch öffentlich zugänglich war, zum Verkauf angeboten – Eigentümer Dietrich Sailer benötigt das Geld (aufgerufen waren 3,5 Mio. Euro) für andere Projekte. Ein neuer Käufer war bei Drucklegung noch nicht gefunden.

Überfahrt: Vom Kurpark zu jeder vollen Stunde von 12–18 Uhr (Sa/So 11–18 Uhr).

St.-Martins-Kirche von Westenhofen: Am nördlichen Ortseingang von Schliersee sieht man rechter Hand, jenseits des Bahnübergangs, den spätgotischen Turm der „Mutterkirche des Schlierseer Tals" aufragen; so genannt, weil hier bereits um 770 ein Gotteshaus stand. Der heutige Barockbau stammt aus den Jahren um 1734, der Altar von 1878. Hauptanziehungspunkt für die meisten Besucher ist jedoch der Friedhof mit dem Grab des berühmt-berüchtigten Wildschützen *Georg Jennerwein* (→ Kastentext).

Basis-Infos

Information Gäste-Information Schliersee (in der „Vitalwelt" am Kurpark), Mo–Fr 8.30–18 Uhr, Sa/So 9–13 Uhr. Hier auch Infos zu geführten Wanderungen und Radtouren. Perfallstr. 4, 83727 Schliersee, ✆ 08026-60650, www.schliersee.de.

Baden Parkstrandbad Schliersee, an der Seestraße im Südosten des Ortes, geöffnet je nach Witterung bis 22 Uhr. Gepflegtes, schattiges Wiesengelände mit allen Einrichtungen inklusive Kiosk und Sprungturm. Eintritt 3,50 €, Kind bis 15 J. 2,50 €. Seestr.

29a, 83727 Schliersee, ✆ 08026-209495, www.strandbad-schliersee.de.

Freizeit/Sport **Besuch einer Whisky Destillerie**: Malt Whisky in Oberbayern? Im Ortsteil Neuhaus kann man sich ansehen, wie Slyrs Whisky hergestellt wird. Destillerie tägl. 10–17 Uhr, Laden tägl. 10–18 Uhr. Eintritt inkl. Verkostung (ab 18 J.) 6 €. Bayrischzeller Str. 13, 83727 Schliersee, ✆ 08026-9222795, www.slyrs.com.

Bootsverleih: Beim Café Milchhäusl: Elektro-, Tret-, Ruder- und Segelboote. Das **Café** mit Sonnenterrasse und Seegarten ist empfehlenswert. Kurweg 4 (an der Seepromenade wenige Meter von der Vitalwelt entfernt), ✆ 08026-4676, www.milchhaeusl-schliersee.de.

Veranstaltungen/Feste Ausführlicher Programmkalender bei der Kurverwaltung.

Fronleichnamsprozession mit Messe im Kurpark oder, je nach Wetter, in der St.-Sixtus-Kirche.

Kirchtag („Kirta"), traditionelles Fest des Hl. Sixtus, Kirchenpatron der Pfarrkirche von Schliersee. Vor rund hundert Jahren wegen deftiger Schlägereien verboten, wurde das Fest inzwischen wiederbelebt; morgens Ruderpartie der Trachtenkapellen, nachmittags großer Umzug. Am 6. oder 7. August bzw. dem nächstliegenden Sonntag.

Leonhardifahrt, berühmter Umzug zu Ehren des Viehheiligen. Von Schliersee geht es den See entlang mit Pferden, Kutschen und Trachtenkapellen zur Kirche in Fischhausen; am 6. November oder dem 1. Sonntag im November.

Schlierseer Bauerntheater, ansprechender, recht großer Theatersaal neben dem Hotel Terofal, 1891 von Xaver Terofal und dem Münchner Hofschauspieler Konrad Dreher gegründet und durch viele Gastspielreisen bis nach Übersee zur Institution geworden. Wöchentliche Aufführungen von Juli bis Oktober jeden Di, im Rest des Jahres wechselnde Zusatztermine. Kartenvorverkauf über www.muenchenticket.de, in der Gäste-Information Schliersee und an der Abendkasse ab 19 Uhr. Xaver-Terofal-Platz 1, 83727 Schliersee, ✆ 08026-2110, www.schlierseer-bauerntheater.de (mit Spielplan).

Seefest, mit Feuerwerk, Marktständen und Trachtenkapellen, am letzten Sa im Juli.

Übernachten/Essen & Trinken

(→ Karte S. 173)

Hotel Terofal **3**, an der Hauptstraße mitten im Ort. Traditionsreicher Gasthof, bereits im 15. Jh. als Wirtschaft erwähnt, 1891 von Xaver Terofal, dem Mitbegründer des nebenan gelegenen Schlierseer Bauerntheaters erworben. Rustikal eingerichtete Zimmer, Biergarten vor dem Haus, gemütliche Stuben, bayerisch-internationale Küche. DZ/Bad/F 130–170 €. Xaver-Terofal-Platz 2, 83727 Schliersee, ✆ 08026-929210, www.hotelterofal.de.

Ratskeller Schliersee **2**, im bzw. am Rathaus – ein Teil der Räumlichkeiten liegt nämlich direkt in dem historischen Gebäude, ein heller Saal ist daran angebaut. Uriges Ambiente, erstklassige bayerische Küche, zu dafür moderaten Preisen (Hauptgerichte 14–20 €). Rathausstr. 1a, 83727 Schliersee, ✆ 08026-9205800, www.ratskeller-schliersee.de.

››› Mein Tipp: **Schliersbergalm** **1**, in toller Aussichtslage auf 1060 m Höhe, freier Blick ins Schlierseetal. Ein Besuch ist v. a. auch ein Spaß für Kinder, ein abwechslungsreicher Spielplatz liegt nur wenige Meter von der Gaststätte entfernt, hinzu kommen Trampolins, Minigolf und ein Swimmingpool in perfekter Balkonlage über dem See. Das Haus ist nur zu Fuß oder per Kabinenbahn zu erreichen, zurück nach Schliersee geht es dann auf einer Art Schlitten über eine 950 m lange **Sommerrodelbahn** (s. auch nachfolgende Kurzwanderung). Die Talstation der Kabinenbahn ist über die Leitnerstraße, die nahe dem Gasthof „Post" von der Hauptstraße abzweigt, zu erreichen (beschildert), an ihr beginnt auch der sonnige **Fußweg**, der in ca. 50 Min. hoch zur Alm führt. Preise: Berg- und wahlweise Talfahrt oder Rodelbahn Erw. 8 €, Jugendl. 8–14 J. 6 €, Kinder 2–7 J. 4 €. In der Schliersbergalm kann man auch übernachten (DZ mit Frühstück, Seilbahn- und Freibad-Nutzung 100–120 €). Kein Ruhetag. ✆ 08026-6722, www.schliersbergalm.de, www.schliersbergalm.com (Hotel). ‹‹‹

Campingplatz Lido, am Westufer, Zufahrt vorbei an der Westenhofener Kirche (nördlicher Ortseingang, beschildert). Hübsches Gelände direkt am See. Die sanitären Anla-

Ausflugsziel mit großem Unterhaltungsprogramm: die Schliersbergalm

gen wurden komplett renoviert. Kleiner Kiosk mit Einkaufsmöglichkeit. Zelt 7–12 € (je nach Lage), 1 Pers. inkl. Kurtaxe 9,50 €, Pkw 2,50 €. Geöffnet 1. April bis 1. Okt. Westerbergstr. 27, 83727 Schliersee, ✆ 08026-6624, www.camping-lido.de.

Kurzwanderung zur Schliersbergalm

Nur wenige Meter vom Zentrum entfernt beginnt ein schöner Wanderweg hinauf zur Schliersbergalm mit Swimmingpool und Aussichtsgasthof. Von der Lautererstraße mit ihren Buden und Cafés geht es über die Rathausstraße in die Leitnerstraße, weiter in den Dekan-Maier-Weg und nach rechts – vorbei an der Talstation der Kabinenbahn – erst am Berg entlang und dann, nach einer ersten Serpentine, langsam aufwärts. Der Belag geht von Teer zu Kies und schließlich in einen unbefestigten Pfad über, der sich in langen Serpentinen den Berg hinaufzieht. Anfangs säumen noch einige Häuser den Weg, aber bald befindet man sich abwechselnd in kleinen Waldstücken und auf freiem Almabhang. Der Aufstieg ist in anderthalb Stunden bequem zu bewältigen. Oben werden Sie mit einem herrlichen Blick auf den Schliersee und einer mehr als ordentlichen Gaststätte samt Bademöglichkeit belohnt (→ S. 176). Zurück geht es auf dem gleichen Weg – mit der Kabinenbahn oder mit der Sommerrodelbahn.

Fischhausen und Neuhaus

Am Südufer des Schliersees bilden der nur aus wenigen Häusern bestehende Weiler Fischhausen und die südlich anschließende, ausgedehntere Siedlung Neuhaus praktisch eine Einheit, sie besitzen auch einen gemeinsamen Bahnhof. Neuhaus zieht sich mit seinem Ortsteil Josefstal weit in die Berglandschaft hinein und ist so für Wanderer und Mountainbiker ein guter Ausgangspunkt für Touren in Richtung Spitzingsee, der ebenfalls noch zum Gemeindegebiet zählt.

Markus Wasmeier Freilichtmuseum: Voller Neugierde erwartet, dürfte das wiederaufgebaute Gehöft selbst die höchsten Erwartungen erfüllen. Nah am Bahnhof von Neuhaus eröffnete der ehemalige Skistar 2007 das kleine Museumsdorf, das sich inmitten einer herrlichen Hügel- und Berglandschaft um einen großen Gutshof gruppiert. Drin wird das altbayrische Wirtshaus „Zum Wofen" betrieben, gegessen wird bei schönem Wetter im sonnigen Garten davor. Eine alte Kegelbahn aus Holz stimmt nostalgisch ein, mehrere Gärten mit alten Nutzpflanzen und seltenen Alpenblumen befriedigen ästhetische Bedürfnisse ebenso wie sie neugierig auf das traditionelle Leben inmitten einer solchen Umgebung in früheren Jahrhunderten machen. Mehrere Bauernhäuser führen das harte Alltagsleben in den niedrigen, dunklen Stuben dann nur allzu lebhaft vor Augen und ersticken jedwede Sentimentalität im Keim. Dennoch: Wasmeiers Dorf zeigt durchaus auch, was verloren gegangen ist in der durchindustrialisierten Landwirtschaft der Gegenwart. Hier wird auf traditionelle Weise Käse hergestellt, Bier gebraut, Schnaps gebrannt, Honig hergestellt, Brot und Kuchen gebacken – die Geschmackserlebnisse im Wirtshaus kann dann jeder mit seiner Erfahrung von zu Hause vergleichen.

Geöffnet Ende März/Anfang April bis Anfang Nov., tägl. außer Mo 10–17 Uhr. Eintritt 9 €, erm. 5 €, unter 8 J. kostenlos. Ein altbayrisches Wirtshaus („**Beim Wofen**") befindet sich ebenfalls auf dem Gelände, ebenso ein Museumsladen mit vielen originellen Kleinigkeiten. Parkplätze vor dem Eingang. Das eigentliche Museumsdorf befindet sich etwa 10 Min. Gehzeit hinter dem Eingang – ein herrlicher Spaziergang durch abwechslungsreiche Wald- und Wiesenlandschaft. Brunnbichl 5, 83727 Schliersee, ✆ 08026-929220, www.wasmeier.de.

Burgruine Hohenwaldeck: Hoch über Fischhausen liegen auf einem Felsvorsprung die Reste der vermutlich um 1200 erbauten Burg, die einst Stammsitz der Waldecker und Maxlrainer war. Die Gebäudereste an sich geben nicht viel her, doch der Blick über den See ist grandios. Der kürzeste Aufstieg zur Burg beginnt in Fischhausen nahe des Gasthofs *Schnapperwirt* (Neuhauser Str. 4, 83727 Schliersee; über den Maxlrainer Weg, ca. 40 Min.), es gibt auch einen schönen Wanderweg ab Schliersee, der beim Hotel *Schlierseer Hof* (Seestr. 21, 83727 Schliersee) beginnt und über Unter- und Oberleiten führt (ca. 1:30 Std., Markierung W 6).

Wallfahrtskirche St. Leonhard: Etwa auf halbem Weg zwischen Fischhausen und Neuhaus steht nahe der Straße, umgeben von Feldern und Wiesen, diese schöne, 1651 errichtete Barockkirche. Im November ist sie Ziel der farbenprächtigen Leonhardifahrt von Schliersee (→ S. 176).

Abstecher: Fischbachau und Wendelstein

Beide Ziele, das hübsche Dorf Fischbachau und die Talstation der Kabinenbahn zum Wendelstein, sind über die Straße (B 307) nach Bayrischzell zu erreichen.

Fischbachau im Leitzachtal liegt nördlich der Straße nach Bayrischzell (Abzweigung bei Aurach, etwa drei Kilometer hinter Neuhaus). Freunde früher Kirchenbaukunst finden hier die ehemalige *Klosterkirche St. Martin*, eine dreischiffige Basilika vom Ende des 11. Jh. Obwohl sie im 18. Jh. barock umgestaltet wurde, ist die romanische Herkunft der Wände und Pfeiler noch deutlich erkennbar. Der Stuck und die farbenprächtigen Fresken, die unter anderem das Leben des heiligen Martin schildern, stammen von Künstlern der Wessobrunner Schule; bemerkenswert sind auch die üppig mit Stuck versehene Kanzel, der Hochaltar und insbesondere der Marienaltar mit einer Madonna aus der Mitte des 18. Jh. Hinter der Martinskirche steht die in ihren Grundzügen noch ältere, bereits 1087 geweihte heutige Friedhofskirche *Mariä Schutz*, in der ein spätgotisches Holzrelief der Schutzmantelmadonna (16. Jh.) zu sehen ist.

Bergstation auf dem Wendelstein

Wallfahrtskapelle Birkenstein: Etwa einen Kilometer östlich von Fischbachau und kaum fünf Fußminuten vom Parkplatz beim Gasthof *Oberwirt* (Birkensteinstr. 91, 83730 Fischbachau, www.oberwirt-birkenstein.de) steht die äußerst üppig ausgestattete kleine Kapelle, die nach dem Vorbild der Wallfahrtskapelle Santa Casa in Loreto erbaut wurde. Alljährlich ist sie Ziel einer großen traditionellen Wallfahrt mit Hunderten von Pilgern in Tracht.

Birkenstein-Wallfahrt: An Christi Himmelfahrt. Der festliche Gottesdienst beginnt bereits um 9 Uhr; ratsam, noch um einiges früher vor Ort zu sein, denn der Andrang ist groß. Kapellenweg 11, 83730 Fischbachau, www.maria-birkenstein.de.

Fahrt auf den Wendelstein: Der 1838 Meter hohe, markant geformte Wendelstein gilt als einer der „aussichtsreichsten" Berge Deutschlands – immerhin reicht bei entsprechendem Wetter der Blick von den Allgäuer Bergen bis zum Watzmann. Die Aussicht auf die Berge und ins Alpenvorland genoss schon König Max II., der 1858 in vier Stunden zur Spitze aufstieg und dadurch den Wendelstein in Mode brachte. Heute macht die Technik den Gipfelsturm leicht: Sowohl von Brannenburg (Inntal) als auch von Osterhofen führen Bergbahnen auf den Wendelstein. An der Bergstation angekommen, sind bis zum Gipfel noch rund 120 Höhenmeter zurückzulegen; der gut gesicherte Fußweg nimmt etwa 20 Minuten in Anspruch, festes Schuhwerk ist ratsam. Um den Haupt- und den Ostgipfel gruppiert sich ein ganzer Komplex von Bauten, darunter ein Observatorium, das Wendelsteinkircherl (Bergmesse So 11 Uhr), eine Sonnen- und Windenergieanlage und die Sendestation des Bayerischen Rundfunks. Andere Fußwege führen von der Bergstation zum Geo Park, einer Art Geologielehrpfad, und zur Wendelsteinhöhle, die etwa von Mai bis Oktober besichtigt werden kann. Dafür, dass niemand zu hungern braucht, sorgt eine Gaststätte mit großer Sonnenterrasse.

Seilbahn ab Osterhofen Die Talstation (Bahn-, Busanschluss) liegt an der Straße Schliersee–Bayrischzell, etwa 8 km hinter Neuhaus. Betrieb tägl. 9–17 Uhr. Berg- und Talfahrt 22,50 €, Kinder 6–17 J. 15,50 €; es gibt auch günstige Kombi-Karten mit der Deutschen Bahn und den RVO-Bussen. Weitere Infos zu Abfahrtszeiten und Tarifdetails ✆ 08034-3080, www.wendelsteinbahn.de. Außerdem wird eine **Rundfahrt** angeboten: Mit der Seilbahn hinauf, mit der berühmten Zahnradbahn hinunter nach Brannenburg und per Bus zurück zur Talstation Osterhofen. Erw. 31,50 €, Kinder 6–15 J. 16,50 €, jeweils plus Busticket der Wendelstein-Ringlinie für 9 bzw. 5 €; Informationen zur Rundfahrt unter www.wendelstein-ringlinie.de.

Oberbayerns bekanntester Gebirgssee: der Spitzingsee

Spitzingsee

In fast 1100 Meter Höhe gelegen und ringsum von Bergen umgeben, ist der Spitzingsee im Sommer ein viel besuchtes Ausflugsziel. Auf den Hängen rund um das Gewässer treffen sich dann Wanderer und die Cracks der Mountainbikeszene.

Im Winter zieht es die Skifahrer und Snowboarder vor allem aus der Landeshauptstadt hierher. Als Skigebiet ist der Spitzingsee sogar fast noch beliebter denn als Sommerziel. Die Brettlfans finden sich da in bester Gesellschaft, liegt hier doch das „Heimatrevier" des aus Schliersee stammenden Doppel-Olympiasiegers Markus Wasmeier.

Der Andrang hat dem kleinen See, der kaum einen Kilometer Länge und nur 400 Meter Breite misst (und damit der größte Hochgebirgssee Bayerns ist), nicht unbedingt gutgetan. Die kleine Siedlung Spitzingsee, die in den letzten Jahrzehnten im Südosten entstand, besteht nahezu komplett aus Gasthöfen, Hotels und Andenkenläden; einzige Ausnahme ist die burgähnlich wirkende Kirche St. Bernhard, die trotz ihres altehrwürdigen Aussehens erst 1938 errichtet wurde.

Abseits dieser Ansammlung von Fremdenverkehrsbetrieben bieten sich fantastische Möglichkeiten für Wanderer und konditionsstarke Mountainbiker (reizvoll beispielsweise die Routen über die Obere Firstalm zum Tegernsee und Schliersee). Ein ganzes Netz von Wegen erschließt die Hänge rund um den See; wer nicht ganz so gut bei Puste ist, kann die Berge im Osten und Westen auch per Kabinen- bzw. Sesselbahn erklimmen. Ein echter Badesee allerdings ist der Spitzingsee noch weniger als der Schliersee, dafür sorgt die Höhenlage und die damit verbundene langsame Erwärmung des Wassers.

Rund um den Spitzingsee

Gerade mal drei Kilometer legen Wanderer – für Radler sind die Wege gesperrt – bei einer Umrundung zurück. In weniger als einer Stunde ist man also wieder am Ausgangspunkt; die Orientierung (Rundweg beschildert: K 25) gestaltet sich problemlos. Uferkontakt vermisst man nur an der Westseite des Sees, sonst verlaufen die Wege immer dicht am Wasser.

Verbindungen **Bus**: RVO-Busse (Linie 9562) von/nach Schliersee-Bahnhof Mo–Fr bis 18.30 Uhr stündlich, Sa/So bis 17.30 Uhr. Busse derselben Gesellschaft (Linie 9560) durchs Valepp-Gebiet nach Rottach-Egern/Tegernsee (→ S. 160) tägl. 5-mal.

Auto: Anfahrt wie zum Schliersee, dann auf der B 307 Richtung Bayrischzell und etwa 1 km hinter Neuhaus rechts auf die Bergstraße. Die Parkplätze am See sind gebührenpflichtig (pro Pkw 3 €).

Baden Wie erwähnt, ist der Spitzingsee nicht gerade der Badesee par excellence. Wer sich an warmen Sommertagen dennoch ins Wasser wagen will, findet die besten Möglichkeiten auf der Ostseite, im Gebiet des Hotels Arabella.

Feste **Skifasching**, berühmte Gaudi am Faschingssonntag auf den Firstalmen. Seit einem tödlichen Unfall im Jahr 2000 wurden allzu waghalsige Gefährte verboten und die Besucherzahlen gingen stark zurück. Doch seit einigen Jahren kommen wieder mehr Zuschauer zu der „Unteren Firstalm".

Freizeit/Sport **Bootsverleih**: An der Südseite des Sees, nahe dem Gasthof Wurzhütte. Ruderboot 10 €/Std., Elektroboot 20 €/Std., Fischerboot 30 €/Tag. Seeweg 1, 83727 Spitzingsee, ✆ 0171-6201829, www.bootsverleih-spitzingsee.de.

Kutschenfahrten um den See (1 Std.), zum Forsthaus Valepp (1 Std.) oder zum Blecksteinhaus, Abfahrt unterhalb vom Arabella Alpenhotel. Fam. Rötzer, Seestr. 25, 83727 Schliersee, ✆ 08026-4924 oder 0152-08479769, www.kutschfahrtenroetzer.de.

Tour zum Forsthaus Valepp und weiter zum Tegernsee: Die landschaftlich sehr reizvolle Route führt Wanderer und Radfahrer (für Kfz ist die Strecke teilweise gesperrt) durch die Täler der Roten und Weißen Valepp ins Suttengebiet und weiter zum Tegernsee; Rückfahrt mit Bussen der RVO oder mit der Suttenbahn. Näheres im Kapitel Tegernsee, „Ausflüge ab Rottach-Egern".

Wintersport: Das Wintersportangebot am Spitzingsee ist riesig. Neben zwei Bergbahnen (dort auch Informationen zu Skipässen etc.) gibt es noch 16 Schlepplifte. Auf dem zugefrorenen See sind Eislauf und Eisstockschießen angesagt.

Taubensteinkabinenbahn: Talstation mit Parkplätzen am Ostufer, Bergstation auf 1613 m Höhe unterhalb des Taubenstein-Gipfels (1692 m). Fahrzeiten tägl. 8.30–16.20

Frühlingserwachen am Spitzingsee

Uhr; Tagespass 35 €. ✆ 08026-9292290, www.alpenbahnen-spitzingsee.de.

Stümpflingbahn: Seit 2004 ist der neue Vierersessellift mit Wetterschutzhaube in Betrieb. Talstation im Südwesten des Sees (Parkplätze vorhanden), Bergstation in 1506 m Höhe beim Stümpflinghaus, Fahrzeit 5,5 Min. Abfahrt mit der Suttenbergbahn zur Tegernseeseite möglich, zurück zum Spitzingsee per Bus (→ Kapitel Tegernsee, „Ausflüge ab Rottach-Egern"). Fahrzeiten tägl. 8.30–16.20 Uhr. Tagespass 35 €. Informationen unter ✆ 08026-9292230, www.alpenbahnen-spitzingsee.de.

Übernachten/Essen (→ Karte S. 183)

**** **Arabella Alpenhotel** **3**, größtes und komfortabelstes Haus am Platz. Soletherme-Hallenbad, Sauna, Whirlpool etc. Schöne Terrasse über dem See, feine Küche, stark international geprägt, in der schönen Osteria gibt es toskanische Spezialitäten, in der König-Ludwig-Stube werden regionale Gerichte serviert. DZ/Bad/F je nach Lage und Saison 190–290 €. Seeweg 7, 83727 Spitzingsee, ✆ 08026-7980, www.arabella-alpenhotel.com.

Berggasthaus Obere Firstalm **2**, auf 1370 m Höhe gelegen und in ca. 45 Min. über einen etwa 2,5 km langen, schattigen Fußweg zu erreichen, der am Spitzingsattel beginnt. Sonnige Terrasse und helle Stube nach Süden, reichhaltige Speisekarte, geöffnet tägl. 10–17 Uhr. Übernachtungsmöglichkeit in Zimmern und Schlafsälen. DZ/F 100 €, Vier- bis Sechsbettzimmer pro Person inkl. F 49 € (Übernachtungsgäste erhalten nach 17 Uhr ein 2-Gänge-Abendessen für 14,90 €). Im Winter eigene 3 km lange Naturrodelbahn. ✆ 08026-7302, www.firstalm.de.

Rundwanderung: Bodenschneid, Stümpfling und Rosskopf

Eine reizvolle Tagesbergtour, die mehrere Aussichtsgipfel einschließt. Wichtig sind gutes, beständiges Wetter und die übliche Ausrüstung: feste Bergschuhe und Wetterschutzkleidung, zudem Sonnenschutz. Gute Kondition ist auch vonnöten – elf Entfernungskilometer klingen zwar nach nicht viel, die großen Höhenunterschiede schlauchen aber ganz schön. Die Route führt sowohl durch Waldgebiete als auch über sonnige Bergwiesen, die nach Niederschlägen ausgesprochen sumpfig sein können. **Route**: Spitzingsattel – Obere Firstalm – Bodenschneid (1669 m) – Suttenstein/Stümpflingsattel (1398 m) – Stümpfling (1506 m) – Roßkopf (1580 m) – Untere Haushamer Alm – Valepp-Alm – Spitzingsee. **Entfernung**: rund 11 km. **Höhenunterschied**: ca. 800 m. **Gehzeit**: etwa 5–6 Stunden. **Karte**: beispielsweise Kompass-Wanderkarte Nr. 8 Bayrischzell, 1:25.000. **Einkehr**: Reichlich Möglichkeiten; erkundigen Sie sich aber bitte vorher nach eventuellen Betriebsferien. *Obere Firstalm* **2**, (s. o., kein Ruhetag); *Bodenschneidhaus* **1**, Mahlzeiten und Unterkunft, Mo Ruhetag, März/April geschl. ✆ 08026-4692, falls außer Betrieb: info@bodenschneidhaus-schliersee.de, www.bodenschneidhaus-schliersee.de; *Jagahütt'n am Stümpfling* **4**, Neubau, der aus den über 100 Jahre alten Holzbalken eines ehemaligen Forsthauses gezimmert wurde, windgeschützte Sonnenterrasse, kein Ruhetag, ✆ 08026-925155, www.jagahuettn.de; *Stümpflingalm* **5**, traditionelle Alm, Juni bis Sept. bzw. bis zum Almabtrieb, nur Brotzeiten, kein Telefon.

Vom Spitzingsattel in westlicher Richtung dem beschilderten Waldweg hinauf zur Oberen Firstalm folgen. Hier rechts, dann bald wieder links ab auf den Sommerweg zum Bodenschneidhaus. Ein paar hundert Meter vor dem Haus zweigt links der steile Weg zum Gipfelkreuz ab; von oben weiter Blick. Nun geht es auf dem Kamm in südöstlicher Richtung abwärts zur Gabelung am Suttenstein, dann aufwärts zum Stümpfling und zum Stümpflinghaus. Weiter in zunächst etwa südlicher, ab der Stümpflingalm dann südöstlicher Richtung zum Gipfel des Roßkopf, mit Blick auf den kleinen Grünsee. Von hier auf dem zunächst fast ebenen Kamm nach Süden, dann in leichtem Linksbogen westlich am Gipfel des bewaldeten Rothkopf vorbei, bis vor dem letzten Anstieg zum Stolzenberg (1603 m) links der Weg zur Unteren Haushamer Alm

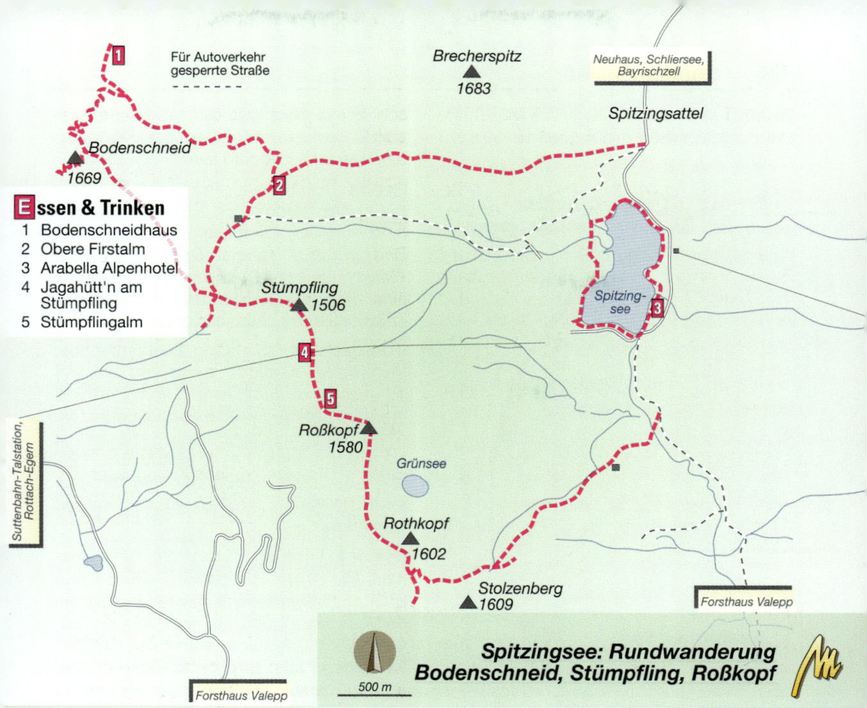

abzweigt. Diesem Weg folgen, links an der Alm vorbei und immer weiter abwärts über die Valepp-Alm zur Straße, die nach Norden zum Spitzingsee und weiter zurück zum Spitzingsattel führt.

Seehamer See

Ohne es zu wissen, kennen viele den Seehamer See schon von ihrer Fahrt in den Urlaub: Kurz vor dem Irschenberg blinkt rechts die Wasserfläche kurz auf, ein schneller Blick erfasst noch den Campingplatz – und schon ist man vorbei am Seehamer See.

Machen Sie es das nächste Mal doch anders, warten Sie vielleicht noch in Ruhe das Ende eines Staus ab: Keine hundert Meter neben der Salzburger Autobahn liegt schon der erste Badeplatz, zwar kein Wunder an Attraktivität, aber immerhin. Wer das Radl dabeihat und sich etwas mehr Zeit nehmen will, kann den Seehamer See auch auf gemütlichen Nebenstraßen umrunden, muss dabei freilich auch auf einigen Steilstücken kräftiger in die Pedale treten.

Abseits des Nordostufers, an dem die Autobahn entlangführt und wo sich auch die Badeplätze finden, ist man hier noch richtig auf dem Land: kleine Weiler, kaum Verkehr, Hügel, Wiesen und Wälder. Das Südufer des immerhin zwei Kilometer langen und fast einen Kilometer breiten, von Landschaftsschutzgebiet umgebenen Sees ist mangels Wegen fast unzugänglich, im Westen erstrecken sich dichte Schilfgürtel, im Osten riegelt eine Staumauer den See ab.

Anfahrt Von der Autobahn A 8 München–Salzburg zwischen den Ausfahrten Weyarn und Irschenberg über die Autobahn-Parkplätze Seehamer See-Ost und Seehamer See-West geht es zum See.

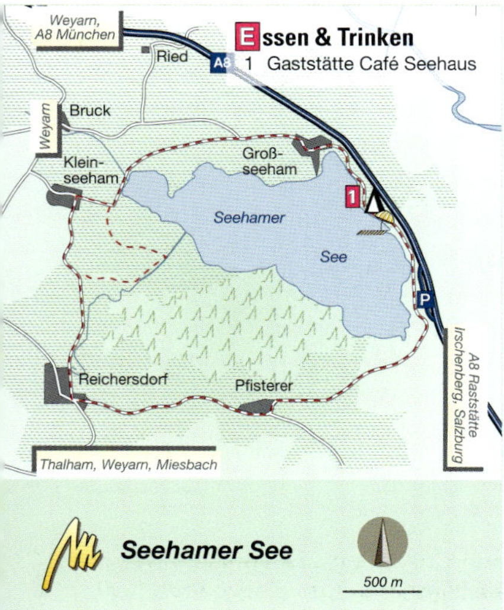

Baden Die eher bescheidenen Badeplätze liegen am Nordostufer, also nahe der Zufahrt von der Autobahn. Die Uferstreifen sind großteils schmal und uneben, der Wasserstand kann schwanken – unbedingt einen Sicherheitsabstand von der Staumauer einhalten. Die Wasserqualität ist gut.

Übernachten Camping Seehamer See, terrassiertes Gelände zwischen See und Autobahn, nur durch einen Lärmschutzwall etwas abgeschirmt – die Dauercamper, die einen Teil des Platzes belegen, halten's ja auch aus. 1 Pers. 7 €, Stellplatz inkl. Pkw 10 €. Ganzjährig geöffnet. Hauptstr. 32, 83629 Weyarn, ✆ 08020-1400, www.seehamer-see.de.

Essen & Trinken Gaststätte Café Seehaus **1**, beim Campingplatz, also noch in leichter Fußentfernung vom Parkplatz an der Autobahn. Hübsche Terrasse zum See, durch das Gebäude vom Verkehrslärm weitgehend abgeschirmt; einfache Gerichte. Kein Ruhetag. www.seehamer-see.de.

Rund um den Seehamer See

Etwa acht Kilometer legt man bei einer Umrundung des Seehamer Sees zurück, bewegt sich dabei überwiegend abseits der Ufer auf verkehrsarmen Nebenstraßen, weshalb dieser kleine Abstecher auch eher für Radfahrer als für Fußgänger attraktiv ist.

Kurzbeschreibung: Vom Parkplatz in südöstlicher Richtung am See vorbei, an der ersten Straßenabzweigung rechts und über den Hof Brandlberg und den kleinen Weiler Pfisterer (Kiesabbau) nach Reichersdorf; hier rechts. Nach einem knappen Kilometer rechts in einen seewärts führenden Feldweg, an der Gabelung links und neben dem Kanal bis zum Waldrand. Hier links halten und im Bogen zur Straße zwischen Klein- und Großseeham; durch Großseeham hindurch am Nordufer zurück.

Im Westen des Seehamer Sees – Radtour rund um den Taubenberg über dem Mangfalltal

Charakter: leicht sportlich. **Start und Ziel**: Bahnhof Darching (BOB, Züge stündlich ab München Hauptbahnhof, Abfahrtszeiten unter www.meridian-bob-brb.de). **Einkehr**: Gotzinger Trommel, Berggasthaus Taubenberg. **Fahrräder**: Mountainbike für die Route über den Taubenberg, ansonsten Trekkingräder mit mehreren Gängen. **Karte**: Kompass Nr. 181 (Rosenheim, Bad Aibling, Wasserburg am Inn).

Darching liegt westlich des Seehamer Sees – und unmittelbar an der Autobahn München–Salzburg. Als Ausgangspunkt für eine Tour um den waldreichen, maximal 900 m hohen Taubenberg ist der Ort jedoch unverzichtbar.

Als einziger weit und breit besitzt er Bahnanschluss. Die Bayerische Oberland Bahn (BOB) fährt Darching ab München Hauptbahnhof stündlich an, morgens öfter und beginnend ab 6.30 Uhr. Die Fahrzeit beträgt 30 Min. Darching kann für die Nähe zur Autobahn natürlich nichts, dennoch wird wohl jeder so schnell wie möglich unter der Autobahnbrücke durch und auf der anderen Seite nach rechts runter über die Mangfall ins Mühltal und rüber nach **Weyarn** fahren. Das ist schnell getan und man befindet sich nun weit genug von der Autobahn entfernt, um sie kaum noch zu sehen und gar nicht zu hören. Von Weyarn geht es auf einer einsamen Nebenstrecke nach Wattersdorf und Kleinseeham, wo man am **Seehamer See** bereits die erste Rast einlegen kann. Man ist nun inmitten einer Traumlandschaft aus Wiesen, kleinen Hügeln und Wäldern, durchzogen von schmalen, selten befahrenen Landstraßen. Eine solche führt von Kleinseeham nach Reichersdorf und Thalham, das an der Bundesstraße nach Miesbach liegt. Diese verlassen Sie jedoch bereits nach wenigen Metern und schlagen den Weg nach Oberwarngau ein. Eine rasante, sanft kurvenreiche Abfahrt führt ins **Mangfalltal** und von dort hinauf (der steilste Kilometer der Strecke) zum **Gasthaus Gotzinger Trommel**. Der Name rührt von dem Instrument her, das die aufständischen Truppen des Schmieds von Kochel (→ S. 129) 1705 vor sich her trugen. Das mitten im Grünen liegende Wirtshaus stammt aus dem 17. Jh. und serviert gute bayerische Küche zu zivilen Preisen. Angeschlossen ist ein Salettl – eine Theaterbühne, die sich mit anzüglich-frechen Volksliedern und feinem Kabarett einen Namen gemacht hat (✆ 08020-1728, www.gotzinger-trommel.de).

Die Radtour führt jetzt bergab nach **Oberwarngau.** Seit dem Mangfalltal fährt man stets durch schattigen Laubwald auf einer schmalen Asphaltstraße. Nach etwa drei Vierteln der Distanz

zweigt rechts ein unbefestigter Pfad zur **Ausflugsgaststätte „Taubenberg“** ab, der etwa 5 km durch den Wald bis auf die baumfreie Anhöhe führt, die von dem Berggasthaus mit seinem nach Bio-Richtlinien geführten Gutshof besetzt wird. Die beliebte Panoramaterrasse bietet freie Sicht auf die Alpen sowie Fleischgerichte (Fleisch vom eigenen Hof), Vegetarisches und selbstgemachte Nudelspezialitäten. Der Schlüssel zum nahen Aussichtsturm, von dem man bei schönem Wetter bis nach München blicken kann, liegt bei der Taubenberger Wirtsfamilie Maurer (✆ 08020-1705, www.taubenberg.de). Um hier hinauf zu gelangen, sind allerdings Mountainbikes zwingend nötig. Ist man einmal da, kann man dem Pfad vom Gasthaus hinunter nach **Schmidham** weiter folgen und unten rechts auf die schmale, wenig befahrene Asphaltstraße nach **Darching** einbiegen.

Nicht-Mountainbiker fahren, immer am Fuße des Taubenbergs bleibend, auf der asphaltierten Straße nach Oberwarngau und von dort weiter, rechts herum, über Schmidham nach Darching zum BOB-Bahnhof.

Ausblick von der Kampenwand auf den Chiemsee

Münchner Umland

Auch das nahe Münchner Umland wartet mit Badeseen auf. Zwei davon, der Steinsee und der Kastensee, liegen in der Nähe von Glonn, im Südosten von München. Beide werden gern von Einwohnern der Landeshauptstadt besucht. Ebenfalls im Sommer wie im Winter ein beliebtes und attraktives Ausflugsziel ist der Deininger Weiher im Süden von München.

Kaum 30 Kilometer beträgt die Entfernung vom Zentrum Münchens zu den beiden Seen im Südosten; an Sommerwochenenden kann es deswegen hier sehr voll werden. Die Seen sind, kaum fünf Kilometer voneinander entfernt, durch ein schmales Asphaltsträßchen verbunden, das über das Dorf Schlacht führt. Geht es nach Schönheit, dann liegt der Steinsee deutlich vorn. Der Deininger Weiher im Süden lockt außerdem mit schönen Wanderwegen und einer guten Einkehrmöglichkeit. Bei allen Seen erwärmt sich das saubere Wasser im Sommer sehr rasch.

Anfahrt Zum **Steinsee** geht's von München aus erst über die A 8 Richtung Salzburg, dann auf die A 99 Richtung Nürnberg (Ausfahrt Putzbrunn), weiter nach Putzbrunn und Oberpframmern, wo Sie gleich am Ortseingang nach links abzweigen und der Beschilderung (Steinsee) noch wenige Kilometer durch Niederpframmern und Esterndorf folgen. Zum **Kastensee** fahren Sie durch Oberpframmern durch und weiter nach Glonn, wo ein Schild kurz nach dem Ortseingang nach rechts zum Ziel weist. Zum **Deininger Weiher** gelangen Sie von München über Grünwald und Straßlach nach Großdingharting. Von dort weisen Schilder den Weg zum großen Parkplatz vor dem See. Alternativ mit dem Fahrrad mit der S 7 nach Wolfratshausen, in Hohenschäftlarn aussteigen, über die Isar-Brücke nach Kleindingharting und weiter zum (ausgeschilderten) Deininger Weiher radeln.

Steinsee

Der größere (800 Meter lang, 300 Meter breit) und nördlicher gelegene der beiden Seen im Südosten ist fast völlig von dichten Wäldern umgeben. Zum Baden wird der Moränensee besonders von Familien mit Kindern gerne besucht. Abgesehen von einem kleinen, frei zugänglichen Fleckchen, sind die Ufer – wie der gesamte See – jedoch in Privatbesitz. Die meisten Badegäste zieht es deshalb in das Strandbad, das hübsch gelegen und ziemlich groß, im Sommer aber oft sehr starkem

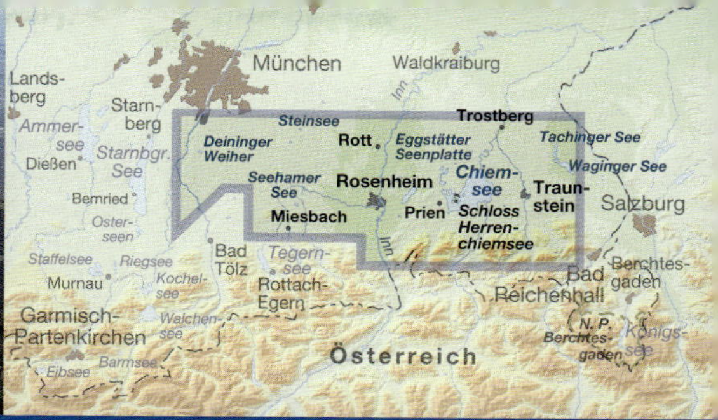

Andrang ausgesetzt ist; Parkplätze werden dann zur Mangelware. Die Wasserqualität ist stabil gut.

Baden **Familienbad Steinsee**, reizvolles, hügeliges Gelände, gepflegte Liegewiesen und schattige Plätzchen auf Waldboden. Abgeteilter Kinderbereich, für größere Kinder ein Sprungturm im Wasser. Kiosk mit Getränken und kleinen, warmen Gerichten vorhanden, Restaurant daneben (→ „Essen und Trinken"). Geöffnet, solange es warm und hell ist. Eintritt 4 €, Parkplätze im Wald 2 €. Niederseeon 17, 85665 Moosach, ✆ 08093-788.

Naturbad Wiesmühle, ein Bade-Schmuckstück: Das schön gelegene Schwimmbecken am Rand von **Glonn** entsteht durch den Kupferbach, der in ein von viel Wiesengrün umgebenes Betonrund umgeleitet und dort gestaut wird. Viel familiärer Trubel, viel gute Laune. Das einfache, aber freundlich geführte „Wirtshaus an der Wiesmühle" mit seinem schattigen Biergarten liegt unmittelbar davor. In Glonn am Ortsende Richtung Oberpframmern weist ein Schild zur Wiesmühle. Bei Badewetter haben Bad und Restaurant stets geöffnet, sonst Mo/Di Ruhetage. Reisenthalstr. 13, 85625 Glonn, ✆ 08093-5295, www.wadw.de. ■

Freizeit/Sport **Reiterhof Niederseeon**, nur ein paar hundert Meter vom Steinsee entfernt auf dem Weg zum Kastensee (Richtung Glonn). Der Reitclub Steinsee e. V. bietet Reitkurse in der Halle an, Informationen unter ✆ 08093-4877. Die zugehörige Wirtschaft hat einen hübschen, schattigen Biergarten, von innen Blick in die Reithalle; internationale Küche, Hauptgerichte etwa 8–12 €, auch Brotzeiten und Grillstation. Mo Ruhetag. Gut Niederseeon 22, 85665 Moosach, www.rc-steinsee.de.

Essen & Trinken **Café-Restaurant Steinsee**, ansprechender Neubau auf dem Gelände des Familienbades mit großer Terrasse über dem See, die Küche bemüht sich um das Besondere. Reichhaltige Speisenauswahl, viele internationale Gerichte, Hauptgerichte überwiegend 10–15 €. Seit 2014 wird die Anlage samt Strandbad (s. o.) von Karl-Heinz Wildmoser betrieben, Sohn des früheren Präsidenten von 1860 München. Kein Ruhetag. Niederseeon 17, 85665 Moosach, ✆ 08093-788, www.steinsee.com.

Kastensee (Kastenseeoner See)

Gerade mal ein Drittel des Steinsees ist der nur sieben Hektar kleine Kastensee groß, dazu nur vier Meter tief. Eigentlich heißt er ja Kastenseeoner See, benannt nach dem Ort, an dem er liegt, doch hat sich die Kurzform eingebürgert. Der Kastensee ist ein sogenannter Toteissee, am Ende der letzten Eiszeit aus einem einzelnen, langsam abschmelzenden Eisblock entstanden. Um den See erstrecken sich empfindliche, ökologisch wertvolle Moorflächen, auf denen viele selten gewordene Pflanzenarten wachsen. Seit 1980 ist das Kastener Moor deshalb unter Naturschutz gestellt und sein Betreten in der Zeit von April bis September, auch von der Seeseite

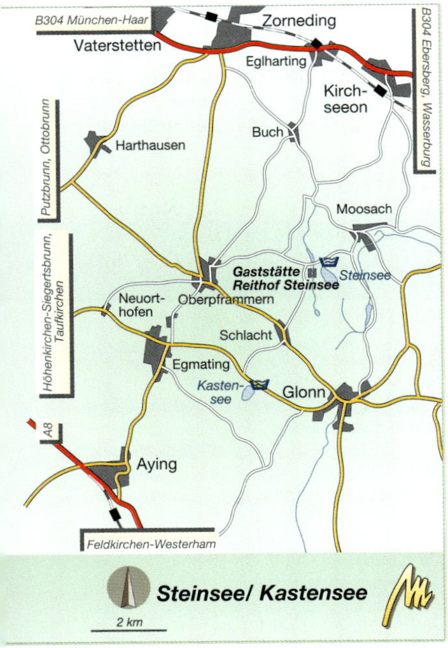

her, streng verboten und mit hohen Geldbußen bedroht. Als einziger Zugang zum Kastensee bleibt somit das Strandbad an seiner Nordseite, das auch über ein Wasserski-Karussell verfügt.

Baden Strandbad Kastensee, lang gezogenes, überwiegend recht schmales Gelände mit schattigen Bäumen, weiter hinten eine breitere Liegewiese. Das Ufer ist mit Holzbohlen eingefasst, der Einstieg ins Wasser erfolgt über Treppen; außer dem Café gibt es auch einen Kiosk. Geöffnet solange es warm und hell ist. Eintritt 3,50 €, auch die Parkplätze vor dem Bad sind gebührenpflichtig (1,50 €). 85625 Glonn, ✆ 08093-1431 (Mai–Sept.), www.strandbad-kastenseeon.de.

Freizeit/Sport Wasserski-Karussell, ein Spaß natürlich nicht nur für die Akteure, sondern auch für die Zuschauer. Fünf Runden und drei Startversuche (!) kosten 4 €. Werktags ab 15 Uhr, am Wochenende ab 10 Uhr. Karten an der Badekasse.

Essen & Trinken Strandcafé Kastenseeon, im Strandbad. Schöne Terrasse direkt am See mit Blick auf das Wasserski-Karussell; seit einigen Jahren durch rote Stühle und Sonnenschirme aufgepeppt. Im Angebot überwiegend einfache, preiswerte Gerichte, meist unter 10 €. Mai–Sept. ✆ 08093-1431.

Deininger Weiher

Der kleine Moorsee bei Straßlach im Süden von München erreicht, da kaum zwei Meter tief, im Sommer schnell Badetemperatur und ist daher bei vielen Münchnern recht beliebt. Links und rechts von Wald umgeben, schließt sich nach Süden hin eine ausgedehnte Schilfzone an, die der Grund für das Hundeverbot am Deininger Weiher ist. Schöne Wanderwege durchziehen rund um den See das Landschaftsschutzgebiet Gleißental. Bescheidene Bademöglichkeiten (kleine Liegewiese, die dafür aber bis etwa 19 Uhr in der Sonne liegt) gibt es am Kopfende des Sees.

Waldhaus Deininger Weiher, komplett renoviertes Haus mit neuer (Südtiroler) Küche und hellen Naturholzmöbeln in den Zimmern. Schöne, sonnige Seeterrasse. DZ 86–105 €. Deininger Weiher 4, 82064 Straßlach-Dingharting, ✆ 08170-998700, www.waldhaus-deiningerweiher.de.

Radtour: Bad Tölz – Deininger Weiher – Kloster Schäftlarn

Die relativ lange, aber meist flache Tour führt durch das malerische Tölzer Land nach Dietramszell und über Harmating und Egling zum Deininger Weiher, einem herrlichen Waldsee südlich von München. Von dort sind es nur wenige Kilometer durch das Isartal hinüber zum Kloster Schäftlarn, das in Ebenhausen oder Hohenschäftlarn einen nahen S-Bahnanschluss besitzt – vor dem allerdings ein 3 km langer, recht steiler Anstieg steht. **Streckenlänge**: 35 km. **Charakter**: leicht sportlich.

Start: Bad Tölz, BOB-Bahnhof (Züge stündlich ab München Hauptbahnhof, Abfahrtszeiten unter www.meridian-bob-brb.de). **Ziel**: Kloster Schäftlarn, S-Bahnhof Ebenhausen-Schäftlarn. **Fahrräder**: Trekkingrad genügt, wegen der letzten scharfen Steigung von Kloster Schäftlarn rauf zur S-Bahn sollte es aber auch einen sehr kleinen Gang haben. **Karte**: Kompass Nr. 3120 (Münchens Süden). **Einkehr**: Waldhaus Deininger Weiher (s. o.), Gasthaus Aumühle (s. u.), Bräustüberl Kloster Schäftlarn (s. u.).

Beginn der Tour ist der **Tölzer Bahnhof,** den Sie nach Westen in Richtung Obermühlberg verlassen. Durchs Grüne entlang des Ellbachs radelnd, erreichen Sie dort die Forellenteiche (geräucherter Fisch) und biegen nach links Richtung Ellbach und Kirchbichl ab. Ab Ellbach führt eine schmale, selten befahrene Nebenstraße durch angenehm hügeliges Gelände bis **Dietramszell,** das mit seinem fast tausendjährigen *Salesianerinnenkloster* eine erste Rast nahe legt – unmittelbar neben dem Kloster befindet sich eine Gaststätte.

Über die Münchner Straße verlassen Sie Dietramszell nach Norden in Richtung **Linden.** Unterwegs, auf grünen Fluren, passieren Sie die *Wallfahrtskirche St. Leonhard,* die jeden 3. Juli berittenes Ziel der Leonhardifahrt ist. In Linden geht es links nach Reuth und **Harmating,** das hinter einem längeren Waldstück liegt. Am Ortsausgang von Harmating folgen Sie der abwärts führenden Straße nach rechts. Aus dem Wald kommend, erreichen sie am Fuße der Anhöhe einen schilfumrandeten Weiher. Die schmale Panoramastraße führt Sie weiter nach **Ascholding** und, dort rechts einbiegend, weiter nach **Egling.** In dem Ort ist erstmals München und darunter Deining ausgeschildert (nach der Post rechts). Etwa 2 km hinter Deining zweigen Sie rechts nach **Kleindingharting** und dort angekommen, gleich nach der Ortseinfahrt an der ersten Weggabelung rechts zum (ausgeschilderten) *Deininger Weiher* ab. Nach einer abschüssigen Fahrt ins Tal ist der See erreicht. Zum Kloster Schäftlarn geht es zunächst zurück nach Kleindingharting und zur Staatsstraße, auf die Sie nach links einbiegen. Nach etwa 1 km zweigt eine Landstraße nach rechts zum Kloster ab. Nach kurzer Zeit sehen Sie im Tal die Isar fließen. Kurz vor der Brücke geht es links

zum hübschen *Gasthaus Aumühle* mit seiner Forellenzucht und dem kleinen, sympathischen Biergarten. Falls Sie lieber ohne Umweg zum Kloster weiterfahren möchten, erreichen Sie dieses nach etwa 2 km. Das benachbarte *Bräustüberl* wird von zahlreichen Radfahrern angesteuert. Das frühmittelalterliche **Kloster Schäftlarn** (www.abteischaeftlarn.de), dessen heutiger Bau aus dem beginnenden 18. Jh. stammt, liegt sehr schön in einsamer Lage am Fuße des Isarhochufers. Die beeindruckende *Rokoko-Kirche* des Klosters, zuletzt generalsaniert, wurde innen von Johann Baptist Zimmermann gestaltet (Führungen So 14 Uhr, von Ostern bis Oktober). Einen Besuch wert ist auch der hübsche *Prälatengarten* mit seinen gepflegten Blumenbeeten. Hier wachsen unter anderem achtzig verschiedene Rosensorten. Das letzte Stück der Strecke geht etwa 3 km lang recht steil das Isarhochufer hinauf, schieben ist vielleicht die beste Lösung: entweder links hoch zum S-Bahnhof Ebenhausen oder rechts rauf zur Station Hohenschäftlarn.

Einkaufen Klosterladen, Honig, Kräuter, CDs, Bücher, Wein erhält man in dem kleinen Klosterladen am Fuße der Treppe neben dem Prälatengarten. Öffnungszeiten: Mi–Sa 14–17 Uhr, So 11–17 Uhr.

Essen & Trinken Gasthaus Aumühle, Haupteinnahmequelle des Hofs ist eine große Forellenzucht, doch auch das kleine Gasthaus mit seinem netten Biergarten neben einem Bach ist vielen Münchnern ein Begriff. Die Radler treffen hier an schönen Wochenendtagen im Minutentakt ein, doch ein Plätzchen findet sich eigentlich immer. Spezialität ist natürlich (fangfrischer) Fisch. So/Mo Ruhetage. Aumühle 10, 82544 Aumühle, ✆ 08178-4351, www.gasthaus-aumuehle.de.

Klosterbräustüberl Schäftlarn, vor allem bei Radlern beliebte Ausflugsgaststätte mit Biergarten, gerühmt für seine frischen Gerichte aus der Region: bayerische Spezialitäten für 10–15 €. Es werden auch Zimmer vermietet: DZ 70 €, vorher anrufen (zur Oktoberfest-Zeit 80 €). Kein Ruhetag. Kloster Schäftlarn 16, 82067 Ebenhausen, ✆ 08178-3694, www.klosterbraeustueberl-schaeftlarn.de. ■

Blühende Landschaft: der Prälatengarten von Kloster Schäftlarn

Baden in Chieming: Auch der Chiemsee hat eine Riviera

Chiemgau

Vom Simssee bei Rosenheim bis zum Waginger und Tachinger See im Osten reicht das neben dem Fünfseenland populärste Urlaubsgebiet Oberbayerns.

Im Bereich der großen Seen meist bretteleben und durch ländliche Ursprünglichkeit gekennzeichnet, beherrschen im Süden die Wintersportorte Reit im Winkl, Ruhpolding und Inzell die alpine Szenerie. Kulturelles Zentrum des Chiemgaus ist seit Jahrhunderten der Chiemsee mit seinen beiden berühmten Inseln und den vielen malerischen Orten rundum. Nördlich davon liegt inmitten des Naturschutzgebietes Eggstätter Seenplatte eine Anzahl kleinerer Badeseen.

Simssee

Vielleicht liegt es an der Nähe und der Anziehungskraft des weit größeren Chiemsees, vielleicht auch am eher bescheidenen Bettenangebot – rund um den Simssee ist von Massentourismus jedenfalls nur wenig zu spüren.

Zwar kommen viele Ausflügler und Badegäste aus dem nahen Rosenheim und auch gerne bis aus München, Feriengäste sind dagegen noch ziemlich selten. Verglichen mit dem Chiemsee geht es an Wochentagen deshalb selbst im Juli und August ausgesprochen ruhig zu. Echter Andrang herrscht in den Strandbädern nur am Wochenende.

Dabei ist der Simssee kein kleiner See, besitzt immerhin eine fast dreimal größere Fläche als der weit bekanntere und stärker besuchte Schliersee. Umgeben ist er von ruhiger, sanfter Hügellandschaft, in der kleine Dörfer und anmutige Kirchen die

Akzente setzen. Da die Siedlungen allesamt ein ganzes Stück weit über dem See liegen, sind seine Ufer fast völlig unverbaut geblieben; das Südufer mit seinen dichten Schilfbeständen und den anschließenden Moorgebieten ist unter Naturschutz gestellt worden. Baden kann man in dem nur rund 22 Meter tiefen Simssee mit gutem Gefühl: Die Belastungen früherer Jahre durch Algen sind dank einer Ringkanalisation stark zurückgegangen. Und an der Temperatur gibt es nichts zu mäkeln, denn da erreicht der Simssee gute Durchschnittswerte.

Topografische Angaben Fläche 6,5 Quadratkilometer, Länge 5,6 Kilometer, Breite 1,5 Kilometer, Tiefe 22 Meter, Uferlänge 14,5 Kilometer.

Wasserqualität Sehr gut.

Wassertemperatur Sommer 22 Grad, Maximalwert 25 Grad.

Information Tourismus- und Ticketservice Bad Endorf, nordöstlich des Sees, zuständig für den Norden. Mo–Fr 9–12 und 13–17 Uhr, Sa 9–12 Uhr. Bahnhofsplatz 2, 83093 Bad Endorf, ✆ 08053-300850, www.bad-endorf.de.

Verkehrsverein Stephanskirchen, südlich des Sees, praktisch auf dem Weg von der Autobahnausfahrt Rohrdorf nach Riedering, bei der unübersehbaren Kirche. Zuständig für den Süden des Sees, recht informativ. April–Sept. Mo–Fr 9.30–12 Uhr, sonst Mo–Fr 10–11.30 Uhr (Okt.–Dez. Di/Do geschl.). Schömeringer Str. 16, 83071 Stephanskirchen, ✆ 08036-615, www.simssee.org.

Verbindungen Bahn/Bus: Züge ab München Hauptbahnhof (meist mit Zusteigemöglichkeit am Ostbahnhof) nach Rosenheim mehrmals stündl.; Fahrzeit etwa 40 Min. Ab Bahnhof Rosenheim weiter mit Bussen des Regionalverkehrs Oberbayern (RVO). Alle Orte am Simssee werden angefahren: Linien 9497, 9498 und 9510. Fahrplaninformationen bei den Verkehrsämtern.

Auto: Anfahrt von München auf der Autobahn A 8 Richtung Salzburg bis zur Ausfahrt Rohrdorf, von dort weiter nach Riedering und zum See; insgesamt rund 70 km. Für die Anfahrt zum Ostufer kommt auch die Autobahnausfahrt Frasdorf in Betracht.

Rund um den See

Etwa 18 Kilometer sind bei einer Umrundung des Simssees zurückzulegen; eine Tour, die sich eher für Radfahrer als für Fußgänger empfiehlt, da auf einem Teil der Strecke auf Fahrstraßen ausgewichen werden muss. Beschildert ist nur der Spazierweg um die Südspitze zwischen dem Strandbad Simssee im Osten und Pietzing im Westen. Zwischen Pietzing und Hirnsberg ist man auf die Straße angewiesen, da es im Landschaftsschutzgebiet in diesem Bereich keinen durchgehenden Weg gibt; von Hirnsberg aus kann man zum Campingplatz Stein absteigen und von dort der Straße nach Krottenmühl folgen. Der Schotterweg entlang des Nordostufers ist nur wenig befahren, ebenso die anschließende Asphaltstraße zurück zum Strandbad Simssee.

Westufer des Simssees

Der Westen des Simssees ist noch dünner besiedelt als der Osten. Im Süden liegt mit *Stephanskirchen* ein Wohngebiet, dessen gediegenen Häusern man schon die Nähe Rosenheims anmerkt. Sehenswert ist der Ortsteil *Baierbach* mit seinen nostalgischen, blumengeschmückten Bauernhäusern und der über 500 Jahre alten Kirche *St. Magdalena*. Im Norden des Westufers folgt das kleine Dorf *Krottenmühl*. Etwas kompliziert gestaltet sich am Westufer die Verkehrssituation: Auf direktem Weg sind die beiden Siedlungen nur durch ein sehr schmales, teilweise unbefestigtes Sträßchen verbunden, das seewärts der Bahnlinie von Rosenheim nach Salzburg meist parallel zum etwas entfernten Ufer verläuft. Knapp zwei Kilometer hinter

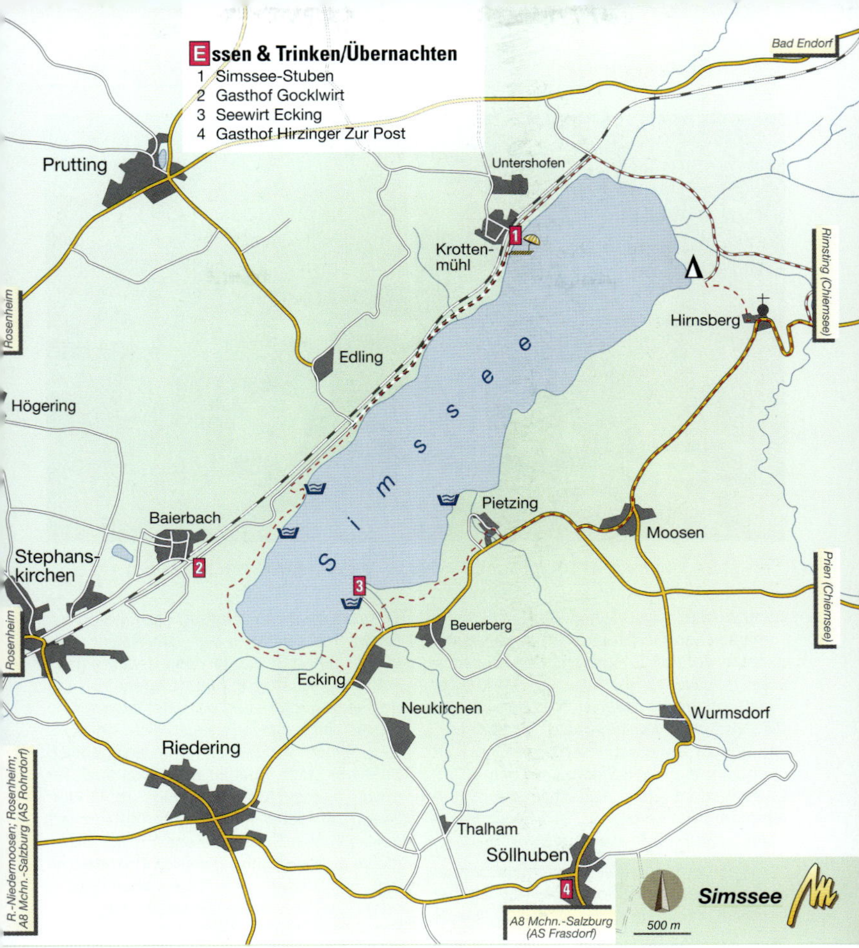

dem nahe Baierbach gelegenen *Strandbad Simssee* wechselt der Asphalt zu Schotter; weiter nach Krottenmühl geht es per Auto nur für Anlieger. Als Alternative bleibt das Ausweichen auf die Verbindungsstraße von Rosenheim nach Bad Endorf.

Baden **Strandbad Simssee**, etwa 1 km nördlich des Gocklwirts bei Baierbach. Ausgedehntes, gepflegtes Wiesengelände, teilweise Schatten; Wasserwachtstation und alle Einrichtungen. Der elegant geschwungene Kiesstrand fällt flach ab, ein breiter Steg führt ins Wasser. Zum insgesamt recht weitläufigen Strandbad gehören auch ein Kiosk und zwei Gaststätten. Das Beste: Der Eintritt ist frei, das Parken (am Wochenende schwierig) auch. Simsseestraße, 83071 Stephanskirchen-Baierbach, ✆ 08036-7641.

Bademöglichkeit auch bei den Simssee-Stuben (s. u.).

Übernachten/Essen **Gasthof Gocklwirt** **2**, bei Baierbach, auf dem Weg zum Strandbad Simssee nach der Bahnunterführung rechts ab (beschildert). Sehr beliebte Ausflugsgaststätte, nicht nur der beständig guten Küche wegen. Rings um den 1955 eröffneten Gocklwirt erstreckt sich nämlich ein wahres Freilichtmuseum, mit alten Traktoren, Dampfmaschinen, Straßenwalzen: Antiquitäten, wo man geht und steht – sehenswert. Hier steht auch die „größte Kunstuhr der Welt“ (25 Zentner schwer!), geschaffen im 19. Jh. und ab einer Mindestteilnehmerzahl von 5 Personen zu besichtigen.

Freilichtmuseum und romantische Herberge: der Gocklwirt am Weinberg

Auch in den gemütlichen Stuben und im romantischen Gärtchen ist man von historischen Geräten umgeben. Das Essen – kreative bayerische Küche um 14–20 € für Hauptgerichte – kann sich sehen lassen, die Dessertauswahl ist üppig. Ab 12.30 Uhr, Mo und Di Ruhetage. Hier beim Gocklwirt liegt auch ein Minigolfplatz und beim Gärtchen beginnt ein ausgeschilderter Naturlehrpfad. Weinbergstr. 9, 83071 Stephanskirchen, ✆ 08036-1215, www.gocklwirt.de.

**** **Weinbergnest**, drei sehr schöne Zimmer gleich neben dem Gocklwirt, mit eigener Terrasse, keine Tiere zugelassen. DZ/Bad/F 90 €. Weinbergstr. 15, 83071 Stephanskirchen, ✆ 08036-2559, www.weinbergnest.de.

Simssee-Stuben **1**, herrlich gelegenes Restaurant südlich kurz vor Krottenmühl, Terrasse direkt am Wasser. Spezialisiert auf Fisch, Reh und Wild aus der Region. Die leicht geneigte **Liegewiese** (nachmittags schneller schattig als das Gegenufer) und der Seezugang neben dem Restaurant sind für die Allgemeinheit zugänglich. Im Sommer finden in der Trattoria gelegentlich Seefeste statt; ideal ist das Lokal auch für private Feiern. März–Dez. tägl. ab 11 Uhr. Seestr. 41, 83139 Krottenmühl (Zufahrt auf der schmalen Seestraße entlang der Bahngleise ab Baierbach – teils mit Schotter belegt, teils naturbelassen, teils asphaltiert – oder über die Landstraße Stephanskirchen–Bad Endorf. Kurz hinter Prutting zweigt eine Stichstraße nach Krottenmühl ab), ✆ 08053-796464, www.simssee-stuben.de.

Ostufer des Simssees

Hier gibt es keinen durchgehenden Weg am Ufer entlang. Die Dörfer liegen meist auf Hügelkuppen hoch über dem See und bieten oft eine sehr reizvolle Aussicht; Stichstraßen führen ans Wasser und zu den beiden Strandbädern *Ecking* und *Pietzing* in der südlichen Hälfte des Ostufers.

Hirnsberg, ein winziger Weiler ganz im Nordwesten des Sees, liegt in besonders schöner Aussichtslage auf einer solchen Kuppe. Verständlich, dass sich im Mittelalter gerade hier eine wuchtige Burg befand. 1378 ließ Herzog Stephan von Bayern das Gemäuer mit Ausnahme der Burgkapelle schleifen. Rund ein Jahrhundert später nutzte man die Reste als Baumaterial für die spätgotische Kirche *Mariä Himmelfahrt*, die deshalb nach außen ein wahrhaft trutziges Erscheinungsbild besitzt;

im Unterbau des Turms sind die mächtigen Steinquader besonders gut erkennbar. In deutlichem Kontrast zum wehrhaft-schlichten Äußeren steht das verspielte Innere, in dem heiterer Rokoko das Bild bestimmt.

Baden/Freizeit **Strandbad Ecking**, kleines Gelände unter schattigen Bäumen vor der gleichnamigen Gaststätte, Steg und Kiosk vorhanden. Günstige Sonnenlage. Parken frei. Angeschlossen ein Ruder- und Tretbootverleih. Am See 27, 83083 Ecking/Riedering.

Strandbad Pietzing, das größte am gesamten Simssee. Riesige Liegewiese, auf der man Fußball spielen könnte, Schatten nur in Teilbereichen. Alle wichtigen Einrichtungen einschließlich Wasserwacht sind vorhanden; ein Kiosk, der leider etwas abseits des Sees liegt, offeriert Speisen und reichlich Sitzgelegenheiten. Der teils kiesige, teils sogar sandige Strand fällt gemäßigt schnell ins Wasser ab, Zugang auch über einen Steg. Eintritt gratis, geringe Parkgebühr. Fellbachstr. 13, 83083 Riedering-Pietzing.

Übernachten/Essen (→ Karte S. 193)
Gasthof Hirzinger Zur Post **4**, unser Tipp in Söllhuben, südöstlich von Neukirchen, also eine ganze Ecke vom See entfernt. Den Abstecher ist die „Post", ein vor allem bei jungen Leuten aus der Umgebung sehr beliebter Ausflugsgasthof, aber allemal wert: Die renovierten Innenräume sind schmuck, das Prunkstück jedoch ist der große, schattige Biergarten unter Kastanien. Eigene Metzgerei; gute, dabei recht preiswerte Küche. Tägl. geöffnet. Wer übernachten will, findet modernes Interieur inmitten uralter Bausubstanz vor. DZ/Bad/F 88–175 €. Endorferstr. 13, 83083 Söllhuben, ✆ 08036-1266, www.hirzinger.eu.

Seewirt Ecking **3**, im kleinen Strandbad von Ecking. Reizvolle Terrasse zum See; zuletzt schielte die international ausgerichtete Küche ein wenig in Richtung „gehoben", die Preise gleichfalls: Hauptgericht etwa 10–14 €. Auch einige Zimmer mit Balkon. Anfang 2018 gab es allerdings einen Pächterwechsel, eine Besichtigung war seither noch nicht möglich, vorher war jedenfalls tägl. geöffnet. Am See 27, 83083 Ecking/Riedering, ✆ 08036-1289, www.seewirt.de.

Campingplatz Stein, am See unterhalb von Hirnsberg, der einzige Platz am Simssee. Terrassenartig gestuftes Gelände mit einzelnen Bäumen und Büschen, viele Dauercamper. Große Badewiese, bescheidene Einkaufsmöglichkeit. Zelt mit 2 Pers. 22 €. Geöffnet Mitte April bis Anfang Okt. See 10, 83093 Bad Endorf-Hirnsberg, ✆ 08053-9349, www.camping-stein.de.

Strandbad Ecking

Im Chiemseepark von Seebruck

Chiemsee

Prachtvoll liegt er inmitten der heiteren, geschichtsträchtigen Kulturlandschaft des Chiemgaus, dabei nur ein paar Autominuten von den Bergen entfernt – eine Kombination, die den Chiemsee zu einem der beliebtesten Feriengebiete Deutschlands gemacht hat. Allein eine halbe Million Menschen besuchen jährlich das unvollendete Traumschloss von Ludwig II. auf der Herreninsel.

Das „Bayerische Meer" wird der Chiemsee gern genannt, nicht nur wegen der Ausdehnung dieses größten bayerischen Sees, der den Starnberger See an Fläche immerhin um fast die Hälfte übertrifft. Dem Meer ähnlich zeigt sich der Chiemsee auch, wenn Sturmwinde seine sonst oft spiegelglatte Oberfläche zu wütenden Wellen peitschen, dass die Gischt nur so sprüht. Manch unvorsichtiger Segler hat dann schon sein Leben auf dem See gelassen.

Entstanden ist der Chiemsee, wie die anderen großen Seen des Voralpenlandes auch, aus einem weit vorgeschobenen Gletscher der letzten Eiszeit. Mit zunehmender Erwärmung der Erde schmolz der Chiemseegletscher ab und hinterließ ein tief ausgeschürftes Becken, das sich mit dem Schmelzwasser füllte. Damals war der See noch weitaus größer als heute. Seine Fläche maß rund 200 Quadratkilometer, reichte bis an den Fuß der Alpen; der Wasserspiegel lag bis zu 18 Meter über dem heutigen. Der Verlandungsprozess, der den Chiemsee seitdem hat schrumpfen lassen, setzt sich weiterhin fort – in einigen tausend Jahren, so glauben die Wissenschaftler, wird er verschwunden sein.

Es bleibt also noch genug Zeit, die Schönheiten des Chiemsees zu genießen. Einen stimmungsvollen Abend auf der Fraueninsel etwa, die nach der Abreise der vielen

Tagesbesucher zur Ruhe zurückfindet. Einen melancholischen Nachmittag bei diesigem Wetter, wenn die jenseitigen Seeufer im Dunst verschwunden sind. Oder die im sommerlichen Sonnenlicht blitzenden Wasserspiele vor Schloss Herrenchiemsee, dem berühmten, nie vollendeten Palast Ludwigs II. Nicht zu vergessen die kulinarischen Köstlichkeiten, die der fischreiche See zu bieten hat: Aale, Hechte, Schratzen (Barsche), Brachsen, Zander ... Besondere Spezialität am See ist die Renke, frisch oder besser noch geräuchert eine Köstlichkeit.

Rund um den Chiemsee

Eine Umrundung des größten bayerischen Sees erfordert naturgemäß ein gewisses Maß an Kondition. Gut 60 Kilometer sind auf dem durchgängig mit „CR" und einem Fahrrad-Symbol ausgeschilderten Rundweg zurückzulegen. Am Südufer führt die Route kurz jenseits der Autobahn, aber auch dort durch flaches Gelände. Etwa nach der Hälfte der Strecke zwischen Felden und Übersee wechseln Pedalritter wieder zum See über und bleiben dort auch für die gesamte Strecke.

Wanderer sieht man auf dem schmalen Rundweg eher selten – vielleicht liegt es an der großen Distanz, vielleicht schreckt sie auch die große Zahl von Radfahrern, die den Weg zumindest an Sommerwochenenden dicht an dicht bevölkern. Nur selten sind nämlich Rad- und Fußweg voneinander getrennt; Fahrradfahrer sollten aus Rücksicht auf Wanderer, aber auch wegen möglichen Gegenverkehrs sehr vorsichtig und vor allem vorausschauend fahren, keinesfalls – wie es leider immer wieder zu sehen ist – kamikazeartig um unübersichtliche Ecken fetzen.

Die landschaftlich sehr reizvolle, fast völlig ebene Strecke verläuft oft ein Stück vom See entfernt, aber auch nahezu vollständig abseits von Straßen; die einzige Ausnahme bildet die etwa einen Kilometer lange Nebenstraße zwischen dem Hotel „Zum Fischer am See" im Priener Ortsteil Harras und dem Hafen Stock. Wer nur eine Teilstrecke zurücklegen möchte, findet den interessantesten Abschnitt zwischen Prien und Seebruck. Die Orientierung gestaltet sich weitgehend problemlos, da die Strecke durchgehend beschildert ist: mal als „Chiemsee-Rundweg", mal als „Chiemsee-Uferweg", manchmal auch nur mit dem Namen der nächsten Ortschaft.

Ganz klar, dass Wassersportler aller Art am „Bayerischen Meer" beste Bedingungen vorfinden. Überhaupt ist das Angebot an Sportmöglichkeiten rund um die weitgehend unverbaut gebliebenen Chiemseeufer riesig. Zu den wohl bezauberndsten Erlebnissen zählt eine Ballonfahrt über den See. Die ist zwar nicht ganz billig (etwa 170 € pro Kopf), dennoch sieht man an warmen Sommerabenden die bunten Kugeln fast dutzendweise über dem Wasser schweben. Wer lieber am Boden bleibt: Baden lässt es sich am Chiemsee natürlich auch prima. Für Kinder besonders gut geeignet ist das flach abfallende Ostufer des Sees. Die Wasserqualität hat sich in den letzten Jahren deutlich gebessert. Früher galt der Chiemsee als das Schmuddelkind unter den großen bayerischen Seen; immer öfter gingen den Fischern statt Renken nur Algen ins Netz. Dank der 1989 fertiggestellten Ringkanalisation und den Kläranlagen an den beiden großen Zuflüssen, der Tiroler Achen und der Prien, hat sich das geändert. Heute wird dem Chiemsee von der Europäischen Umweltagentur der EU eine sehr gute Wasserqualität attestiert. Das Wasserwirtschaftsamt Traunstein arbeitet mit verschiedenen Renaturierungsmaßnahmen gegen die fortschreitende Verlandung – ganz aufzuhalten ist diese jedoch nicht. Zwei Drittel seiner ursprünglichen Größe hat der Chiemsee bereits eingebüßt. Riesige Seen vor Rosenheim und Salzburg, die ebenfalls nach der letzten Eiszeit vor 10.000 Jahren entstanden, gibt es schon längst nicht mehr. Die Verlandung ist letztendlich ein natürlicher Prozess.

Als Urlaubsstandort genießt der Chiemsee den großen Vorzug der zentralen Lage inmitten eines ungemein attraktiven Umfelds: Wem an den Ufern zuviel Betrieb ist, was im Sommer schon mal vorkommen kann, der ist in wenigen Minuten in den ruhigen Dörfern der Umgebung, am stillen Simssee, im Naturschutzgebiet der Eggstätter Seenplatte oder in den Alpen. Und bei schlechtem Wetter ist es nicht weit in die schönen alten Städte Wasserburg und Salzburg.

Topografische Angaben Fläche 79,9 Quadratkilometer, Länge 14 Kilometer, Breite 10,5 Kilometer, Tiefe 73 Meter, Uferlänge 64 Kilometer, überwiegend frei zugänglich.

Wasserqualität Sehr gut.

Wassertemperatur Sommer 21 Grad, Maximalwert 25 Grad.

Information Chiemsee Infocenter, am Südufer, nur wenige Meter von der Autobahnausfahrt Felden entfernt. Großer, moderner Bau inmitten eines kleinen Parks mit vielen Parkplätzen und der Erlebnisgaststätte Badehaus – die Zentrale des Chiemseetourismus. Mo–Fr 10–12.30 und 13.30-17 Uhr. Zusätzlich besitzt jede Gemeinde am See noch ihre eigene Touristinfo (siehe in den jeweiligen Ortskapiteln). Felden 10, 83233 Bernau, ✆ 08051-965550, www.chiemsee-alpenland.de.

Verbindungen Bahn- und Busfahrpläne halten die Touristinfos bereit. Zentrum des öffentlichen Verkehrsnetzes ist Prien am Westufer des Sees.

Bahn: Züge ab München Hauptbahnhof, meist auch mit Zusteigemöglichkeit am Münchner Ostbahnhof, verkehren nach Prien (Linie Salzburg) tagsüber etwa stündl., Fahrzeit rund 1 Std. Bernau und Übersee, ebenfalls an der Linie nach Salzburg gelegen, besitzen eigene Bahnhöfe, an denen allerdings nicht jeder Fernzug hält. Prien ist auch Startpunkt zweier

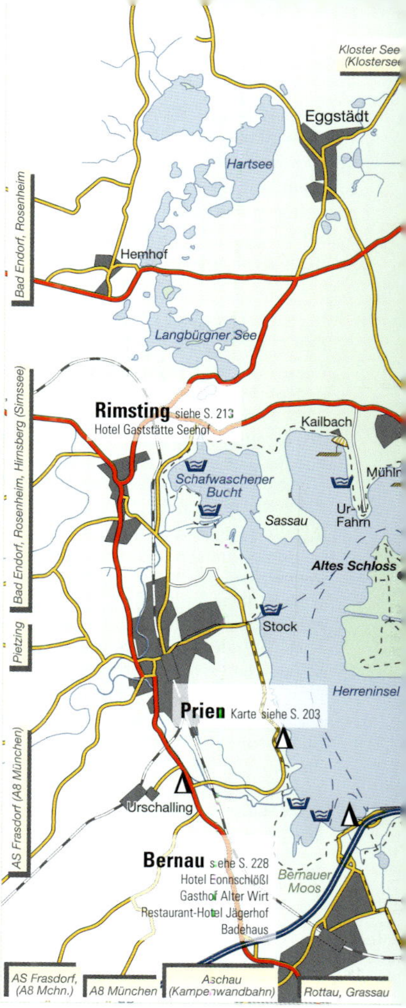

Schmalspurbahnen: Das „Chiemseebockerl" (→ Prien) verbindet das Ortszentrum mit dem See; das etwas modernere „Aschauer Bockerl", ein Triebwagenzug, fährt 8-mal tägl. nach Aschau, dem Ausgangspunkt der Kabinenbahn auf die Kampenwand (→ Bernau).

Bus: Zahlreiche Buslinien erschließen ab Prien das gesamte Gebiet um den Chiemsee. Zum Nord- und Westufer führt die Traunsteiner Linie 9520 des Regionalverkehrs Oberbayern (RVO). Im Süden des Sees ist zwischen Prien und Übersee die Bahn dagegen die schnellere Alternative.

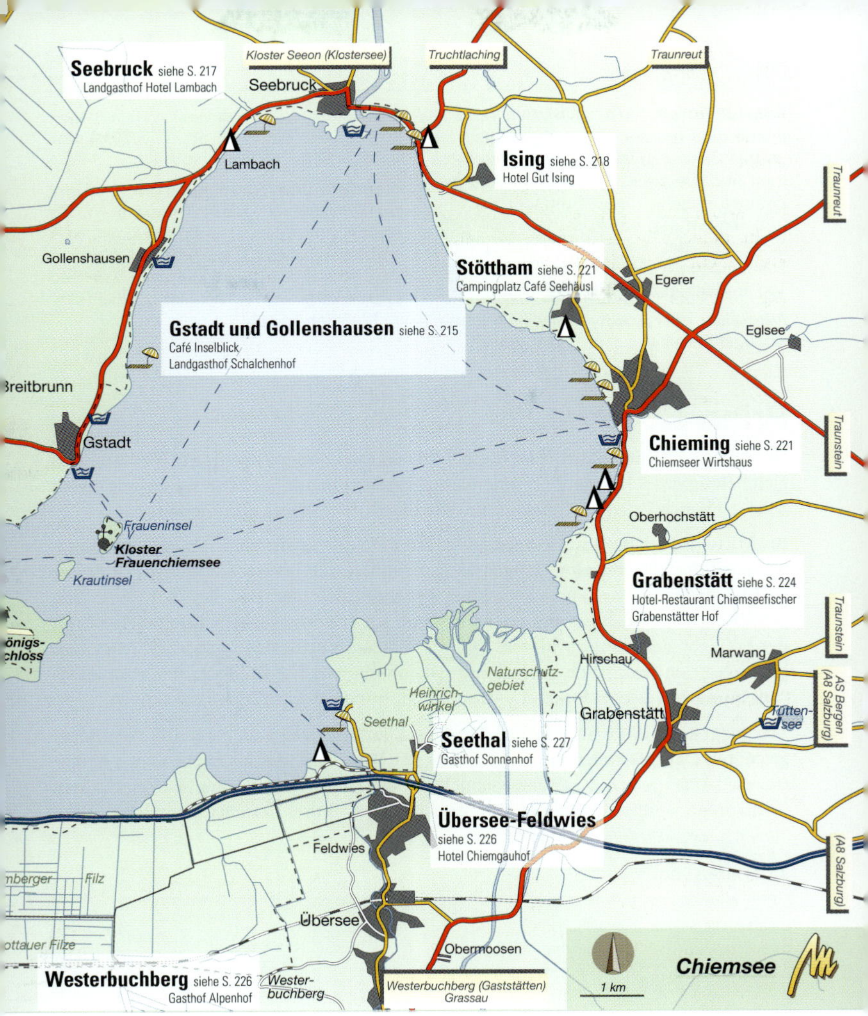

Auto: Anfahrt über die A 8 München–Salzburg bis zu den Ausfahrten Bernau/Prien, Felden, Feldwies/Übersee und Grabenstätt; Entfernung ab München ca. 90 km. Autofahrer sollten sich darauf einstellen, dass Parkplätze Mangelware und in vielen Uferorten (besonders Prien, Gstadt, Chieming) gebührenpflichtig sind.

Schiffsverkehr **Haupthafen** der privaten „Chiemseeschifffahrt Ludwig Feßler" ist Prien-Stock. Anlegestellen sind die Herren- und Fraueninsel sowie Gstadt (jeweils ganzjährig); von Mai bis September auch Seebruck, Feldwies (ab 23. Mai) und Chieming, Mitte April bis Anfang Oktober (Sa, So und feiertags tägl.) auch Bernau. Preisbeispiele: von Prien-Stock zur Herreninsel und zurück 8,20 €; kleine Rundfahrt über Herreninsel und Fraueninsel 9,40 €; große Rundfahrt (5-mal tägl. von Ende Mai bis Ende September) über beide Inseln, zusätzlich nach Chieming und Seebruck 13 €. Kinder von 6 bis 15 J. zahlen jeweils die Hälfte. Fahrradmitnahme ist auf den Schiffen teilweise möglich (für 4 € extra), Radfahren auf den Inseln aber nicht erlaubt. Informationen bei der Chiemsee-Schifffahrt, Seestr. 108, 83209 Prien, ✆ 08051-6090, www.chiemsee-schifffahrt.de.

Fahrradverleih Mit zahlreichen Leihstationen rund um den See und in Hotels im ganzen Chiemgau ist das Priener Unternehmen **Additive** präsent. Vor allem die angebotenen Pedelecs, also Fahrräder mit Motorunterstützung, haben es dem ADAC angetan, der das Konzept 2011 mit seinem Tourismuspreis auszeichnete. Pedelec 27 €/Tag, E-Mountainbike 29/33/39 €/Tag.

Adressliste aller Additive-Verleihstationen: www.additive-bikes.com, Menüpunkt E-Bike-Verleih. Büro und Werksverkauf: Mo–Fr 9–17 Uhr. Bernauer Str. 77, 83209 Prien, ✆ 08051-965760.

Wander- und Radwegkarten „Chiemsee-Simssee" (1:50.000), Kompass Nr. 10, ebenfalls mit Wander- und Radwegen, oder im Maßstab 1:25.000 als Nr. 792. Außerdem die übersichtliche und reißfeste Rad- und Wanderkarte von Publicpress: „Chiemsee" im Maßstab 1:50.000.

Prien

Der Luft- und Kneippkurort ist mit gut 10.000 Einwohnern die größte Siedlung und gleichzeitig das wichtigste Fremdenverkehrszentrum am See. Von seiner schönsten Seite zeigt sich Prien im Ortskern um die Pfarrkirche Mariä Himmelfahrt.

Bis Mitte des 19. Jh. war die heutige Marktgemeinde kaum mehr als ein verschlafenes Dorf, freilich mit einer langen Vergangenheit, die bis ins frühe Mittelalter zurückreicht. Einen ersten Aufschwung brachte 1860 der Bau der Bahnlinie von München nach Salzburg, der nächste Schub im Fremdenverkehr erfolgte 1887 mit der Freigabe des Königsschlosses Herrenchiemsee zur Besichtigung. Seit jener Zeit hat sich Prien beachtlich ausgedehnt, ist mit seinem Hafen Stock, der vom Zentrum immerhin zwei Kilometer entfernt liegt, praktisch zusammengewachsen.

Wer mag, kann diese Strecke im „Feurigen Elias" zurücklegen, einer 1887 in Dienst gestellten Dampfstraßenbahn, die älteste der Welt. Von Mai bis September verrichtet die auch liebevoll „Chiemseebockerl" genannte Bahn unter asthmatischem Schnaufen, weithin hallendem Pfeifen und gewaltiger Rauchentwicklung ihren

Am Hafen von Prien

Dienst. 65 Pferdestärken beschleunigen den Museumszug, der in seiner langen Laufbahn an die zehn Millionen Passagiere befördert hat, auf rasante 15 Stundenkilometer. Das mit seinen sieben Wagen rund 60 Tonnen schwere Bockerl ist sicher das sympathischste Verkehrsmittel im Ort, der unter den Autokarawanen der an- und abreisenden Besucher von Herrenchiemsee schwer zu leiden hat.

Die Kanzel der Pfarrkirche von Prien

Sehenswertes

Pfarrkirche Mariä Himmelfahrt: Am Marktplatz von Prien bildet sie den Mittelpunkt des alten Ortskerns. Als die spätgotische Kirche 1735–1738 vergrößert und umgebaut wurde, errichtete man auch einen neuen Turm, für den der Spitzhelm des Vorgängers übernommen wurde. Beeindruckend ist die Rokoko-Innenausstattung, die in weiten Teilen auf den Wessobrunner Johann Baptist Zimmermann zurückgeht: Der vielseitige Künstler schuf den Stuck und die Kanzel, vor allem aber die grandiosen Deckenfresken, die erst in den 1990er-Jahren restauriert wurden. Im Chor ist die Heilige Dreifaltigkeit zu sehen, im Langhaus die prächtige Darstellung der „Seeschlacht von Lepanto“, bei der 1571 die vereinigten Flotten Spaniens und Venedigs einen wichtigen Sieg gegen die Türken errangen.

Arme-Seelen-Kapelle: Die kleine Kapelle steht direkt vor der Marienkirche; um 1500 errichtet, wurde der spätgotische Bau in den folgenden Jahrhunderten mehrmals umgestaltet.

Heimatmuseum: Nur ein paar Schritte von der Pfarrkirche entfernt ist in einem schön bemalten Bauernhaus von 1837 das Priener Heimatmuseum untergebracht. Neben originalen Einrichtungsgegenständen jener Zeit zeigt es in 24 Räumen auch Volkskunst mehrerer Jahrhunderte, alte Trachten, Gemälde und Münzen sowie wechselnde Themenausstellungen; angeschlossen ist ein Bauerngarten.

Di–So 14–17 Uhr. Eintritt 2 €. Valdagnoplatz 2, 83209 Prien (am Marktplatz neben der Pfarrkirche), ✆ 08051-690513.

Galerie im Alten Rathaus: Schräg gegenüber dem Tourismusbüro finden im ehemaligen Rathaus von Prien wechselnde Ausstellungen statt. Zu sehen ist ferner eine ständige Galerie von Chiemseemalern, wobei der Schwerpunkt auf Gemälden des 19. und 20. Jh. liegt.

Di–So 14–17 Uhr. Eintritt 2 €, Schüler/Stud. 1 €. Alte Rathausstr. 22, 83209 Prien, ✆ 08051-92928 oder 69050, www.galerie-prien.de.

Basis-Infos

Information **Tourismusbüro Prien**, auch Ticketbüro, Mo–Fr 8.30–18 Uhr, Sa 8.30–16 Uhr (Okt.–April Mo–Fr 8.30–17 Uhr). Alte Rathausstr. 11 (Ortszentrum, schräg gegenüber der Pfarrkirche), 83209 Prien, ✆ 08051-69050, www.tourismus.prien.de.

Verbindungen **Ortsverkehr**: Zum Hafen Stock entweder mit dem „Feurigen Elias", Mai–Sept., Abfahrt gleich seewärts des Bahnhofs. Ticket: Erw. 4 €, Kinder 6–15 J. 2 €, auch Kombitickets mit der Seeschifffahrt, Fahrkarten nur am Schalter des Chiemseebahnhofs (9–15 Uhr geöffnet); oder mit dem Ortslinienbus ab Bahnhof. (Die Benutzung der Priener Ortsbusse und Linienbusse des RVO im Umkreis von 10 km ist mit der Priener Kur- und Gästekarte kostenlos.) **Auto**: Parkplätze im Ort und am Hafen großteils gebührenpflichtig; wer früh genug kommt, findet vielleicht eine gebührenfreie Abstellmöglichkeit auf dem Parkstreifen entlang der Straße vom Hafen nach Süden, Richtung Schramlbad und Yachthotel.

Baden **Prienavera**, Kombination aus Hallen-Erlebnisbad und Strandbad am See. Dazu Strömungskanal, Röhrenrutsche und Wasserfall. Großes Gelände, Schatten eher mäßig, Kiosk mit Terrasse; zur Hochsaison und am Wochenende sehr gut besucht. Eintritt Strandbad 2,50 €, Tageskarte Erlebnisbad 14 €. Parkplätze vor dem Bad gebührenpflichtig. Seestr. 120, 83209 Prien, ✆ 08051-609570, www.prienavera.de.

Maibaum-Einsatz in Prien

Schramlbad, sympathischer Badeplatz etwa 800 m südlich des Hafens. Recht großes, zum See abfallendes Wiesengelände mit einzelnen schattenspendenden Bäumen, Zugang ins Wasser über Treppen, schwimmende Badeplattform, Kinderspielplatz. Angeschlossen ein Kiosk mit Sitzgelegenheiten und ein Bootsverleih. Erfreulich: Eintritt frei (Parkplätze kostenpflichtig, Achtung: recht steile Einfahrt zum Bad). Harrasser Str. 39, 83209 Prien, ✆ 08051-4575, www.schraml-chiemsee.de.

Badeplatz Schöllkopf, weit im südlichen Gemeindebereich, noch etwa 500 m weiter südlich des Hotels „Zum Fischer am See". Sehr gepflegtes, privates Wiesengelände unter alten Bäumen, schöner Blick; ins flach abfallende Wasser über den Grobkiesstrand oder einen kleinen Steg. Liegestuhl- und Ruderbootverleih angeschlossen. Eintritt 1,50 €, Parken gratis. Schöllkopf 1, 83029 Prien, ✆ 08051-61946, www.prien-ferienwohnung.com.

Feste/Veranstaltungen Breites Programm, zur Sommersaison findet fast jedes Wochenende ein Fest der verschiedenen Vereine statt; genaue Daten beim Kur- und Tourismusbüro.

Herrenchiemsee Festspiele: zehntägiges Klassikfestival ab Mitte Juli. www.herrenchiemsee-festspiele.de.

Bauerntheater: Aufführungen im Kleinen Kursaal, darunter auch Auftritte des renommierten „Chiemgauer Volkstheaters"; Termininformation und Eintrittskarten beim Tourismusbüro Prien, Alte Rathausstr. 11, 83209 Prien, ✆ 08051-69050.

Tanz unterm Maibaum, am 1. Mai.

Marktfest rund um Mariä Himmelfahrt (15. Aug.).

Freizeit/Sport **Bootsverleih**: Elektro-, Tret- und Ruderboote, teilweise auch Segelboote in breiter Auswahl an der Promenade beim Hafen und im Strandbad Schraml.

Essen & Trinken

1 Winklfischer
2 Hotel Café Luitpold
3 Hotel Pension Lindenhof
4 Hotel Rest. Bayerischer Hof
5 Yachthotel Chiemsee
6 Hotel Rest. Zum Fischer am See

B Bootsverleih

Segelschulen: *Chiemsee-Yacht-Schule*, Harrasser Str. 71-73, ✆ 08051-1740, auch Kinderprogramme; *Segelschule Prien*, Yachtausbildung, Sportbootführerschein, Segel- und Jollenausbildung. Harrasser Str. 39, 83209 Prien, ✆ 08062-809801 oder 0175-1949801, www.segelschule-prien.de.

Wanderrudern, ein ganz besonderes Pauschalangebot: Ein Boot mit Rudern und Routenkarte wird gestellt, das Gepäck zu den wechselnden Unterkünften transportiert – eine schöne Möglichkeit, den See aus einer anderen Perspektive kennenzulernen. Anmeldung und nähere Informationen über Preise etc.: Tourismusbüro Prien, Alte Rathausstr. 11, 83209 Prien, ✆ 08051-69050.

Fahrradverleih: Prien am Minigolfplatz, Seestr. 104, ✆ 08051-7777, www.radlverleih-chiemsee.de; Fahrrad-Späth, Hallwanger Str. 22, ✆ 08051-5934, www.fahrradhaus-prien.de;

Standesgemäß untergebracht: das Heimatmuseum von Prien

Absoluts Bikes & More, Alte Rathausstr. 14, 83209 Prien, ✆ 08051-9614545, www.absoluts.de.

Geführte Wander- und Radtouren: Wechselnde Termine und Themen (z. B. Kräuterwanderungen), für Gäste mit Kurkarte kostenlos; Information und Anmeldung beim Tourismusbüro, Alte Rathausstr. 11, 83209 Prien, ✆ 08051-69050.

Kletterwald Prien: vis-a-vis vom Schramlbad. Großes Gelände in altem Wald mit riesigen Bäumen. 13 unterschiedlich schwierige Routen. Die Jüngsten müssen mindestens 4 Jahre alt sein. Tickets: Erw. 22 €, 13–17 J. 19 €, 7–12 J. 17 €, 4–6 J. 9 €. Harrasser Straße, 83209 Prien, ✆ 08051-9650885, www.kletterwald-prien.de.

Übernachten/Essen & Trinken

→ Karte S. 203

Übernachten/Essen Die Preise in Prien liegen noch über dem ohnehin recht hohen Niveau des restlichen Chiemsees. Wer sein Quartier direkt im Umfeld des Hafens nimmt, muss sich darauf einstellen, dass hier tagsüber reichlich Rummel herrscht; nachts ist es dafür recht ruhig.

**** **Yachthotel Chiemsee** **5**, etwa 1 km südlich des Hafens direkt am See, leicht am markanten Turm zu erkennen. Das Top-Hotel des gesamten Chiemseegebietes glänzt mit toller Lage, allem erdenklichen Komfort und einem umfangreichen Sportangebot – natürlich zu entsprechenden Preisen. Das angeschlossene „Seerestaurant" ist bekannt für exquisite und einfallsreiche Küche, Hauptgerichte um 20 €. DZ/Bad/F um 200 €. Harrasser Str. 49, 83209 Prien, ✆ 08051-6960, www.yachthotel.de.

*** **Hotel Restaurant Bayerischer Hof** **4**, großes, solides Mittelklassehotel wenige Schritte vom Bahnhof, nahe der großen Kreuzung im Ortszentrum, 2010 renoviert; Garagen und Parkplätze in ausreichender Zahl vorhanden. Bayerisch-internationale Küche, Hauptgerichte etwa 12–20 € (im Winter Mo Ruhetag). DZ/Bad/F 140 €. Bernauer Str. 3, 83209 Prien, ✆ 08051-603, www.bayerischerhof-prien.de.

*** **Hotel Café Luitpold** **2**, direkt am Hafen neben der An- und Ablegestelle der Schiffe. Eine ehemalige Jugendstilvilla nebst Wirtschaftsgebäude, umgebaut zum komfortablen Hotel. Angeschlossen sind ein Restaurant mit hauseigener Konditorei und großer Terrasse zum Hafen hin. DZ/Bad/F 120–160 €. Seestr. 110, 83209 Prien, ✆ 08051-609100, www.luitpold-am-see.de.

*** **Hotel Restaurant Zum Fischer am See** **6**, etwa 2,5 km südlich des Hafens. Reizvolle Alleinlage unweit eines kleinen Yachthafens, aber nicht direkt am See. Gartenterrasse mit schöner Aussicht, hauseigene Liegewiese am Wasser. Ambitionierte bayerisch-internationale Küche, deren Spezialität Fisch aus Süß- und Salzwasser ist. Hauptgerichte überwiegend 12–16 €. April–Okt. tägl. geöffnet, sonst Mo/Di Ruhetage. Komfortable Zimmer, DZ/Bad/F 100–130 €. Harrasser Str. 145, 83209 Prien, ✆ 08051-90760, www.fischeramsee.de.

Hotel Pension Lindenhof **3**, direkt an der Brücke über die Prien, zu Fuß eine knappe Viertelstunde vom Bahnhof entfernt. Einfache, zweckmäßig möblierte Zimmer mit TV und kostenlosem WLAN-Internetzugang. DZ/Bad/F 70–90 €. Alte Rathausstr. 24, 83209 Prien, ✆ 08051-1525, www.lindenhof-prien.de.

Winklfischer **1**, am Uferrundweg etwa 800 m nördlich des Hafens. Schöne Lage am See, Biergarten, Spezialität ist Räucher- und Steckerlfisch. Nebenan ein kleiner Badesteg. Karfreitag bis Anfang Oktober: Sa, So und Feiertags ab 12 Uhr geöffnet (wetterabhängig, daher tel. Anfrage ratsam). Forellenweg 28, 83209 Prien, ✆ 08051-1380 (privat) oder ✆ 64317 (am See), www.winklfischer.de.

Obst- und Kulturwanderweg Ratzinger Höhe

In zwei Schleifen bringt dieser Lehrwanderweg auf der Höhe westlich von Prien und Rimsting dem Wanderer die etwas unbekannteren Schönheiten des Chiemgaus nahe. Durch beschauliche Dörfer, vorbei an einem Weinberg, an kleinen Kapellen und alten Bauernhöfen, an Bildstöcken und Pestsäulen geht es hinauf zur 690 Meter hoch gelegenen Ratzinger Höhe. Vertraut macht der Wanderweg auch mit den verschiedenen Obstbäumen, die hier seit Jahrhunderten zum Verzehr, zum Mosten und zum Brennen von Schnaps und Likör kultiviert werden. Teilweise neu angepflanzt, sind am Weg neben vielen verschiedenen Kirsch- und Birnensorten auch so seltene Bäume wie die germanische Mispel, die Maulbeere und der Speierling zu sehen: Ein wirklich lehrreicher Wanderpfad, von dem sich zudem immer wieder neue, prachtvolle Ausblicke auf den Chiemsee, die Alpenkette und den Simssee eröffnen.

Wegbeschreibung und Wanderkarte: sind bei den Tourismusbüros von Prien, Rimsting und Bad Endorf erhältlich. Der Weg gliedert sich in zwei Schleifen von acht und neun Kilometer Länge, die jeweils etwa 2,5 Wanderstunden in Anspruch nehmen; mögliche Ausgangspunkte sind Prien (Kurpark Eichental), Rimsting, Greimharting und der Wanderparkplatz in Letten, zwischen Rimsting und Hirnsberg am Simssee.

Umgebung von Prien

Urschalling: Der winzige Weiler, rund drei Kilometer südlich von Prien auf einer Anhöhe gelegen und über die Straße nach Bernau zu erreichen, birgt eine kunsthistorische Kostbarkeit allerersten Ranges. Die spätromanische *Kirche St. Jakobus der Ältere* wurde im 12. Jh. an die Mauern einer Burg der Grafen von Falkenstein gebaut; im Westteil der Kirche versteckt sich noch der Unterbau eines Wehrturms. Ihren hohen künstlerischen Rang verdankt die Kirche jedoch den romanischen und gotischen Fresken, die mehrfach übermalt waren und erst ab 1930 nach und nach wieder freigelegt wurden. Von den noch im 12. Jh. entstandenen romanischen Gemälden blieb leider nur die Darstellung von Adam und Eva im Chorraum erhalten. Etwa um 1390 nämlich wurde die Kirche ein zweites Mal fast völlig ausgemalt. Dieser frühgotische Freskenzyklus zeigt neben zahlreichen Heiligen und den Aposteln unter anderem Christus als Weltenrichter, die Passion und die Wiederauferstehung

Christi. 1992 restauriert, sind diese Fresken in ihrem jetzt wieder guten Erhaltungszustand zumindest in Bayern einmalig.

Essen & Trinken **Mesnerstubn**, direkt vor der Kirche. Wer schon in Urschalling ist, sollte den Besuch beim „Simmerl", wie die im alten Mesnerhaus untergebrachte Gaststätte nach ihrem Wirt genannt wird, nicht versäumen: ein uriges Dorfwirtshaus wie aus dem Bilderbuch, mit blumengeschmückten Fenstern und einem herzigen kleinen Wirtsgarten. Zu essen gibt es einfache bayerische Kost und Brotzeiten, die Preise halten sich in angenehmen Grenzen. Tägl. ab 15 Uhr, So ab 10 Uhr (im Winter Di/Mi Ruhetage). Urschalling 4, 83209 Prien, ✆ 08051-3971, www.mesnerstubn.de.

Herreninsel

Die größte Insel im Chiemsee zählte sicher kaum halb so viele Besucher, würde hier nicht das berühmte Schloss Ludwigs II. stehen. Seinen Ruf als unumstrittene Hauptattraktion des Sees hat das über zwei Quadratkilometer große Eiland also einzig und allein dem exzentrischen König zu verdanken. An manchen Sommertagen sollen es bis zu 10.000 Besucher sein (pro Jahr sind es ca. 400.000), die vom Landungssteg durch schattige Alleen zum Schloss eilen, das etwa eine Viertelstunde Fußweg entfernt ist; manche lassen es gemütlicher angehen und sich mit der Pferdekutsche hinbringen. In jedem Fall sollte man es nicht bei einer Führung durch das Königsschloss belassen, sondern sich etwas Zeit nehmen und die autofreie Herreninsel in aller Ruhe erwandern: vielleicht über den Naturlehrpfad im Südosten schlendern, die lebendigen Barockgemälde in der Kreuzkapelle an der Nordspitze bewundern oder sich einfach an den vielen schönen Ausblicken auf die Fraueninsel und den See erfreuen.

Besiedelt war die Herreninsel schon vor Jahrhunderten. Aus der Zeit der Kelten stammt eine Ringwallanlage im Südwesten der Insel. Vielleicht noch im Schutz dieser Mauern entstand im 7. oder 8. Jh. das erste Kloster der Insel, das jedoch im 10. Jh. von den Ungarn zerstört wurde. 1130 wurde erneut ein Kloster auf der Herreninsel gegründet, diesmal von Augustiner-Chorherren. Es hatte bis zur Säkularisation von 1803 Bestand. In der Folge wechselte das Eiland gleich mehrfach den Besitzer. 1875 kaufte König Ludwig II. die waldreiche Insel, deren damalige Eigentümer sie abholzen lassen wollten; drei Jahre später begann der Bau des Königsschlosses. 1918 kam die Herreninsel in den Besitz des bayerischen Staates. Heute bildet sie zusammen mit der Fraueninsel und der unbewohnten kleinen Krautinsel die eigenständige Gemeinde Chiemsee, eine der kleinsten Deutschlands.

Verbindungen: Die Schiffe legen von Prien, Gstadt, Seebruck, Chieming, Bernau und Übersee/Feldwies ab. Preisbeispiel: 8,20 € ab Prien hin und zurück. Reservierung unter ✆ 08051-6090. Detaillierter Fahrplan bei www.chiemsee-schifffahrt.de.

Stiftskirche und „Altes Schloss": Auf dem Weg zum Königsschloss hasten die meisten Besucher hier einfach vorbei, nicht ahnend, dass in den alten Mauern deutsche Geschichte geschrieben wurde: Vom 10. bis zum 23. August 1948 tagte hier der Verfassungskonvent zur Vorbereitung des Grundgesetzes der Bundesrepublik Deutschland. Ein *Museum* im Konvent- und Fürstenstock des „Alten Schlosses" dokumentiert dessen Entstehungsgeschichte und präsentiert historische Pretiosen wie die Bibliothek von Johann Baptist Zimmermann, die Wohnräume Ludwigs II. und etwa 50 Bilder der bedeutendsten Chiemsee-Maler. Weitere Ausstellungsräume wurden jüngst im Nordflügel eingerichtet: sie beherbergen eine *Gemäldegalerie* des Münchner Avantgardisten *Julius Exter* (1863–1939).

Ob diese ehrenwerten Versuche der Bayerischen Schlösserverwaltung das Besucherverhalten auf Dauer verändern werden, scheint jedoch zweifelhaft, denn anziehend wirken die Mauern der ehemaligen Augustiner-Klosteranlage nicht gerade. Der 1684 von Leonardo Sciasca erbauten Kirche fehlen die Türme und der Chor, da sie nach der Säkularisation in eine Brauerei umgebaut worden war. Etwas besser steht es um die teilweise restaurierten Reste der Klostergebäude, die ihren Namen „Altes Schloss" deshalb tragen, weil Ludwig II. einst einige Räume für sich hatte herrichten lassen, die nun auch für die Öffentlichkeit zugänglich sind.

Museum & Gemäldegalerie April–Okt. tägl. 9–18 Uhr; Nov.–März tägl. 10–16.45 Uhr (Museum) bzw. geschlossen (Gemäldegalerie). Eintritt 4 €, ermäßigt 3 €.

Übernachten/Essen Schlosswirtschaft Herrenchiemsee, herrlich schattiger Biergarten, der von manchen Tischen einen freien Blick auf die Fraueninsel erlaubt. Klassisch gutbürgerlich-schwere bayerische Küche, Hauptgerichte überwiegend 12–15 €, viele Brotzeiten (6–8 €) und Tagesgerichte. Ganzjährig geöffnet (Betriebsferien im Winter). Schlosshotel 5, 83209 Herrenchiemsee, ✆ 08051-9627670, www.herrenchiemsee-schlosshotel.com.

Schloss Herrenchiemsee

Der Kontrast zwischen den dahindämmernden Gebäuden des „Alten Schlosses" und dem prächtigen Bau Ludwigs II. könnte kaum größer sein. Auf den ersten Blick sieht man es dem Königsschloss wahrhaftig nicht an, dass es nie fertig wurde. Blickt man von Westen über die Parkanlagen mit ihren Brunnen und Wasserspielen auf die über 100 Meter breite Front, so glaubt man sich wirklich fast in Versailles, ganz wie es König Ludwig im Sinn hatte. Gedacht war das Prunkschloss, das ursprünglich im Graswangtal hätte stehen sollen, nämlich als steingewordener Ausdruck der Verehrung, die Ludwig II. für den französischen „Sonnenkönig" Ludwig XIV. hegte. Der absolute Herrschaftsanspruch des französischen Monarchen („Der Staat bin

Schloss Herrenchiemsee

ich") traf genau den Nerv des königlichen Träumers, der sich von den Realitäten des 19. Jh. gebeutelt fühlte. Als Vorbild sowohl der Parkanlagen wie des Schlosses selbst diente deshalb Versailles, auch wenn Ludwig II. sich um die Innenausstattung mit der ihm eigenen Detailbesessenheit selbst kümmerte und manche Räume noch um einiges üppiger gestalten ließ. Es sollte das letzte seiner Schlösser werden ...

Bereits 1875 begannen die Planungen, im Mai 1878 ließ Ludwig II. den Grundstein legen. Eigens für dieses Schloss war bei Gut Ising eine Ziegelei eingerichtet worden, in der 200 italienische Arbeiter sechs Jahre lang Ziegel brannten. Um keine Zeit zu verlieren, wurde das Baumaterial im Winter mit Schlitten über den damals noch regelmäßig zugefrorenen See gebracht. In nur drei Jahren stand der Rohbau. 1885, ein Jahr vor dem Tod des Königs, mussten die Arbeiten jedoch eingestellt werden, um den drohenden Bankrott der bayerischen Staatskasse aufzuhalten. Mit dem Bau des Südflügels hatte man damals noch gar nicht begonnen, der Nordflügel wurde wieder abgebrochen; nur 20 der ursprünglich geplanten 70 Räume waren fertiggestellt worden. Auch die Parkanlagen, für die man eine breite Schneise quer durch den Hochwald der Insel geschlagen hatte, blieben unvollendet.

Bei der Besichtigung des Schlosses, die nur im Rahmen einer Führung möglich ist, wird der Besucher vom Prunk dennoch fast erschlagen: Wandverkleidungen aus Marmor, Täfelungen aus edelstem Holz, goldbestickte Vorhänge, kristallene Lüster, Meißner Porzellan ... Zu den Höhepunkten zählt das *Parade-Schlafzimmer*, das nie vom König benutzt werden sollte. Wie das Schloss selbst war es geplant als ein „Tempel des Ruhmes, worin ich das Andenken an Ludwig XIV. feiern will", so der Bauherr. Es ist noch größer und kostbarer ausgestattet als sein Versailler Vorbild. Das gleiche gilt für die pompöse, 98 Meter lange *Spiegelgalerie*, die nahezu über die gesamte Breite des Schlosses reicht: 17 hohe Fenster ziehen sich entlang der Außenfront, ebenso viele gleich hohe Spiegel stehen ihnen gegenüber; 44 vergoldete Standleuchter und 33 Kristalllüster mit zusammen 2200 Kerzen schufen standesgemäße Lichtverhältnisse. Etwas sparsamer, wenn auch immer noch höchst luxuriös, fiel die Dekoration der nur für wenige Tage benutzten *Wohnräume* des Königs aus. Ein kurioses und bezeichnendes Detail ist das „Tischleindeckdich" im Speisezimmer, das es dem menschenscheuen König ermöglichte, seine Mahlzeiten ohne anwesende Dienerschaft einzunehmen.

An die Führung lässt sich ein Rundgang im *König-Ludwig-Museum* anschließen. Das größte Museum seiner Art präsentiert auf zwei Etagen mehrere hundert Ausstellungsstücke aus dem Leben des „Märchenkönigs", darunter sein Krönungsmantel, die Totenmaske, verschiedene Möbel aus seinem Besitz, aber auch Pläne und Modelle weiterer, nie realisierter Projekte. In den *Parkanlagen* vor dem Schloss sprudeln seit 1994 wieder die Wasserspiele (von Mai bis September jede halbe Stunde); besonders ins Auge fällt hier der große *Latona-Brunnen*, auch er der Nachbau eines Vorbilds in Versailles.

Führungen: April bis Mitte Okt. 9–18 Uhr, Mitte Okt.–März 9.40–16.15 Uhr. Ein Schild verspricht „laufende Führungen", in der Praxis bleibt zwischendurch aber schon mal für eine halbe Stunde die Kasse zu. Bis zu 50 Personen werden pro Führung alle 30–35 Min. durch das Schloss geschleust.

Eintritt: Erw. 11 €, unter 19 J. kostenlos. Die Karte berechtigt zum Besuch von Neuem Schloss, Museum König Ludwig II. sowie der neu eröffneten Galerien und Museumsräume im Augustiner-Chorherrenstift. ✆ 08051-68870, www.herrenchiemsee.de.

Blick auf die Fraueninsel

Fraueninsel

Die Fraueninsel, deren markanter Glockenturm schon von Weitem ins Auge fällt, ist mit nur etwa 600 Metern Länge und 300 Metern Breite deutlich kleiner als die Herreninsel. Doch sie ist kunsthistorisch wesentlich bemerkenswerter und auch deutlich dichter besiedelt. Hinter den Mauern des Klosters und in den blumengeschmückten Häuschen des alten Fischerdorfes leben etwa 250 Menschen, unter ihnen sechs der insgesamt noch 18 hauptberuflichen Fischer am Chiemsee. Spezialität ist deshalb auch ganz eindeutig Fisch, insbesondere Räucherfisch, der an vielen Verkaufsstellen angeboten wird. Berühmt sind auch die Produkte des Klosters, das von Benediktinerinnen bewohnt wird. Die Abtei Frauenwörth, heute hauptsächlich der Erwachsenenbildung verschrieben, produziert leckeren Likör, Marzipan und Lebkuchen, zu erstehen im Klosterladen auf dem Weg von der Anlegestelle zur Kirche (oder im Onlineshop der Abtei unter www.frauenwoerth.de). Wer ein dauerhafteres Souvenir sucht, wird vielleicht in der Töpferei Klampfleuthner (✆ 08054-1233, www.inseltoepferei.de) fündig, die seit rund 300 Jahren tönerne Krüge und Schüsseln herstellt.

Die Fraueninsel ist ein so liebenswerter Fleck, dass der Rat, sich nicht auf das reine Abhaken von Sehenswürdigkeiten zu beschränken, hier ganz besonders gilt. Im 19. Jh. kamen zahlreiche Künstler auf die Fraueninsel, der Landschaftsmaler Max Haushofer wanderte 1828 gar auf die Fraueninsel aus und zog zahlreiche Nachahmer, vor allem aus München, an. Es entstand die Malerkolonie *Frauenchiemsee*, die bis ins 20. Jh. hinein existierte. Die friedvolle, idyllische Atmosphäre und die Schönheit der vielen kleinen Details erschließen sich heute freilich erst nach dem Abzug der sommerlichen Besuchermassen. Am schönsten ist es hier am Abend. Leider ist die Rückfahrt nach Prien bis Mitte Mai mit 18 Uhr sehr früh terminiert (im Sommer Mo–Fr bis 19, Sa bis 20 Uhr). Nach Gstadt allerdings gibt es Überfahrten teils bis 23 Uhr. Und wer die letzte fahrplanmäßige Kursfahrt verpasst, kann auch eine Nachtfahrt wie ein Taxi buchen (✆ 0170-2053542, fährt zwischen Gstadt und Frauen- bzw. Herreninsel).

Kloster der Benediktinerinnen: Seit jeher dreht sich auf der Fraueninsel alles um ihr Kloster, eines der ältesten, fast ununterbrochen bestehenden Frauenklöster Deutschlands. Der Überlieferung zufolge wurde es um 770 vom Agilolfinger-Herzog Tassilo III. gegründet. Gesichert ist die Existenz eines Klosters auf der Fraueninsel spätestens seit dem 9. Jh.: Damals lebte hier die Äbtissin Irmengard, eine Urenkelin Karls des Großen und Tochter Ludwigs des Deutschen; das Grab der selig gesprochenen Schutzpatronin des Chiemgaus wurde erst 1961 wiederentdeckt. Die Säkularisation von 1803 überstand das Kloster relativ problemlos. Derzeit allerdings steckt es in einer finanziellen Krise, da die Landwirtschaft zu wenig einbringt und der Schulbetrieb eingestellt werden musste; ein Förderkreis hofft nun, durch die Veranstaltung von Seminaren in den ehemaligen Schulräumen zusätzliche Finanzmittel bereitstellen zu können. Der Chemie-Konzern Degussa spendete vor einigen Jahren 1 Mio. Euro für den dafür notwendigen Ausbau des Südflügels. Elf Räume stehen heute für die Kurse zur Verfügung, die vor allem religiöse und gesundheitsorientierte Themen behandeln. Die Konventsgebäude selbst können nicht besichtigt werden.

Münsterkirche Mariä Opferung: Von außen zeigt das dreischiffige Münster seine Ursprünge aus der frühen Romanik. Im 11. Jh. begonnen, wurde es im 15. Jh. spätgotisch umgebaut und im 17. Jh. mit einer barocken Innenausstattung versehen. Über den berühmten Friedhof, auf dem viele Gräber von hier heimisch gewordenen Künstlern und Schriftstellern liegen, gelangt man zum Nordportal, dessen Rundbogen noch romanischen Ursprungs ist. Der bronzene Türklopfer in Form eines Löwenkopfs stammt vielleicht ebenfalls aus der Romanik, möglicherweise sogar noch aus der Karolingerzeit. Das Innere der Kirche ist deutlich von der Architektur der Spätgotik geprägt. Zu den Kostbarkeiten der Kirche zählt der gewaltige Hochaltar von 1694, die fein ausgemalte Marienkapelle und die Taufkapelle, die einen Taufstein des 15. Jh. und das ehemalige Hochgrab der Äbtissin Irmengard birgt. Heute ruhen die Reliquien der Seliggesprochenen in der Irmengardkapelle hinter dem Hochaltar; in den Seitenschiffen liegen die Gräber weiterer Äbtissinnen.

Der freistehende *Glockenturm* des Klosters, das Wahrzeichen des Chiemgaus, stammt wahrscheinlich aus dem 10. Jh. und wurde im 13./14. Jh. umgebaut; der achteckige Zwiebelturm freilich wurde ihm erst nach einem Brand im 16. Jh. aufgepflanzt.

Torhalle: Noch älter als der Glockenturm ist die karolingische Torhalle, die gegenüber dem Friedhof liegt und noch auf die Zeiten der Äbtissin Irmengard zurückgeht. Dieser älteste vollständig erhaltene Hochbau Süddeutschlands, ein zweigeschossiges, mit einem Satteldach versehenes Gebäude, enthält uralte Kunstschätze. Erst vor wenigen Jahrzehnten wurden im Chor der Michaelskapelle im Obergeschoss Fresken entdeckt, die aus der Zeit um 860 datieren. Weitere Fresken, diesmal romanischen Ursprungs, birgt der Hauptraum der Kapelle. Außerdem ist in der Torhalle ein *Museum* untergebracht, das Kunstwerke der Agilolfinger und Karolinger präsentiert – wahrlich ein passender Rahmen. Zu sehen sind hier auch Kopien romanischer Fresken, die im Inneren des Münsters freigelegt wurden, dort aber von der Öffentlichkeit nicht besichtigt werden können. Im Vikarhaus gleich neben der Torhalle – die beiden Gebäude sind miteinander verbunden – finden regelmäßig *Ausstellungen* mit Gemälden der „Chiemseemaler" aus dem 19. und 20. Jh. statt.

Mai–Okt. tägl. 11–18 Uhr. ✆ 08054-7256.

Die Chiemseeschifffahrt – 150 Jahre Tradition

1845, im Geburtsjahr König Ludwigs II., begann auch die Geschichte der Chiemseeschifffahrt. Am Pfingstmontag kreuzte das erste Dampfschiff von Feldwies hinüber zur Fraueninsel – die Nonnen dort sollen sich vor Schreck bekreuzigt haben. Auch andernorts war die Skepsis gegenüber dem hölzernen, fauchenden Ungetüm noch groß, das Publikumsinteresse deshalb gering. Noch im selben Jahr verkaufte der ernüchterte Konstrukteur, der Zimmermann Wolfgang Schmid, das Dampfschiff samt Konzession an den Münchner Kesselhersteller Josef Feßler, der das Unternehmen unter zähem Einsatz durch die anfängliche Durststrecke brachte. Bis heute ist die Chiemseeschifffahrt im Familienbesitz der Feßlers geblieben; 11 Schiffe befördern jährlich rund 1,2 Millionen Passagiere. Prunkstück der Flotte ist der 1926 in Dienst gestellte Schaufelraddampfer „Ludwig Feßler", der mittlerweile freilich nicht mehr unter Dampf läuft, sondern von einem Dieselaggregat angetrieben wird. Seinen Stil hat sich das altehrwürdige Flaggschiff der Chiemseeflotte dennoch bewahrt.

Verbindungen Schifffahrtsflotte der „Chiemseeschifffahrt" (→ S. 199), ✆ 08051-6090, www.chiemsee-schifffahrt.de.

Baden/Freizeit **Strandbad West**, winziger Badeplatz unweit des Inselwirts, Zugang ins Wasser über Treppen. Angeschlossen ein Verleih von Elektro-, Tret- und Ruderbooten sowie ein hübscher Biergarten direkt am See. Außer diesem Bad gibt es nur einige sehr kleine Freibadeplätze.

Übernachten/Essen **Hotel Gasthof Zur Linde**, auf dem höchsten Punkt der Insel, direkt am Weg von der Anlegestelle zur Kirche. Traditionsreicher Gasthof, erstmals 1396 erwähnt. Insgesamt stehen 14 Zimmer bereit; Reservierung ratsam. Mehrere gemütliche Stuben, schöner schattiger Biergarten. Gekocht wird ausgezeichnet, nicht umsonst erhielt der Gasthof eine Auszeichnung im „Wettbewerb Bayerische Küche". Spezialität sind natürlich Fischgerichte. Preisniveau der Hauptgerichte: 14–20 €. Kein Ruhetag. DZ/Bad/F um 180 €. Haus 1, 83256 Fraueninsel im Chiemsee, ✆ 08054-90366, www.linde-frauenchiemsee.de.

Inselwirt, am Westufer, nicht weit vom Kloster. Ebenfalls ein schöner, historischer Bau. Es gibt einige wenige Zimmer, betont edel gehalten; Reservierung ratsam. Besonders reizvoll sitzt man im Biergarten oder auf der Terrasse am Abend, wenn über dem See die Sonne untergeht. Das Preisniveau der Küche entspricht etwa dem der „Linde", Spezialität ist auch hier Fisch. DZ/Bad/F 180–260 €. Haus 43, ✆ 08054-630, www.hotel-inselwirt.de.

Klosterwirt, praktisch direkt an der Anlegestelle, Gartenterrasse mit Blick über den See auf die Alpen. Kräftige bayerische Küche, gehobene Mahlzeiten auch unter 15 €. Frauenchiemsee 50, ✆ 08054-7765, www.klosterwirt-chiemsee.de.

In der Schafwaschener Bucht

Rimsting

Nur drei Kilometer nördlich von Prien gelegen, wirkt Rimsting (3700 Einwohner) schon beträchtlich dörflicher als die „Metropole“ des Chiemsees. Auf einem Hügelrücken hoch über dem See scharen sich die blumengeschmückten Häuser des Ortskerns um die Pfarrkirche *St. Nikolaus*, deren Turm noch aus der Gotik stammt. Störend in der Idylle wirkt nur die verkehrsreiche Durchgangsstraße. Unterhalb des Dorfes erstreckt sich die *Schafwaschener Bucht*, ein fast völlig abgeschlossener Seitenarm des Chiemsees. Im Winter friert sie schneller zu als der Rest des Sees und ist deshalb bei Schlittschuhläufern und Eisstockschützen beliebt; Informationen über den aktuellen „Eisstand“ gibt es bei der Touristinfo, am Wochenende auch beim Hotel Seehof.

Rimsting ist auch ein guter Standort für Ausflüge in die Umgebung. Etwa zum kleinen Dörfchen *Greimharting*, dessen Kirche St. Petrus und Leonhard aus Steinen einer alten Burg errichtet wurde und im Chor schöne gotische Fresken besitzt. Durch Greimharting führt auch der „Obst- und Kulturweg Ratzinger Höhe“ (→ S. 205). Ein ebenfalls sehr reizvoller Abstecher von Rimsting ist das unter Naturschutz gestellte Gebiet der *Eggstätter Seenplatte* (→ S. 230).

Information **Touristinfo Rimsting**, im Rathaus nahe der Kirche. Jan.–Mai und Okt.–Dez. Mo–Do 8–12 und 13.30–16 Uhr, Fr 8–12 Uhr; Juni/Sept. Mo–Fr 8.30–12 und 13.30–17 Uhr, Juli/Aug. Mo–Fr 8.30–12 und 13–18 Uhr, Aug. zusätzl. Sa 10–12 Uhr. Schulstr. 4, 83253 Rimsting, ✆ 08051-687621, www.rimsting.de.

Baden **Strandbad Schafwaschener Bucht**, ausgedehntes Gelände in schöner Lage auf einer Halbinsel im Süden der Schafwaschener Bucht, an der Mündung des Flüsschens Prien; Zufahrt vom Ortskern Rimsting nahe der Kirche. Alle nötigen Einrichtungen sind vorhanden, hohe Bäume spenden Schatten, Zugang ins recht schnell abfallende Wasser auch über einen Steg. Netter Kiosk mit Sitzgelegenheiten im Freien; Parken gebührenpflichtig; der Eintritt ist gratis.

Strandbad Seehof, im gleichnamigen Ortsteil östlich des Zentrums von Rimsting, unterhalb des Hotels Seehof (s. u.). Familiäre kleine Anlage mit nostalgischem Touch, schattiges Wiesengelände. Schmaler Zugang zum See, ins Wasser am besten über den Steg.

Feste/Veranstaltungen Von Mitte Juni bis Anfang August veranstalten die beiden Ortsvereine Rimsting und Greimharting an praktisch jedem Wochenende irgendein Fest, Informationen dazu in der Touristinfo Rimsting.

Leonhardiumritt, am 6. November in Greimharting; jahrhundertealtes Fest zu Ehren des Viehheiligen.

Seefest des Trachtenvereins Rimsting, in der Chiemseestrandanlage am ersten Sonntag im Juli; bei schlechtem Wetter eine Woche später.

Freizeit/Sport **Bootsverleih**: Tret- und Ruderboote am Kiosk des Strandbads Schafwaschener Bucht, ✆ 08051-4892; Anna Fellner, Ruderboote, Aiterbach 8, 83253 Rimsting, ✆ 08054-1217.

Geführte Wanderungen: Zur Saison einmal wöchentlich (bisher Mi); Auskunft und Anmeldung in der Touristinfo Rimsting.

Reiten: Möglichkeit zum Reiten in der Halle, auf dem Sandplatz und im Gelände bietet der Fürstnerhof bei Greimharting. Fürst 1, 83252 Rimsting, ✆ 08051-4374, www.fuerstnerhof.com.

Übernachten/Essen Gute Auswahl an Quartieren entlang der Hauptstraße durch Rimsting; mit Lärmbelästigung ist hier jedoch teilweise zu rechnen.

Hotel Gaststätte Seehof, beim Strandbad im Ortsteil Schafwaschen. Beliebt vor allem auch der schönen Terrasse wegen, von der sich ein weiter Blick über die Bucht bis zu den Bergen bietet. Fahrradverleih im Haus (8 €/Tag), kostenlose Liegestühle im nahen Strandbad. DZ/F 80 €. Schafwaschen 6, 83253 Rimsting, ✆ 08051-1697, www.gasthof-seehof.de.

Breitbrunn

Wie in Rimsting liegt auch in Breitbrunn (1400 Einwohner) der Ortskern ein ganzes Stück vom See entfernt. Die *Pfarrkirche St. Johannes*, die sich malerisch über einem kleinen Ententeich erhebt, wirkt barock, ist es aber nicht, sondern entstand erst zu Anfang des 20. Jh. Der Tourismus scheint in Breitbrunn weniger stark ausgeprägt als in den Nachbarorten. Zu den treuesten Gästen des Dörfchens zählen vor allem Yachtbesitzer: Die beiden Buchten unterhalb des Ortes, der *Kailbacher Winkel* und der *Mühlner Winkel*, weisen gleich mehrere Sporthäfen auf.

Information **Touristinfo Breitbrunn**, Gollenshausener Str. 1, 83254 Breitbrunn, ✆ 08054-234, www.breitbrunn.com.

Baden/Freizeit/Sport **Bootsverleih Jell**, Ruder-, Tret-, Elektro- und Segelboote. An der Seestraße/Uferweg, 83254 Breitbrunn, ✆ 08054-9089333, www.bootsverleih-chiemsee.com.

Herrliches Fleckchen: Strandbad Urfahrn in Breitbrunn

»» Mein Tipp: Strandbad Breitbrunn („Stadl"), sehr beliebter, recht großer Badeplatz westlich des Ortes auf der Halbinsel Urfahrn im Ortsteil Stadl. Lang gezogenes, eher schmales Wiesengelände mit langem Strand, bis etwa mittags gut schattig. Schöner Blick über den See auf die Berge, mehrere Stege, Badeplattform, Kinderspielplatz, Wasserwachtstation und Surfer-Einlassstelle. Eintritt frei, der Parkplatz ist allerdings gebührenpflichtig. Angeschlossen ist eine preiswerte Gaststätte mit hölzerner Aussichtsterrasse hoch über dem Badegelände. Königstr. 46a, 83254 Breitbrunn. ««

Gstadt und Gollenshausen

Das touristische Kapital des Ortes **Gstadt** ist in erster Linie der schöne Blick auf die nahe Fraueninsel, zu der ein reger Schiffsverkehr besteht. Eng waren die Beziehungen zwischen dem kleinen Dorf und der Insel schon immer, schließlich entstand Gstadt („am Gestade") vor über einem Jahrtausend als Außenposten des Klosters, die Kirche St. Petri als Klosterpfarrei. Heute lebt Gstadt fast ausschließlich vom Fremdenverkehr. An Sommerwochenenden wird das Dorf von einer wahren Besucherlawine überrollt. Besonders im Umkreis der Schiffslände bietet fast jedes Haus Privatunterkünfte an, beherbergt einen Souvenirstand oder Bootsverleih. Und wenn mit einem Grundstück sonst gar nichts anzufangen ist, wird es eben in einen gebührenpflichtigen Parkplatz verwandelt – freie Parkflächen zu finden, ist in Gstadt praktisch unmöglich.

Gollenshausen, das etwa vier Kilometer nördlich von Gstadt liegt und mit diesem eine Gemeinde bildet, zeigt sich da ganz anders. Der kleine Ort, durch einen Waldstreifen vom See getrennt, besitzt eine wesentlich ruhigere Atmosphäre, wirkt im Vergleich zu dem betriebsamen Gstadt geradezu familiär. Berühmt ist Gollenshausen durch seine renommierte Yachtschule; Kunstfreunde sollten einen Besuch in der spätgotischen *Pfarrkirche St. Simon und Jonas* nicht versäumen.

Information **Touristinfo Gstadt**, wenige Meter oberhalb der Schiffslände. Ostern bis Okt. Mo–Fr 9–12 und 14–17 Uhr, Sa 10–12 Uhr; restliche Monate nur Mo–Fr 9–12 Uhr. Im selben Gebäude finden im Sommer wechselnde Ausstellungen statt. Seeplatz 5, 83257 Gstadt, ✆ 08054-442, www.gstadt.de.

Schiffsverkehr Die Schiffe der Chiemseeschifffahrt bedienen von Gstadt aus alle anderen angeschlossenen Ortschaften. Die Fraueninsel wird alle 30 Min. angefahren. ✆ 08051-6090, www.chiemsee-schifffahrt.de.

Baden **Strandbad Hofanger**, am nördlichen Ortsrand. Lang gestrecktes, zum See geneigtes Wiesengelände, Schatten nur in einigen Teilbereichen; Zugang ins flach abfallende Wasser über einen Steg. Mit Kiosk und Restaurant. Seestr. 6, 83254 Gstadt, ✆ 08054-9080706.

Badeplatz des Schalchenhofs, unterhalb des gleichnamigen Gasthofs (s. u.). Gepflegtes Gelände mit Schatten spendenden Bäumen, keine Einrichtungen. Schalchen 1, 83254 Gstadt.

Strandbad Gollenshausen, beim gleichnamigen Dorf. Mittelgroßes, relativ schattiges Gelände, mit Steinen befestigtes Ufer, flach abfallender Grund, Zugang zum Wasser über Treppen. Im angeschlossenen Kiosk isst man recht gut und preiswert. Eintritt 2 €. Am See 8, 83257 Gstadt-Gollenshausen.

Feste/Veranstaltungen Von Juni bis in den August finden in Gstadt und den Dörfern der Umgebung zahlreiche Feiern statt, so das **Stadlfest** im Juni, das **Sommerfest** im Juli, ein **Pferde- und ein Weinfest** im August. Die genauen Termine wechseln allerdings jährlich; zu erfragen sind sie bei der Touristinfo (s. o.).

Freizeit/Sport **Bootsverleih**: Ruder-, Tret- und Elektroboote in breiter Auswahl im Umkreis der Schiffslände. Äußerst reizvoll ist es, die Fraueninsel einmal gemütlich zu umrunden; Vorsicht allerdings vor dem starken Schiffsverkehr! Segelboote verleihen die Gästehäuser Grünäugl, Seeplatz 7, 83257 Gstadt, ✆ 0160-1792451, www.gruenaeugl-boote.de, und Familie Heistracher, Seeplatz 8, 83257 Gstadt, ✆ 08054-906690, www.chiemseeyacht.de.

Windsurfschule und -verleih: Surfschule Gstadt, am Strandbad Hofanger (s. o.), Seestr. 6, 83254 Gstadt, ✆ 0171-5460755, www.chiemsee-surfcenter.de.

Fahrradverleih: In der Ortsmitte von Gstadt, Tourenrad/Mountainbike 10 €/Tag, E-Bike 25 €/Tag. Breitbrunner Str. 8, 83257 Gstadt, ✆ 0176-57912881, www.fahrradverleih-chiemsee.de.

Chiemsee-Yachtschule, alteingesessene, angesehene Segelschule am Ortseingang in Gollenshausen, Mitterstr. 3a, 83257 Gollenshausen, ✆ 08054-7170, www.cyg.de.

Übernachten/Essen ** **Landgasthof Schalchenhof**, rund 1,5 km nördlich von Gstadt, zu erreichen über die Straße und den bis kurz vor dem Haus parallel laufenden Seeweg Richtung Gollenshausen. Ein Schmuckstück in schöner Alleinlage über dem See; idyllische Sonnenterrasse, innen ein stilvolles historisches Gewölbe; eigener Badestrand direkt unterhalb des Anwesens. Bayerische Küche, 2010 mit Silber beim gleichnamigen staatlichen Wettbewerb ausgezeichnet. Auch vegetarische Gerichte, hausgemachte Kuchen und Torten. Das Restaurant hat im Winter geschlossen. Elegante, modern mit einem Schuss bayerisch gestaltete Zimmer, DZ/Bad/F 104–140 €. Schalchen 1, 83257 Schalchen-Gstadt, ✆ 08054-230, www.schalchenhof.de.

Café Inselblick, direkt am Ufer. Moderner Bau, von der kleinen Terrasse die schöne Aussicht, die der Name verspricht. Ein kleines Strandbad ist angeschlossen. Leichte internationale Küche und einige bayerische Klassiker, Pasta & Pizza auch mal unter 10 €, ebenso die Brotzeiten. Während der Saison kein Ruhetag, Nov–Feb. Do Ruhetag. Seeplatz 9, 83257 Gstadt, ✆ 08054-7815, www.cafe-inselblick.de.

Seebruck

Obwohl Seebruck keine 1000 Einwohner zählt, bildet es doch die wichtigste Ortschaft am Nordufer. Hier, am Abfluss der Alz und an der alten Römerstraße von Salzburg nach Augsburg, gab es bereits seit den Tagen von Kaiser Claudius (41–54 n. Chr.) eine unbefestigte römische Siedlung, *Bedaium* genannt. Gegen Ende des 3. Jh. wurde sie mit einem Kastell befestigt, das bis etwa um 400 Bestand hatte. Heute dokumentiert ein Museum die Funde, die bei der Entdeckung des römischen Friedhofs gemacht wurden.

Bekannter als durch die Relikte der Römerzeit wurde der Luftkurort durch seinen Yachthafen, der zu den größten in Bayern zählt. Auch sonst wird Wassersport in Seebruck großgeschrieben, ob es nun ums Schwimmen im Strandbad und dem ausgedehnten Freibadegelände oder um eine gemütliche Bootstour auf der Alz geht. Für Wanderer und Radler empfiehlt sich besonders ein Abstecher ins Hinterland des Ortes, Richtung Truchtlaching und Seeon, den beiden anderen Ortsteilen der Gemeinde Seeon-Seebruck.

Seebruck gab es schon zu Zeiten der Römer

Römermuseum Bedaium: Am passenden Platz, nämlich direkt unterhalb der Kirche, präsentiert das Museum in erster Linie die Funde, die 1972 bei der Entdeckung eines römischen Friedhofs im nahen Örtchen Graben gemacht wurden. Einige der über 500 Exponate reichen jedoch auch bis in die Zeit der Kelten und frühen Bajuwaren zurück. Manches Stück stammt aus Byzanz oder sogar Ägypten und dokumentiert so die weitreichenden Handelsbeziehungen jener frühen Jahrhunderte. Dem Museum, das neben der ständigen Präsentation auch wechselnde Sonderausstellungen beherbergt, ist ein Freigelände angegliedert, in dem neben Mauern des spätantiken Kastells auch eine sogenannte „Darre" zu sehen ist, eine römische Anlage zum Räuchern von Fleisch und Fisch. Es liegt einige Schritte westlich des Museums, an der Römerstraße und am Seerundweg aus Richtung Lambach.

Geöffnet: Mai–Sept. Di–Sa 10–17 Uhr, So 13–17 Uhr; sonst Di–Sa 10–12 und 14–16 Uhr, So 14–16 Uhr, Ende Nov. bis Anfang März geschlossen. Eintritt 4 €, Kinder 1 €. Ein italienisches Restaurant mit Terrasse ist angeschlossen (www.taverna-weinlokal.de, ab 17 Uhr geöffnet, Di Ruhetag, ✆ 08667-7700). Römerstr. 3, 83358 Seebruck, ✆ 08667-7503, www.roemermuseum-bedaium.byseum.de.

Kirche St. Thomas: Das Ortsbild von Seebruck beherrschend, steht sie auf den Fundamenten jenes römischen Kastells, das ab dem späten 3. Jh. die Römerstraße sicherte; teilweise wurde die spätgotische Kirche im 15. Jh. sogar aus den Steinen dieser alten Festung errichtet.

Information **Touristinfo Seebruck**, nördlich des Römermuseums. Ende Juni bis Anfang Sept. Mo–Fr 9–18 Uhr, Sa 9–14 Uhr, So 10–12 Uhr; sonst Sa/So geschl. und Mo–Fr 12–14 Uhr geschl.; Mitte Mai bis Ende Juni Mo–Fr 9–17 Uhr, Sa 9–12 Uhr. Außerhalb der Öffnungszeiten Zimmervermittlung per Computerterminal. In der Umgebung sind ausreichend Parkplätze vorhanden. Am Anger 1, 83358 Seebruck, ✆ 08667-7139, www.seeon-seebruck.de.

Baden **Strandbad Chiemseepark**, in der Nähe des Yachthafens. Sehr ausgedehntes Wiesengelände mit ebenso riesigem gebührenpflichtigem Parkareal (Parkscheinautomat). Wenig Schatten, moderne Einrichtungen, Kiosk und Restaurant. Flach abfallender

Kirche und Maibaum stehen heute anstelle der römischen Festung Bedaium

Der riesige Yachthafen von Seebruck

Grund, ins Wasser am besten über den langen Steg. Grill- und Weinfeste an einigen Wochenenden im Jahr. Eintritt 1,50 €. Am Chiemseepark 9, 83358 Seeon-Seebruck, ✆ 08667-687 oder 7423.

Feste/Veranstaltungen **Hafenfest** im Strandbad, großes Fest am letzten Fr/Sa im Juli, Sa abends Feuerwerk.

Lichterfest mit Nachtflohmarkt, auch im Strandbad und ebenfalls von mehreren tausend Menschen besucht; viele Fackeln und Kerzen beleuchten das Gelände. Wechselnde Termine Ende August, genaue Daten bei der Touristinfo Seebruck.

Freizeit/Sport **Bootsverleih**: Beim Seehotel Wassermann, neben Ruder-, Tret- und Elektrobooten hier auch Kanadier und Kanus; außerdem im Umfeld des Dampferstegs, jenseits der Brücke Richtung Chieming und im Campingplatz Lambach (s. u.).

Fahrradverleih: Im Seehotel Wassermann, wo es sogar Vespas zu mieten gibt, und bei Bikes and more, Am Seefeld 4 (alle Arten, beim Chiemsee-Rundweg), ✆ 08667-876855, www.bikes-and-more.net.

Geführte Radtouren zu verschiedenen Themenbereichen, zur Saison 1-mal wöchentlich; Information und Anmeldung bei der Touristinfo Seebruck.

Floßfahrten auf der Alz, Juli–Sept. tägl. 9–17 Uhr, Dauer 2–3 Std. mit anschließendem Rücktransport. ✆ 08667-508, www.alzflossfahrt.de, hier nur Gruppen, buchbar sind auch Schlauchboote. Einzel- und Familienfahrten über die Touristinfo Seebruck, ✆ 08667-7139.

Übernachten/Essen *** **Landgasthof Hotel Lambach**, an der Seebrucker Straße, die am See entlang Breitbrunn und Seebruck miteinander verbindet. Stilvolles Haus, dessen Tradition bis 1648 zurückreicht; in der ehemaligen Posthalterei speisten schon Napoleon und Ludwig II. Schöner Biergarten unter alten Linden, etwas beeinträchtigt durch die nahe Straße. Zum Haus gehört ein Seegrundstück mit Badeplatz, der allen Gästen offen steht, es gibt auch Apartments sowie Drei- und Vierbettzimmer. Die Spezialität der gutbürgerlichen Küche sind Fisch- und Lammgerichte. Bürgerlich-rustikal eingerichtete Zimmer, DZ/Bad/F 110–150 €. Lambach 8–10, 83358 Seeon-Seebruck, ✆ 08667-87990, www.hotel-lambach.de.

Campingplatz Lambach, im gleichnamigen Ortsteil, etwa 2 km südwestlich von Seebruck-Zentrum. In einem Landschaftsschutzgebiet am See gelegen, Schatten eher rar, viele Dauercamper. Mit Bootsvermietung (Ruder-, Tret- und Elektroboote). 8 €/Pers., Zelt je nach Größe inkl. Pkw 10–14 €. Geöffnet Ostern bis Mitte Okt. Kleiner Badeplatz am Steg. Lambach 3, 83358 Seebruck, ✆ 08667-7889, www.camping-am-chiemsee.de.

Nachtleben **LiBella** in Altenmarkt, Club/Disco etwa 12 km nordöstlich von Seebruck. Altgedienter Treff für Punks und Waver, mittlerweile auch für Techno- und Grunge-Freaks; Livekonzerte; geöffnet Fr/Sa 22–4 Uhr. Trostberger Str. 6, 83352 Altenmarkt, ✆ 08621-4815, www.cafe-libella.de.

Umgebung von Seebruck

Ising: Für Pferdefreunde ist die bereits im 8. Jh. erstmals urkundlich erwähnte kleine Siedlung Ising, knapp drei Kilometer südöstlich von Seebruck und schon im Gemeindegebiet von Chieming gelegen, ein echtes Muss – hier dreht sich (fast) alles um den Reitsport. Das hiesige Reitsportzentrum, dem Hotel Gut Ising angegliedert, verfügt über drei Reithallen, mehrere Springplätze, Turnier- und Dressurplatz und ein eigenes Gestüt. Für Ausritte stehen 160 Hektar Wiesen, Weiden und Wälder mit kilometerlangen Galoppstrecken zur Verfügung. Anfängern wie Fortgeschrittenen wird eine Vielzahl an Kursen und Lehrgängen angeboten; beliebt ist auch das jährliche *Pferdefestival* Anfang September.

Reitschule Gut Ising, Kirchberg 3, 83339 Chieming-Ising, ✆ 08667-7773, www.reitschule-gut-ising.de. Das 10-tägige Reitturnier geht einher mit einer breit gefächerten **Marktwoche** (Haus & Handwerk, Kunst, Mode, Genuss, Schmuck, Hund, Pferd), viel Abwechslung für Kinder, einige Show-Auftritte. www.chiemseepferdefestival.de.

Kirche Mariä Himmelfahrt: Weithin zu sehen ist die ehemalige Wallfahrtskirche Mariä Himmelfahrt, ein ursprünglich spätgotischer, äußerlich eher schlichter Bau, der im 18. Jh. barockisiert wurde und im Inneren mit reicher Ausstattung prunkt. Einen Blick wert sind insbesondere die zahlreichen Votivtafeln, die die einstige Bedeutung der Wallfahrt belegen. Im nahen Alten Herrenhaus ist ein Museum (Öffnungszeiten anfragen unter ✆ 08667-809507) eingerichtet, das vorwiegend sakrale Volkskunst präsentiert.

Schlossstr. 2, 83339 Chieming-Ising, ✆ 08667-809507.

Übernachten/Essen **** **Hotel Gut Ising**, in der gesamten Anlage dominiert ein recht barockes Interieur, aber in puncto Gastronomie und Wellness herrscht kein Mangel. Zur Ausstattung gehören auch Squash- und Tennisplätze, ein 9-Loch-Golfplatz (Jahresmitgliedschaft 860 €) sowie ein Innenpool. DZ/Bad//F 240–300 €. Kirchberg 3, 83339 Chieming-Ising, ✆ 08667-790, www.gut-ising.de.

Abstecher zum Klostersee

Nur wenige Kilometer nördlich von Seebruck beginnt das Naturschutzgebiet der Seeoner Seenplatte, die insgesamt 14 kleinere Seen umfasst. Größtes dieser Gewässer, die allesamt ein Überbleibsel der letzten Eiszeit sind, ist der **Klostersee** beim Dorf Seeon. Seine besondere Bedeutung wie auch seinen Namen verdankt er dem berühmten, uralten *Kloster Seeon*, das wunderschön auf einer Insel im See liegt, mit dem Ufer durch einen aufgeschütteten Damm verbunden.

Kloster Seeon: Besiedelt war das Inselchen im See bereits zu Anfang des 10. Jh. 984 gründete Pfalzgraf Aribo hier ein Benediktinerkloster, das bald zu einem kulturellen Zentrum ersten Ranges wurde. Im Mittelalter weithin geschätzt war besonders die hiesige Schreibschule – die prunkvollen Handschriften aus Kloster Seeon fanden ihren Weg zu weit entfernten Klöstern und Kirchen, zu Königen und Kaisern. Kulturelle Sternstunden erlebte das Kloster auch noch Jahrhunderte später: Zwischen 1767 und 1769 weilte mehrfach der jugendliche Mozart in Seeon, komponierte hier zwei sakrale Musikstücke.

Einen tiefen Sturz brachte die Säkularisation von 1803; in der Folge sank das Kloster zwischenzeitlich gar zur Kaserne herab. Heute jedoch glänzt es wieder in alter Herrlichkeit. Rechtzeitig zur Tausendjahrfeier 1994 nämlich hat der Freistaat in

Wird auch als Kultur- und Bildungszentrum genutzt: das Kloster Seeon

mehrjähriger Arbeit und unter dem immensen Aufwand von rund 58 Millionen Mark die überwiegend barocken Gebäude sorgfältig renovieren lassen. Als Kultur- und Bildungszentrum des Bezirks Oberbayern setzt Kloster Seeon nun seine lange geistige Tradition fort, steht für Tagungen, Kongresse und Kulturveranstaltungen zur Verfügung. Besten Ruf erlangt haben insbesondere die klassischen Konzerte im Festsaal und der Klosterkirche, doch finden hier unter anderem auch Volkstänze, Theaterspiele, Ausstellungen und Vorträge statt. Von diesen öffentlichen Veranstaltungen abgesehen, sind die Gebäude leider nicht zugänglich, weshalb es manch spontaner Besucher bei einem Blick in die gotischen Gewölbe der Klostergaststätte und bei einer Visite der romanischen, im 16. Jh. reich ausgemalten Klosterkirche St. Lambert belassen muss. Dennoch lohnt sich ein Ausflug, zumal in der Umgebung auch eine ganze Reihe von Wanderwegen ausgeschildert sind; für einen kurzen Spaziergang empfiehlt sich beispielsweise der „Weinberg-Rundweg", der kaum mehr als einen Kilometer misst.

Information Im Ort Seeon, Mo–Fr 9–12 Uhr sowie Mo 14–16 Uhr und Mi 14–17 Uhr. Weinbergstr. 6, 83370 Seeon, ✆ 08624-2155, www.seeon-seebruck.de.

Verbindungen RVO-Busse der Linie 9522 Mo–Fr 7-mal tägl., am Wochenende nur 1-mal tägl. Haltestellen in Seebruck u. a. beim Hotel Post, am Klostersee beim Kloster, zu manchen Zeiten auch im Ort.

Freizeit **Strandbad Seeon**, am Südostufer des Klostersees, nahe des Dorfes Seeon und knapp 2 km vom Kloster entfernt. Relativ kleine, jedoch gepflegte Anlage, zum See abfallendes Wiesengelände mit wenig Schatten. Abgeteilter Kinderbereich, ins relativ schnell tiefer werdende, sehr saubere Wasser auch über Stege. Auf dem Gelände ein Kiosk, gegenüber eine Gaststätte. 2017 war eine Generalsanierung der Anlage im Gespräch, aber noch nichts entschieden. Geringe Eintrittsgebühr.

Kultur- und Bildungszentrum Kloster Seeon, Veranstaltungen (Workshops, Konzerte etc.) und Ausstellungen, Tickets unter ✆ 08624-897201 oder direkt im hübschen Klosterladen, April–Sept. tägl. 10–12.30 und 13.30–17 Uhr geöffnet, sonst Mo/Di geschl. Programm unter www.kloster-seeon.de. Der Klosterladen ist übrigens ein Tipp für ausgefallene, kleine Geschenke oder Mitbringsel: Das Kunsthandwerk, die Taschen und Tücher zeugen allesamt von feinem Geschmack. Freie Kapazitäten vorausgesetzt, können Einzelreisende in den recht spartanisch, aber geschmackvoll eingerichteten Gästezimmern des Klosters übernachten (allesamt ehemalige Mönchszellen), deren Komfort mit 3 Sternen bedacht wurde. Rechtzeitige Reservierung ist ratsam. DZ/Bad/F 100/120 €. Klosterweg 1, 83770 Seeon, ✆ 08624-8970.

Essen & Trinken **Klostergaststätte**, im Kloster Seeon. Gehobenes Ambiente wahlweise auf der bildhübschen Seeterrasse oder in den gotischen Gewölben. Bayerisch-internationale Küche, Hauptgerichte überwiegend 10–17 €; es gibt auch Brotzeiten und Salate. Geöffnet 11–19 Uhr (Küche nur bis 18 Uhr). Di Ruhetag. ✆ 08624-897429.

Alter Wirt, die rustikalere Alternative im Ort Seeon. Traditionsreiche Wirtschaft mit Terrasse, Küche verpflichtet sich ausschließlich frische Ware aus der Region zu verwenden. Mi/Do Ruhetage. Altenmarkter Str. 10, 83370 Seeon, ✆ 08624-1567, www.zum-alten-wirt-seeon.de.

Chieming

Dem Hauptort (5000 Einwohner) des Ostufers verdanken der See und der gesamte Chiemgau ihren Namen: Wie die Dorfchronik vermeldet, leitet er sich von einem germanischen Adligen namens Chiemo ab, der sich im 5. Jh. hier niedergelassen hatte. Die Siedlung selbst ist sogar noch älter, bestand schon zu Zeiten der Römer und Kelten. Freilich erinnert außer einigen römischen Weihesteinen im Glockenturm der Pfarrkirche kaum noch etwas an die lange Vergangenheit. Heute lebt Chieming, das mit über 2000 Gästebetten die zweitgrößte Übernachtungskapazität am See besitzt, überwiegend vom Fremdenverkehr, blieb dabei jedoch von Bausünden weitgehend verschont. Für Unruhe sorgt einzig die vielbefahrene Durchgangsstraße. Am insgesamt rund sechs Kilometer langen, zum Teil von einer Promenade begleiteten Strand, der wohl den Hauptanziehungspunkt Chiemings bildet, ist davon erfreulicherweise jedoch nichts zu spüren.

Information **Touristinfo Chieming**, Mai–Sept. Mo–Do 8–20 Uhr. Hauptstr. 20b, 83339 Chieming, ✆ 08664-988647, www.chieming.de.

Baden **Strandbad Chieming**, ein Stück südlich des Dampferstegs. Familiär wirkende, ältere Anlage (Holzkabinen) mit viel Baumschatten, betongefasstes Ufer, anschließend der sehr flach abfallende, grobe Kiesstrand; ins Wasser auch über Stege. Eintritt 2,50 €, Kinder 1,80 €, Liegestuhl 4 €/Tag, Sonnenschirm kostenlos; Kiosk; Parkplätze gebührenpflichtig. Direkt daneben liegt ein italienisches Restaurant mit einem der schönsten Sonnenuntergangsblicke am Chiemsee. Bei den Bädern 3, 83339 Chieming, ✆ 08664-513, www.strandbad-chieming.de.

Freibadegelände („Chieminger Riviera"), vom Dampfersteg kilometerweit nach Norden. Die gepflegten Liegewiesen erstrecken sich hier oberhalb des Sees, zum Baden muss man über den Uferweg und hinab an den sehr flach abfallenden Kiesstrand. Für Speis und Trank sorgen ein Kiosk und die lichtdurchflutete Gaststätte **Haus am See** im ehemaligen Kurhaus, die der bayerischen Riviera mit ihrer Strandhaus-Architektur alle Ehre macht. Geöffnet So–Do 10–19 Uhr, Fr/Sa 9–21 Uhr (bei schlechtem Wetter bitte vorher anrufen!). Tägl. wechselnde Gerichte und einige kräftige Brotzeiten wie geröstetes Bauernbrot mit Spiegelei oder Panini mit Schinken und Käse. Frühstück (6–9 €) bis 16 Uhr! Markstatt 8, 83339 Chieming, ✆ 08664-929697, www.chiemsee.net.

Eine weitere Freibadezone findet sich südlich des Strandbads; in diesem Bereich sind allerdings die Ufer sehr schmal und die Liegeflächen begrenzt.

Freizeit/Sport **Bootsverleih**: Elektro-, Tret- und Ruderboote kann man gleich neben dem Dampfersteg mieten.

Windsurfschule, im Strandbad Chieming (s. o.), Bei den Bädern 3, 83339 Chieming. André Weidner, Kurse für Anfänger und Fortgeschrittene, Kinder ab 7 J. ✆ 0172-4507951, www.windsurfschule-chieming.de.

Fahrradverleih, neben dem Strandbad Chieming beim Minigolfplatz, Bei den Bädern 1, ✆ 08664-927706, www.radlverleih-chiemsee.de. Oder bei Tour-me, Markstatt 2a (zweigt von der Hauptstraße ab, auf dem Weg runter zum See), ✆ 08664-9280015, www.tour-me.info.

An der „Chieminger Riviera" entfaltet das Bayerische seine ganze Pracht

Geführte Wanderungen und Radtouren: Zur Saison veranstaltet die Touristinfo Chieming Touren zu verschiedenen Themenbereichen, unter anderem ins Grabenstätter Moos; die Teilnahme ist mit Kurkarte in der Regel kostenlos.

Ballonfahrten: TS-Ballonfahrten im Ortsteil Egerer, ✆ 08664-8118, www.ts-ballonfahrten.de; Norbert Schneider in Stöttham, ✆ 08664-463, www.pioneer-travel.de.

Übernachten/Essen **Chiemseer Wirtshaus**, im seenahen Bereich der Durchgangsstraße, nicht weit vom Dampfersteg. Das schon seit 1467 hier stehende Haus, viele Jahre als „Unterwirt" im Gastronomiebetrieb, wurde Ende 2017 von der Rosenheimer Brauerei Auerbräu gekauft und umgebaut. Gelegenheit, die Wirtschaft zu testen, hatten wir wegen der Neueröffnung kurz vor Drucklegung allerdings noch nicht. Der Name des Lokals rührt von einer der Biermarken der Paulaner-Tochter her. Kein Ruhetag. Hauptstr. 32, 83339 Chieming, ✆ 08664-2040247, www.chiemseer-wirtshaus.de.

Chieming ist die **Camper-Hochburg** am See – insgesamt fünf Plätze liegen im Gemeindegebiet, darunter auch der **Campingplatz Kupferschmiede**, der der räumlichen Nähe wegen jedoch im Kapitel Seebruck beschrieben ist.

Campingplatz Café Seehäusl, bei Stöttham, etwa 1,5 km nordwestlich des Ortszentrums, direkt am Chiemsee-Uferweg, der mitten durch das Gelände führt. Gepflegter kleiner Platz in schöner und vor allem ruhiger Lage, Liegewiese und Badesteg. Modern eingerichtetes Restaurant/Café (Mo/Di Ruhetage) mit schattigem Biergarten angeschlossen. Zeltplatz mit Pkw und 2 Pers. 24 €. Beim Seehäusl 1, 83339 Chieming-Stöttham, ✆ 08664-303, www.camping-seehaeusl.de.

Camping Möwenplatz, ein paar hundert Meter südlich des Strandbads Chieming (s. o.). Lang gestrecktes, zwischen Straße und See gezwängtes Gelände mit entsprechend ausgedehntem Uferbereich, mittlerer Schatten. Zur Saison Einkaufsmöglichkeit mit Imbiss. 1 Pers. 6,50 €, Stellplatz mit Pkw 12 €, direkt am See 14 €. Geöffnet Mai–Sept. Grabenstätter Str. 18, 83339 Chieming, ✆ 08664-361, www.moewenplatz.de.

Campingplatz Sport-Ecke, ein kleines Stück weiter südlich und sowohl von der Anlage her als auch preislich dem „Möwenplatz" sehr ähnlich, nur ein klein wenig größer und etwas schattiger. Geöffnet Mai–Sept. Am Chiemsee 1, 83355 Grabenstätt/Unterhochstätt, ✆ 08664-500, www.sport-ecke.de.

Jugendzeltplatz Chieming, 5 Minuten vom Strand, mit Tipidorf am Venusberg. Für Gruppen, Schulklassen, Familien geeignet. Miet-Tipi-Zelte in versch. Größen (bis 20 Pers.). 6,50 €/Pers., Tipis und Jurten 10–30 €, eigenes Zelt 4 €. Ganzjährig geöffnet. Oberhochstätter Str. 3, 83339 Chieming, ✆ 0160-94668715, www.jugendzeltplatz-chieming.de.

Auf den Spuren von „Wir sind Papst"

Als am 19. April 2005 Joseph Kardinal Ratzinger, geboren 1927 in Marktl am Inn und heimisch in verschiedenen Orten Oberbayerns, zum Papst gewählt wurde, war die Freude in Oberbayern groß. Viele Orte spüren nun mit speziellen Themenführungen seiner Geschichte nach.

Von der Tourismusgemeinschaft Inn-Salzach wurde der 224 km lange Benediktweg anhand biografischer Stationen als Radtour entwickelt. Chieming ist eine Station auf dieser Rundtour, die in Altötting beginnt und über Marktl am Inn, Burghausen, Waging am See, Hufschlag, Traunstein, Chieming, Seebruck, Seeon, Gstadt, Eggstätt, Wasserburg und Tüßling zurück nach Altötting führt.

Einen genauen Plan des Benediktwegs sowie nähere Informationen gibt's bei der Tourismusgemeinschaft Inn-Salzach, Bahnhofstr. 13, 84503 Altötting, ✆ 08671-502444, beim Chiemsee Infocenter, Felden 10, 83233 Bernau, ✆ 08051-965550, oder im Internet unter www.inn-salzach.com/de/benedikt weg, wo auch eine Karte bestellt werden kann.

Grabenstätt

In dem bäuerlich wirkenden Dorf ist von Touristenrummel weniger zu spüren als in den Nachbarorten. Klar, denn Grabenstätt (4300 Einwohner) liegt ja nicht direkt am See, sondern rund zwei Kilometer entfernt. Das jedoch war nicht immer so: Noch zu Beginn des 19. Jh. plätscherten die Chiemseewellen direkt am Ortsrand. Verantwortlich für die allmähliche Verlandung ist die **Tiroler Achen,** deren Mündungsdelta sich durch Anschwemmung immer weiter ausbreitet. Die ausgedehnten Feuchtwiesen und artenreichen Auwälder, die im Laufe der Jahrzehnte auf den Verlandungsflächen entstanden, sind heute unter Naturschutz gestellt. Einen Teil dieses Gebietes bildet das der **Hirschauer Bucht** vorgelagerte **Grabenstätter Moos,** das eine Fülle seltener Pflanzenarten beherbergt und, natürlich unter Beachtung der Schutzbestimmungen, auf Wanderungen erkundet werden kann. Einen Ausflug wert ist auch der idyllische **Tüttensee,** ein kleiner Moorsee mit umstrittener Herkunft. Für die einen, die Wissenschaftler des *Chiemgau Impact Research Teams (CIRT),* entstand er durch einen Meteoriteneinschlag vor 3000–4000 Jahren, für die anderen, namentlich das Bayerische Landesamt für Umwelt, war ganz simpel ein Gletscher nach der letzten Eiszeit dafür verantwortlich. Die Argumente gehen hin und her, die CIRT-Forscher bringen immer wieder neue Belege zur Stützung ihrer Theorie (mehr dazu unter www.chiemgau-impakt.de), der endgültige Durchbruch ist ihnen aber noch nicht geglückt. Unterstützung finden sie im Rathaus von Grabenstätt, das ihnen in der sogenannten Schlossökonomie (Schloss-Str. 15, 83355 Grabenstätt) permanente Ausstellungsräume zur Verfügung stellt, um den Stand ihrer Forschung der Öffentlichkeit zugänglich zu machen. Erreichbar ist die *Meteoriten-Ausstellung* über die Touristinfo. Der Popularität des Tüttensees haben die

Schöner Badeplatz im Wald: der Tüttensee

wissenschaftlichen Kontroversen jedenfalls genutzt, er ist inzwischen zur überregional bekannten Party-Location aufgestiegen. Einsam und geheimnisumwittert im Wald östlich des Dorfes Grabenstätt gelegen, ist er einer der wärmsten Seen in ganz Oberbayern – was sicher ebenfalls stark zu der aufgekratzten Stimmung am Ufer beiträgt.

Angesichts dieser natürlichen Attraktionen lässt es sich schon verschmerzen, dass aufgrund zweier Großbrände, die Grabenstätt im 19. Jh. verwüsteten, bauliche Sehenswürdigkeiten eher rar sind; auch das *Schloss*, in dem heute die Touristinfo untergebracht ist, stammt erst aus dem Jahr 1836. Immerhin birgt die *Johanniskirche* einige sehenswerte spätgotische Fresken, darunter einen riesigen Hl. Christophorus. Und im kleinen *Römermuseum* wandelt man auf den Spuren der langen Vergangenheit Grabenstätts: Zu sehen sind hier Fußbodenmosaike, das älteste Schriftdenkmal Bayerns sowie Architekturfragmente – alles Fundstücke, die bei der Ausgrabung eines römischen Gutshofes im nahen Erlstätt freigelegt wurden (zu sehen ebenfalls in der Schlossökonomie während der Öffnungszeiten der Touristinfo, Schloss-Str. 17, 83355 Grabenstätt).

Information **Touristinfo Grabenstätt**, im Schloss Grabenstätt. Mo 8–12 Uhr, Di–Fr 9–12 Uhr, Do auch 14–16 Uhr. Schlossstr. 17, 83355 Grabenstätt, ✆ 08661-988731, www.grabenstaett.de.

Baden ››› Mein Tipp: **Strandbad Tüttensee**, kaum 2 km östlich von Grabenstätt, Anfahrt vorbei am Schloss, mitten im Wald gelegen. In guten Jahren erreicht das moorige Wasser schon im Mai Badetemperatur! Gepflegtes, sonniges, recht kleines Wiesengelände umgeben von Bäumen, Ruderbootverleih, noble, beliebte *Gaststätte* mit hübscher Seeterrasse, bis spät sonnig. Sonntag Frühstücksbüfett.

Eintritt: Erw. 2,50 €, Parkplatz gebührenfrei. Rund um den See auch einige kleine und weniger attraktive Freibadeplätze. Der See ist auch als Jugendtreffpunkt äußerst beliebt. Die wissenschaftliche Kontroverse um seine Entstehung ist noch nicht entschieden (s. o.). www.tuettensee-seebad.de. ‹‹‹

Freizeit/Sport **Geführte Wanderungen**: Blumen- und Pflanzenwanderungen sowie Vogelstimmenwanderungen ins Grabenstätter Moos finden in 14-tägigem Turnus jeweils Sa bzw. So von Mai bis September statt. Termine und Anmeldung bei der Touristinfo Grabenstätt; geringer Unkostenbeitrag.

Veranstaltungen **Schlossserenaden** und andere kulturelle Veranstaltungen in der Eingangshalle des Schlosses oder im Schlosspark. Information bei der Touristinfo Grabenstätt.

Übernachten/Essen **Hotel-Restaurant Chiemseefischer**, vor wenigen Jahren nach Besitzerwechsel von Grund auf renoviert, neuer Eigentümer ist jetzt das Hofbräuhaus Traunstein. Betrieben wird der Gasthof von den erfolgreichen Wirten der „Hirschauer Bucht" (s. u.). Die Veränderung hat dem 1950er-Jahre-Bau sehr gutgetan: Zimmer und Gasträume wirken frisch und aufgeräumt, gehalten in hellen, bunten Farben, die modern und gemütlich wirken. Serviert werden neben bayerischen auch leichtere mediterrane Gerichte. Schöner, weiter Blick auf den Chiemsee. Mo Ruhetag. DZ/Bad/F 94–110 €. Hagenau 2, 83355 Grabenstätt (außerhalb des Ortes, an der Straße nach Chieming), ✆ 08661-982658, www.hotel-chiemseefischer.de.

Grabenstätter Hof, am Marktplatz. Traditionelles Wirtshaus mit schönem, schattigem Biergarten. Günstiges, täglich wechselndes Mittagsgericht. Di Ruhetag. Marktplatz 5, 83355 Grabenstätt, ✆ 08661-983766.

Naturschutzgebiet Mündung der Tiroler Achen/Hirschauer Bucht: Das Grabenstätter Moos ist nur ein Teil des großen Naturschutzgebietes, das im Umfeld des Mündungsdeltas der Tiroler Achen ausgewiesen wurde; nach Süden zu erstreckt es sich bis über die Höhe des Ortes Übersee hinaus. Die schilfreichen Uferbereiche dieses größten Binnendeltas Mitteleuropas, die feuchten Streuwiesen und Auwälder sind ein bedeutendes Rückzugsgebiet vieler seltener Vogel- und Pflanzenarten. Hier leben Fischreiher, Wasseramsel und Flussregenpfeifer, wachsen zahlreiche Orchideenarten, Mehlprimel und Trollblume; im Mai und Juni blühen ausgedehnte Bestände der seltenen Schwertlilie Iris sibirica. Am Uferrundweg bei der Gaststätte „Hirschauer Bucht" informieren Schilder über die verschiedenen Lebensräume der Tier- und Pflanzenarten sowie über die Naturschutzbestimmungen – für die Kernzone des Gebietes besteht strengstes Betretungsverbot.

Mündungsdelta der Tiroler Achen in den Chiemsee

Essen & Trinken »› Mein Tipp: **Gaststätte Hirschauer Bucht**, am östlichen Rand der Kernzone des Schutzgebietes, etwa 1 km südlich des Weilers Hagenau. Hübsches Holzhaus mitten im Wald, große schattige Terrasse – ein ideales Plätzchen für eine Rast, da direkt am Chiemsee-Rundweg gelegen. Spezialität ist Chiemseefisch aus eigenem Fang; pro Portion muss man, je nach Sorte, mit etwa 10–17 € rechnen, Fleischgerichte um 10 €, es gibt auch Brotzeiten und hausgemachten Kuchen. Mo Ruhetag. Hirschauer Bucht 1, 83355 Grabenstätt, ✆ 08661-528, www.hirschauer-bucht.de. ‹«

Übersee-Feldwies

Umgeben von Moorgebieten, den heute teilweise trockengelegten, sogenannten Filzen, erstreckt sich der Doppelort (4700 Einwohner) westlich der Tiroler Achen in Nord-Süd-Richtung über mehrere Kilometer Länge.

Übersee stellt mit dem Bahnhof und der besseren Infrastruktur das „Zentrum" der Gemeinde dar. Das recht neuzeitlich wirkende Dorf mit dem kuriosen Namen liegt allerdings etwa zwei Kilometer vom See entfernt. Im Süden des Siedlungsbereichs bilden die beiden idyllischen Hügelrücken des *Osterbuchbergs* und des *Westerbuchbergs* eine Art natürliche Grenze. Beides sind ehemalige Inseln im Chiemsee, der ja einst deutlich größer war als heute, und beide bieten sich mit ihren schönen Aussichtsplätzen als reizvolle Wanderziele an. Auf dem Osterbuchberg gibt es eine Drachenflugschule; der Westerbuchberg glänzt dafür mit der romanisch-gotischen Kirche *St. Peter und Paul*, die neben einem reizvollen Gewölbe auch sehenswerte Fresken aus dem 15. Jh. aufweist. Bundesweit bekannt geworden ist Übersee durch das Festival *Chiemsee Summer*, das hier seit Mitte der 90er-Jahre im August steigt und jährlich etwa 35.000 Besucher anlockt. Nach schweren Sturmschäden mit Dutzenden Verletzten im Jahr 2017 wollten die Veranstalter ein Jahr Pause machen und dann neu starten.

Ab **Feldwies** hat man es schon näher zum Ufer, zum Yachthafen und zu den Badeplätzen und Spazierwegen auf der Halbinsel des Achendeltas – schade, dass die Autobahn diesen Ortsteil auf recht rabiate Weise vom See abschneidet. Das *Exter-Kunsthaus* am Blumenweg 5 (Auskunft unter ✆ 08642-895083), ein über 400 Jahre altes Bauernhaus, präsentiert neben Arbeiten des Münchner Malers und Bildhauers Julius Exter auch wechselnde Kunstausstellungen. Sehenswert ist auch der *Natur-Pavillon* im Zellerpark, Hochfellnweg 1 (Anfang Mai bis Mitte Oktober: Di–Sa 14–17.30 Uhr, ✆ 08642-1551, www.naturpavillon.de): Hier finden Ausstellungen und Vorträge zu allen Belangen des Umweltschutzes statt, man kann Videofilme sehen und Bienen durch eine Glaswand beobachten – besonders für Kinder ein interessantes Erlebnis. Gleichzeitig werden hier fachkundig geführte Wanderungen und Radtouren in die Berge und Moore der Umgebung angeboten (aktuelle Termine und Routen unter www.chiemseeagenda.de).

Information **Tourismus-Info Übersee-Feldwies**, an der Hauptstraße, seewärts nahe der Bahnlinie. Pfingsten–Mitte Sept. Mo–Fr 8–12 und 14–18 Uhr, Sa 9.30–12 Uhr; sonst Mo–Do 8–12 und 14–17 Uhr, Fr 8–12 Uhr. Feldwieser Str. 27, 83236 Übersee-Feldwies, ✆ 08642-295, www.uebersee.com.

Verbindungen **Ortsbusse** fahren von Ende Mai bis Anfang September von Wiesengröben (Abzweigung zum Westerbuchberg) über den Ortsteil Obermoosen, den Bahnhof und das Tourismusinfobüro bis zum Strandbad am See; die sogenannte „Chiemseelinie" stellt zudem Verbindungen bis Grassau, Marquartstein und zum Hochplattenlift her. Mit Kurkarte ist die Fahrt jeweils kostenlos.

Baden **Strandbad Feldwies**, das größte am ganzen Chiemsee: Über 40.000 m^2 gepflegtes Wiesengelände mit recht gutem

Schatten und sehr flach abfallendem, teils kiesigem, teils sandigem Strand. Phantastische Sonnenuntergänge, die im Sommer mit Picknick-Korb am Seeufer gefeiert werden, oft kommen mehrere hundert Leute zusammen: *das* Happening am Chiemsee! Alle Einrichtungen inklusive Einkehr, Kiosk, Sportmöglichkeiten, Bootsverleih etc. vorhanden; Parkplätze gebührenpflichtig, Eintritt 2 €. Julius-Exter-Promenade 31, 83236 Übersee, ✆ 08642-446.

Freibadegelände südlich des Strandbads, Ufer teils Kies, teils Sand, allerdings wenig Liegefläche. Weitere bescheidene Bademöglichkeiten entlang der durch einen Fußweg erschlossenen Uferzone nördlich des Strandbads (Richtung Nikolauskapelle).

Schwögler am See, FKK-Gelände auf einer Halbinsel etwa 4 km westlich von Feldwies, zu erreichen über den Uferrundweg vorbei am Campingplatz Rödlgries; Parkplätze vorhanden. Seestr. 10, 83236 Übersee.

Sonnenuntergangsfeier im Strandbad Feldwies

Feste **Chiemsee Summer**, an wechselnden Augustwochenenden herrscht Ausnahmezustand am Chiemseeufer. 35.000 Fans kommen jährlich, angezogen von namhaften Musikern der Sparten Elektro, HipHop und Alternative Rock. 2018 war Pause (s. o. zu Übersee-Feldwies), danach sollte es aber weitergehen. Die mal vier, mal fünf Tage sind meist früh ausverkauft, Komplettpreis (ohne Camping): 100 €. Vorverkauf und Line-up unter www.chiemsee-summer.de.

Freizeit/Sport **Bootsverleih**: Ruder-, Tret- und Elektroboote gibt es in der Nähe des Dampferstegs zu mieten. Mo geschl. (außer in den bayerischen Ferien). Florian Riepertinger, ✆ 0174-4147507. Julius-Exter-Promenade 9, 83236 Übersee, www.bootsverleih-feldwieserbucht.de.

Fahrradverleih: *Südbike* vermietet E-Bikes (ab 30 €/Tag), City- und Trekkingräder (ab 10 €/Tag) zu den üblichen Geschäftszeiten. Gewerbestr. 6, 83236 Übersee, ✆ 08642-6107, www.suedbike.de.

Bullit Byx, Andreas Steffel, Mo–Sa 9.30–12 Uhr, sonst nach telefonischer Anmeldung. City- und Mountainbikes und Kinderräder ab 10 €/Tag. Seeweg 28, 83236 Übersee, ✆ 08642-6516, www.bullit-bikes.de.

Geführte Wanderungen/Radtouren: Wöchentliche Bergwanderungen, Moorwanderungen 14-tägig von Mai bis September, Teilnahme mit Kurkarte jeweils kostenlos; Radtouren finden eher sporadisch statt. Information im Tourismusbüro oder im Naturpavillon.

Übernachten/Essen *** **Hotel Chiemgauhof**, im Strandbereich von Feldwies. Recht großes, ansprechendes Anwesen; sehr schöner Biergarten direkt am See. Als Hotel ruhig gelegen und gut ausgestattet, unter anderem mit Hallenbad. Die international ausgerichtete Küche orientiert sich am Angebot der Saison. Modern, sympathisch und originell eingerichtete Zimmer. DZ/Bad/F 130–200 €. Julius-Exter-Promenade 21, 83236 Übersee, ✆ 08642-89870, www.chiemgauhof.com.

Gasthof Alpenhof, oben auf dem Westerbuchberg nahe der Kirche St. Peter und Paul, zu erreichen über ein schmales, kurviges Sträßchen. Das hübsche ehemalige Bauernhaus ist ein echter Ausflugstipp: Die sonnige Terrasse und der Gastraum mit seinen großen Fenstern bieten eine grandiose Aussicht auf das Kendlmühl-Filz und die Alpen. Angeboten werden Ferienwohnungen und einige wenige Gästezimmer. Gehobene bayerisch-internationale Küche von sehr gutem Ruf. Nur Fr–So ab 10 Uhr, 14–17.30 Uhr geschlossen. DZ/Bad/F 82–102 €, es gibt auch einige Ferienwohnungen auf etwa demselben Preisniveau. Westerbuchberg 99, 83236 Übersee, ✆ 08642-89400, www.alpenhof-chiemgau.de.

Wirtshaus D'Feldwies, so geht's auch: 500 Jahre alt ist dieses Haus, eine Generalsanierung war Anfang des Jahrtausends dringend nötig, allein – es fehlte das Geld. Die Idee: Wer sich an der Rettung der beliebten Gaststätte beteiligen wollte, konnte mit mindestens 100 € Einsatz zum Teilhaber werden. Das haben fast 2000 Menschen getan, hinzu kamen Tausende unbezahlter Arbeitsstunden von Freiwilligen, und am Ende stand eine generalüberholte Wirtschaft, die es nach kurzer Zeit sogar in den „Gault Millau" geschafft hat. Ohne jeden folkloristischen Kitsch, urig, gemütlich, erstklassig zubereitete bayerische Gerichte. Dazu gut besuchte Theateraufführungen der über 100 Jahre alten Volksbühne Übersee-Feldwies im großen Saal. Unregelmäßige Termine, aber wenn, dann Fr 20 Uhr und So 19 Uhr. Eintritt 8 €, Kinder 3 €. Programm unter www.volksbuehneueberseefeldwies.de. Kein Ruhetag. Greimelstr. 30, 83236 Übersee, ✆ 08642-595715, www.wirtshaus-feldwies.de.

Gasthof Sonnenhof, im Weiler Seethal, direkt nördlich der Autobahnausfahrt. Herrlich ruhige, ländliche Lage, dabei zu Fuß oder mit dem Rad kaum einen Kilometer vom See entfernt –für Kfz ist die Strecke gesperrt. Als Übernachtungsquartier sehr gefragt, weshalb rechtzeitige Reservierung ratsam ist. Beliebte Ausflugsgaststätte mit sonniger Terrasse; hausgemachter Kuchen, bekannt gute Küche. Mo Ruhetag. DZ/Bad/F 60–70 €. Seethal 43, 83236 Übersee, ✆ 08642-6815, www.sonnenhof-uebersee.de.

Bernau

Gemessen an der Übernachtungskapazität nimmt Bernau unter den Fremdenverkehrsorten am Chiemsee immerhin den dritten Rang ein – rund 1800 Gästebetten zählt die Gemeinde, ist Chieming damit schon recht dicht auf den Fersen. Nicht mitgezählt sind dabei die Betten der großen Justizvollzugsanstalt, deren Insassen hier zwangsweise einen etwas längeren „Urlaub" einlegen müssen. Bernaus großer Trumpf ist die Nähe zu den Bergen, die unweit südlich des Ortes aufragen und durch zahlreiche Wanderwege erschlossen sind. Ein Nachteil ist dagegen die verkehrsreiche Bundesstraße B 305, die direkt durch das Zentrum des Luftkurortes führt.

Wie in Übersee liegt auch in Bernau (6500 Einwohner) die Autobahn zwischen Ortszentrum und See. Bernaus Uferzone erstreckt sich bei der kleinen Siedlung **Felden** und ist im Bereich des ehemaligen „Rasthauses am Chiemsee" von der Reha-Klinik Medical Park Chiemseeblick in Beschlag genommen. Nach Westen hin in Richtung Schiffssteg breitet sich heute der *Chiemseepark Felden* mit seinen zahlreichen touristischen Angeboten, einem Strandbad und dem großen Infocenter der Region aus.

Information **Chiemsee Infocenter**, die Zentrale des Chiemseetourismus, nahe der Autobahnausfahrt Felden. Großer, moderner Bau inmitten eines kleinen Parks. Mo–Fr 10–12.30 und 13.30–17 Uhr. Felden 10, 83233 Bernau, ✆ 08051-965550, www.chiemsee-alpenland.de.

Touristinfo Bernau, zentrumsnah an der Straße nach Aschau, nicht weit vom Gasthof „Alter Wirt". Ende Juli bis Mitte Sept. Mo–Fr 9–18 Uhr, Sa 9–12 Uhr, sonst Mo–Do 9–17 Uhr, Fr 9–16 Uhr. Aschauer Str. 10, 83233 Bernau, ✆ 08051-98680, www.bernau-am-chiemsee.de.

Verbindungen **Ortsbuslinien** verbinden von etwa Ende Mai bis 12. Oktober Bernau (Minigolfplatz) mit dem See und dem in den Bergen gelegenen Hintergschwendt. Außer Einzelfahrscheinen werden auch Tages-, Wochen- und Monatskarten sowie Familienfahrkarten angeboten, mit Kurkarte fährt man kostenlos.

Baden **Strandbad Bernau**, auf der Halbinsel in der Nähe des Dampferstegs. Mittelgroßes, sehr gepflegtes Wiesengelände mit relativ gutem Baumschatten; ins flach abfallende Wasser über den Kiesstrand oder einen Steg, für Kinder zwei Wasserrutschen und ein Spielplatz. Erfreulich: Eintritt frei. Schön sitzt es sich auf der großen, zum See gelegenen Terrasse des Kiosks; in der Nähe diverse Sportmöglichkeiten. Parken: P1, Chiemseepark Bernau-Felden, kostenpflichtig.

Freizeit/Sport Fahrrad- und Bootsverleih: Mehrere Vermieter im Chiemseepark Felden. Boote: ✆ 0175-3213783 (Thomas Pfliegl, beim Chiemsee Infocenter, Felden 10, 83233 Bernau), Elektroboote ab 12 €/Std., Tretboote ab 8 €/Std., Ruderboote ab 7 €/Std., www.chiemsee-bootsverleih.de; Fahrräder aller Art, auch Tandems, ab 6 € für den halben Tag. ✆ 0170-4851930 oder ✆ 08051-9614948 (Fritz Müller, Felden 12, 83233 Bernau, www.fahrradverleih-chiemsee.de).

Windsurfschule: Surfschule Christian Kaufmann, Rasthausstr. 29, 83233 Bernau (am Ufer vor dem markanten Lokal „Badehaus" im Chiemseepark Felden). Kostenlose Schnupperstunde Mi/So 16 Uhr! Einsteigerkurs 3 Tage 200 €; „Aufsteigerkurs" 70 €/Tag; verleiht auch Boards und Surfanzüge. ✆ 08051-7777, www.surfschule-chiemsee.de.

Geführte Wanderungen: Zur Saison 1-mal wöchentlich geführte Waldwanderung, im 14-tägigen Turnus geführte Inseltour zu Herren- und Fraueninsel; Information und Anmeldung in der Touristinfo.

Veranstaltungen Bauerntheater: Die Bernauer Volksbühne gibt es seit 1971; Aufführungen von Mitte Juli bis Anfang Oktober im Saal des Gasthofs „Kampenwand", Aschauer Str. 12, 83233 Bernau. Dort auch Ticketverkauf an der Abendkasse: 9 €. Vorverkauf mit Tischreservierung: ✆ 08051-7332. Mehr Infos unter www.bernauer-volksbuehne.de.

Übernachten/Essen *** Hotel Bonnschlößl, das barockisierte, ursprünglich aus dem 15. Jh. stammende, ruhig gelegene Schloss im Ort ist mit seinem rund 3000 m² großen Park schon etwas Besonderes, dabei vergleichsweise nicht einmal so teuer. DZ/Bad/F 125–140 €. Ferdinand-Bonn-Str. 2, 83233 Bernau, ✆ 08051-961400, www.bonnschloessl.de.

Gasthof Alter Wirt, rund 700 Jahre (!) alte Wirtschaft. Schmuckstück der hiesigen Gastronomie – hier übernachtete 1504 schon Kaiser Maximilian I. Gleich um die Ecke vom „Bonnschlößl", unter derselben Führung und Adresse und ebenso wie dieser Bau unter Denkmalschutz gestellt. Schattiger, leider zur vielbefahrenen Straße gelegener Biergarten, gemütliche Gasträume, eigene Metzgerei. Hauptgerichte etwa 12–18 € (Mo geschl.). DZ/Bad/F 100–110 €. Kirchplatz 9, 83233 Bernau, ✆ 08051-9656990, www.alter-wirt-bernau.de.

*** Hotel Jägerhof, freundlich geführtes Hotel mit leicht rustikal, aber nicht überladen eingerichteten Zimmern. Großes Frühstücksbüfett, auf Wunsch auch mit Abendessen buchbar. Das öffentliche Restaurant haben die Besitzer 2015 geschlossen, die viel gelobte Küche – u. a. von der Slow-Food-Bewegung in ihrem „Genussführer 2015" – kommt jetzt ausschließlich Hotelgästen in Form eines 3-Gänge-Menüs von Do–So zugute. DZ/Bad/F 100–130 €. Rottauer Str. 15, 83233 Bernau, ✆ 08051-7377 und 89748, www.jaegerhof-bernau.de.

Abstecher nach Aschau und auf die Kampenwand

Aschau, etwa sechs Kilometer südwestlich von Bernau gelegen, ist der Ausgangspunkt zur Auffahrt oder zum Aufstieg auf die Kampenwand, einen der berühmtesten Aussichtsberge Bayerns. Die lang gezogene Gemeinde, die erst vor gut 50 Jahren durch den Zusammenschluss der beiden Dörfer Niederaschau und Hohenaschau entstand, hat aber auch einige Sehenswürdigkeiten zu bieten. In **Niederaschau** steht unweit des Bahnhofs die *Pfarrkirche Mariä Lichtmess*, ein mehrfach umgebautes, dennoch einheitlich barock erscheinendes Gotteshaus, dessen lichtes Inneres mit wundervollem italienischem Stuck geschmückt ist. Gleich nebenan bewahrt die kleine Kreuzkapelle köstlich volkstümliche Deckenmalereien, die ebenfalls aus dem 18. Jh. stammen.

In **Hohenaschau** grüßt das gleichnamige *Schloss* weithin sichtbar von seinem bewaldeten Hügel herab. Entstanden aus einer Burg des 12. Jh. ist die imposante Anlage nach weitgehenden Umbauten des 17. Jh. heute vorwiegend barock geprägt.

Im Rahmen von Führungen (5 €, ✆ 08052-904937; Mai–Okt. Di/Do/So 13.30/15 Uhr, Mi/Fr 10/11.30 Uhr) kann ein Teil der Räumlichkeiten besichtigt werden, darunter auch das *Prientalmuseum*, in dem die Geschichte des Schlosses wie auch die der Eisenindustrie im Priental dokumentiert wird.

Information Touristinfo Aschau, etwa auf halbem Weg zwischen Nieder- und Hohenaschau. Mitte Mai bis Mitte Okt. Mo–Fr 8–18 Uhr, Sa 9–12 Uhr; Mitte Okt. bis Mitte Mai Mo–Fr 8–12 und 13.30–17 Uhr. Kampenwandstr. 38, 83229 Aschau, ✆ 08052-90490, www.aschau.de.

Verbindungen Bahn/Bus: Von und nach Prien fährt 10-mal tägl. die Chiemgaubahn, „Aschauer Bockerl" genannt, ein possierlicher Triebwagenzug. Kostenlose Fahrradmitnahme. (Info: ✆ 08052-90490) Busverbindung ab Bernau/Minigolfplatz besteht 1- bis 2-mal tägl.

Auf die Kampenwand: „I gang so gern auf'd Kampnwand, wann i mit meiner Wampn kannt" (hochdeutsch etwa: Ich ginge so gern auf die Kampenwand, wenn ich mit meiner Wampe könnte) – der alte Kalauer zählt schon lange nicht mehr als Ausrede, ist der markante Kalkfelsen doch längst durch eine Kleinkabinenbahn erschlossen und samt der berückenden Aussicht über den Chiemsee so jedermann zugänglich gemacht worden. Freilich, direkt bis zum Gipfelkreuz wird man immer noch nicht transportiert: Die knapp eine Viertelstunde währende Fahrt ab Hohenaschau endet auf 1460 Meter Höhe, also gut 200 Meter unterhalb des 1669 Meter hohen Gipfels. Im Umfeld der Bergstation und des nahen Gasthofs bietet sich Gelegenheit zu einer Reihe schöner Wanderungen, auf denen man ebenfalls ein fantastisches Panorama genießt. Die beliebteste Tour ist der leichte, etwa halbstündige Weg zur bewirtschafteten Steinlingalm (1520 m). Hier beginnt auch der Aufstieg zum Gipfel, der inklusive Abstieg zwar nur etwa eine Stunde in Anspruch nimmt, aber erhöhte Trittsicherheit erfordert. Von der Steinlingalm kann man über den gut ausgebauten „Reitweg" in knapp zwei Stunden zur Talstation absteigen – als Aufstieg natürlich auch eine Alternative für die Sportlicheren unter den Kampenwand-Bezwingern. Ein Wanderwegweiser ist in der Talstation und bei der Touristinfo Aschau erhältlich.

Kampenwand-Kabinenbahn: Vom Bahnhof Aschau Busverbindung zur knapp 2 km entfernten Talstation. Betriebszeit Juli bis Mitte Sept. 9–18 Uhr, sonst 9–16.30/17 Uhr. Berg- und Talfahrt im Hochsommer 21,50 €, sonst 18,50 €; im Hochsommer oft starker Andrang, dann ist eine frühe Auffahrt ratsam. Nähere Infos unter ✆ 08052-4411, www.kampenwand.de.

Berühmt dank eines flapsigen Spruchs: die Kampenwand

Waldsee bei Eggstätt

Eggstätter Seenplatte

Gleich nördlich des Chiemsees, genauer gesagt der Schafwaschener Bucht bei Rimsting, liegt eines der ältesten Naturschutzgebiete Bayerns.

Offizieller Name ist „Naturschutzgebiet Eggstätt-Hemhofer-Seenplatte". Es umfasst insgesamt 17 kleinere Seen, die durch Moränenhügel voneinander getrennt werden. Zum Teil sind sie Überbleibsel des einst deutlich größeren Chiemsees, überwiegend aber entstanden sie nach der letzten Eiszeit aus langsam abschmelzenden Toteisblöcken. An der Landschaft der Seenplatte fasziniert besonders ihre Vielfältigkeit: Mit Laubbäumen, Nadelhölzern und Mischwäldern bestandene Hügel, düstere Moore, unzugängliche Schilfflächen und üppige Blumenwiesen lösen einander ab. Und immer wieder Seen, Seen, Seen, hier türkis leuchtend, dort von tiefem Blauschwarz. Größtes dieser Gewässer, mit einer Fläche von rund einem Quadratkilometer jedoch immer noch von bescheidenen Ausmaßen, ist der **Langbürgner See,** gefolgt von **Hartsee** und **Pelhamer See.** Badeplätze finden sich an der Seenplatte reichlich, das Wasser wird schon früh im Jahr warm und erreicht im Hochsommer Spitzenwerte bis zu 27 Grad. Die Wasserqualität der überwiegend von Unterwasserquellen gespeisten Seen entspricht zumeist den gesetzlichen Anforderungen an Trinkwasser – wie überhaupt die Natur hier fast überall noch in Ordnung ist. Rund um die Seen wächst eine Fülle seltener Pflanzen, darunter auch die Schwertlilie Iris sibirica, deren Blüte ab Ende Mai beobachtet werden kann. Und im flachen Weitmoos östlich von Eggstätt lässt sich gar eine wahre Duftorgie feiern:

Dort erstrecken sich ausgedehnte Felder von Pfefferminze, Zitronenmelisse und anderen wohlriechenden Kräutern, die im Auftrag eines großen deutschen Teeproduzenten kultiviert werden.

Dank eines dichten Netzes gut ausgebauter Wege bietet die Eggstätter Seenplatte Wanderern und Radfahrern paradiesische Möglichkeiten; im Winter sind einige der dann zugefrorenen Seen beliebtes Ziel von Schlittschuhläufern und Eisstockschützen. Bei allen Aktivitäten sollte man jedoch nie vergessen, dass man sich in einem Naturschutzgebiet bewegt und entsprechende Hinweise und Sperrungen auch beachten.

Eggstätt

Eggstätt, auf einem flachen Hügelrücken gleich östlich des Hartsees gelegen, ist der Hauptort der Seenplatte. Dem freundlichen, rund 2400 Einwohner zählenden Dorf sieht man nicht an, dass es über ein Jahrtausend alt ist, bereits 925 als „Ehchistat" erstmals urkundlich erwähnt wurde – Sehenswürdigkeiten sind eher rar, auch die Kirche stammt erst aus dem 19. Jh. Davon abgesehen bietet Eggstätt dem Urlauber jedoch eine komplette Infrastruktur und besitzt dank seiner geringen Größe gleichzeitig eine ganz gemütliche Atmosphäre.

Information Touristinfo Eggstätt, im Rathaus unweit der Kirche. Freundliche, kompetente und engagierte Leitung. Mo–Do 8–12 und 14–16 Uhr (ab März bis 17 Uhr), Fr 8–12 Uhr. Im Rathauseingang ist ein Computerterminal zur Zimmervermittlung rund um die Uhr in Betrieb. Obinger Str. 7, 83125 Eggstätt, ✆ 08056-904619, www.eggstaett.de.

Verbindungen Bahn/Bus: Züge ab München Hauptbahnhof, meist auch mit Zusteigemöglichkeit am Münchner Ostbahnhof, verkehren nach Bad Endorf und Prien tagsüber etwa stündlich, Fahrzeit rund 1 Std. Ab beiden Bahnhöfen besteht Busverbindung nach Eggstätt (RVO-Linie 9511, Mo–Fr 8- bis 10-mal, Sa 1-mal tägl.).

Baden/Freizeit Wie erwähnt, herrscht an Badeplätzen kein Mangel; gute Möglichkeiten finden sich insbesondere am Langbürgner und Pelhamer See sowie am Hartsee.

Strandbad Hartsee, im Norden von Eggstätt, kurz vor dem Ortsausgang links abbiegen. Gepflegtes Wiesengelände am Hang, Schattenplätze unter Bäumen. Der Badebereich liegt ein Stück unterhalb, Zugang ins relativ schnell abfallende Wasser über Treppen und zwei Stege; es gibt einen Ruderbootverleih, eine Wasserwachtstation und eine Badeplattform. Eintritt frei, der Parkplatz ist gebührenpflichtig (Parkautomat). Minigolfplatz, Volleyballfeld und Kinderspielplatz angeschlossen, desgleichen eine Wirtschaft mit hübschem schattigem Biergarten (✆ 08056-1097, Di Ruhetag, www.hartseestueberl.de). Hier beginnt auch der ausgeschilderte, 6 km lange Hartsee-Rundwanderweg. Lehrer-Hager-Str. 4–6, 83125 Eggstätt.

Feste/Veranstaltungen Für einen so kleinen Ort ist in Eggstätt und Umgebung einiges geboten; zur Saison findet an fast jedem Wochenende ein Wald- oder Seefest statt.

Dorffest von Eggstätt, am letzten Samstag im Juli oder ersten Samstag im August.

Weihnachtsmarkt, mal ganz ohne Kitsch, am zweiten Adventswochenende (Fr–So).

Übernachten/Essen *** Gasthof-Hotel Unterwirt **4**, im Ortskern bei der Kirche. Große, bodenständige Wirtschaft mit Gartenterrasse und beliebtem Stammtisch. Solide gutbürgerliche Küche, Hauptgerichte meist 12–15 €. Mo Ruhetag. DZ/Bad/F, teilweise mit Balkon, 84 €, auch Ferienwohnungen. Kirchplatz 8, 83125 Eggstätt, ✆ 08056-337, www.unterwirt-eggstaett.de.

Landgasthof Zum Sägwirt **2**, bei Oberulsham, etwa 3 km nordwestlich von Eggstätt. Obwohl Mittagstisch nur sonntags angeboten wird, ist der Sägwirt eine vielbesuchte Ausflugsgaststätte mit einer an Sommerabenden oft voll belegten Terrasse. Mo–Sa ab 17 Uhr, So ganztägig geöffnet, Mi Ruhetag. DZ/Bad/F und Ferienwohnungen um 80 €. Oberulsham 5, 83125 Eggstätt, ✆ 08056-346, www.saegwirt.de.

Gasthof Birner Weissbräu **3**, im winzigen Weiler Bachham, rund 2,5 km nördlich von Eggstätt. Auf den ersten Blick „nur" ein typisches Dorfwirtshaus mit einigen Tischen im Freien, aber: Das Weißbräu ist berühmt für köstliche Fischgerichte (etwa 12–14 €). Mo und Di Ruhetag. Keine warme Küche von 14–17.30 Uhr. Bachham 6, 83125 Eggstätt, ✆ 08056-351, www.weissbraeu-bachham.de.

Café-Restaurant Vivarium **1**, in Höslwang, rund 5 km nordwestlich von Eggstätt und somit schon etwas abseits der Seenplatte; das angenehme Ambiente und die vielfältige, oft mediterran inspirierte Küche des jungen Teams lohnen jedoch den Weg. Hauptgerichte, nach Gusto auch vegetarisch, viele kleinere Gerichte unter 10 €, üppige Hauptgerichte um 18 €; kleines, aber anregendes Angebot für Süßmäuler. Mo/Di Ruhetage. Schönbrunner Str. 1, 83129 Höslwang (in einer Wohngegend westlich des Ortskerns, am leichtesten zu finden über die Straße nach Sonnering, dann rechts hoch), ✆ 08055-8270, www.cafe-vivarium.de.

Kramerwirt „beim Hubbi" **5**, etwas versteckt in Hemhof südwestlich von Eggstätt. Alternativ angehauchte Wirtschaft mit Biergarten und Kleinkunstbühne (Kabarett, Konzerte). Mancher Besucher kommt sogar extra aus München. Nur Brotzeiten bayerischer und südländischer Provenienz. Mi Ruhetag. Ledererberg 5, 83093 Bad Endorf, ✆ 08053-1819, www.hubbi.net.

Umgebung von Eggstätt

Die Itakerhöfe in Natzing: Hat Eggstätt selbst auch kaum Sehenswürdigkeiten zu bieten, so finden sich doch im kaum einen Kilometer entfernten Natzing zwei Bauernhöfe, die eine nähere Betrachtung wert sind. Der *Peterschmiedhof* (Übernachtung: 58 €/Tag zu zweit in einer rustikal, aber komplett eingerichteten Ferienwohnung mit Balkon, dazu Spielplatz und Liegewiese vor dem Haus; ✆ 08056/878, Natzing 3, 83125 Eggstätt, www.beim-peterschmied.de) und der gegenüberliegende *Kistlerhof* sind Beispiele für einen ungewöhnlichen Baustil, der auch in manch anderem Dorf des Chiemgaus anzutreffen ist und im 19. Jh. wahrscheinlich von Wanderarbeitern aus Friaul hierher gebracht wurde.

Kennzeichen der prunkvollen Höfe, die sich wohlhabende Bauern von den italienischen Maurern errichten ließen, sind ihre enorme Höhe und vor allem die Vielzahl der Fenster. Im Obergeschoss dienen die üppigen Fensterreihen dabei vor allem der Dekoration, verbirgt sich hinter ihnen doch nur ein Lagerraum von allerdings sehr üppigen Ausmaßen. Besonders kurios gestaltet sind diese Fenster am „Kistlerhof": Dort erinnern sie mit ihren neugotischen Spitzbögen deutlich an die einer Kirche.

Amerang: Gleich drei Museen und ein reizvolles Schloss haben das Dorf Amerang, etwa zehn Kilometer nordwestlich von Eggstätt, zu einem vielbesuchten Ausflugsziel werden lassen. **Schloss Amerang,** seit dem 19. Jh. im Besitz der Freiherren von Crailsheim, besetzt einen Hügel außerhalb des Dorfes. Im 16. Jh. wurde die einstige gotische Burg in ein italienisch beeinflusstes Renaissanceschloss verwandelt, dessen mehrstöckiger Arkadenhof nicht nur eine Augenweide darstellt – er besitzt gleichzeitig eine fantastische Akustik, mit eigenen Ohren zu hören bei den klassischen Konzerten, die hier im Sommer stattfinden. Besichtigt werden kann das Schloss im Rahmen von Führungen, die unter anderem das Schlossmuseum sowie die aus dem 16. Jh. stammende Schlosskapelle mit ihren gotischen Fresken beinhalten.

Führungen/Konzerte/Übernachten: Nach umfangreichen Restaurierungsarbeiten hat das Schlossmuseum jetzt wieder geöffnet: Ostern bis Mitte Okt. Fr–So und Feiertage; Führungen um 11, 12, 14, 15 und 16 Uhr. Eintritt 8 €, Kinder 6–14 J. 3,50 €. Wer Feuer fängt, kann auch länger bleiben: DZ/Bad/F 195–210 €, Suite 240 €. ✆ 08075-91920, www.schlossamerang.de (hier auch Termine der Schlosskonzerte).

Bauernhausmuseum Amerang: Ganz ähnlich wie das Freilichtmuseum Glentleiten zeigt auch dieses 1977 eröffnete und seitdem stetig erweiterte Museum alte Bauernhäuser und Handwerksgebäude, die vor dem Verfall gerettet und wieder neu aufgebaut wurden. Hier stammen sie, samt ebenfalls historischer Nebengebäude wie Backhäusl und Bienenhaus, aus dem ostoberbayerischen Raum zwischen Chiemsee, Inn und Salzach. Um die einzelnen Höfe erstrecken sich sorgfältig gepflegte Bauerngärten, auf Freiflächen wachsen alte Getreidesorten und Flachs. Ländlicher Alltag wird auch in den verschiedenen Werkstätten deutlich: In Schmiede, Sägemühle und Seilerei, bald auch in Wagnerei und Getreidemühle werden traditionelle Handwerke vorgeführt, die meist als bäuerlicher Nebenerwerb betrieben wurden.

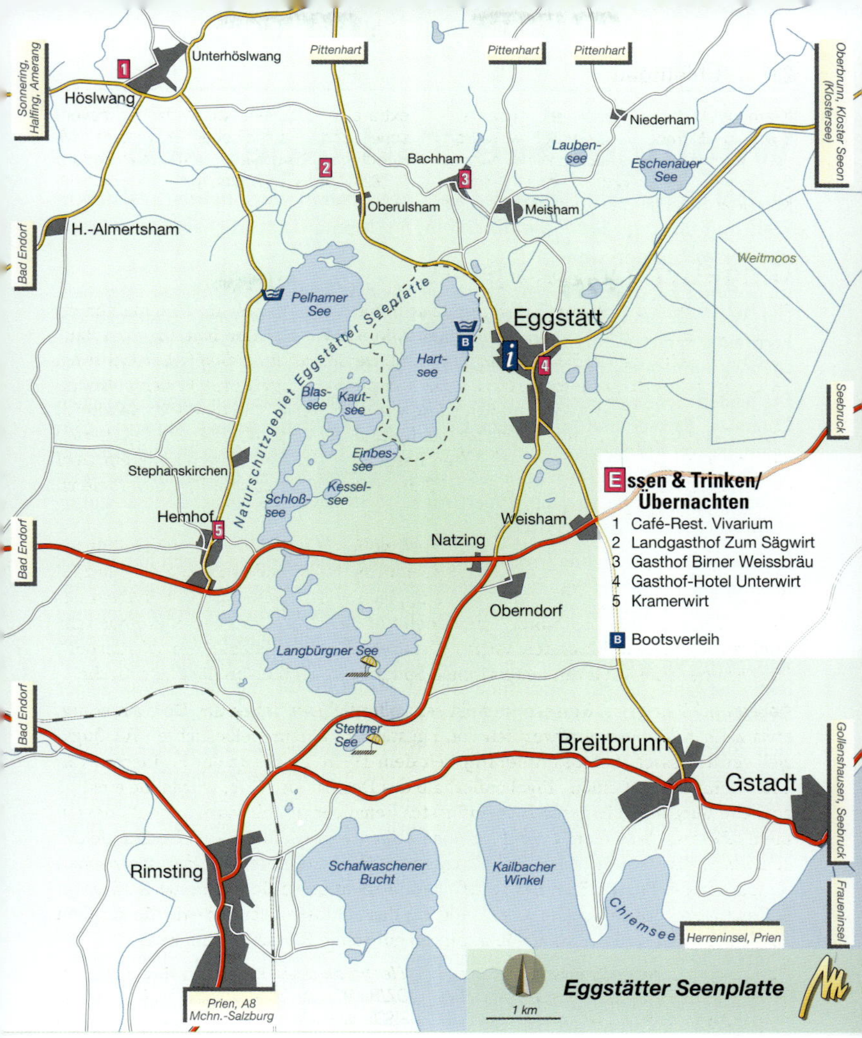

Im Hopfgarten, vom Ortskern in Richtung Wasserburg. Ende März bis Anfang Nov. Di–So 9–18 Uhr (ab Mitte Okt. nur bis 17 Uhr); Eintritt 4 €. Angeschlossen ist ein Brotzeitstüberl mit Biergarten und ein Museumsladen mit kunsthandwerklichen Produkten. Hopfgarten 2, 83123 Amerang, ✆ 08075-915090, www.bauernhausmuseum-amerang.de.

EFA-Museum für Deutsche Automobilgeschichte: Ein Fest für Oldtimerfreaks ist diese Ausstellung, die auf rund 6000 Quadratmeter Fläche über 220 deutsche Automobile präsentiert, vom Benz Patent-Motorwagen aus dem Jahr 1886 bis heute. Angeschlossen sind ein Kino, ein Café sowie die weltgrößte Modelleisenbahn der Spur II. April–Okt. Di–So 10–18 Uhr. Eintritt 9,50 €. Wasserburger Str. 38, 83123 Amerang. Achtung: Wegen Umbau bis voraussichtlich Sommer 2018 geschlossen! ✆ 08075-8141, www.efa-automuseum.de.

Waginger See, Tachinger See

Obwohl oft nur vom „Waginger See" gesprochen wird, handelt es sich in Wahrheit um zwei Seen, die durch einen schmalen, natürlichen Kanal miteinander verbunden sind.

Im Sommer kann das moorige Wasser der beiden Seen bis zu 27 Grad erreichen. Der Waginger und der Tachinger See gelten deshalb als wärmste Badeseen des Freistaats, in dieser Ehre freilich hart bedrängt vom Staffelsee, der sich bei entsprechender Sonneneinstrahlung ebenfalls zu Rekordtemperaturen aufheizt.

Die beiden Gewässer gehören zu der als *Rupertiwinkel* bekannten Region zwischen Chiemsee, Salzach und Inn. Benannt wurde sie nach dem Heiligen Rupertus, dem Schutzpatron der Salzgewinnung, der um 700 in Salzburg seinen Bischofssitz genommen hatte. Kenner bemerken es vielleicht da und dort an der Architektur: Viele Jahrhunderte lang war der Rupertiwinkel dem Salzburger Bischofsstaat unterstellt, wurde erst 1816 bayerisch.

Es ist eine in sich ruhende Landschaft, die nichts Spektakuläres an sich hat, uraltes Bauernland, das schon von den Römern besiedelt war. Sanfte Moränenhügel, Wiesen, Wälder und Felder bestimmen das Bild, da und dort ein Kirchturm oder eine einzeln stehende Kapelle, im Süden die Kette der Alpengipfel. Die Seeufer sind weitgehend unverbaut geblieben, die Siedlungen haben sich ihren dörflichen Charakter bewahrt. Einzige Ausnahme ist der Hauptort Waging, der sich in seiner Strandzone ein „Freizeitzentrum" leistet, das alle hiesigen Dimensionen sprengt.

Dem Rummel lässt sich jedoch schnell entfliehen, wahlweise zu Fuß oder mit dem Rad. Besonders Radler dürfen sich freuen, wurden in den letzten Jahren doch eine ganze Reihe von neuen Radwegen rund um die Seen ausgewiesen. Konflikte mit Fußgängern sind bislang noch eine Seltenheit, da es die meisten Gäste eher ruhig als extrem sportlich angehen lassen.

Rund um die beiden Seen

Etwa 30 Kilometer misst der durchgehend als „Seeweg" (grüne Schrift mit Fahrradsymbol) beschilderte Fuß- und Radweg um Waginger und Tachinger See. Obwohl nur selten direkter Uferkontakt besteht, besitzt die Route ihren Reiz, der vor allem aus den schönen Ausblicken auf die beiden Seen resultiert. Man kann sich die Strecke auch in zwei Etappen aufteilen, also einmal den Waginger See, ein andermal den Tachinger See umrunden.

Wander- und Radwegkarte: Preiswert und völlig ausreichend ist die Chiemgauer Wanderkarte, die auf Vorder- und Rückseite Wanderwege (1:30.000) bzw. Radwege (1:50.000) zeigt; erhältlich ist sie bei den Verkehrsämtern.

Besonders wohl scheinen sich an Waginger und Tachinger See auch die Camper zu fühlen. Nicht weniger als acht Plätze reihen sich an den Ufern, und alle sind sie im Sommer bestens besucht (Reservierung ratsam). Dabei ließe es sich hier auch in der Vor- oder Nachsaison wohl sein, denn die beiden Seen erreichen schon früh im Jahr und bis weit in den Herbst angenehme Badetemperaturen. Das liegt am Fehlen kalter Zuflüsse und auch an ihrer geringen Tiefe. Die Kehrseite ist ein relativ hoher Nährstoffgehalt, der das Algenwachstum fördert und für meist trübes Wasser sorgt;

hervorgerufen wird er nicht zuletzt auch durch die starke Düngung der umliegenden Felder. Immerhin sind aber alle Dörfer am See und in der näheren Umgebung an eine Ringkanalisation angeschlossen; 1995 ging zudem ein neues Großklärwerk in Betrieb. Motorboote sind auf den Seen verboten. Wer besonders auf die Wasserqualität achtet, dem sei gesagt, dass der Tachinger See – wohl auch wegen der geringeren Zahl der Badegäste – als der saubere der von beiden gilt.

Fläche 9 Quadratkilometer (Waginger See: 6,6 km^2, Tachinger See: 2,4 km^2); Länge 10 Kilometer, Breite bis zu 1,6 Kilometer, Tiefe 27 Meter, Uferlänge: 35 Kilometer (Waginger See: 25 Kilometer, Tachinger See: 10 Kilometer).

Wasserqualität Prinzipiell gut.

Wassertemperatur Sommer 23 Grad, Maximalwert 27 Grad.

Verbindungen Fahrpläne für Bahn und Bus im Verkehrsamt Waging (s. u.).

Bahn: Umsteigestation zur Nebenlinie nach Waging ist Traunstein (Verbindungen München–Traunstein alle 20–30 Min.). Die Anschlüsse ab Traunstein sind großteils auf die Münchner Züge abgestimmt (Wartezeit meist nur 6–10 Min.).

Bus: Der Regionalverkehr Oberbayern (RVO) bedient mit zwei Linien die Westufer der beiden Seen: Waging–Taching–Tengling (Linie 9518 Traunstein–Tittmoning) und Waging–Petting (Linie 9519 Traunstein–Laufen). Die Verbindungen sind jedoch vorwiegend auf den Schul- und Arbeitsverkehr zugeschnitten, fallen an Wochenenden fast völlig weg.

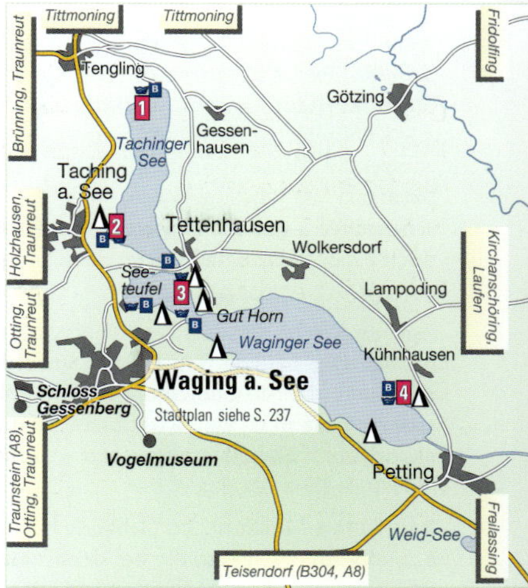

Essen & Trinken/Übernachten (S. 238 f.)

1 Strandbad-Rest. Tengling
2 Strandbad-Rest. Taching
3 Strandbad-Rest. Tettenhausen
4 Strandbad-Rest. Kühnhausen

2,5 km

Waginger See, Tachinger See

Auto: Einfachste und schnellste Anfahrt von München über die Salzburger Autobahn A 8 bis Ausfahrt Traunstein, von Traunstein nach Waging (ca. 125 km). Die etwas kürzere Bundesstraße B 304 über Wasserburg ist chronisch stauanfällig und sehr unfallträchtig.

Waging am See

Auch ohne das noch zum Gemeindegebiet zählende Dörfchen Tettenhausen wäre Waging die größte Siedlung am See (6400 Einwohner). Fast glaubt man hier sogar so etwas wie städtisches Ambiente zu spüren.

Dem geruhsamen Zentrum merkt man an, dass es über die Jahrhunderte gewachsen ist. Waging blickt auf eine lange Vergangenheit zurück. Im 8. Jh. als Salzburger Besitz erstmals urkundlich erwähnt, erhielt die Siedlung bereits im 14. Jh. Marktrecht. Zwar vernichtete ein verheerender Brand 1611 den Großteil der Bausubstanz, die historische Anlage des Ortes blieb jedoch in den Grundzügen erhalten.

Längst zur weitaus größten Fremdenverkehrsgemeinde am See geworden, kann der 2000 Fremdenbetten zählende Luftkurort über Mangel an Gästen nicht klagen. Ein Teil des Besucherstroms fließt jedoch am Zentrum vorbei direkt in das große **Strandkurhaus** (www.strandkurhaus.de) – ein Freizeitzentrum, das sich am etwa 1,5 Kilometer entfernten Seeufer über eine beträchtliche Fläche erstreckt. Über zahlreiche Wassersportmöglichkeiten bis hin zum „Erlebnispark" und Souvenir-Supermarkt ist alles geboten, was das Urlauberherz offensichtlich zu begehren scheint. Wer Ruhe sucht, ist hier sicher fehl am Platz, findet in der Umgebung jedoch Ausweichmöglichkeiten genug.

Pfarrkirche Sankt Martin: Die üppigen Dimensionen der nahe des Marktplatzes gelegenen Kirche spiegeln den Wohlstand wider, den Waging bereits vor Jahrhunderten genoss. Der heutige Bau entstand nach dem großen Brand von 1611 und ist innen mit Stuck der Wessobrunner Schule geschmückt; von der gotischen Vorgängerkirche stammt noch der Kirchturm, dem nur, dem damaligen Geschmack entsprechend, ein Zwiebelhut aufgesetzt wurde.
Seestr. 8, 83329 Waging

Bajuwaren-Museum: Im Gebäude der Touristinfo von Waging sind Funde aus dem 6. und 7. Jh. zu sehen, die bei der Erweiterung der Friedhöfe von Waging und Petting entdeckt wurden. Sie dokumentieren die Ansiedlung von Germanen in Bayern nach dem Abzug der Römer. Die keltoromanische Restbevölkerung vermischte sich mit den Neuankömmlingen und ein neues Volk entstand: die Bajuwaren.
Öffnungszeiten wie die Touristinfo: Juli/Aug. Mo–Fr 9–18 Uhr, Sa 9–13 Uhr; Juni/Sept. Mo–Fr 8–17 Uhr, Sa 9–13 Uhr; Okt.–Mai Mo–Fr 8–16 Uhr. Salzburger Str. 32, 83329 Waging (beim Infozentrum), ✆ 08681-45870.

Wallfahrtskirche Maria Heimsuchung Mühlberg: Ein Kreuzweg mit 14 Stationen führt hinauf zu der Barockkirche, von der sich ein weiter Ausblick über den See bietet. Das um 1710 erbaute Gotteshaus liegt östlich von Waging, zu erreichen über den Ortsteil Egg.
Mühlberg 2, 83329 Waging.

Information Touristinfo Waging am See, am östlichen Rand des Zentrums. Juli/Aug. Mo–Fr 9–18 Uhr, Sa 9–13 Uhr; Juni/Sept. Mo–Fr 8–17 Uhr, Sa 9–13 Uhr; Okt.–Mai Mo–Fr 8–16 Uhr. Außerhalb der Öffnungszeiten lassen sich freie Zimmer über ein Computerterminal abfragen. Salzburger Str. 32, 83329 Waging, ✆ 08681-313, www.waginger-see.de.

Verbindungen Ein **Ortsbus** verbindet von Anfang Juni bis Mitte September den Ortskern mit dem Freizeitzentrum am See; ermäßigte Fahrkarten für Kurkarteninhaber.

Baden **Freibad am Strandkurhaus Waging**, im Sommer sehr stark besucht. Weit ausgedehntes Wiesengelände, Einkaufsmöglichkeiten, diverse Gaststätten, Wasserrutsche … Eintritt 2,50 €. Am See 1, 83329 Waging, ✆ 08681-552.

Strandbad Seeteufel, etwa 2 km nördlich von Waging, zu erreichen über die Straße nach Taching. Deutlich kleinere Anlage, zum See hin abfallendes Wiesengelände mit relativ wenig Schatten; angeschlossen ein Kiosk mit Terrasse und ein Bootsverleih. Eintritt 2,50 €. Zum Seeteufel 40, 83329 Waging, ✆ 08681-45237.

Feste/Veranstaltungen **Marktfest**, wechselnde Termine, zuletzt am letzten Samstag im Juli. Fand aber auch schon am zweiten Wochenende im August statt. Die Touristinfo in Waging kennt zeitnah das genaue Datum: ✆ 08681-313.

Traditionelle Märkte im Ortszentrum 3-mal jährlich, Passionsmarkt am So vor Ostern, Peter-und-Paul-Markt am letzten Junisonntag bzw. am 1. Julisonntag, Martini-Markt am So nach Allerheiligen.

Freizeit/Sport **Bootsverleih**: Ruder-, Tret- und Elektroboote in beiden Strandbädern, beim Strandbad am Kurhaus auch Segelboote.

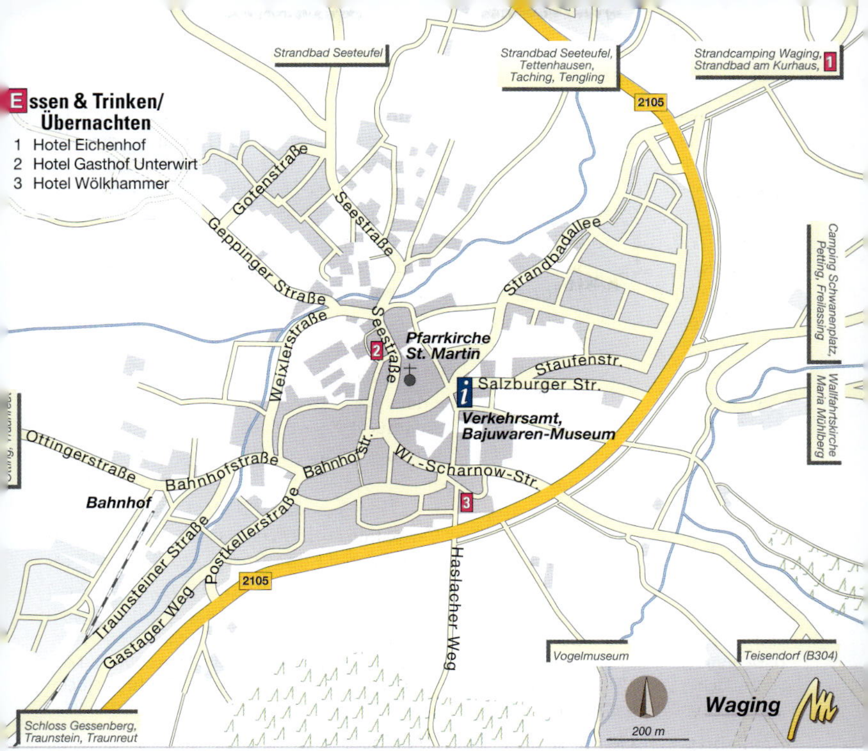

Fahrradverleih: Grabl, bei der Tankstelle, Traunsteiner Str. 2, 83329 Waging (südwestlicher Ortsbereich), ✆ 08681-233, www.grabl-waging.de.

Surf- und Segelschulen: Windsurfing-Schule Bittl, am Strandcampingplatz Waging, Schnupperkurs (Neopren-Anzug wird gestellt) 35 €, Anfängerkurs mit Grundschein 170 €, ✆ 089-1413155 oder 0171-7666455, www.bittl-surfschule.de; Windsurfingcenter Rudi Schmid, Ferienparadies Gut Horn, ✆ 08669-6654 oder 0171-6546654, www.snowsurf.de.

Geführte Touren: Etwa von Mitte Juni bis Mitte Sept. finden jeweils 1-mal wöchentlich geführte Radtouren, Ortsbegehungen und Wanderungen mit dem Förster statt; nähere Informationen beim Verkehrsamt.

Übernachten/Essen **** **Hotel Wölkhammer 3**, am südlichen Rand des Zentrums, unweit der Umgehungsstraße. Neu umgebautes, komfortables Haus gehobener Kategorie – wenn der rustikale Stil auf manche auch etwas überladen wirken mag, Stichwort Rüschen. Das angeschlossene Restaurant mit eigener Metzgerei bietet bayerisch-internationale Küche. DZ/Bad/F je nach Lage und Ausstattung 86–122 €. Haslacher Weg 3, 83329 Waging, ✆ 08681-4080, www.hotel-woelkhammer.de.

**** **Hotel Eichenhof 1**, etwas abseits des Rummels der Strandzone; dennoch nur ein paar Meter vom Seeufer entfernt, dort eine eigene Liegewiese. Komfortables Haus jüngeren Baudatums, mit Sauna, Whirlpool und Fitnessraum; angeschlossen ist eine Schönheitsfarm. Internationale Küche, Wintergarten und Sonnenterrasse. Zimmerstil: gutbürgerlich-rustikal. DZ/Bad/F um 150 €. Angerpoint 1, 83329 Waging (nahe dem Golfpark), ✆ 08681-4030, www.Hotel-Eichenhof.de.

Hotel Gasthof Unterwirt 2, nahe der Kirche. Durchaus als Unterkunft zu empfehlen, gut ausgestattet mit Hallenbad, Sauna und Solarium. Gediegenes Gasthaus. In ruhiger Lage, verglaste Veranda, einige Tische im Freien. Eigene Metzgerei; viel Gegrilltes, günstige Tageskarte mit Fleischgerichten und vegetarischen Speisen. DZ/Bad/F um 90 €. Seestr. 23–25, 83329 Waging, ✆ 08681-69330, www.tanner-waging.de.

Strandcamping Waging, ausgedehnter, wegen seiner Größe etwas anonym und steril wirkender, aber sehr gut ausgestatteter Platz direkt am Rand des Freizeitzentrums; für Camper kostenloser Zugang zum Strandbad. 1 Pers. 9,60 €, Stellplatz inkl. Pkw 14–30 €. Am See 1, 83329 Waging, ✆ 08681-552, www.strandcamp.de.

Camping Schwanenplatz, beim Ortsteil Gaden, etwa 2 km südöstlich von Waging, zu erreichen über die Straße nach Petting. Recht hübsch und ruhig am See gelegen, teils gut schattig; mehrere Badeplätze, die gegen Gebühr auch für Tagesbesucher zugänglich sind, Einkaufsmöglichkeit und Gaststätte. 1 Pers. inkl. Kurtaxe 9,20 €, Stellplatz 9–15 €. Geöffnet April–Okt. Am Schwanenplatz 1, 83329 Waging, ✆ 08681-281, www.schwanenplatz.de.

Petting

Der kleine Ort (2200 Einwohner), dessen Name der Dorfjugend sicher viel Spott einträgt, liegt etwas abseits des Ufers auf einer Hügelkuppe über dem See. Von Tourismus ist in dem hübsch herausgeputzten Dörfchen deshalb nicht viel zu spüren. Der bescheidene Fremdenverkehr der Gemeinde konzentriert sich vorwiegend am See, besonders beim schönen Strandbad im Ortsteil Kühnhausen.

Information **Touristinfo Petting**, im Rathaus. Mitte Juni–Aug. Mo–Fr 8–12 Uhr, sonst Mo–Do 9.30–12 Uhr. Hauptstr. 13, 83367 Petting, ✆ 08686-200, www.gemeinde-petting.de.

Baden/Freizeit (→ Karte S. 235) **Strandbad Kühnhausen 4**, mit angeschlossenem Bootsverleih. Am Ostufer, knapp 3 km nördlich von Petting, Zufahrt über die Straße nach Tettenhausen. Heimelige Anlage unter alten Bäumen, ins recht flache Wasser über Treppen und Stege; schwimmende Badeplattform. Sehr schön zum See liegt die Terrasse der zugehörigen Wirtschaft. Strandbadstr. 7, 83367 Petting, ✆ 08686-9849850, www.camping-wagner.de.

Fahrradverleih bei der Touristinfo Petting (s. o.).

Übernachten/Essen **Campingplatz Hainz am See**, am Südwestufer etwa 2,5 km vom Ort, zu erreichen über die Straße nach Waging. Ein interessantes Konzept: „Autofreier Ferienplatz" – das bedeutet familiäre Atmosphäre, eine Woche Mindestaufenthalt und das separate Abstellen von Pkws vor dem Campingplatz (für Wohnmobile ist er deshalb gesperrt). Das gepflegte Wiesengelände liegt sehr ruhig inmitten eines Landschaftsschutzgebietes direkt am See; Dauercamper gibt es hier nicht. Erw. 7 €, Auto am Parkplatz 2 €, Stellplatz fürs Zelt 6,50 €. Geöffnet Mitte Mai bis Mitte Sept. Hainz am See 2, 83367 Petting, ✆ 08686-287, www.hainzamsee.de.

Tettenhausen

Das Dörfchen besetzt eine Hügelkuppe direkt oberhalb der schmalen Verbindung vom Waginger zum Tachinger See. Tettenhausen gehört zwar zu Waging, zeigt aber einen ganz anderen, wesentlich ruhigeren und ländlicheren Charakter als der Hauptort; besonders deutlich wird das am kaum besiedelten Seeufer nördlich des Dorfes. Ganz anders unten am Kanal zwischen den beiden Seen, in dessen Nähe der gemeindliche Campingplatz und das Strandbad liegen – hier tobt im Sommer wahrlich das Leben.

Übernachten/Essen (→ Karte S. 235) **Campingplatz Gut Horn**, an der Engstelle des Waginger Sees genau gegenüber dem Freizeitzentrum von Waging und etwas südlich von Tettenhausen gelegen, Zufahrt von dort im Ortszentrum beschildert. Ausgedehnter, gut ausgestatteter Platz, nach dem Strandbad am Kurhaus von Waging der zweitgrößte am See. Teils ebenes, teils leicht abfallendes Wiesengelände, mäßig schattig; zur Saison ist beim Schwimmen etwas Vorsicht wegen des starken Bootsverkehrs geboten. Einkaufsmöglichkeit und Imbiss. Erw. 8,10 €, Stellplatz am See 10,50 €. Geöffnet März–Nov. Gut Horn, 83329 Waging, ✆ 08681-227, www.gut-horn.de.

Baden/Freizeit (→ Karte S. 235) **Strandbad Tettenhausen 3**, unter recht beengten Verhältnissen im Gemeindecampingplatz untergebracht, an der Verbindung der beiden Seen zudem recht starkem Bootsverkehr ausgesetzt. Liegewiese unter hohen Bäumen, ins Wasser über den etwa 40 m langen Kiesstrand, schwimmende Badeplattform vorgelagert. Hübsch gelegenes Restaurant mit ordentlicher Auswahl. Geringer Eintritt. Hauptstr. 2, 83329 Tettenhausen, ✆ 08681-358 (Restaurant), www.strandbad-tettenhausen.de.

Bootsverleih: An der Brücke über die Engstelle zwischen den Seen (Tachinger Seite).

Taching

Am Tachinger See ist der Fremdenverkehr wesentlich schwächer ausgeprägt als beim größeren Bruder. Auch in Taching (2100 Einwohner), dem bildhübsch um seinen Kirchberg hoch über dem See gruppierten „Hauptdorf", ist das schnell zu spüren. Übernachten kann man hier in der einzigen Pension des Ortes oder in einer der zahlreichen Privatunterkünfte. Eine ländliche Idylle also, ideal zum Ausspannen. Zwischendurch lohnt sich ein Blick in den Innenraum der schönen Kirche, der noch deutlich gotische Züge trägt. Und wer Unterhaltung sucht, hat es ja nicht weit bis Waging ...

Information **Touristinfo Taching**, Kontakt mit Monika Winkler oder Wolfgang Weiss per Telefon oder Fax. Am Strandbad 1, 83373 Taching, ✆ 08681-1444, www.taching.de.

Baden (→ Karte S. 235) **Strandbad Taching 2**, ausgedehntes, gepflegtes Wiesengelände mit einzelnen alten Bäumen. Der recht lange Strand ist teils kiesig, teils sandig und relativ schnell abfallend; es gibt einen Sprungturm und einen Bootsverleih. Die zugehörige Gaststätte mit recht vielfältigem, preiswertem Angebot bietet von der großen Terrasse einen schönen Blick über den See. Erw. 3 €, Kinder ab 10 Jahren 1,50 €, Parken kostenlos.

Übernachten/Essen **Gemeindecamping Taching**, unterhalb des Ortes und dem Strandbad angegliedert. Freundlicher Platz, leicht geneigtes Wiesengelände mit etwas Schatten. Zur Saison Einkaufsmöglichkeit; Gaststätte im Strandbad. Mittagspause 12–14 Uhr (keine Anreise!). 1 Pers. 6,50 €, Stellplatz inkl. Pkw 7,50 €. Geöffnet April–Okt. ✆ 08681-9548, www.seecamping-taching.de.

Tengling

Noch eine Spur ruhiger und ländlicher als Taching zeigt sich das kleine Dörfchen Tengling, dessen Bauernhöfe sich um eine Straßenkreuzung etwas abseits der Nordostecke des Sees gruppieren. Unterkünfte gibt es hier nur in Privatquartieren, die man sich von der Touristinfo in Taching (s. o.) vermitteln lassen kann.

Baden/Freizeit (→ Karte S. 235) **Strandbad Tengling 1**, etwa 2 km vom Ort; die Zufahrt zweigt bei der einzeln stehenden Kirche an der Straße nach Fridolfing ab. Teilweise gut schattiges Wiesengelände, abgeteilter Kinderbereich, der Strand teils sandig, teils kiesig, mit Stegen und Badeplattform mit Sprungturm. Hübsch liegt die preiswerte kleine SB-Gaststätte mit Seeterrasse; im hinteren Bereich des Geländes gibt es einen Verleih von Ruder-, Tret- und Elektrobooten. Eintritt (Parken inkl.) 3 €, Kinder ab 10 Jahren 1,50 €. www.strandbad-tengling.de.

Panoramablick am Watzmannhaus hoch über Ramsau

Berchtesgadener Land

Ein Juwel inmitten faszinierender Bergwelt, vielbesungen und vielbesucht, steht der Königssee an der Spitze einer ganzen Reihe von Anziehungspunkten im Berchtesgadener Land, einer bayerischen Urlaubsregion der Extraklasse.

In der südöstlichsten Ecke Deutschlands, fast rundum von den Grenzen des Nachbarn Österreich umschlossen, konzentrieren sich die historischen, vor allem aber die landschaftlichen Attraktionen in überwältigender Fülle. Da ist zunächst die alte Salzstadt **Berchtesgaden**, klassischer Ausgangspunkt für den Besuch des Königssees, die mit schönem Ortskern und einer an originellen bis kuriosen Sehenswürdigkeiten reichen Umgebung jederzeit auch selbst eine Reise wert ist. Etwas südwestlich liegt **Ramsau** mit seiner vielfotografierten Kirche und dem nahen **Hintersee**, dessen Ufer schöne Waldgebiete zieren. Schließlich der **Nationalpark Berchtesgaden**: Der einzige Nationalpark in Oberbayern umfasst den **Königssee** und die ihn umgebenden, wild zerklüfteten Gebirgsstöcke, deren berühmtester sicher der **Watzmann** ist, das Wahrzeichen der Region. Nach Norden abgeschlossen wird das Berchtesgadener Land durch den nicht minder legendenumwobenen **Untersberg**, in dessen Höhlen – je nach der Sage, der man glauben möchte – wahlweise *Karl der Große* oder der Rotbart *Barbarossa* schlafend auf ihr letztes Gefecht warten.

Kein Wunder, dass diese Bilderbuchlandschaft eines der beliebtesten Ferienziele Bayerns, ja Deutschlands ist. Fuß fasste der Tourismus in Berchtesgaden und am Königssee bereits um 1870. Wie an vielen anderen bayerischen Seen waren auch hier die Künstler unter den Pionieren. Schon *Caspar David Friedrich* stellte seine Staffelei an die Ufer des Königssees. Allein für das Jahr 1849 weist das „Fremdenbuch für Künstler" von St. Bartholomä die Eintragungen von 149 Malern auf. Ein Schriftsteller jedoch hat das Berchtesgadener Land berühmt gemacht: Der Heimatdichter *Ludwig Ganghofer* ließ gleich acht seiner weiland höchst populären Romane in und um Berchtesgaden spielen. In rekordverdächtigen Auflagenzahlen gedruckt, später auch vor der „Originalkulisse" verfilmt, sorgten die heute oft als schnulzig empfundenen Werke für die erste große Besucherwelle in der Region.

Mittlerweile ist der Tourismus die wichtigste Einnahmequelle geworden. Die Souvenirläden quellen über von pseudo-bayerischem Kitsch, im Sommer sind Staus auf verstopften Straßen, ausgebuchte Quartiere und stundenlange Wartezeiten an den

Bootsstegen am See eher die Regel als die Ausnahme. Das reichlich strömende Publikum setzt sich dabei ganz unterschiedlich zusammen. Neben älteren Herrschaften zählen zunehmend auch junge Familien und vor allem erlebnishungrige Singles zur angepeilten Zielgruppe. Outdoor-Freaks aller Spielarten finden im Berchtesgadener Land auch wirklich beste Möglichkeiten vor, die von der gemütlichen Flusswanderung im Kanadier über Mountainbiking, Drachen- und Gleitschirmfliegen bis zum Rafting reichen. Dass der Nationalpark am Königssee für Wanderungen und anspruchsvollere Touren ein wahres Paradies darstellt, ist schon fast überflüssig zu erwähnen. Aber Vorsicht: Die Berge hier sind auch berüchtigt für die Vielzahl tödlicher Unfälle – oft genug trifft es falsch ausgerüstete und unerfahrene „Turnschuhtouristen".

Information Der Zweckverband **Tourismusregion Berchtesgaden-Königssee** in Berchtesgaden ist zuständig für die gesamte Region. Große Touristinfo am Kreisverkehr gegenüber vom Bahnhof, eine vielbesuchte Anlaufstelle für Zimmervermittlung, Wandertipps und -karten, Schild „Berchtesgaden–Königssee". Parkplätze vorhanden. Pfingsten bis Mitte Okt. Mo–Fr 8.30–18 Uhr, Sa 9–17 Uhr, Sonn-/Feiertage 9–15 Uhr; Mitte Okt. bis Pfingsten Mo–Fr 8.30–17 Uhr, Sa 9–12 Uhr, So 9–15 Uhr. Königsseer Str. 2, 83471 Berchtesgaden, ✆ 08652-967150, www.berchtesgaden.com.

Weitere lokale Informationsstellen gibt es in Berchtesgaden, Marktschellenberg, Schönau und in Ramsau.

Verbindungen Zentrum des öffentlichen Verkehrsnetzes ist der Bahnhof in Berchtesgaden.

Bahn: Tagsüber etwa stündl. Züge der Deutschen Bahn ab München Hauptbahnhof; Fahrzeit nach Berchtesgaden etwa 2:30 Std. Zusätzliche Verbindungen bestehen ab der Umsteigestation Freilassing.

Bus: Ein dichtes Netz von Buslinien des Regionalverkehrs Oberbayern (RVO) erschließt das gesamte Gebiet um Berchtesgaden, den Königssee und den Hintersee. Die zentrale Umsteigestation liegt am Berchtesgadener Bahnhof bei der Post. Auskünfte: RVO Berchtesgaden, Im Stangenwald 1, 83483 Bischofwiesen, Mo–Fr 9–12 Uhr, Mi auch 14–16 Uhr, ✆ 08652-94480. Busse zum Königssee verkehren tagsüber etwa 2-mal stündl., nach Ramsau/Hintersee etwa 1- bis 2-mal stündl., auf der Ringlinie nach Schönau bis 15-mal tägl. Seit dem 1. Dezember 2008 können alle Inhaber einer Kurkarte der Gemeinden Berchtesgaden, Schönau am Königssee, Bischofswiesen, Ramsau und Marktschellenberg die Linienbusse der RVO im Verbandsgebiet (bis zur Grenze) kostenlos benutzen. Ausnahmen sind die Kehlsteinlinie, der Alm-Erlebnis-Bus und die „Nachtschwärmer"-Linie. Die Hin- und Rückfahrt nach Salzburg kostet mit der Kurkarte 3 € (für Kinder 1,50 €).

Auto: Anfahrt ab München auf der Autobahn A 8 Richtung Salzburg bis zur Ausfahrt Bad Reichenhall, dann auf der Bundesstraße B 20 bis Berchtesgaden; insgesamt rund 150 Kilometer.

Deutschlands berühmtestes Gewässer: der Königssee

Königssee

Inmitten faszinierender Berglandschaft gelegen, wie ein Fjord zwischen die an drei Seiten steil aufragenden Felswände von Watzmann, Steinernem Meer und Hagengebirge geschmiegt, darf man den Königssee als den wohl schönsten unter allen oberbayerischen Seen bezeichnen. Sein kühles, smaragdgrünes Wasser ist nährstoffarm und kristallklar, besitzt absolute Trinkwasserqualität. Damit dies auch so bleibt, werden die Rundfahrtschiffe auf dem See bereits seit 1909 von Elektromotoren angetrieben. Sie sind die einzige Möglichkeit, zur berühmten Kirche von *St. Bartholomä* zu gelangen, denn einen Fußweg oder gar eine Straße um den fast rundum unberührten See gibt es nicht. Sogar das Befahren mit Surfbrettern und Segelbooten ist auf dem Königssee und dem südlich anschließenden Obersee, die ja beide mitten im Nationalpark liegen, verboten.

Topografische Angaben Fläche 5,2 Quadratkilometer, Länge 7,7 Kilometer, Breite bis zu 1,2 Kilometer, Tiefe 190 Meter (nach dem Walchensee der zweittiefste See Oberbayerns), Uferlänge 20 Kilometer.

Wasserqualität Sehr gut.

Wassertemperatur Sommer kaum über 16 Grad.

Schönau am Königssee

Seit 1978 sind die Orte Schönau und Königssee zur heutigen Gemeinde „Schönau am Königssee“ zusammengefasst. Die laut Eigenwerbung „größte Fremdenverkehrsgemeinde des Berchtesgadener Landes“ reicht von der Gemeindegrenze Berchtesgadens über den Königssee hinaus bis zu den mächtigen Gebirgsstöcken im Süden und Osten.

Nationalpark Berchtesgaden

Naturschutz mit Tradition – bereits 1910 wurde das Gebiet um den Königssee als „Pflanzenschonbezirk“ geschützt, 1922 als Naturschutzgebiet ausgewiesen. Seit 1978 gibt es den Nationalpark Berchtesgaden; mit ursächlich für die Gründung war damals der aberwitzige Plan, eine Seilbahn auf den Watzmann zu errichten, ein Projekt, das durch die Erhebung zum Nationalpark verhindert werden konnte. Das Gebiet des Parks umfasst auf einer Fläche von 210 Quadratkilometern den gesamten Süden des Berchtesgadener Landes bis hin zur österreichischen Staatsgrenze.

Ein Kennzeichen des komplett in Staatsbesitz befindlichen Areals sind die enormen Höhenunterschiede (der Königssee liegt 603 Meter über dem Meeresspiegel, der höchste Watzmanngipfel 2713 Meter) und die damit einhergehende Artenvielfalt an Pflanzen und Tieren. Jeder Besucher ist aufgerufen, diesen Schatz zu bewahren und sich umweltgerecht zu verhalten, insbesondere keinerlei Abfälle zu hinterlassen und die Wege nicht zu verlassen.

Ende 2012 wurde das „Haus der Berge“ in Berchtesgaden eröffnet, ein 19 Mio. Euro teures Infozentrum über den Nationalpark, das mit modernen Ausstellungskonzepten das Umweltbewusstsein schärfen will. Vom Boden des Königssees bis zum Watzmanngipfel werden dem Besucher die verschiedenen Lebensräume von Tieren und Pflanzen anschaulich nähergebracht.

Beide Ortsteile besitzen einen sehr unterschiedlichen Charakter. **Schönau,** dessen Häuser weiträumig zwischen Weidewiesen verstreut sind, wirkt fast überall noch sehr dörflich. Auf dem Weg zum See erwartet den auf Natur und Idylle eingestellten Besucher jedoch ein gehöriger Schock. Hat er nämlich die einer italienischen Autobahnmautstelle ähnelnde Zufahrt zum Großparkplatz passiert, findet er sich plötzlich in einem bayerischen Disneyland wieder, muss auf dem Weg zum See vorbei an unzähligen Souvenirgeschäften, die neben Trachten, Schmuck und „Raritäten“ auch so nützliche und typisch bayerische Dinge wie Gartenzwerge, Batikhemden und Filzhüte offerieren: Die kleine Siedlung **Königssee** ist zum Rummelplatz geworden, in den tagsüber die Touristenschwärme einfallen, der nach Abfahrt der Reisebusse aber fast menschenleer ist. Immerhin dürfte der Königssee ja der meistbesuchte See Oberbayerns sein: Jährlich zwängen sich rund eine Million potentielle Kunden durch die Ladenzeile zur Schiffslände. Vom See selbst ist von hier aus allerdings nur ein kleines Stück zu sehen. Seine ganze Pracht erkennt man so richtig erst bei einer Schiffsfahrt – oder aber bei einem Spaziergang zum Aussichtspunkt *Malerwinkel*, der von der Schiffsanlegestelle nur 15 Fußminuten entfernt liegt und eine wunderbare Aussicht bietet.

Information **Touristinfo Schönau am Königssee**, im Ortsteil Unterstein. Mai–Okt. Mo–Fr 8–18 Uhr, Sa 8–16 Uhr, Sonn- und Feiertage 9–16 Uhr, restliche Monate eingeschränkte Öffnungszeiten. Rathausplatz 1, 83471 Schönau, ✆ 08652-1760, www.koenigssee.com.

Baden Der Sprung ins Wasser des Königssees ist zwar nicht verboten, die selten über 16 Grad steigenden Temperaturen animieren aber kaum zum Baden. Immerhin hat ein beheiztes Freibad, das **Schornbad** im Ortszentrum von Schönau, (Schornstr. 7) nach Umbau wieder geöffnet. Erw. 5,60 €, Kinder 3,30 €, kostenlose Parkplätze. Schornstr. 7, 83471 Schönau, ✆ 08652-656320.

Feste/Veranstaltungen **Almabtrieb**: Abtrieb der Kühe von ihrer „Sommerfrische“ in den Bergen, gefolgt von der Verschiffung über den Königssee. Je nach Wetterlage um

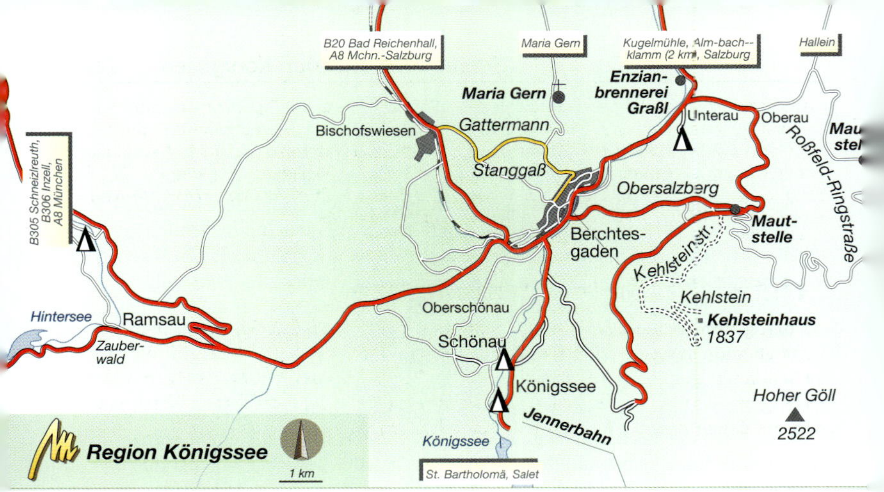

den Michaelitag (29. Sept.); aktuelle Auskunft kurz vorher bei den Informationsstellen.

Almer Wallfahrt, eine der großartigsten Wallfahrten der Alpen: Tausende von Pilgern ziehen vom österreichischen Maria Alm über das 2000 m hohe Steinerne Meer nach St. Bartholomä. Die beschwerliche und nicht ungefährliche Wallfahrt wird im 16. Jh. erstmals urkundlich erwähnt; seit einem Schiffsunfall im Jahre 1688, bei dem über 70 Pilger ertranken, findet sie zum Gedenken an dieses Unglück statt. Eintreffen der Pilger gegen 16 Uhr am letzten Sa im August, am folgenden So Kirchweih in St. Bartholomä.

Seefest am Königssee, mit großem Feuerwerk, am letzten So im Juli oder ersten So im August; Ausweichtermin bei Schlechtwetter eine Woche später.

Freizeit/Sport **Bergbahn**: Die **Jennerbahn** führt vom Großparkplatz Königssee bis unterhalb des 1874 m hohen Gipfels des Jenner. Von der Bergstation und von der Gipfelkanzel bietet sich eine großartige Aussicht auf den rund 1200 m tiefer liegenden Königssee und die umgebende Bergwelt. Fahrzeit der Gondelbahn 30 Min., Berg- und Talfahrt 21 €. Ermäßigung für Familien und Gruppen. **Achtung!** Die Jennerbahn inkl. aller Stationsgebäude wird neu gebaut, Neueröffnung voraussichtlich Sommer 2018. Jedenfalls soll der Skibetrieb im Winter 2018/2019 wieder uneingeschränkt möglich sein. Rufen Sie zumindest 2018 aber sicherheitshalber vorher an: ✆ 08652-95810, www.jennerbahn.de.

Fahrradverleih: Treff Aktiv, Jennerbahnstr. 19, ✆ 08652-66710; Sport Renoth, Triftplatz 1, ✆ 08652-975000.

Übernachten/Essen Die kulinarischen Spezialitäten der Gegend kommen natürlich aus dem See – Seeforellen und vor allem der „Schwarzreuther", ein geräucherter Saibling, sind die hiesigen Leckerbissen.

**** **Stoll's Hotel Alpina**, ein Schmuckstück im Ortsteil Oberschönau, von Berchtesgaden zu erreichen über die Oberschönauer Straße, die direkt gegenüber dem Bahnhof abzweigt. Großes Grundstück in ruhiger Aussichtslage am Rand eines Wohngebietes, mehrere hübsch dekorierte Gebäude, Hallen- und Freibad, Sauna, Solarium, Liegewiese etc., angeschlossen auch ein „Schönheitscenter". DZ/Bad/F 120–170 €. Ulmenweg 14–16, 83471 Schönau, ✆ 08652-65090, www.stolls-hotel-alpina.de.

Waldhauser Bräu, Wirtshaus mit Biergarten unweit des Ortszentrums von Schönau. Herzhafte bayerisch-österreichische Küche, gute Auswahl an Brotzeiten und Süßspeisen. Waldhauser Str. 12, 83471 Schönau, ✆ 08652-948943, www.waldhauserbraeu.de.

Campingplatz Mühlleiten, ebenes Wiesengelände neben der (nachts ruhigen) Straße von Berchtesgaden zum Königssee; Schatten bietet nur ein separater Teil des Geländes. Freundliche Leitung, Einkaufsmöglichkeit, Gasthaus „Schusterstein" in der Nähe. Camping: Erwachsene 8 €, Stellplatz 8–12 €. Ganzjährig geöffnet. Königsseer Str. 70, 83471 Schönau, ✆ 08652-4584, www.camping-muehlleiten.de.

Campingplatz Grafenlehen, ein Stück weiter und schon in lockerer Fußentfernung zum See gelegen, Zufahrt kurz vor dem Großparkplatz. Zweigeteiltes, überwiegend schattenloses Wiesengelände neben der rauschenden Königsseer Ache, gepflegte Sanitärs, Einkaufsmöglichkeit und preiswerte SB-Gaststätte. Erwachsene inkl. Kurtaxe 10,50 €, Stellplatz inkl. Auto 9 €. Ganzjährig geöffnet. Königsseer Fußweg 71, 83471 Schönau, ✆ 08652-6554488, www.camping-grafenlehen.de.

Schiffsfahrt über den Königssee

So heftig der Andrang sein mag – von einer Fahrt über den See sollte man sich nicht abhalten lassen. Erst von den leisen Elektrobooten aus erschließt sich die ganze Schönheit des Sees und der umliegenden Berge. Von den einzelnen Haltestellen aus ergibt sich zudem Gelegenheit zu vielfältigen, gut ausgeschilderten Wanderungen, auf denen man die Besuchermassen schnell zurücklässt.

Vom Ort Königssee aus passieren die Schiffe, die übrigens in einer eigenen Werft gebaut und gewartet werden, zunächst die kleine Insel Christlieger. Auf Höhe der berühmten *„Echowand“* werden die Motoren gedrosselt: Früher gab man hier einen Böllerschuss ab, dessen Echo siebenfach widerhallte; heute fordert der Schiffsbegleiter, meist durchaus gekonnt, das Echo mit einem Flügelhornsolo heraus. Vorbei an der Bedarfshaltestelle *Kessel*, einem Ausgangspunkt anspruchsvoller Bergtouren, gleitet das Schiff zur Haltestelle bei der Kirche St. Bartholomä, unterhalb der fast 1800 Meter hoch aufragenden Watzmann-Ostwand.

St. Bartholomä: Die kleine Kirche mit ihrem kleeblattförmigen Grundriss, in den Jahren um 1700 auf weit älteren Fundamenten errichtet, ist das vielfotografierte Wahrzeichen des Königssees; wer sein persönliches Foto von St. Bartholomä schießen möchte, sollte bei der Anfahrt einen Fensterplatz auf der rechten Seite wählen. Direkt nebenan steht das einstige Jagdhaus der bayerischen Könige, heute eine Gastwirtschaft. Im Inneren lohnt sich ein Blick auf die präparierte, reichlich über einen Meter lange Seeforelle von 27 Kilogramm, die 1976 im Königssee gefangen wurde; in den Gasträumen hängen die gemalten „Portraits“ weiterer Riesenforellen aus früheren Zeiten.

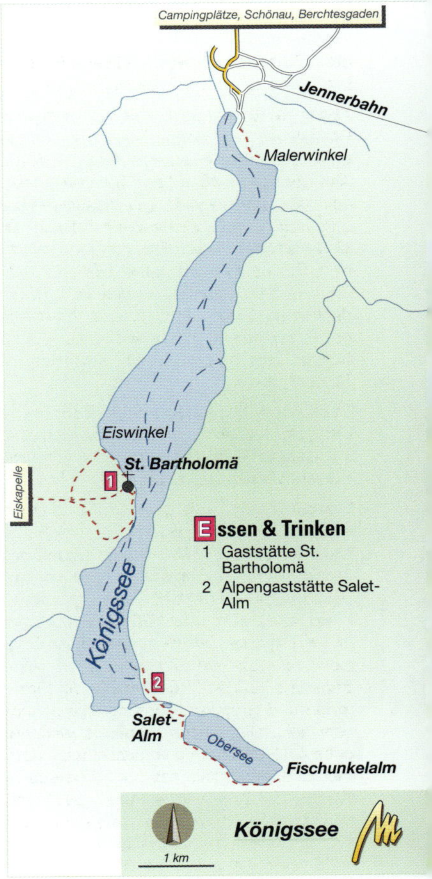

St. Bartholomä ist Ausgangspunkt mehrerer ausgeschilderter Wanderwege. Zur 840 Meter hoch gelegenen *Eiskapelle* benötigt man etwa eine Stunde; festes Schuhwerk ist dringend nötig. Dieses Eisgewölbe, das auch im Sommer nicht taut, liegt am Fuß der Watzmann-Ostwand und fängt im Winter die gewaltigen Lawinen ein, die diese höchste Felswand der Alpen hinabdonnern.

Salet: Viele Besucher belassen es beim Ausflug nach St. Bartholomä und kehren von dort aus wieder nach Königssee zurück. Es lohnt sich jedoch, die Fahrt bis zur Endhaltestelle Saletalm fortzusetzen, in deren Umgebung sich schöne Wandermöglichkeiten bieten. Nahe der Anlegestelle wartet ein Wirtshaus, ein Stück weiter die „echte" Saletalm, in der man im Sommer frische Milch, Buttermilch und eine Käsebrotzeit bekommen kann.

Obersee: Der stille See liegt etwa zehn Minuten Fußweg von der Anlegestelle Salet entfernt. Fast eine Fortsetzung des Königssees, ist er zwei Kilometer lang und bis zu 60 Meter tief; über dem hinteren Ufer erheben sich die Spitzen der beiden mehr als 2000 Meter hohen Teufelshörner, die schon auf österreichischem Staatsgebiet liegen. Am Südostufer führt ein Fußweg entlang, auf dem man in etwa 45 Minuten die im Sommer bewirtschaftete Fischunkelalm erreicht.

Schiffsverkehr Je nach Wetterlage rund ums Jahr; im Winter fahren die Schiffe allerdings nur bis St. Bartholomä. Zur Hochsaison herrscht starker Andrang, der bereits am frühen Vormittag zu stundenlangen Wartezeiten führen kann; ratsam, dann bereits mit einem der ersten Schiffe loszufahren. Zur Hochsaison fährt das erste Schiff bereits um 8 Uhr ab. Im Prinzip legen die Boote alle halbe Stunde ab, bei großem Andrang bis zu fünf Mal pro Stunde. Zurück geht's von St. Bartholomä spätestens um 18.30 Uhr, und das nur im Hochsommer, sonst früher. Sind sehr viele Besucher unterwegs, empfiehlt die Bayerische Seenschifffahrt die Rückfahrt spätestens für 14.30 Uhr. Fahrpreis nach St. Bartholomä hin und zurück 15 €, bis Salet 17 €, Kinder zahlen die Hälfte. Die einfache Fahrt nach St. Bartholomä dauert 35 Minuten, Salet ist nach einer Stunde erreicht. Vergünstigungen für Familien und Gruppen. Zu bestimmten Terminen bietet die Kurdirektion Sonderfahrten (Gourmetabende, Nachtfahrten mit Konzert in St. Bartholomä) an. Information: Bayerische Seenschifffahrt GmbH, Seestraße 55, 83471 Schönau, ✆ 08652-96360, www.seenschifffahrt.de.

Blick auf den Königssee

Essen & Trinken (→ Karte S. 245) **Gaststätte St. Bartholomä** **1**, im ehemaligen Jagdschloss, mit großem Biergarten. Gutbürgerliche, bayerisch-internationale Küche. Die Biere kommen vom Hofbräuhaus München, die Atmosphäre zur Hochsaison manchmal auch. Kein Ruhetag. ✆ 08652-964937, www.bartholomae-wirt.de.

Alpengaststätte Salet-Alm **2**, nahe der gleichnamigen Haltestelle. Terrasse mit schöner Aussicht auf die umliegenden Berge; Selbstbedienung. Geöffnet Ende April bis Mitte Okt. Salet 6, 83471 Schönau, ✆ 08652-63007, www.saletalm de.

Berchtesgaden und der Watzmann gehören zusammen wie Monte Carlo und sein Casino

Berchtesgaden

Durch den Salzabbau reich geworden, genoss die Propstei Berchtesgaden viele Jahrhunderte weitgehender Selbständigkeit. Einige Spuren dieser langen Geschichte blieben bis heute erhalten.

Heiter und freundlich wirkt der alte Ortskern von Berchtesgaden (ca. 8000 Einwohner), der in privilegierter Lage auf einem Hang hoch über dem ungestümen Fluss Ache thront, weitläufig umgeben von einem schützenden Ring hoher Berge. Dank der 1992 erfolgten Verkehrsberuhigung des historischen Zentrums lässt es sich hier aufs Feinste flanieren – ein Vergnügen freilich, das man sich zumindest zur sommerlichen Hochsaison mit Heerscharen anderer Besucher teilt. 600.000 Hotelübernachtungen werden jährlich in der Stadt gezählt.

Beeindruckend bleibt das stimmungsvolle Ensemble der Innenstadt dennoch, zumal es durch eine Reihe ungewöhnlicher und hochkarätiger Sehenswürdigkeiten ergänzt wird – nicht zu reden von der fantastischen Landschaft, die den heilklimatischen Kurort umgibt.

Die lange Geschichte Berchtesgadens reicht bis ins Jahr 1103 zurück. Augustiner-Chorherren aus Rottenbuch hatten in dem damals kaum besiedelten Gebiet ein Stift gegründet, dessen Pröpste bald auch die weltliche Herrschaft übernahmen. Bereits von Kaiser Friedrich I. Barbarossa mit Forsthoheit und der Erlaubnis zum Schürfen nach Salz ausgestattet, wurden die Pröpste im 15. Jh. von Kaiser Maximilian I. zu Fürstpröpsten und damit zu Reichsfürsten ernannt, die weitreichende Befugnisse besaßen. Insgesamt 47 an der Zahl, lenkten sie bis zur Säkularisation von 1803 die Geschicke des Berchtesgadener Landes. 1810 erst kam die Region zu Bayern.

Sehenswertes

Zur ersten Orientierung empfiehlt sich ein Bummel durch den historischen **Ortskern,** der zwar klein, aber auch sehr malerisch ist.

Lüftlmalerei: Bei einem Rundgang fällt vielerorts die bunte, fantasievolle Bemalung vieler Hauswände ins Auge. Eine besonders originelle Fassade besitzt das Hirschenhaus in der Metzgerstraße nahe des Gasthofs Neuhaus: Die bereits um 1610 entstandenen Gemälde eines unbekannten Künstlers zeigen bekleidete Affen bei verschiedenen menschlichen Tätigkeiten wie der Jagd und dem Schachspiel, ironisieren und parodieren so die Gesellschaft jener Zeit.

Haus der Berge: Das 19 Mio. Euro teure Museum wurde vom bayerischen Umweltministerium finanziert, um die Besucher über den sensiblen Lebensraum der Alpen und speziell des *Nationalparks Berchtesgaden* aufzuklären. Auf dem Weg durch die Dauerausstellung „Vertikale Welt" passiert man die Ökosysteme Wasser, Wald, Höhle, Alm und Fels. Exzellent sind die Präsentationstechniken: Natürliche Geräusche begleiten den Besucher durch luftige Räume, in denen er zahlreiche präparierte Tiere zu sehen bekommt, im Boden „bricht" an mehreren Stellen der echte Untergrund hinter Glas durch, Multimedia-Displays locken zum Mitmachen, eine riesige Filmleinwand öffnet sich alle 12 Minuten und gibt den Blick auf den Watzmann frei. Freie Sicht auf das spektakuläre Bergmassiv hat man auch von der Terrasse des guten Museumsrestaurants „Alpenküche". Insgesamt eine schöne Erfahrung in einem ansprechenden, modernen Gebäude.

Haus der Berge, tägl. 9–17 Uhr. Eintritt 4 €, Kinder ermäßigt. Hanielstr. 7, 83471 Berchtesgaden (am Ortsausgang Richtung Ramsau), ✆ 08652-9790600, www.haus-der-berge.bayern.de.

Das Restaurant **Spiesbergers Alpenküche** liegt am Ende der Tour durch das Museum, ist aber auch direkt von der Straße aus erreichbar. Kreative Gerichte mit regionalen Gerichten. Tägl. 9–18 Uhr. ✆ 08652-9787575, www.spiesberger-alpenkueche.de.

Nationalpark-Infostellen gibt es auch am Hintersee (83486 Ramsau, am Beginn des Hirschbichltales), auf der Halbinsel St. Bartholomä (nicht personell besetzt), auf der Kühroint-Alm sowie im Klausbachtal in Richtung Hirschbichl-Pass (nicht personell besetzt) und am Parkplatz Wimbachbrücke kurz vor Ramsau (nicht personell besetzt).

Königliches Schloss/Schlossmuseum: Das Schloss, heute ein Museum, entstand nach der Säkularisation 1803, als die Wittelsbacher das ehemalige Augustiner-Chorherrenstift, Residenz der Fürstpröpste, übernahmen und umbauten. Es war nicht der erste Umbau in der siebenhundertjährigen Geschichte des Gebäudes, das deshalb Stilelemente der Romanik, Gotik und Renaissance aufweist. Überwiegend romanisch ist noch der um 1200 errichtete *Kreuzgang*, durch den man das Museum erreicht; an seinen Seiten reihen sich Grabsteine, die Kapitelle der Säulen sind mal schlicht, mal aufwändig geschmückt. Das *Museum* selbst umfasst rund 30 Räume, die mit wertvollen Kunstwerken, Waffen und Möbeln aus dem Besitz der Wittelsbacher ausgestattet sind. Die Restaurierung des Schlosses und die Einrichtung des Museums sind ein Verdienst des Kronprinzen Rupprecht, der bis in die Dreißigerjahre hier lebte.

Schlossplatz 2 (der Weg zum Schloss ist in Berchtesgaden gut ausgeschildert; es ist fünf Gehminuten vom Kongresshaus entfernt). 16. Mai bis 15. Okt. tägl. außer Sa 10–13 und 14–17 Uhr; 16. Okt. bis 15. Mai Mo–Fr Einlass 11 und 14 Uhr, Besichtigung nur im Rahmen von Führungen. Erw. 9,50 €, Schüler/Stud. 4 €. Schlossplatz 2, 83471 Berchtesgaden, ✆ 08652-947980, www.schloss-berchtesgaden.de.

Schloss Adelsheim mit Heimatmuseum: Am nordöstlichen Ortsrand von Berchtesgaden beherbergt das 400 Jahre alte Schloss eine Ausstellung örtlicher Volkskunst, darunter auch Erzeugnisse, die als „Berchtesgadener War“ im Mittelalter in fast ganz Europa und bis nach Kleinasien hinein guten Absatz fanden. Für die hiesigen Bauern, die sich vom kargen Ertrag ihrer Felder kaum ernähren konnten, war die Herstellung der bemalten Spanschachteln, des geschnitzten Kinderspielzeugs und der feinen Drechselarbeiten ein dringend benötigter Zusatzverdienst.

Dem Museum angegliedert ist eine *Verkaufsausstellung* dieser Berchtesgadener Handwerkskunst (Mo–Fr 9–12 und 14–17 Uhr); ein weiterer, auch am Samstagvormittag geöffneter Laden findet sich am Marktplatz 24, neben der Post.

Di–So 10–17 Uhr, Nov. geschlossen. Eintritt 2,50 €, bis 18 J. frei. Schroffenbergallee 6, 83471 Berchtesgaden, ✆ 08652-4410, www.heimatmuseum-berchtesgaden.de.

Prächtiges Ensemble: Schloss Berchtesgaden und die Stiftskirche

Salzbergwerk Berchtesgaden: Sicher die berühmteste, gleichzeitig die ungewöhnlichste Attraktion des Ortes ist die Möglichkeit, einmal den Spuren der Bergmänner ins Innere der Erde zu folgen. Jährlich lassen sich mehr als eine halbe Million (!) Besucher dieses Erlebnis nicht entgehen.

Vielleicht interessiert sich ja nur ein Teil der Besucher des 1517 eröffneten Salzbergwerks ernsthaft für die technischen Einzelheiten, die während der Führung erläutert werden – die Tour durch das rund 110 Meter unter der Erdoberfläche gelegene System von Stollen und aufgelassenen Sinkwerken begeistert jedoch fast jeden. In authentische, abgenutzte Bergmannskluft gewandet, geht es zunächst auf einer schmalen Grubenbahn etwa 600 Meter weit ins Innere des Berges, dann auf der Bergmannsrutsche mit heiß werdendem Hosenboden 34 Meter tief hinab in ein ehemaliges Sinkwerk. Nach einer Filmvorführung und einer weiteren Rutschpartie wartet mit der Floßfahrt über einen beleuchteten Salzsee der Höhepunkt der unterirdischen Reise, bevor ein altertümlicher Schrägaufzug und eine weitere Schmalspurbahn die Besucher wieder ans Tageslicht befördern. Insgesamt eine sehr amüsante Sache, nicht zuletzt durch die Erklärungen des Führers (eines „echten Bergmanns“ übrigens), die insbesondere bei gemischtsprachigen Gruppen einer gewissen unfreiwilligen Komik nicht entbehren.

Führungen (alle 10–15 Min.): 26. März bis 31. Okt. tägl. 9–17 Uhr, sonst tägl. 11–15 Uhr. Dauer 2 Std.; Erw. 17 €, Kinder 4–16 J. 9,50 €. ✆ 08652-600220, Sonderführungen möglich (Terminabsprache unter ✆ 08652-60020), info@salzzeitreise.de.

Zu Hochsaisonzeiten tut man gut daran, sich antizyklisch zu verhalten, nämlich den Besuch auf gutes Wetter zu legen – der Wartezeitrekord an Regentagen liegt bei 5 Std.! Wer an Klaustrophobie leidet, sollte von einem Besuch unter Tage vielleicht besser absehen. Bergwerkstr. 83, 83471 Berchtesgaden (vom großen Parkplatz führt ein kurzer Fußgängertunnel auf das Salinengelände), www.salzbergwerk.de.

„Nichts ist nützlicher als Salz und Sonne"

So jedenfalls befand schon vor über 1400 Jahren der Kirchenvater Isidor von Sevilla. Zu seiner Zeit, und bis über das gesamte Mittelalter hinaus, besaß das Mineral einen immensen Wert. Nicht umsonst wurde Salz früher als das „Weiße Gold" bezeichnet. Die Schürferlaubnis, die Friedrich I. Barbarossa den Berchtesgadener Pröpsten zugestand, war deshalb fast so etwas wie eine Lizenz zum Gelddrucken.

Im Prinzip funktioniert die Salzgewinnung in Berchtesgaden heute noch wie damals. Mit Süßwasser wird das Mineral in sogenannten „Sinkwerken" (aus dem Fels geschlagene oder gesprengte Hohlräume) aus dem salzhaltigen Gestein gelaugt. Die dadurch entstandene Sole, eine mit etwa 27 Prozent Salz gesättigte Lösung, wird erhitzt: Das Wasser verdampft und das Salz bleibt zurück. Früher geschah dies in Pfannen über offenem Feuer, ein Verfahren, das einen hohen Verbrauch an Feuerholz mit sich brachte. Um die umliegenden Wälder zu schonen, baute man bereits 1816 eine Soleleitung von Berchtesgaden nach Reichenhall. Zur Überwindung des Höhenunterschieds von immerhin 350 Meter konstruierte Georg von Reichenbach die Wassersäulenmaschinen, die heute im Salzbergwerk und im Deutschen Museum in München ausgestellt sind. Seit 1961 wird die Sole aus dem Salzbergwerk Berchtesgaden – in dem heute noch 110 Bergmänner ihrer Arbeit nachgehen – in einer Doppelrohrleitung nach Bad Reichenhall gepumpt.

Basis-Infos

Information Touristinfo Berchtesgaden im Kur- und Kongresshaus, Mo–Fr 9–18 Uhr, Sa/So 10–13 und 14–18 Uhr. Maximilianstr. 9, 83471 Berchtesgaden (oben im Ort), ✆ 08652-9445300, www.berchtesgaden.de.

Verbindungen Bahn/Bus: Bahnhof und RVO-Busbahnhof liegen unterhalb des Ortes am Zusammenfluss der Ramsauer und der Königsseer Ache. Ins Ortszentrum führt ein Fußweg, der neben der Post auf einer Brücke die Gleise überquert.

Baden Ein modernes Kur- und Freizeitbad, die Watzmann Therme, mit verschiedenen Süßwasser- und Solebecken liegt an der Straße zum Salzbergwerk. Auch Wellness-Angebote. Tageskarte Erwachsene 17,70 €, Kinder ermäßigt. Tägl. 10–22 Uhr. Bergwerkstr. 54, 83471 Berchtesgaden, ✆ 08652-94640, www.watzmann-therme.de.

Feste/Veranstaltungen Almabtrieb, um den Michaelitag, den 29.9. Ist der Bergsommer ohne „Unreim" (Unglück) verlaufen, wird das Vieh von der Alm mit „Fuikln" geschmückt zu Tal getrieben; eine solche Fuikl kann aus bis zu 200 kleinen Rosetten bestehen, die aus gefärbten Holzspänen geflochten sind. Das genaue Datum wechselt je nach Wetterlage, kurzfristige Anfrage bei der Touristinfo (s. o.) ist deshalb ratsam.

Berchtesgadener Bauerntheater, neben dem Gasthof Watzmann. 100 Jahre alte Institution, zentral an der Durchgangsstraße (Maximilianstr.) gelegen. Spielplan und weitere Informationen unter www.berchtesgadener-bauerntheater.de; Mai–Aug. auch Freilichtaufführungen im Steinbruch am Kälberstein. Information unter ✆ 08652-2858, Karten an der Theaterkasse. Franziskanerplatz 2, 83471 Berchtesgaden.

Bergknappenfest, am Pfingstmontag. Umzug zum Jahrestag der Bergknappen, nach einer Zeremonie, die bis zur Gründung des Salzbergwerks 1517 zurückreicht.

Trachtenjahrtag, am 2. Sonntag im Juli; großes Trachtenfest der vereinigten Trachtenvereine und Berchtesgadener Weihnachtsschützen, mit Umzug.

Freizeit/Sport **Geführte Wanderungen**: Mehrmals wöchentlich von Mai bis Oktober, Anfragen bei der Kurdirektion und im Nationalparkhaus von Berchtesgaden.

Bergbahn: Die **Obersalzbergbahn** erschließt das rund 1000 m hoch gelegene Wandergebiet des Obersalzbergs. Die Talstation der Kabinenbahn liegt an der Berchtesgadener Ache, etwa 10 Fußminuten vom Bahnhof, die Bergstation an der Höhenstraße von Obersalzberg nach Scharitzkehl. Berg- und Talfahrt 12 €, Bergfahrt 8 €, Kinder ermäßigt. Bergwerkstr. 10 1/3, 83471 Berchtesgaden, ✆ 08652-2561, www.obersalzbergbahn.de.

Bergschule: Erste Bergschule Berchtesgadener Land, Heinz Zembsch. Im Angebot

u. a. Führungen durch die Watzmann-Ostwand. Silbergstr. 25, 83483 Bischofswiesen, ✆ 08652-5371 oder 0170-8969093, www.berchtesgaden-bergschule.de.

Wintersport: Üppiges Angebot, das an dieser Stelle auch nicht annähernd beschrieben werden kann – genaue Infos im Winterprospekt der Touristinfo (bestellbar über Berchtesgadener Land Tourismus GmbH, ✆ 08652-6565050, info@berchtesgadener-land.com).

Übernachten/Essen & Trinken

→ Karte S. 251

Übernachten/Essen im Ort **Gasthaus Bier Adam 2**, in der nordwestlichen Ecke des Marktplatzes. Von der Touristenlage aber nicht abschrecken lassen – der „Bier Adam" gilt seit Langem als durchaus traditionelles Wirtshaus mit deftiger bayerischer Küche, Einige wenige Tische im Freien. Kein Ruhetag. Marktplatz 22, 83471 Berchtesgaden, ✆ 08652-2390, www.bier-adam.de.

Gasthof Watzmann 4, urgemütliche Wirtsstube mit altem Kachelofen und Holzvertäfelung an der Decke. Bodenständige, liebevoll zubereitete Küche. Die freundliche Chefin trägt viel zur persönlichen Atmosphäre des Lokals bei. Der Bezeichnung zum Trotz keine Zimmer. Franziskanerplatz 2 (an der Maximilianstraße, die oben durch den Ort führt, leicht nach hinten versetzt), 83471 Berchtesgaden, ✆ 08652-2055.

Bräustüberl 1, dem seit 1645 bestehenden, ehemals fürstpröpstlichen „Hofbrauhaus" angegliedert und für alle Freunde von rustikalen Brauereigaststätten natürlich ein „Muss". Nach langer Renovierung hat das Bräustüberl mit seinem hübschen Innenhof mittlerweile wieder geöffnet. Eigene Metzgerei, daher natürlich fleisch- und wurstlastige Speisekarte. Kein Ruhetag. Bräuhausstr. 13, 83471 Berchtesgaden (etwas abseits des Ortskerns an der Straße zum Salzbergwerk), ✆ 08652-976724, www.braeustueberl-berchtesgaden.de.

**** **Hotel Edelweiß 3**, schöner, eleganter Neubau im Ortszentrum, verkehrsgünstig an der Durchgangsstraße gelegen. Riesige moderne Lobby mit Restaurant. Eher moderne Zimmereinrichtung. Versteht sich als das erste Hotel am Platz. DZ/Bad/F 220–260 €. Maximilianstr. 2, 83471 Berchtesgaden, ✆ 08652-97990, www.edelweiss-berchtesgaden.com.

*** **Hotel Wittelsbach 5**, etwas in die Jahre gekommen, doch gepflegt und sauber. Recht geräumige Zimmer, an der Nordseite ruhig, aber ohne Aussicht, da gegen eine dichte Bebauung und die nahe Felswand gerichtet, die südliche Seite weist auf das umwerfende Bergpanorama und die vielbefahrene Durchgangsstraße. Zentral gelegen, 29. Zi. auf 3 Stockwerken, DZ/Bad/F 11–130 €. Maximilianstr. 16, 83471 Berchtesgaden, ✆ 08652-96380, www.hotel-wittelsbach.com.

*** **Hotel Vier Jahreszeiten 6**, verwinkelter Bau mit gutem Preis-Leistungsniveau. Geräumige Zimmer, die meisten mit Balkon. Die Zimmer zur Straße haben eine schöne Aussicht auf den Watzmann, der Lärmpegel durch die vorbeifahrenden Autos ist erträglich. Zimmer mit TV, Minibar, Fön. DZ 120–140 €. Maximilianstr. 20, 83471 Berchtesgaden, ✆ 08652-9520, www hotel-vierjahres zeiten-berchtesgaden.de.

Übernachten/Essen außerhalb ***** **Kempinski Hotel Berchtesgaden**, weltstädtische Eleganz mitten in den Bergen – ein wunderschöner Zufluchtsort für Menschen mit großem Geldbeutel. Auf einer freien Anhöhe des Obersalzbergs gelegen, mit weitem Rundumblick auf Watzmann & Co., umgeben von verschwenderisch blühenden Wiesen. Am Waldrand vor dem Haus liegt ein kleiner Kinderspielplatz. Die Fünf-Sterne-Welt (Spa, Fitnessraum, Bar, drei Restaurants) machte jedoch Millionenverluste und wurde deshalb von den Besitzern (Bayerische Landesbank) in neue Hände gelegt. Seit April 2015 ist die Kempinski-Gruppe für den Betrieb verantwortlich. DZ 300 €. Hintereck 1, 83471 Berchtesgaden, ✆ 08652-97550, www.kempinski.com/de/berchtes gaden/kempinski-hotel-berchtesgaden.

Design-Jugendherberge 7, im Ortsteil Strub, ca. 25 Fußminuten vom Bahnhof. Modernisiertes, riesiges altes Bauernhaus auf einem großen Anwesen mit Blick auf die Berge, schöner Garten, Die neue Herberge liegt vorne zur Straße hin, betrieben werden also zwei Gebäude. Ü/F 21 €, in einem Familienzimmer (bis zu 4 Pers.) des neuen Hauses Untersberg Ü/F 36 €. Struberberg 6, 83483 Bischofswiesen, ✆ 08652-94370, www.berchtesgaden.jugendherberge.de.

Campingplatz Allweglehen, etwa 4 km nordöstlich, Zufahrt von der B 305 in Richtung Unterau/Salzburg. Teils terrassiertes, teils geneigtes Wiesengelände mit schöner Aussicht. Gut ausgestattet, u. a. mit Swimmingpool, Einkaufsmöglichkeit, Gaststätte und Mountainbikeverleih. 1 Pers. inkl. Kurtaxe 16 €, Zelt 19 €. Ganzjährig geöffnet. Allweggasse 4, 83471 Berchtesgaden, ✆ 08652-2396, www.allweglehen.de.

Umgebung von Berchtesgaden

Dokumentation Obersalzberg: Seit 1999 gibt es die Ausstellung zu den Hitler-Jahren hoch über Berchtesgaden. Mit Fotos, Tondokumenten, Texttafeln, Plakaten, Filmen und einigen Nazi-Büchern soll die Zeit von 1933 bis 1945 erklärt werden. Am Ende der Tour kann man dann noch durch einige Bunker des Obersalzbergs gehen. Ob die beabsichtige Aufklärung damit gelingt? Die traditionelle, wissenschaftlich-nüchterne Präsentation hält vielen Besuchern möglicherweise eine tiefergehende Beschäftigung mit der Katastrophe vom Leibe. Der Andrang jedenfalls ist groß (170.000 Besucher jährlich, darunter immer mehr Ausländer; geplant war mit 40.000), die Räumlichkeiten beengt. Das Münchner Institut für Zeitgeschichte will das Dokumentationszentrum deshalb erweitern, zur Verfügung stehen 21 Millionen Euro. Zu hoffen ist, dass die Mittel auch für ein moderneres Konzept verwendet werden – eines, das eine emotionale Auseinandersetzung, eine wirkliche innere Beteiligung ermöglicht, und nicht nur eine rein rationale Wissensanhäufung präsentiert. Neueröffnung des dann vier Mal so großen Dokumentationszentrums soll 2020 sein.

Zur Geschichte des Obersalzbergs: Hitler und einige seiner engsten Gefolgsleute hatten sich auf dem Ausläufer des Hohen Gölls prunkvolle Ferienhäuser errichten lassen. Die Grundstücke samt bestehender Bauten wurden anfangs noch gegen gutes Geld gekauft, später jedoch ihren Eigentümern, denen man zum Teil mit dem Konzentrationslager drohte, regelrecht abgepresst. Rund 50 Familien wurden so vom Obersalzberg vertrieben. 1952 ließ man die meisten nationalsozialistischen Bauten auf dem Obersalzberg sprengen. Was noch übrig geblieben war, ließ der bayerische Staat nach dem Abzug der Amerikaner 1996 einebnen – mit Ausnahme des Kehlsteinhauses.

Kehlsteinhaus: Ein unglaublicher Betrieb herrscht am Busbahnhof neben dem „Berggasthof Obersalzberg“ (s. u.). Vom Restaurant sind es keine zwei Minuten zur Abfahrtsstelle für das Kehlsteinhaus. Volle Busse fahren von dort aus fast im Minutentakt die schmale *Kehlsteinstraße* hoch, die für den öffentlichen Verkehr gesperrt ist und nur von RVO-Bussen befahren werden darf. Der Andrang ist so groß, dass oft mehrere Busse zur gleichen Abfahrtszeit eingesetzt werden. Die 6,5 Kilometer lange und vier Meter breite Straße, die mit einer einzigen Kehre einen Höhenunterschied von rund 700 Metern überwindet, ist die höchste Bergstraße Deutschlands und gilt als technische Pionierleistung; sie wurde in nur 13 Monaten während der Jahre 1937 bis 1939 aus dem Fels gesprengt.

Vom Parkplatz an ihrem Ende muss der Besucher zunächst durch einen düsteren, 124 Meter langen Stollen, bevor ein mit Marmor, Messing und Spiegeln prunkender Lift ihn in nur 41 Sekunden weitere 124 Meter aufwärts bringt, direkt ins Kehlsteinhaus hinein. Das Gebäude, in dem sich Hitler übrigens nur einige wenige Male aufgehalten hat, wird seit 1960 vom Fremdenverkehrsverband Berchtesgaden verwaltet und von privaten Pächtern als Berggasthof geführt. Der Blick von der Aussichtsterrasse des 1834 Meter hoch gelegenen Kehlsteinhauses reicht über das gesamte Berchtesgadener Land; an besonders klaren Tagen soll man bis zu 200 Kilometer entfernte Gipfel sehen können.

Eines sollte man aber wissen: Das eigentliche Erlebnis ist die Anreise zum Kehlsteinhaus. Mit dem Bus geht es erst 20 Minuten lang die enge Straße hoch (mit zahlreichen großartigen Ausblicken), dann fünf Minuten zu Fuß durch den feuchtkalten, mit Marmor verkleideten Tunnel, es folgen 10 Minuten Wartezeit am Lift in weiterhin sehr kühler Luft und schließlich 20 Sekunden in dem pompösen Lift. Im Inneren des Kehlsteinhauses angekommen, erreicht man in 10 Minuten das berühmte Gipfelkreuz – zusammen mit 50 anderen Touristen. Eine einsame Naturerfahrung ist das Ganze also nicht, für historisch Interessierte ist der Besuch aber ein großer Gewinn.

Verbindungen Mit dem Auto kann man von Berchtesgaden zum gebührenpflichtigen Parkplatz des Dokumentationszentrums Obersalzberg fahren. RVO-Busse fahren, je nach Schneelage, von etwa Mitte Mai bis Mitte Oktober im Linienbetrieb vom Bahnhof Berchtesgaden (Hinfahrt ab 6.40 Uhr) zum Obersalzberg (Rückfahrt nach Berchtesgaden bis 18.39 Uhr); von der Haltestelle Hintereck geht es mit besonders schmalen Spezialbussen weiter zum Kehlsteinhaus.

Preis für Hin- und Rückfahrt: Obersalzberg 6 €, Obersalzberg-Kehlsteinhaus inkl. Lift 16,10 € (letzte Hinfahrt zum Kehlsteinhaus 16 Uhr, letzte Rückfahrt 17.15 Uhr. Der Rücktransport wird aber flexibel gehandhabt, bei Bedarf werden weitere Fahrten angehängt.)

Zu Fuß benötigt man ab Hintereck zum Kehlsteinhaus etwa 1:30 bis 2 Std.

Dokumentation Obersalzberg April–Okt. tägl. 9–17 Uhr (letzter Einlass 16 Uhr), Nov.–März Di–So 10–15 Uhr (letzter Einlass 14 Uhr). Eintritt 3 €, Schüler/Stud., Soldaten, Zivildienstleistende, Kinder und Lehrer bezahlen keinen Eintritt. Salzbergstr. 41, 83471 Berchtesgaden, ✆ 08652-947960, www.obersalzberg.de.

Übernachten/Essen **Berggasthof Obersalzberg**, bei den Parkplätzen zum Dokumentationszentrum liegt die zum einfachen Ausflugslokal für den Massentourismus umgebaute ehemalige „Pension Moritz", von den Nazis später „Platterhof" genannt. Immerhin: Im schönen Gartenbereich hat man eine spektakuläre Aussicht. Mai–Okt. tägl. 9–18 Uhr. Salzbergstr. 43, 83471 Berchtesgaden, ✆ 08652-9777520, www.berggasthofobersalzberg.de.

Restaurant im Kehlsteinhaus, groß, gutbürgerlich. Kleine, einfache Gerichte für den Hunger zwischendurch. ✆ 08652-2969, www.kehlsteinhaus.de.

Roßfeld-Ringstraße: In zahlreichen Kurven und mit Steigungen bis zu 13 Prozent führt die 16,4 Kilometer lange Roßfeldstraße vom Obersalzberg bis auf eine Höhe von 1600 Meter – nach der Kehlsteinstraße ist sie damit die zweithöchste Bergstraße Deutschlands. Eine Reihe von Parkplätzen ermöglicht weite Aussicht über die umgebende Bergwelt und hinab ins rund 1000 Meter tiefer liegende österreichische Salzachtal. Insgesamt etwa eine halbe Stunde reinstes Fahrvergnügen.

Mautgebühr/Verbindungen: Mautgebühr pro Pkw inkl. aller Insassen 8 €. RVO-Busse befahren die Roßfeldstraße im Linienverkehr mehrmals täglich. ✆ 08652-2016 (Mautstelle Obersalzberg), ✆ 08652-2808 (Mautstelle Oberau), www.rossfeldpanoramastrasse.de.

Enzianbrennerei Graßl: Deutschlands älteste Enzianbrennerei liegt rund vier Kilometer von Berchtesgaden entfernt an der Bundesstraße 305 Richtung Salzburg. Der Betrieb und das angeschlossene Informationszentrum, das sich mit der Herstellung des ortstypischen Wurzelschnapses beschäftigt, können besichtigt werden; selbstverständlich gibt es auch Kostproben.

Mai–Okt. Mo–Fr 9–18 Uhr, Sa 9–16 Uhr, sonst Mo–Fr 9–17 Uhr, Sa 9–12 Uhr. Salzburgerstr. 105, 83471 Berchtesgaden, ✆ 08652-95360, www.enzian-grassl.de.

Wanderung durch die Almbachklamm: Die wildromantische Schlucht liegt schon im Gemeindegebiet von **Marktschellenberg,** etwa sechs Kilometer nordöstlich von Berchtesgaden und unweit der B 305 Richtung Salzburg. Rund zweieinhalb Kilometer Länge misst die enge Klamm, die der Almbach im Laufe von Jahrmillionen in das Dolomitgestein gefräst hat. An ihrem oberen Ende reguliert eine „Theresienklause“ genannte Staumauer den Wasserfluss; errichtet wurde sie 1834, um das Triften von Holz durch die Klamm zu ermöglichen.

Der mit Drahtseilen gesicherte Weg, der auf 29 Brücken durch die Klamm führt, gehört sicher zu den schönsten und erlebnisreichsten Wanderungen um Berchtesgaden und ist das Eintrittsgeld (6 €, 6–18 J. 4 €, Ticket aufheben, Details zur Wanderung beim Verkehrsamt Marktschellenberg, ✆ 08650-988830) mehr als wert. Festes Schuhwerk erweist sich als nützlich, denn die Wege sind oft glatt und feucht. Es gibt viele Treppen und der Weg ist stellenweise recht steil, dennoch trifft man unterwegs auch viele Familien mit schon etwas größeren Kindern. Bis zum schmalen, aber immerhin rund 114 Meter hohen Sulzer Wasserfall und zurück läuft man etwa 1½ Stunden, überquert dabei immer wieder das in Kaskaden rauschende Flüsschen und ausgewaschene, tiefgrüne Gumpen, in denen sich Forellen tummeln. Im Umfeld bietet sich Gelegenheit zu weiteren, ausgeschilderten Wanderungen, beispielsweise zum putzigen **Wallfahrtskirchlein Maria Gern;** der Weg dorthin zweigt am oberen Ende der Klamm ab.

Kugelmühle: Am Eingang zur Klamm, direkt neben dem Gasthaus „Zur Kugelmühle“, dreht sich die letzte der einst zahlreichen Kugelmühlen, die aus Marmor die früher so begehrten „Murmeln“ oder „Schusser“ formten. Über 300 Jahre alt ist die einfache, vom Almbach angetriebene Konstruktion, die nur aus einem feststehenden, harten Schleifstein und einer rotierenden Drehscheibe aus Buchenholz besteht. So simpel das Prinzip, so hart war die Arbeit für die einfachen Leute, die die Marmorrohlinge zurechthauen mussten: Für die Herstellung von 1000 Würfeln erhielten sie gegen Ende des 19. Jh. gerade mal eine Mark. Nachdem die Mühlen die vorbearbeiteten, bereits abgerundeten Rohlinge in fünf bis sechs Tagen zur Kugel geformt hatten, mussten sie noch feingeschliffen und poliert werden. Verkauft wurden sie an Schifffahrtsgesellschaften, die damit ihre leeren Segelschiffe auf der langen Hinfahrt etwa nach Indien beschwerten. Als Souvenir kann man eine solche Marmorkugel am nahen Kiosk erstehen; die Preise beginnen bei etwa 5 €.

Die Klamm ist auch mit den etwa stündl. verkehrenden RVO-Bussen nach Marktschellenberg zu erreichen; die Haltestelle liegt etwa 1 km vom Eingang zur Klamm entfernt. Parkplätze finden sich bei der neben dem Eingang zur Klamm liegenden Gaststätte Kugelmühle, sind aber in der Hochsaison schnell belegt. Die Kugelmühle dreht sich tägl. von Mai bis Okt., die Klamm ist zugänglich von Mitte April bis Anfang November (wetterabhängig).

Groß und mächtig, schicksalsträchtig – der Watzmann: Der mächtige, markant geformte Gebirgsstock bildet das Wahrzeichen des Berchtesgadener Landes und ist von fast überall aus sichtbar. Eigentlich sind es ja eine ganze Reihe von Gipfeln: Die 2713 Meter hohe *Mittelspitze*, einer alten Sage zufolge der „Watz-Mann“; der 2307 Meter hohe *Kleine Watzmann* (die „Watzmannfrau“); dazwischen eine Reihe kleinerer Gipfel (die „Watzmannkinder“). Berühmt-berüchtigt ist die fast 1800 Meter tief abfallende Watzmann-Ostwand: berühmt als die höchste Felswand der Alpen; berüchtigt der vielen Todesopfer wegen, die ihre Besteigung fordert – mittlerweile sind es schon über 100.

Prächtig gelegen: der Hintersee mit dem Zauberwald im Hintergrund

Hintersee

Zwar bleiben nur relativ wenige Besucher über Nacht, doch als Ausflugsziel zählt der Hintersee fast zum Pflichtprogramm im Berchtesgadener Land.

Im Bekanntheitsgrad und in den Besucherzahlen werden der See und Ramsau weit von den nahen Konkurrenten Berchtesgaden und Königssee übertroffen. Dank der schönen Landschaft und der Lage nahe der Deutschen Alpenstraße B 305 leiden Ramsau und der Hintersee dennoch nicht unter Gästemangel. Eng von Bergen umgeben, ist der kleine See kein einsam gelegenes Kleinod, der Tourismus hat ihn mit einer ganzen Reihe von Ausflugslokalen zumindest auf der einen Längsseite voll im Griff, auf der anderen Seite verläuft die Landstraße. An heißen Tagen gibt es dementsprechend wenig Platz, um abseits des Trubels die Natur zu genießen. Mit einer Ausnahme: Nach einer Wanderung durch den Zauberwald erreicht man einige kleine Uferwiesen gegenüber dem betriebsamen Westufer.

Von einer idyllischeren Seite zeigt sich der sanfte Hintersee im Frühling und Herbst, vor allem aber im Winter, wenn hier Eisstockschützen ihrem geruhsamen Sport nachgehen und Schlittschuhläufer ihre Kreise ziehen. Besonders romantisch ist das Ostufer, an dem die riesigen Felsstürze des *Zauberwalds* bis ins Wasser ragen – eine Szenerie, die schon im 19. Jh. viele Künstler anzog; damals gab es hier gar eine richtige „Malerherberge". Auch heute sieht man gelegentlich den einen oder anderen Hobbykünstler am Werk; andere vergnügen sich bei einer Bootsfahrt oder unternehmen einen Spaziergang um den See. Um im Hintersee zu baden, sollte man dagegen schon abgehärtet sein: Das leuchtendgrüne, glasklare Wasser des von frischen Gebirgsbächen gespeisten, 789 Meter hoch liegenden Sees wird nie richtig warm.

Übernachten/Essen Seeklause **1**, am Ufer gelegene Ausflugsgaststätte mit sonniger, großer Panoramaterrasse. Bayerische Gerichte aus frischen Zutaten der Region. 10 Gästezimmer mit gutbürgerlich-rustikaler Einrichtung, die DZ haben Seeblick. DZ/Bad/F 80 €. Am See 65, 83486 Hintersee-Ramsau, ✆ 08657-919938, www.hintersee-gasthaus-seeklause.

Gasthof Auzinger **2**, an der Straße nach Weißbach, ein kleines Stück südwestlich des Sees. Die ehemalige „Malerherberge" ist ein Haus mit langer Geschichte: bereits 1389 urkundlich erwähnt, seit 1610 Wirtshaus am Salzhandelsweg, 1863 nach Zerstörung durch eine Lawine neu erbaut. Urige Stube, Tische im Freien zur Straße, kleine Speisekarte, was ja kein schlechtes Zeichen ist. DZ/Bad/F 70 €. Do Ruhetag. Hirschbichlstr. 8, 83486 Ramsau, ✆ 08657-230, www.auzinger.de.

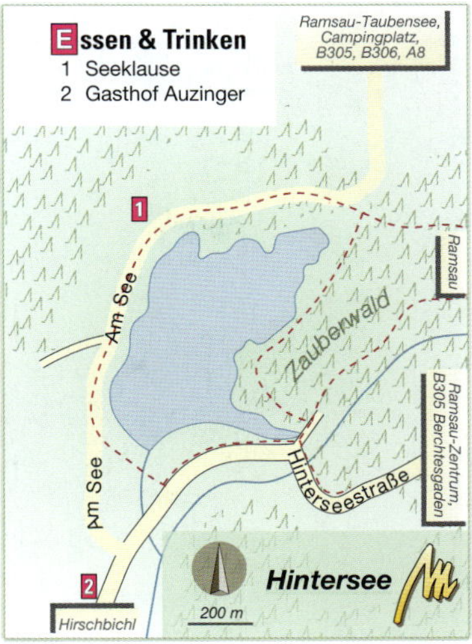

Rund um den See: In weniger als einer Stunde ist der kleine See, dessen Umfang gerade mal 2,5 Kilometer misst, umrundet. Die Orientierung gestaltet sich problemlos; am Südostufer bewegt man sich dabei auf einem Fußweg neben der Straße, sonst immer völlig abseits des Verkehrs.

Ramsau

Der heilklimatische Kurort (1800 Einwohner) liegt auf 668 Meter Höhe im Tal der Ramsauer Ache, umrahmt von den mächtigen Gebirgsstöcken der Reiteralpe und des Hochkalter, der mit dem Blaueis den nördlichsten Gletscher der Alpen aufweist. Doch muss man gar nicht so hoch hinaus: Im Umfeld des weit ausgedehnten Dorfes findet sich eine ganze Reihe lohnender Wanderziele, deren beliebteste der märchenhafte **„Zauberwald"** und die wilde **Wimbachklamm** sind. Seinen Kurgästen bietet Ramsau im Bergkurgarten ein sogenanntes Solegradierwerk; es handelt sich um ein Freiluftinhalatorium, in dem Sole aus Berchtesgaden, über Weißdorn geträufelt, die Luft anfeuchtet und mit Salz anreichert.

Sehenswert sind die **Kirchen** von Ramsau. Die *Pfarrkirche St. Fabian und Sebastian*, im Ortskern direkt neben der Hauptstraße gelegen, steht so malerisch vor dem Hintergrund der Reiteralpe, dass sie wohl das meistfotografierte Gotteshaus des Berchtesgadener Landes sein dürfte. Das eigentliche Juwel von Ramsau ist jedoch die *Wallfahrtskirche Unserer Lieben Frau am Kunterweg*. Der um 1730 in spätem Barock errichtete, wunderschön in die Berglandschaft eingepasste Bau – ausgeschildert als „Kunterwegkirche", neben dem „Gästehaus Oberwirt" geht es einen schmalen Fußweg den Berg hinauf, vorbei an der Kalvarienbergkapelle von 1774, 20 Min. durch den Wald –, birgt einen dreigeschossigen, ganz aus Holz gearbeiteten Hochaltar.

Ein Motiv wie gemalt: die Pfarrkirche von Ramsau

Information **Touristinfo Ramsau**, an der Hauptstraße beim Ortseingang, unweit der Kreuzung mit der B 305. Mo–Fr 9–12 und 13–16 Uhr, Sa 9–12 Uhr. Im Tal 2, 83486 Ramsau, ✆ 08657-988920, www.ramsau.de.

Freizeit/Sport **Hallenbad** im Hotel Hochkalter, neben der Kurverwaltung. Eintritt gegen Gebühr auch für Nicht-Gäste. Im Tal 4, ✆ 08657-9870.

Fahrradverleih: Mountainbikes bei Sport Brandner, Im Tal 64, 83486 Ramsau, ✆ 08657-790.

Übernachten/Essen **Gasthof Oberwirt**, im Ortszentrum nahe der berühmten Kirche. Traditionsreiches Haus, bereits um 1500 erbaut. Gute Küche, eigene Metzgerei, gemütliche Gasträume und großer schattiger Biergarten. DZ/Bad/F im Gasthof oder dem nahen Gästehaus 80 €. Im Tal 86–94 (Parkplätze unterhalb), 83486 Ramsau, ✆ 08657-225, www.oberwirt-ramsau.de.

Gasthof/Pension Altes Forsthaus, etwas außerhalb des Ortskerns an der Straße nach Berchtesgaden. Bushaltestelle vor der Tür. Rustikal eingerichtete Zimmer. Ebenfalls eine bodenständige, alteingeführte Wirtschaft mit schattigem kleinem Garten und bekannt gutem Essen. DZ/Bad/F 70–110 €. Berchtesgadener Str. 9, 83486 Ramsau, ✆ 08657-258, www.forsthaus-ramsau.de.

Campingplatz Simonhof, einfach ausgestatteter Platz in ruhiger Lage hoch über Ramsau in Richtung Taubensee, etwa 5 km vom Ortskern entfernt. Zufahrt direkt von der B 305 oder über die Straße zum Hintersee, dann rechts ab. Wiesengelände mit einzelnen Bäumen, zur Saison Einkaufsmöglichkeit. 1 Pers. inkl. Kurtaxe 11 €, Stellplatz Zelt + Auto 9 €. Ganzjährig geöffnet (außer März und Nov.). Alte Reichenhaller Str. 110, 83486 Ramsau, ✆ 08657-284, www.camping-simonhof.de.

Ausflüge ab Ramsau

Wanderung durch die Wimbachklamm: Zwar deutlich kürzer als die Almbachklamm bei Berchtesgaden, jedoch nicht minder spektakulär ist die Schlucht, die sich der Wimbach im Laufe von Jahrmillionen gegraben hat. Etwa eine Viertelstunde dauert der Fußweg auf schmalen, gesicherten Steigen und über mehrere Brücken, auf denen die tosende Gischt überquert wird. Dann öffnet sich das Tal wieder, gibt den Blick frei auf die ungeheuren Schuttmassen, die das Flüsschen aus den Bergen heranschleppt und langsam, aber stetig zerkleinert; rund 4500 Tonnen staubfein gemahlenes Gesteinsmaterial verlassen durch diesen Prozess alljährlich die Klamm.

Fußweg zur Wimbachgrieshütte: Folgt man dem Tal flussaufwärts, erreicht man nach insgesamt etwa 1:30 Stunden das 936 Meter hoch gelegene Wimbachschloss, ein ehemaliges Jagdschloss des letzten Fürstpropstes von Berchtesgaden, 1784 erbaut und heute zur Saison bewirtschaftet (✆ 08657-9839858, www.wimbachschloss.net). Von hier geht es zunächst durch Wald, dann über den Schuttstrom, bis man nach weiteren 1:30 Stunden auf die Wimbachgrieshütte (✆ 08679-9666607, www.wimbachgrieshuette.de) trifft. Auf 1327 Meter Höhe bietet die gleichfalls nur im Sommer bewirtschaftete Hütte nochmals Gelegenheit zur Rast; zurück geht es auf demselben Weg.

Die **Wimbachklamm** liegt südlich der B 305 von Ramsau nach Berchtesgaden. Von Bushaltestelle und Parkplatz sind es rund 10 Min. Fußweg zur Klamm, die normalerweise von Mai bis Mitte Oktober begehbar ist; Eintritt 2 € (Ticket aufheben). Gutes Schuhwerk ist ratsam, die Steige sind oft feucht.

Entfernungen: Parkplatz–Wimbachschloss etwa 9 km, Parkplatz–Wimbachgrieshütte etwa 18 km.

Zauberwald: Dieser märchenhafte Wald zwischen Ramsau und dem Ostufer des Hintersees verdankt sein Erscheinungsbild einem riesigen Bergsturz des Hochkalter. Fast glaubt man, in einem Urwald zu sein: Unter hohen Bäumen, zwischen denen sich die Ramsauer Ache mal plätschernd, mal tosend ihren Weg bahnt, liegen Tausende bemooster und überwachsener Felsen und Steine. Bei der **Marxenklamm,** gut einen Kilometer westlich des Ortskerns von Ramsau beginnt ein Fußweg (ein Schild weist von der Landstraße zum „Wirtshaus im Zauberwald"), der in etwa einer halben Stunde quer durch den Wald zum Ostufer des Hintersees führt, meist nah an dem romantischen Bach; die Straße von Ramsau zum Hintersee streift das Gebiet nur.

Ein romantischer Traum: die Ramsauer Ache im Zauberwald

Am kristallklaren Eibsee unterhalb der Zugspitze

Register

Was haben Sie entdeckt?

Haben Sie eine gemütliche Gaststätte, ein freundliches Hotel mit Atmosphäre, einen schönen Wander- oder Radweg an den oberbayerischen Seen entdeckt? Wenn Sie Ergänzungen, Verbesserungen oder neue Tipps zum Buch haben, lassen Sie es uns bitte wissen!

Schreiben Sie an: Thomas Schröder, Stichwort „Oberbayerische Seen" | c/o Michael Müller Verlag GmbH | Gerberei 19, D – 91054 Erlangen | thomas.schroeder@michael-mueller-verlag.de

ISBN 978-3-95654-373-9

 Druck: Livonia Print, Riga.